本書爲
二〇〇六年度浙江省文化研究工程項目
二〇一五年度寧波市文化研究工程項目
二〇一七年度國家古籍整理出版專項經費資助項目

浙江文獻集成

邵廷采全集

〔清〕邵廷采　撰
陳雪軍
張如安　點校整理

浙江大學出版社
ZHEJIANG UNIVERSITY PRESS

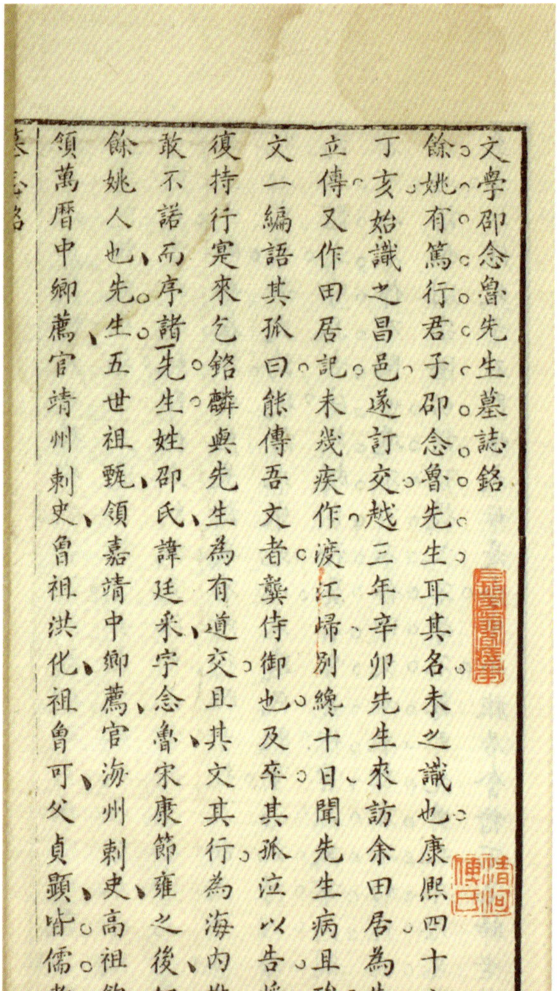

文學邵念魯先生墓誌銘

餘姚有篤行君子邵念魯先生耳其名未之識也康熙四十六年丁亥始識之昌邑遂訂交越三年辛卯先生來訪余田居為先公立傳又作田居記未幾疾作渡江歸別纔十日聞先生病且殆以文一編語其孤曰能傳吾文者龔侍御也及卒其孤泣以告將葬復持行寔來乞銘麟與先生為有道交且其文其行為海內推重敢不諾而序諸先生姓邵氏諱廷采字念魯宋康節雍之後紹興餘姚人也先生五世祖甄領嘉靖中鄉薦官海州刺史高祖欽諭領萬曆中鄉薦官靖州刺史曾祖洪化祖曾可父貞顯皆儒者先

大興長恩閣傅節子手校康熙五十一年刻本《思復堂文集》之龔翔麟《文學邵念魯先生墓誌銘》（浙江圖書館藏）

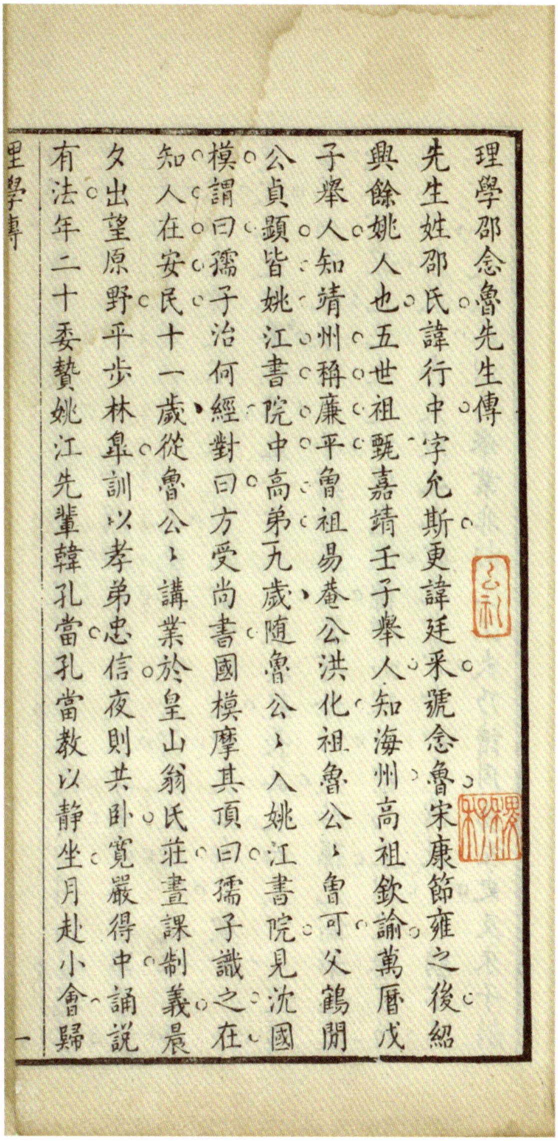

理學邵念魯先生傳

先生姓邵氏諱行中字允斯更諱廷采號念魯宋康節雍之後紹興餘姚人也五世祖甄嘉靖壬子舉人知海州高祖欽諭萬曆戊子舉人知靖州稱廉平曾祖易菴公洪化祖魯公ゝ曾可父鶴閒公貞顯皆姚江書院中高弟九歲隨魯公ゝ入姚江書院見沈國模謂曰孺子治何經對曰方受尚書國模摩其頂曰孺子識之在知人在安民十一歲從魯公ゝ講業於皇山翁氏莊晝課制義晨夕出望原野平步林臯訓以孝弟忠信夜則共卧寬嚴得中誦說有法年二十委贄姚江先輩韓孔當孔當教以靜坐月赴小會歸

理學傳　一

大興長恩閣傅節子手校康熙五十一年刻本《思復堂文集》之萬經《理學邵念魯先生傳》（浙江圖書館藏）

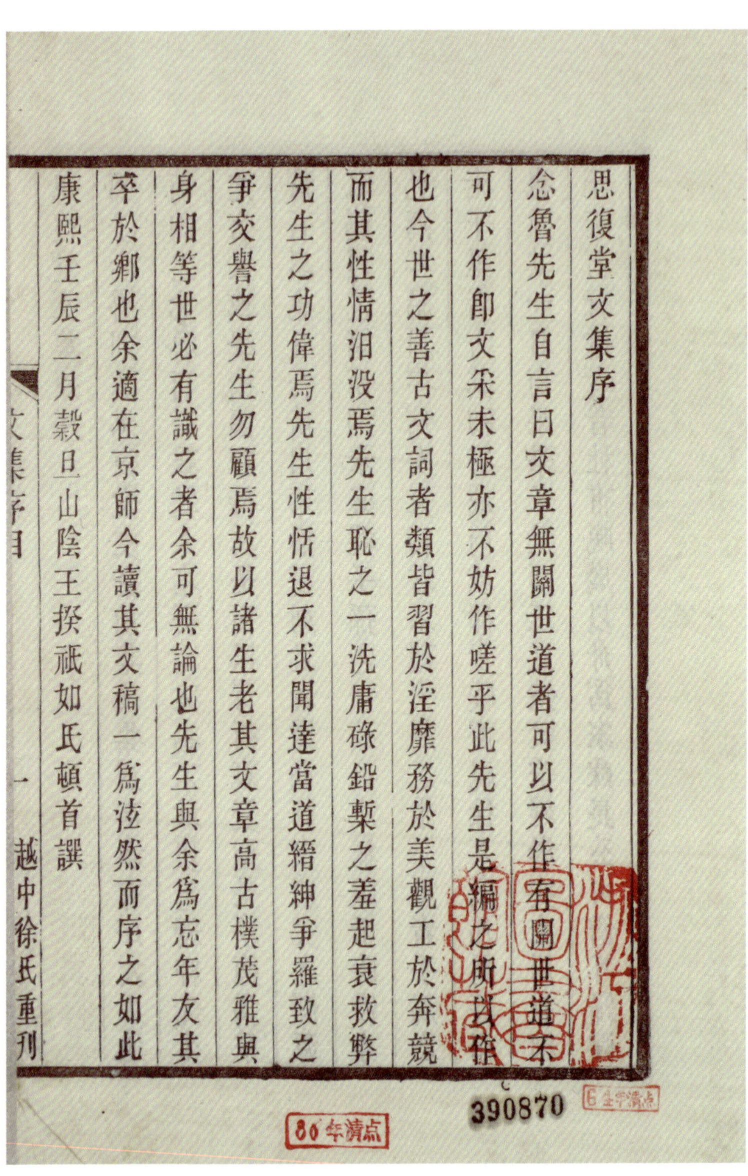
思復堂文集序
念魯先生自言曰文章無關世道者可以不作有關世道不可不作即文采未極亦不妨作嗟乎此先生是編之所以作也今世之善古文詞者類皆習於淫靡務於美觀工於奔競而其性情汨没焉先生恥之一洗庸碌鉛槧之羞起衰救弊先生之功偉焉先生性恬退不求聞達當道縉紳爭羅致之爭交譽之先生勿顧焉故以諸生老其文章高古樸茂雅與身相等世必有識之者余可無論也先生與余爲忘年友其卒於鄉也余適在京師今讀其文稿一爲泫然而序之如此
康熙壬辰二月穀旦山陰王掞祇如氏頓首譔
文集序目　一　越中徐氏重刊

清光緒十九年越中徐氏鑄學齋重刊本《思復堂文集》之王掞《思復堂文集序》（浙江圖書館藏）

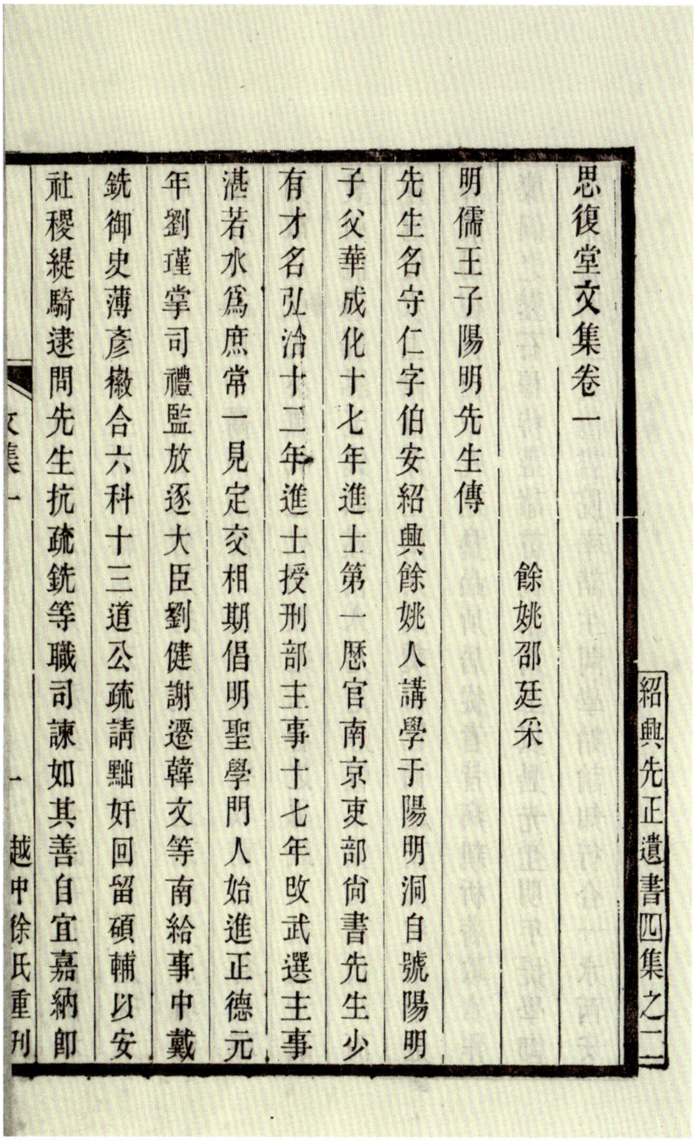

紹興先正遺書四集之二

思復堂文集卷一

餘姚邵廷采

明儒王子陽明先生傳

先生名守仁字伯安紹興餘姚人講學于陽明洞自號陽明子父華成化十七年進士第一歷官南京吏部尚書先生少有才名弘治十二年進士授刑部主事十七年改武選主事湛若水爲庶常一見定交相期倡明聖學門人始進正德元年劉瑾掌司禮監放逐大臣劉健謝遷韓文等南給事中戴銑御史薄彥徽合六科十三道公疏請黜奸回留碩輔以安社稷緹騎逮問先生抗疏銑等職司諫如其善自宜嘉納即

清光緒十九年越中徐氏鑄學齋重刊本《思復堂文集》之邵廷采《明儒王子陽明先生傳》（浙江圖書館藏）

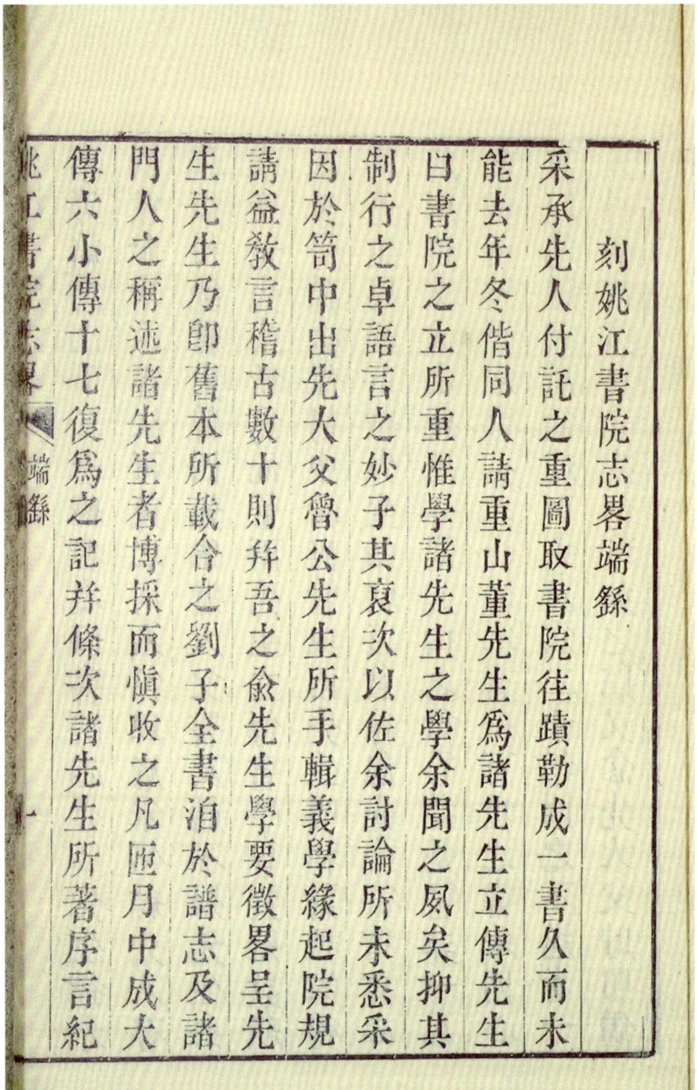

刻姚江書院志畧端繇

采承先人付託之重圖取書院往蹟勒成一書久而未能去年冬偕同人請重山董先生爲諸先生立傳先生曰書院之立所重惟學諸先生之學余聞之夙矣抑其制行之卓語言之妙子其裒次以佐余討論所未悉采因於笥中出先大父魯公先生所手輯義學緣起院規請益教言稽古數十則幷吾之俞先生學要徵畧呈先生先生乃卽舊本所載合之劉子全書洎於譜志及諸門人之稱述諸先生者博採而慎收之凡匝月中成大傳六小傳十七復爲之記幷條次諸先生所著序言紀

清乾隆五十九年刻本《姚江書院志略》之邵廷采《刻姚江書院志略端繇》

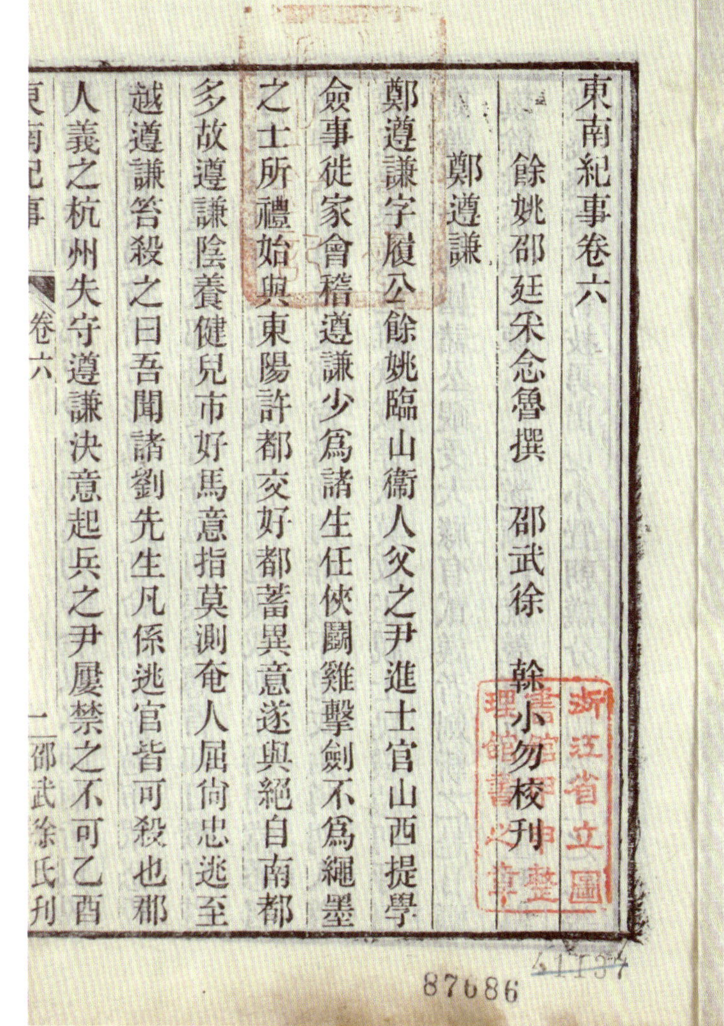

東南紀事卷六

餘姚邵廷寀念魯撰　邵武徐榦小勿校刊

鄭遵謙

鄭遵謙字履公，餘姚臨山衞人。父之尹，進士，官山西提學僉事，徙家會稽。遵謙少爲諸生，任俠，鬬雞擊劍，不爲繩墨之士所禮，始與東陽許都交好。都蓄異意，遂與絕。自南都多故，遵謙陰養健兒，市好馬，意指莫測。奄人屈尚忠逃至越，遵謙笞殺之，曰："吾聞諸劉先生，凡係逃官皆可殺也。"郡人義之。杭州失守，遵謙決意起兵，之尹屢禁之不可。乙酉

東南紀事　卷六　一　邵武徐氏刊

清光緒年間邵武徐氏刊本《東南紀事》卷六（浙江圖書館藏）

西南紀事卷三

餘姚邵廷寀念魯撰　邵武徐　榦小勿校刊

何騰蛟

何騰蛟字雲從浙江山陰人其先戍貴州黎平衛因籍黎平中天啓元年辛酉科舉人崇禎中知南陽縣禦流寇有方畧復從巡撫陳必謙擊賊於安臯斬首四百由是知名累遷武庫主事備兵淮徐平土賊程肖宇王道善張方造等衆數萬南兵部尚書史可法奇其才十六年十月擢僉都御史巡撫湖廣時湖廣新經張獻忠之亂甯南侯左良

清光緒年間邵武徐氏刊本《西南紀事》卷三（浙江圖書館藏）

邵廷采全集

上册　思復堂文集

〔清〕邵廷采　撰
陳雪軍
張如安　點校整理

浙江省文化研究工程指導委員會

浙江文獻集成編纂中心工作委員會

浙江文化研究工程成果文庫總序

習近平

有人將文化比作一條來自老祖宗而又流向未來的河，這是説文化的傳統，通過縱向傳承和橫向傳遞，生生不息地影響和引領着人們的生存與發展；有人説文化是人類的思想、智慧、信仰、情感和生活的載體、方式和方法，這是將文化作爲人們代代相傳的生活方式的整體。我們説，文化爲群體生活提供規範、方式與環境，文化通過傳承爲社會進步發揮基礎作用，文化會促進或制約經濟乃至整個社會的發展。文化的力量，已經深深熔鑄在民族的生命力、創造力和凝聚力之中。

在人類文化演化的進程中，各種文化都在其内部生成衆多的元素、層次與類型，由此決定了文化的多樣性與複雜性。

中國文化的博大精深，來源於其内部生成的多姿多彩；中國文化的歷久彌新，取決於其變遷過程中各種元素、層次、類型在内容和結構上通過碰撞、解構、融合而産生的革故鼎新的强大動力。

中國土地廣袤、疆域遼闊，不同區域間因自然環境、經濟環境、社會環境等諸多方面的差異，建構了不同的區域文化。區域文化如同百川歸海，共同匯聚成中國文化的大傳統，這種大傳統如同春風化雨，滲透於各種區域文化之中。在這個過程中，區域文化如同清溪山泉潺潺不息，在中國文化的共同價值取向下，以自己的獨特個性支撑着、引領着本地經濟社會的發展。

從區域文化入手，對一地文化的歷史與現狀展開全面、系統、扎實、有序的研究，一方面可以借此梳理和弘揚當地的歷史傳統和文化資源，繁榮和豐富當代的先進文化建設活動，規劃和指導未來的文化發展藍圖，增强文化軟實力，爲全面建設小康社會、加快推進社會主義現代化提供思想保証、精神動力、智力支持和輿論力量；另一方面，這也是深入了解中國文化、研究中國文化、發展中國文化、創新中國文化的重要途徑之一。如今，區域文化研究日益受到各地重視，成爲我國文化研究走向深入的一個重要標志。我們今天實施浙江文化研究工程，其目的和意義也在於此。

千百年來，浙江人民積澱和傳承了一個底蘊深厚的文化傳統。這種文化傳統的獨特性，正在於它令人驚嘆的富於創造力的智慧和力量。浙江文化中富於創造力的基因，早早地出現在其歷史的源頭。在浙江新石器時代最爲著名的跨湖橋、河姆渡、馬家浜和良渚的考古文化中，浙江先民們都以不同凡響的作爲，在中華民族的文明之源留下了創造和進步的印記。

浙江人民在與時俱進的歷史軌迹上一路走來，秉承富於創造力的文化傳統，這深深地融會在一代代浙江人民的血液中，體現在浙江人民的行爲上，也在浙江歷史上衆多傑出人物身上得到充分展示。從大禹的因勢利導、敬業治水，到勾踐的卧薪嘗膽、勵精圖治；從錢氏的保境安民、納土歸宋，到胡則的爲官一任、造福一方；從岳飛、于謙的精忠報國、清白一生，到方孝孺、張蒼水的剛正不阿、以身殉國；從沈括的博學多識、精研深究，到竺可楨的科學救國、求是一生；無論是陳亮、葉適的經世致用，還是黄宗羲的工商皆本；無論是王充、王陽明的批判、自覺，還是龔自珍、蔡元培的開明、開放，等等，都展示了浙江深厚的文化底蘊，凝聚了浙江人民求真務實的創造精神。代代相傳的文化創造的作爲和精神，從觀念、態度、行爲方式和價值取向上，孕育、形成和發展了淵源有自的浙江地域文化傳統和與時俱進的浙江文化精神，她滋育着浙江的生命力、催生着浙江的凝聚力、激發着浙江的創造力、培植着浙江的競争力，激勵着浙江人民永不自滿、永不停息，在各個不同的歷史時期不斷地超越自我、創業奮進。悠久深厚、意藴豐富的浙江文化傳統，是歷史賜予我們的寶貴財富，也是我們開拓未來的豐富資源和不竭動力。黨的十六大以來推進浙江新發展的實踐，使我們越來越深刻地認識到，與國家實施改革開放大政方針相伴隨的浙江經濟社會持續快速健康發展的深層原因，就在於浙江深厚的文化底藴和文化傳統與當今時代精神的有機結合，就在於發展先進生産力與發展先進文化的有機結合。今後一個時期浙江能否在全面建設小康社會、加快社會主義現代化建設進程中繼續走在前列，很大程度上取决於我們對文化力量的深刻認識、對發展先進文化的高度自覺和對加快建設文化大省的工作力度。我們應該看到，文化的力量最終可以轉化爲物質的力量，文化的軟實力最終可以轉化爲經濟的硬實力。文化要素是綜合競争力的核心要素，文化資源是經濟社會發展的重要資源，文化素質是領導者和勞動者的首要素質。因此，研究浙江文化的歷史與現狀，增强文化軟實力，爲浙江的現代化建設服務，是浙江人民的共同事業，也是浙江各級黨委、政府的重要使命和責任。

二〇〇五年七月召開的中共浙江省委十一届八次全會，作出《關於加快建設文化大省的決定》，提出要從增强先進文化凝聚力、解放和發展生産力、增强社會公共服務能力入手，大力實施文明素質工程、文化精品工程、文化研究工程、文化保護工程、文化産業促進工程、文化陣地工程、文化傳播工程、文化人才工程等「八項工程」，實施科教興國和人才强國戰略，加快建設教育、科技、衛生、體育等「四個强省」。作爲文化建設「八項工程」之一的文化研究工程，其任務就是系統研究浙江文化的歷史成就和當代發展，深入挖掘浙江文化底藴、研究浙江現象、總結浙江經驗、指導浙江未來的發展。

浙江文化研究工程將重點研究「今、古、人、文」四個方面，即圍繞浙江當代發展問題研究、浙江歷史文化專題研究、浙江名人研究、浙江歷史文獻整理四大板塊，開展系統研究，出版系列叢書。在研究内容上，深入挖掘浙江文化底藴，系統梳理和分析浙江歷史文化的内部結構、變化規律和地域特色，堅持和發展浙江精神；研究浙江文化與其他地域文化的異同，釐清浙江文化在中國文化中的地位和相互影響的關係；圍繞浙江生動的當代實踐，深入解讀浙江現象，總結浙江經驗，指導浙江發展。在研究力量上，通過課題組織、出版資助、重點研究基地建設、加强省内外大院名校合作、整合各地各部門力量等途徑，形成上下聯動、學界互動的整體合力。在成果運用上，注重研究成果的學術價值和應用價值，充分發揮其認識世界、傳承文明、創新理論、咨政育人、服務社會的重要作用。

我們希望通過實施浙江文化研究工程，努力用浙江歷史教育浙江人民、用浙江文化熏陶浙江人民、用浙江精神鼓舞浙江人民、用浙江經驗引領浙江人民，進一步激發浙江人民的無窮智慧和偉大創造能力，推動浙江實現又快又好發展。

今天，我們踏着來自歷史的河流，受着一方百姓的期許，理應負起使命，至誠奉獻，讓我們的文化綿延不絕，讓我們的創造生生不息。

二〇〇六年五月三十日於杭州

整理前言

一、邵廷采的生平簡歷

邵廷采（一六四八—一七一一），原名行中，字允斯。浙江餘姚人。生於順治五年（一六四八），卒於康熙五十年（一七一一），享年六十四歲。邵氏爲宋代邵雍之後。其五世祖甄，嘉靖三十一年（一五五二）舉人，知海州。高祖欽諭，萬曆十六年（一五八八）舉人，知靖州，稱廉平。曾祖易庵洪化、祖魯公曾可、父鶴閒貞顯皆姚江書院中高第。祖父邵曾可，字子唯，號魯公，卒於順治十五年（一六五八），得年五十一歲。邵曾可服膺良知學，師事管宗聖。宗聖謂「曾子之道以魯聞」，故字之曰魯公先生。廷采思紹其祖，因自號曰念魯。邵曾可又爲沈國模弟子。沈氏爲姚江書院創辦人之一，書院旨在宣揚陽明心學。父邵貞顯，字立夫，號鶴閒，卒於康熙九年（一六七〇），得年四十五歲，喜讀書，以課業授徒爲業。

自明代王陽明之後，作爲浙東學術重鎮的餘姚一地，碩儒輩出，尤其是邵廷采，其祖父邵曾可，父親邵貞顯都是當地傳承王陽明學説的著名學者。其母早卒，邵廷采自幼由其祖母孫氏撫養長大，受其祖父邵曾可的影響亦很深：「五六歲時，稟祖父之訓，教以孝弟忠信、爲人之方。」（《思復堂文集》卷七《謁毛西河先生書》）廷采自幼即喜讀書，嘗奉祖母命入菜田驅鳥，廷采整冠束帶，左手執竿，右手出懷中《漢書・儒林傳》，讀之不倦。九歲，即隨祖父入姚江書院見沈國模，國模問曰：「子治何經？」廷采以「方受《尚書》」對。國模摩其頂曰：「孺子識之：在知人，在安民。」祖父指導他閲讀王陽明的《客坐私祝》並廣泛涉獵儒家典籍：「八九歲從王父魯公府君受陽明《客坐私祝》，府君即欲教以聖賢之學，非儒者之書勿使見。是年，始記周、程、張、邵、朱及白沙、陽明、曰仁、緒山、心齋、東郭諸君子姓名。」（《思復堂文集》卷六《文藝序》）在祖父的影響下開始閲讀周敦頤、二程、張載、邵雍、朱熹、王守仁、徐愛等儒學史上碩儒名家的著作。可以説是祖父邵曾可將年幼的邵廷采領進了王學的殿堂，並接受理學學術史的教育。十一歲，從祖父講學於皇山翁氏莊，隨祖父學《先正制義》，祖父作《蒙説》教育邵廷采。祖孫兩人晨夕出望原野，平步林皋；祖父訓以孝悌忠信，夜則共卧。十二歲從外祖父陳正衎學經義，授《左傳》、《國語》、《史記》、《漢書》，正衎嗜佛學，廷采頗受影響。

十七歲，邵廷采入姚江書院，跟隨餘姚王學著名學者韓孔當習陽明良知之學。韓孔當是沈國模的學生，年輕時也受過禪學的影響，因而深知禪學的危害，曾經勸導學生：「聖人天地萬物一體，學者無自狹小。」又説：「佛氏與聖人異，大端在君父上。」後入姚江書院，師從沈國模習陽明心學，其學問以致知爲宗，修正改過爲輔。韓孔當對王學的熱忱，至死方休，重病時仍對弟子説：「吾於文成宗旨，夢醒覺有新得。」韓孔當教育邵廷采「聖人可學而至」。有一天，韓孔當故意考問他：「堯舜之道在孝弟，孝弟亦不易盡，夫子尚言未能。『人皆可以爲堯舜』，其説云何？」邵廷采巧妙地以問代答：「孩提之不學不慮，即堯舜之不思不勉否？」韓孔當認爲「良知宗旨」被廷采「一語道破」：「良知宗旨，被汝一語道破。此是性善根苗。孟子言『人人親其親，長其長，而天下平』。道邇事易，何事他求？只此，子歸而求之，真有餘師矣。」（以上皆見《思復堂文集》卷一《姚江書院傳》）先讀《傳習録》無所得，繼而讀劉宗周的《人譜》，思想大進。邵廷采在姚江書院學習的時間儘管短暫，却接受了最純正的王學思想。

二十歲赴紹興參與證人講會，結識毛奇齡，大傾服，以弟子自稱，往來書札問學。康熙八年（一六六九），父授經嘉興，廷采往省覲，乃籍桐鄉，補諸生第一。後應試十四次俱不第，以爲舉業非向上工夫，乃讀《周易》、《左傳》及朱子《綱目》、《陽明文集》、《蕺山全書》。

父親邵貞顯和老師韓孔當相繼去世後，邵廷采開始了遊學和問學的生涯。康熙十二年（一六七三），在嘉興放鶴洲煙雨樓師事施博，進修陸王心學，「始識儒佛之分，始識王畿四無之近禪」〔一〕。康熙十三年（一六七四）在會稽陶家讀書時，結識劉宗周的弟子董瑒，開始全面研讀劉宗周的著作，對劉宗周甚爲推崇。後又從黄宗羲學史學，「嘗以《讀史百則》呈正黄先生，後又蒙授《行朝》一編，殷勤提命，難忘是恩」。（《思復堂文集》卷七《謝陳執齋先生》）黄宗羲是劉宗周的弟子，主張「盈天地皆心也」，同時，黄宗羲認爲王陽明觀點中「致良知」的

〔一〕　姚名達：《清邵念魯先生廷采年譜》，臺北：臺灣商務印書館，一九八一年，第三九頁。

「致」，本身就是「行」的意思。不僅如此，黄宗羲還將王陽明「致」的範圍擴大了，不僅包括對內在良知的求取，還有對經世之學的探求。邵廷采的治學原則與黄宗羲一脉相承，主張「文章無關世道者可以不作，有關世道者不得不作」，極力地推崇經世致用的思想。邵廷采的思想是始終堅持王學宗旨，同時又善於根據變化的客觀形勢對王學作出修正，力圖糾正王學末流的空疏之弊，力圖振興陸王心學，使得王學在整體退潮時出現了短暫的回潮。

康熙三十年（一六九一），纂《詩經兒課》（今散佚）、《禮經節要》（今散佚）。康熙三十三年（一六九四），受餘姚學官之聘，主姚江書院，廷采條次《訓約》十則榜堂楣。之後他主講姚江書院十七年，因湛深的學問和高潔的操行而見重當時，卓然爲姚江王學之後勁。

康熙三十六年至三十七年（一六九七—一六九八）之間，著《明儒蕺山劉子傳》。康熙四十二年（一七〇三），著《姚江書院傳》。康熙四十五年（一七〇六）夏五月，如萊昌。康熙四十七年（一七〇八），自萊昌至燕都。康熙四十八年（一七〇九）夏五月，歸自燕都。康熙四十九年（一七一〇），著《明儒文成王子傳》。康熙五十年（一七一一）春，梓《治平略》，曰《田賦》，曰《户役》，曰《國計》，曰《農政》，曰《倉儲》，曰《水利》，曰《鹽法》，曰《錢幣》，曰《關市》，曰《刑律》，曰《弭盜》，曰《河防》，計一十二篇。夏四月，病膈，預立遺命。踰月而卒，年六十四，時康熙五十年（一七一一）也。彌留，顧仲子曰：「死後不作佛事，瘞大父墓下，無違吾言！」已指《思復堂》一編曰：「吾生平心血多耗此，最足貴者。勿漫示人，汝貯存之。」

著有《思復堂文集》、《東南紀事》、《西南紀事》、《姚江書院志略》（主要作者）等多種。

二、《思復堂文集》及其史學價值

《思復堂文集》是一本有較高學術價值的史學著作，保存了大量明代和明清之際的歷史事件和人物記録，對考證明清之際的史實大有裨益，尤其是關於明末清初遺民的記録，對南明文獻的保存貢獻很大。由於《思復堂文集》傳主多爲浙東人，一部《文集》實際上勾勒了明末清初浙東學術發展的譜系，爲人們研究浙東學術史提供了詳實的文獻資料。梁啓超特別肯定了邵氏的《明儒王子陽明先生傳》，認爲「現存的王陽明傳，要算邵念魯作的頂好」。全書共十卷，分傳、記、贈序、壽序、書序、書啓、論、略、墓碣、墓表、墓志、行略、雜著等體。其中涉及史事史論的文章篇幅占十分之七，卷一至卷三爲傳記，記載了晚明和明清之際部分歷史人物，尤以記述明代殉國臣子部分更具歷史價值。明亡前，他們是政績頗著、吏治清明，又敢於直諫的官員；明亡後，他們不仕新朝，以死殉國，保住了氣節。劉宗周是這類人物的代表，卷一的《明儒劉子蕺山先生傳》記的就是劉宗周的事迹。劉宗周任禮部儀制主事没幾天，就對控制朝政的魏忠賢和客氏（天啓皇帝的保姆）發起了挑戰，他抗疏直諫，歷數魏氏和客氏之害，因此得罪皇帝，屢次被罰，或停俸禄，或削籍爲民。他屢廢屢起，始終不以個人得失爲計，仍屢次上疏，直陳治國之略和吏治得失。明亡後，清政府以禮聘，辭以「國破君亡，爲人臣子惟有一死」，又説「胸中有萬斛淚，半灑之二親，半灑之君上」，忠義之心，可彰可表。此外，還有奮鬥在抗清一綫的官吏，他們在南明小朝廷中擔任一定的官職，爲保衛明王朝耗盡了自己的最後一絲微薄之力，如《明江陰縣典史閻應元傳》中，記明江陰縣典史閻應元死守江陰的經過，面對前來勸降的劉良佐，閻氏厲聲責問：「余明朝一典史，尚知大義；將軍爵五等，膺重鎮，乃爲敵先驅，何面目見吾邑士民乎？」凛然之氣，躍然紙上，駁得劉氏無言以對。此外還旁及宋、明遺民，或表彰忠烈，或追述鄉邦先哲，意在「表彰儒先，發揚忠孝」(《思復堂文集》附録《答諸生問思復堂集帖》)。《宋遺民所知傳》是補《宋史·忠義傳》和《元史》之不足而作的。此傳比較簡略，僅謝翺、王炎午、張千載、鄧思肖、王英孫、唐珏、林景熙、鄭宗仁八人。前四人和南宋末年抗元英雄文天祥有關係，後四人是元初保護宋陵的功臣。該文成於康熙四十六年(一七〇七)客都昌時。《明遺民所知傳》述邵氏所聞見清初遺民事迹，約五十人。此稿也成於晚年，晚於前稿。它的價值在於以傳體記載了清初一批遺民事迹。

卷四是記，包括《姚江書院記》、《和平縣重修王文成公祠碑記》等。卷五至卷七主要是各類序，大多是一些應酬性的文章，但也保存了大量有價值的史料。卷八至卷九爲論、略二體，追溯原委，詳述流變，旨在明辨當世舉措的得失利弊，以謀修正之道，包括《正統論》、《史論》及《田賦略》、《户役略》等十八略。卷十則是各類墓表、墓志、行略、傳及讀後感等各種雜著。

邵廷采的史學既上承黄宗羲，又較深刻地影響了此後的浙東史學發展，浙東學派中的邵晉涵和章學誠等人，無不受到了邵廷采的影響。正如姚名達先生所説：「始吾攻讀實齋之學，昧其淵源所自。嗣屢於實齋書中見其稱引念魯《思復堂文集》，亦即悚然異之；而曲終奏雅，實齋竟自道其根底出於念魯，則覓取《思復堂文集》，再三研繹，而恍然其間條貫，固有可尋也。」〔一〕章學誠曾對邵廷采的從孫邵晉涵稱讚《思復堂文集》説：「洪壚鼓鑄，自成一家，更無金品州界之分，談何容易！文以集名，而按其旨趣義理，乃在子史之間，五百年來，誰能辨此？」〔二〕對於邵廷采在史學上的成就，香港大學杜維運先生給予了客觀公正的評價：「廷采主講姚江書院十七年，卓然爲姚江王學之後勁，然其兼治史學，實出黄氏之教，所著《宋遺民所知録》、《明遺民所知録》，既隱寓民族之痛，而《東南紀事》、《西南紀事》、《思復堂文集》，記勝國遺聞軼事尤詳，只以窮老海濱，聞見未廣，所記或有疏舛。然其徵存國史之志，以史經世之心，不惟有黄氏之教，且下啓邵晉涵、章學誠之史學。」〔三〕可謂的論。〔四〕

三、《思復堂文集》的版本及校點説明

《思復堂文集》初刊於康熙五十一年（一七一二），《四庫全書總目》列入《存目》。現存於

〔一〕姚名達：《章實齋之史學》，《國學月報》第二卷第二期，一九二七年。

〔二〕《章氏遺書》卷十八《邵與桐别傳》。

〔三〕杜維運：《清代史學與史家》，《黄宗羲與清代浙東史學派之興起》，北京：中華書局，一九八八年。

〔四〕有關邵廷采史學的研究，可參錢茂偉《也論邵廷采的學術成就》，《浙江學刊》一九九四年第三期；唐燮軍、張偉《邵廷采史學述略》，《寧波大學學報》一九八三年第三期；樓含笑《試論邵廷采〈思復堂文集〉的史學價值》，《中華文化論壇》二〇〇七年第二期。

浙江圖書館和南京圖書館，兩個康熙本大體相同，如目録皆有相同的六篇文章：王撰序、劉士林原序、《文學邵念魯先生墓志銘》（龔翔麟）、《理學邵念魯先生墓表》（陶思淵）、《理學邵念魯先生傳》（萬經）、《念魯先生本傳》（邵國麟）；只有個别地方稍有不同，如浙圖本卷首有全祖望《答諸生問思復堂集帖》，而南圖本則無。其他如卷三缺《何侍御傳》、卷六《宗訓序》作《家訓序》，兩者皆同。光緒二十年（一八九四）會稽徐友蘭重刊收入《紹興先正遺書》。徐刊本較康熙本增入文八篇、附録四首，並對康熙本文字訛奪有所訂正。故本次整理即以徐刊本爲底本，校以康熙本和光緒十年（一八八四）福建邵武叢書本。

浙圖所藏爲清康熙原刻本，經傳節子手校，首有長恩閣（傅氏）補抄四庫提要及全氏《鮚埼亭集外編》之《答諸生問思復堂帖》。藏本來自紹興傅氏，民國二十五年四月入藏。一九八四年浙江古籍出版社出版了祝鴻傑先生點校的《思復堂文集》，點校本以徐刊本爲底本，並校以大興長恩閣傅節子手校康熙本（即浙圖藏本），附録增加全祖望《答諸生問思復堂集帖》一篇。本書校記中浙江圖書館所藏康熙本，簡稱浙圖康熙本；南京圖書館所藏康熙本，簡稱南圖康熙本。當兩個康熙本文字相同時，統稱康熙本。越中徐氏重刊本簡稱徐刊本。祝鴻傑先生所校對整理的《思復堂文集》，簡稱祝校本。二〇一二年祝鴻傑先生重新修訂了《思復堂文集》，簡稱新版祝校本。

本次整理核對了各版本之間的文字差異，還校對了祝鴻傑先生點校本與康熙本（尤其是南圖本）、徐刊本之間的文字差異，對祝校本改了康熙本和徐刊本的文字，而没有出校勘記的，重新作了校勘説明。對於祝先生改錯的，進行了必要的訂正，並在校記中作簡要説明，如：卷四《重建舜江樓記》：「周視千山環列烏擔，客星横貫樓中，下長橋狀如伏龍。」烏擔，浙圖康熙本、南圖康熙本、越中徐氏重刊本皆作「烏擔」，祝氏點校本疑是「烏蟾」之訛，標點作「烏擔、客星横貫樓中」。並引唐陸龜蒙《奉酬襲美苦雨四聲詩》「烏蟾倶沉光，晝夜恨暗度」爲例，以爲「烏蟾」，謂日中之烏，月中之蟾，以喻日月。祝氏誤。「烏擔」是山名，在餘姚境内。而且「周視千山環列烏擔，客星横貫樓中」之「周視」是動詞，作謂語，跟的賓語是一個六字對句，「千山」對「客星」，「環列」對「横貫」，「烏擔」對「樓中」，也是十分工整的。如果按照祝先生的標點法：「周視千山環列，烏擔、客星横貫樓中」，「環」字便没有着落，日、月、客星也不會同時「横貫樓中」。

爲避免繁瑣考證，有些錯誤則只出簡單校記，如《明副都御史謚忠介施公傳》有一段話，祝校本作：諸生涂仲吉頌黄道周冤，公故道周同學，恐因以益上怒，判仲吉疏尾：「存此論可也。」仲不爲封進。吉氣盛，劾通政阻言路。康熙本和徐刊本皆作：諸生涂仲吉頌黄道周冤，公故道周同學，恐因以益上怒，判仲吉疏尾：「存此論可也。」不爲封進。仲吉氣盛，劾通政阻言路。據《明史・施邦曜傳》云：「黄道周既謫官，復逮下詔獄。國子生涂仲吉上書訟之，邦曜不爲封進，而大署其副封曰：『書不必上，論不可不存。』仲吉劾邦曜。邦曜以副封上，帝見其署語怒，下仲吉獄而奪邦曜官。」據上文可知仲吉乃一人，祝校本將「仲」衍入「不爲封進」，誤也。今只作簡單的校記而略去繁瑣的考證過程。

當然，本次整理也借鑒了祝先生的不少成果，如《代歸德胡明府徵文啓》：「十三而得□□之瑞」，徐刊本、康熙本均缺二字，祝先生懷疑當作「夢筆」，我們在校記中就採用了祝先生的説法。在此謹致誠摯的謝意。

四、《東南紀事》、《西南紀事》的版本及校點説明〔一〕

成書時間與流傳：邵廷采寫作《西南紀事》的直接原因是讀到了馮甦的《見聞隨筆》：康熙十八年（一六七九）官修《明史》時，康熙敕史館，允許將南明「福、唐、魯、桂」四王附懷宗紀年，邵廷采讀到《見聞隨筆》當在康熙二十八年（一六八九）以後（見錢茂偉文），因此大受鼓勵，於是「因遂不揣，輯《西南紀事》一卷」，但因「中間抱病，又迫生徒課業，未得一心編録」。〔二〕康熙三十六年（一六九七），邵廷采寓居紹興董瑒家，始有時間和精力來編纂，故《西南紀事》的最後成稿，當在康熙三十六年（一六九七）。接着，賈其餘勇，在康熙三十七年（一六九八）又編成了《東南紀事》。同治三年至六年（一八六四——一八六七）浙江巡撫馬新貽（一八二一——一八七〇）曾經懸百金求購兩書，擬刊刻於世，結果因得不到原書而作罷。到了光緒十年（一八八四），福建邵武人徐幹纔從後裔那兒得到了抄本，於是，序而刻入《邵武徐氏叢

〔一〕本節參考錢茂偉：《邵廷采〈西南紀事〉與〈東南紀事〉研究》，《寧波大學學報》二〇〇五年第六期。
〔二〕《思復堂文集》卷七《謁毛西河先生書》。

書》(本次整理即以此爲底本)。二十世紀四十年代,神州國光社曾將《東南紀事》刊入《中國内亂外禍歷史叢書》,一九五一年上海書店將之改爲《中國歷史研究資料叢書》,重新影印行於世。八十年代,《北京圖書館古籍珍本叢書》又將《東南紀事》、《西南紀事》影印行於世。臺灣大通書局,一九八七年也出版過《東南紀事》、《西南紀事》。臺灣「漢籍全文檢索系統」有《東南紀事》,正在建設的「中國基本古籍庫」第一輯有《西南紀事》。一九九四年上海書店影印出版,收入《叢書集成續編》,一九九四年上海古籍出版社亦影印出版,收入《續修四庫全書》。

内容與體裁:《東南紀事》十二卷,記魯王、唐王君臣事迹;《西南紀事》十二卷,記桂王君臣事迹。《東南紀事》、《西南紀事》用的是列傳體,是一種變化了的紀傳體,即先國王傳,後大臣傳。這兩部創作型史著,記載了南明王朝君臣的歷史。

歷史地位:據謝國楨《增訂晚明史籍考》,晚明時期的史籍資料有《明季紀事》、《殘明紀事》、《南渡紀事》、《魯王紀事》、《粤行紀事》、《天南紀事》、《庚申紀事》、《乙丙紀事》、《永曆紀事》、《莆變紀事》、《靖海紀事》、《金陵紀事》、《東粤遺事》等。相比較而言,《東南紀事》和《西南紀事》是兩部比較完整的南明史著。《東南紀事》和《西南紀事》是繼張岱《石匱書後集》、計六奇《明季南略》之後又一個南明史書寫的坐標點,比温睿臨《南疆逸史》早,有其獨到的永久價值。

南明史的第一個坐標點是浙東張岱的《石匱書後集》，成於順治十三年（一六五六），當時邵廷采住在會稽縣，常出入紹興城，與張岱的時間和空間都很接近。儘管與張岱有無交往已不可考，但極有可能讀過《石匱書後集》的抄本，如邵廷采曾在《東南紀事》裏兩次提到張岱和《石匱書》：「獨張國維適老臣謀國之體，《石匱書》所載，似亦未之審也。」又：「張岱言，昔年在淮揚，親見朱大典之貪横，真如乳虎蒼蠅。後復見嬰城守婺，破家從忠，繼之以死，又未嘗不歎息其爲人也。」〔一〕

第二個坐標點是計六奇的《明季南略》，該書成於康熙十年（一六七一），這是一部紀事本末體南明史著作。未刊，二十世紀八十年代初才公開出版。

南明史寫作的第三個坐標點，應該就是邵廷采《東南紀事》、《西南紀事》了。邵廷采雖出生於順治五年（一六四八），順治十八（一六六一）年南明滅亡時，他纔十四歲，但畢竟也算是同時代人。以後，又頻繁地接觸明遺民，潛移默化之中，對南明歷史不免懷有深厚的感情。表彰、記録南明歷史，應該是邵廷采寫作的直接動機。

第四個坐標點應該是温睿臨《南疆逸史》，此書是在萬斯同建議下完成的。但温睿臨「因世事拘牽，因循未果也」，直至康熙四十一年（一七〇二）萬斯同卒時，温睿臨纔準備「發凡起例。」〔二〕到了康熙末，纔完成該書的撰寫，這是一部紀傳體明史。此書未刊，一直到道光十年

〔一〕《東南紀事》卷五《張國維》、《朱大典》。

〔二〕温睿臨：《南疆逸史凡例》，北京：中華書局，一九五九年。

（一八三〇），纔有節本《南疆繹史勘本》問世。〔一〕

放在清初四個時間坐標點上，我們就可以明白，四部南明史著作，雖然成書時間有先後，但實際上互相之間没有繼承關係。他們的寫作宗旨雖相似，但是在四種不同的背景下完成寫作的。因此，邵廷采《東南紀事》、《西南紀事》也就有了自身的獨立存在價值。兩部書「綱舉目張，可稱信史」〔二〕，「辭尚體要，無慚作者」〔三〕。梁啓超稱邵氏有「偉大之史識與史才」〔四〕，説兩書「爲有系統的著述」，「有永久的價值」〔五〕。

五、《姚江書院志略》的版本及校點説明

編刊時間：據陶作英《刻姚江書院志略》，《姚江書院志略》（以下簡稱《志略》）當成於康熙二十八年（一六八九），刻成於康熙三十年（一六九一）。地點是紹興，刊刻人是陶作英，陶是邵廷采的弟子。

〔一〕此節參考了錢茂偉的《邵廷采〈西南紀事〉與〈東南紀事〉研究》，《寧波大學學報》二〇〇五年第六期。

〔二〕姜堯：《邵念魯宋元明紀事序》，《思復堂文集·附録》。

〔三〕徐幹：《東南紀事跋》。

〔四〕梁啓超：《復餘姚評論社論邵二雲學術》，《飲冰室文集》之四十二。

〔五〕梁啓超：《中國近三百年學術史》，北京：中華書局，一九三〇年，第二七四—二七五頁。

編者：據《志略》，題「書院弟子同編次」，這是比較合理的。因爲《志略》一書確非個人之作。最早提出編書計劃的人是邵曾可。順治十五年（一六五八），書院派弟子邵曾可臨終前，爲闡師傳，曾帶病將有關資料輯成初稿，由兒子邵貞顯保存。貞顯對理學興趣不濃，故没有參與此事。到邵廷采時，屢想完成祖、父的夙願，但礙於種種因素的考慮，也不敢動筆。值康熙二十八年（一六八九），邵廷采讀書紹興董瑒家時，纔決定請董氏編定。董氏受託，作《姚江六子傳》，並「條次諸先生所著序言、紀事等篇，爲上下二卷，總名之曰《書院志略》。」可見，《志略》一書的編寫，凝聚了邵氏祖孫三代和董瑒的心血，僅題邵廷采或董瑒都是不確切的。

史料價值：《志略》是一部資料彙編，收録了二十二篇由書院派創始人及後繼者撰寫的有關書院的文章。我們現在所看到的是乾隆五十九年（一七九四）增訂本（本次整理即以此爲底本，浙江圖書館藏），增加了從《思復堂文集》等書中摘録的十二篇文章，比原來增加了約三分之一篇幅，資料更全。《志略》所收文章，絶大部分爲當事人及弟子們撰寫，原始性强，可信度高，是研究書院派難得的第一手資料，故史料價值十分高。一是解決了書院沿革興廢中的幾個難題，如關於書院的起源，我們一般只知道書院的前身是「半霖義學」，其實，據《志略》，在「義學」前，已有「尚友堂之會」，其特點是「每會必商所以養賢育才、講學論道之地」。又如，講到書院的院事任職順序，人們習慣於説首沈國模，次史孝咸，甚至還有人説史氏是「國模、宗聖去世以後」任院事的，這是錯的。據《志略》，史氏在崇禎十三年（一六四〇）即開始「主院事」，沈國模僅每月聚會時來講講課而已，可能是掛名的院事。二是提供了書院有關規章制度方面的詳細材料，以前，我們通過《思復堂文集》，對書院制度有所了解，但全貌不清。《志略》提供了順治六年（一六四九）訂的《書院任事約》、順治九年（一六五二）訂的《書院會則》，比較全面地勾勒了書院有關制度。如書院的管理體系，順治年間史孝咸重掌院事時，除院事、司席外，增設了「任事」，負責後勤事務。「任事」逐年輪流擔任，由四正八佐組成，共十二人。每一正二佐負責一年，四年一周轉，職責是「務令一切租稅、官糧及出入公費，各各如法，料理登記算明，無有差訛折耗」。此外，《志略》還補充了黄宗羲和書院交往方面的一些材料，使後人全面研究書院派思想發展脉絡成爲可能，具體可參見錢茂偉先生的文章。〔一〕

總之，《姚江書院志略》是一部資料彙編，收録了二十二篇由書院派創始人及後繼者撰寫的有關書院的文章。絶大部分爲當事人及弟子們撰寫，原始性强，可信度高，是研究浙東文化和姚江陽明後學的第一手資料，故史料價值十分高。

姚江書院與姚江學派：

王陽明的餘姚籍弟子中較著名者有徐愛、錢寬（錢德洪）、胡瀚、夏淳等人，他們對王學在餘姚乃至全國的傳播和發展作出了重大貢獻。作爲王陽明的嫡傳弟子，他們豐富和發展了王門學説。邵廷采在《王門弟子所知傳》中分别替徐愛、錢德洪作了小傳，稱讚徐愛「性深純

〔一〕錢茂偉：《〈姚江書院志略〉的編刊與史料價值》，《清史研究》一九九五年第二期。

開徹，善發師門旨意」，肯定了錢德洪「文成倡明絶學，人多未信，德洪與同郡王畿首奮然從」的功績。由於徐愛早卒，錢德洪在餘姚的影響更大。

再傳就到了沈國模。沈國模年輕的時候，以彰明儒道爲己任，曾參與劉宗周的證人講會，後來與管宗聖、史孝咸等創建了半霖義學（即後來的姚江書院），講授王陽明的良知説。半霖義學一時成爲浙東王門後學彙聚之地。邵廷采在《姚江書院傳》中分别爲沈國模、管宗聖和史孝咸作了小傳，肯定他們的功績：

「沈求如先生，諱國模，字叔則，餘姚人。憤舉業陷溺天下之人不知聖學，奮然棄諸生，倡明之。初入嵊，見周海門汝登，既與念臺劉子會講證人社，歸而建義學於半霖。同志者管先生霞標，史先生拙修、退修兄弟。其學以求仁爲宗，教人當下察取本心，擴充克治。遇有向道者，泥首鼓勸，雖在齠齔，提耳訓告。姚江講學之盛，前稱徐錢，後稱沈史焉。」

「管霞標先生，諱宗聖，字允中，餘姚人。曾祖見，廣東參政。先生爲人孝友忠亮，强氣自克，謂人心不正，在學術不明。於是與沈、史三先生會講陽明之學，以躬行實踐爲則，一言一動必準乎禮。邑中後生、先達皆化之。」

「史拙修先生，諱孝咸，字子虚，宋太傅浩之後也。……沈先生識行超卓，教人當下識取良知，故議者有禪學之目。及見拙修先生衣冠言動一準儒者，醇潔之士徐稍歸之。然劉子稱

求如之斬截，霞標之篤實，子虚之明快，一時共相伯仲。沈先生卒，拙修先生主書院。」〔一〕

在明末清初的複雜形勢下，王門弟子不僅恪守師説，而且根據社會現實需要修正和豐富王學内容。沈國模信奉「王學」，宣揚「良知」學説，教人當下拾取，有人誤以爲近於禪道，但沈國模言行敦厚高潔，品行誠篤，世人推爲醇儒。與沈國模同時的管霞標「以躬行實踐爲則，一言一行準乎禮」，以實踐爲原則，以禮法爲準則來治學。史孝咸則認爲「令學者鞭辟近裏，以立誠爲第一步」，主張做學問首要的是要立誠。於是姚江書院一時間成爲浙東地區的王學大本營。舉辦證人學會的劉宗周曾評價道：「求如（沈國模）之斬截，霞標（管宗聖）之篤實，子虚（史孝咸）之明快，一時共相伯仲。」（《思復堂文集》卷一《姚江書院傳》）這段話也點出了姚江書院創辦人在傳播王學時不同的側重點：沈國模主張良知説，管宗聖主張躬身親説，史孝咸主張修身見性。

姚江書院自沈、史、管三先生創建以來，書院内王學氛圍濃厚，各方學者慕名而來會談講學。邵曾可師從史孝咸，將王學引入邵氏家學，其子邵貞顯亦在姚江書院問學多年，其孫邵廷采更是自幼深受姚江書院的王學薰陶。

〔一〕以上所引皆見邵廷采《思復堂文集》卷一《姚江書院傳》。

六、附録部分

原來收入《思復堂文集》附録部分的傳記資料，放在本書的最後，作爲全書的附録。現代學者姚名達先生的《清邵念魯廷采先生年譜》，原來收入《民國叢書》，台灣商務印書館於一九八二年五月據以重印。本次整理《邵廷采全集》即將姚名達先生的《清邵念魯廷采先生年譜》收録，放在附録的末尾。姚氏《年譜》中原有的標點錯誤、引文錯誤及個別明顯的差錯，已經做了修改，不一一出校記。

限於學識和水準，本次點校差錯在所難免，敬請專家、讀者批評指正。

陳雪軍

二〇一七年十二月

總目録

思復堂文集

思復堂文集目録

思復堂文集卷一 傳

思復堂文集卷二　傳

思復堂文集卷三　傳

思復堂文集卷四　記

思復堂文集卷五　序　壽序

思復堂文集卷六　書序

思復堂文集卷七　書啓

思復堂文集卷八　論

思復堂文集卷九　略

思復堂文集卷十 墓碣 墓表 墓志 行略 傳 雜

序

王　掞

念魯先生自言曰：「文章無關世道者可以不作，有關世道不可不作，即文采未極亦不妨作。」嗟乎！　此先生是編之所以作也。今世之善古文詞者，類皆習於淫靡，務於美觀，工於奔競，而其性情汩没焉。先生恥之，一洗庸碌鉛槧之羞，起衰救弊，先生之功偉焉。

先生性恬退，不求聞達，當道縉紳争羅致之，争交譽之，先生勿顧也，故以諸生老。其文章高古樸茂，雅與身相等，世必有識之者，余可無論也。

先生與余爲忘年友，其卒於鄉也，余適在京師。今讀其文稿，一爲泫然，而序之如此。

康熙壬辰二月穀旦，山陰王掞祇如氏頓首撰。

序

劉士林

邵子念魯刻其《思復堂文稿前集》、《後集》成而未有序。友人過而詢之，念魯曰：「吾難其人也。吾山人也，不敢以乞縉紳先生之言。又或學術偏謬，持其是而不肯折衷賢聖，是序適爲争府，吾累也。且吾所以不揣而刻此者，懼泯師友、祖父之淵源，私襲以置諸笥，抑未必能子孫之守我也。生無耀於時，没亦已焉耳，烏用序爲？」

友人曰：「君不觀夫馬之走千里者乎？馬之走千里者，方其初行，或前或却，步緩而視徐，人與凡馬等相也；及其一日而果畢千里，則王良、造父争延譽矣。士固有絀於近而行遠者：昔杜甫晚歲以舟爲家；蘇長公由儋耳歸，浮江東下，當其時，釜生魚，甑生塵。天下之人不能出二子於飢凍，二子者負其行能，亦幾不以自信。然到於今稱二子，則其人之行遠而所以久者可信也。若乃布衣之文，亦有之矣：梁鴻矢五噫之歌，皋羽述西臺之記，下逮貝清江、高季迪，亦以能詩訓後進。本朝魏禧、屈大均、侯方域並居蓬户，光助文明，士大夫不聞以其卑賤而遺之。然則士果卒爲山人，其文豈不重歟？人生於地上，百事瞬息耳。瞬息於文，與瞬息於貨、財、聲、色也孰異？而立言之重，與立功、立德同科。且君嘗爲余言：「行文貴有原本。内無所窺於心性，外之不關家國、天下之務，徒敝精神，窮日夜以求其似，雖成亦何所用？不如所云略觀大意，雖非其至，性情之地微有存焉。」余喜稱斯語，以戒子弟之鶩於文。文之中有德有功，則可謂之立言。是兩者君兼盡之。其本原心性、經濟大略見於書院傳記、先賢諸傳。小之出爲酬用，亦不輒以一言輕相假借，庶幾乎古之無苟立言者。是亦可以信其行遠矣！

念魯曰：「吾於立言之道未有講也，抑稱引布衣諸高士，仰止之下，彌用爲愧。子謂我序之，則請子序之。」

山陰劉士林序，時康熙四十四年十一月初六日。

思復堂文集卷一

傳

明儒王子陽明先生傳

先生名守仁，字伯安，紹興餘姚人。講學於陽明洞，自號陽明子。父華，成化十七年進士第一，歷官南京吏部尚書。先生少有才名，弘治十二年進士，授刑部主事。十七年，改武選主事。湛若水爲庶常，一見定交，相期倡明聖學，門人始進。

正德元年，劉瑾掌司禮監，放逐大臣劉健、謝遷、韓文等。南給事中戴銑、御史薄彦徽合六科十三道公疏，請黜奸回，留碩輔，以安社稷。緹騎逮問，先生抗疏：「銑等職司諫，如其善，自宜嘉納；即未善，亦宜包容，開忠讜之路。乃今赫然下命，遠事拘囚。臣恐自兹以往，雖有上關宗社危疑之事，陛下孰從而聞之？況天時寒沍，萬一遣去，官校督束過嚴〔一〕，銑等在道或遂失所，填溝壑，有殺諫臣名，關係國體不淺矣！伏願追收前詔，俾各供職如故，以弘

〔一〕「校」，底本作「挍」，古代刻本「木」字旁、「扌」旁常常相混，今據文義改。後面有類似情況，逕改，不再出校記。

大公無我之仁，明改過不吝之勇。」

疏入，杖五十，謫貴州龍場驛丞。至錢塘，瑾使人尾之急，懼不免，乃託投江而浮冠履水上。附海舟至閩，入武彝山。已而慮及其父華，卒赴驛。龍場在萬山中，蛇虺蠱蟲所居。從者皆病，親析薪取水作糜飼之。鑿石椁待盡，諸苗伐木爲室，以居先生。明年，提學御史席書聘主貴陽書院，率諸生問學，始論「知行合一」。水西安氏慕先生，致餽，且咨及減驛事。復書諭以朝廷成制，言：「驛可減也，亦可增也。驛可改也，宣慰司亦可革也。使君之先，自漢、唐迄今，歷傳千百年久者，以能世守天子禮法，竭忠盡力，不敢分寸有所違。是故天子亦不得踰禮法，無故而加諸忠良之臣。不然，使君之土地人民富且盛矣，朝廷悉取而郡縣之，其誰以爲不可？所云奏功陞職事，意亦如此。夫剗除寇盜以撫綏平良，亦守土常職。今縷舉要賞，則朝廷平日之恩寵禄位顧將欲以何爲？使君爲參政，已非設官之舊；又干進不已，是無抵極也，衆必不堪。夫宣慰守土之官，故得以世有其土地人民；若參政，則流官矣。東西南北惟天子使，朝廷下方尺之檄，委使君一職，或閩或蜀，其敢弗行乎？則方命之，誅不旋踵而至，捧檄從事千百年之土地非復使君有矣。由此言之，雖今日之參政，使君將恐辭去之不速，其又可再乎！」

又書：「阿賈、阿札等畔宋氏，爲地方患，傳者謂使君使之。此雖或出於婦婦之口，然阿賈等自言使君嘗錫之以氈刀，遺之以弓弩。雖無其心，不幸乃有其迹矣。始三堂、兩司得是説，即欲聞之於朝。既而以使君平日忠實之故，且信且疑，姑令使君討賊。苟遂出軍剿撲，則傳聞皆妄。〔何可以濫及忠良？〕其或坐觀逗留，徐議可否，〔亦未爲晚，故且隱忍其議，〕所以待使君者甚厚。〔一〕既而文移三至，使君始出。衆論紛紛，疑者將信。喧騰之際，適會左右來獻阿麻之首，偏師出解洪邊之圍，群公乃復徐徐。今又三月餘矣，使君稱疾歸卧，諸軍以次潛回。其間分屯寨堡者，不聞擒斬以宣國威，唯增剽掠以重民怨，衆情愈益不平。而使君之民罔所知識，方揚言於人，謂『宋氏之難，當使宋氏自平。安氏何與，而反爲之役？我安氏連地千里，擁衆四十八萬，深坑絶坉，飛鳥不能赴，猿猱不能攀。縱遂高坐，不爲宋氏出一卒，人亦卒如我何！』斯言稍稍傳播，不知三堂、兩司已嘗聞之否〔二〕？使君誠久卧不出，安氏之禍，必自斯言始矣！使君與宋氏同守土，而使君爲之長。地方變亂，皆守土者之罪，使君能獨委之宋氏乎？夫連地千里，孰與中土之一大郡？擁衆四十八萬，孰與中土之一都司？深坑絶坉，安氏有之；然如安氏者，環四面而居以百數也。今播州有楊愛，愷黎有楊友，酉陽、保靖有彭世麒等。斯言苟聞於朝，朝廷下片紙於楊愛諸人，使各自爲戰，共分安氏之所有，蓋朝

〔一〕「其或坐觀逗留，徐議可否，所以待使君者甚厚」，康熙本和徐刊本均如是，然語意似未通。祝校本出校勘記云：「『其或……甚厚』句中疑有脱漏。」（第十七頁）《王文成全書》卷二十一、《炎徼紀聞》卷三、《文章辨體匯選》卷二百三十五皆云：「苟遂出軍剿撲，則傳聞皆妄，何可以濫及忠良？其或坐觀逗留，徐議可否，亦未爲晚，故且隱忍其議，所以待使君者甚厚。」據文意可知《文集》諸本「其或坐觀逗留」之前脱「何可以濫及忠良」七字，「徐議可否」之後均脱「亦未爲晚，故且隱忍其議」十字。今據補。

〔二〕「嘗」，徐刊本原作「常」。今據康熙本改。

令而夕無安氏矣。深坑絶坉，何所用其險？使君可無寒心乎？且安氏之職，四十八支更迭而爲；今使君獨傳者三世，而群支莫敢争，以朝廷之命也。苟有可乘之釁，孰不欲起而代之？然則揚此言於外以速安氏之禍者，殆漁人之計。蕭牆之憂，未可測也。使君宜速出軍，平定反側，破衆讒之口，息多端之議，弭方興之變，絶難測之禍，補既往之愆，要將來之福。某非爲人作説客者，使君幸熟思之！」

安氏得書悚息，卒定阿賈之難。居龍場三年，動忍增益，中夜得致知格物之旨，默證五經，無不合，著《五經臆説》。

四年，瑾誅，陞廬陵知縣。其冬入覲，陞南京刑部主事。即月調驗封，陞署員外郎。又調文選，始論晦庵、象山之學。七年，陞考功郎。其冬，陞南京太僕少卿，分署滁州。從遊學者日衆，始教人静坐，閑天理人欲之分。九年，陞南京鴻臚卿。是年，始揭「致良知」之教。

十一年七月，陞僉都御史，巡撫南、贛、汀、漳。王思輿語季本曰：「陽明此行，必立事功。」本曰：「何以知之？」曰：「吾觸之不動矣。」初，陳金、俞諫等討華林、桃源群盜，多所招撫，賊未大創；又民間父兄被殺者不得報讐，洶洶不安，數年間轉復嘯聚。於是賊首謝志山、藍天鳳據南安、横水、桶岡諸寨，池大鬢據漳州、浰頭諸寨，福建、江西、湖廣、廣東之界數千里皆亂。兵部尚書王瓊知先生才，特薦用之。先生以爲：「兵不素練而徒恃機謀，不能力戰，一時偶幸成功，非萬全策。且客兵一萬，不如鄉勇一千。前者多調狼達土軍，縻餉不貲，民苦兵甚苦寇，以故盜賊旋滅旋起。乃令四省兵備官於各屬弩手、打手、機快中，選驍果有膽力者縣千人，優其廩餼，最者拔爲將領。原額官軍，汰老弱三之一，專守城隘。而以新募精兵隨方出奇，由是戰無不勝。首攻信豐、龍南流賊，連敗之。兵既足用，上疏請申明賞罰以厲士氣，願假便宜，臨陣誅賞，不限以時，唯成功是責。」

王瓊請上即與先生兵符，改提督軍務。先討橫水、左溪之賊，獲謝志山。乘勝進攻桶岡，其帥鍾景納款，而横水、左溪奔入者持不可。先生遣使至鎖匙籠促降，而别遣邢珣、伍文定等冒雨入。賊方聚議未決，兵已奪險。猝震愕，急奔入内隘，阻水爲陣。珣麾兵渡水，張戩衝其右，文定又自戩右緣厓繞出賊旁。賊敗，奔十八磊。唐淳先至，嚴陣迎擊，賊又敗。會日暮，扼險相持。明日合戰，邢珣先破桶岡大巢，俘斬甚衆。湖廣兵亦至，餘賊遁入山谷。遣諸將分道捕之，於是横水、左溪、桶岡之賊略盡，藍天鳳等皆就擒。凡出師兩月，平賊巢八十四。設安遠縣，控制三省。晉右副都御史。

十三年正月，進討浰頭。先是，征横水、桶岡時，慮浰頭乘虚出擾，使人招降羈縻之，池大鬢不從。及横水破，大鬢懼，遣弟池仲安以二百人叩軍門降，陰覘虚實。先生令從别哨，遠其歸路；召近浰頭被賊者，各授方略遣歸。及桶岡破，大鬢益懼。先生遣使至浰頭，賜牛酒。賊嚴備，詭曰：「龍川新民盧珂恐見襲，故備。非官兵虞也。」盧珂者，抗賊不被脅，賊讐之。先生佯信其言，檄龍川廉珂擅兵狀，且令大鬢除道，候還兵討之。大鬢謝：「無勞官兵，當自防禦。」比兵還，珂來告變。先生佯怒珂，收縛，將斬之。曰：「大鬢方遣弟領兵報效，安得有此！」

十二月，至贛州，大享將士，下令：「横水、桶岡既平，浰頭歸順。民久勞苦，宜休兵爲樂。」遂散軍，使歸農。而遣仲安歸報以盧珂被繫，令其兄勿撤備，防珂黨掩襲。大鬢意大安，乃購其所親款賊：「官意良厚，何可不一往謝？」大鬢謂其下：「欲伸先屈。贛州伎倆，須自走觀之。」至，則見軍門無用兵形，珂等在獄，意益安。先生夜解珂，使歸發兵；官屬以次設牛酒宴犒，緩大鬢歸。度兵已大集，乃廷犒伏甲，引大鬢等入，悉擒之。而促諸路兵同抵賊巢，親兵由龍南、冷水徑直擣下浰，諸路兵皆入三浰。賊久弛備，官兵驟集，驚悸，悉其精鋭千餘，倚險設伏。官軍爲三衝，犄角進，指揮余恩首擊賊，戰良久，賊敗。王受等追之，伏發被扼。會推官危壽兵至，鼓譟前衝之。千户孟俊率兵遶其後，賊大潰，遂克三浰大巢。餘賊尚八百人，屯九連山，山四面險絶，設礨石、滚木，官兵莫敢前。先生令軍人衣賊衣，暮若敗奔者上山。賊見，果相招呼。得度險，遂扼其路。賊覺，急禦，則大衆已闌入。退走潰出，四路皆遇伏，擒斬略盡。餘徒二百人慟哭請降，納之。相視險隘，設和平縣，南、贛自此無盜。兵力精鍊，用之以義，文武官吏並能敵愾，功成寇除而無跋扈，幾復古者井田養兵遺制焉。

師還至贛，立社學，舉鄉約，修濂溪書院，刻《大學古本》、《朱子晚年定論》。所至會講明倫，武夫介士執兵環立，躡蹻擔鐙之夫千里遠至。長揖上坐，一言開寤，終身誠服。風教四被，訖於江表嶺嶠。

十四年六月，寧王宸濠反，起兵吉安，討之。先生久知宸濠且反，慮南、贛未平，得與群盜通，益不可制。及盜平，而先生已爲提督，鎮上游，濠乃起事。王瓊言於朝曰：「王伯安在，何患！不出兩月，捷疏至矣！」時福州三衛軍人進貴作亂，瓊謂主事應典：「進貴事，不足煩守仁。可假此便宜與勅書，待他變。」乃命先生出勘福建亂軍。

甫至豐城，反狀聞。幾爲濠追所及，匿漁舟潛走。臨江知府戴德孺迎入城調度。先生以臨江要衝，逼省會，不可駐兵。乃反吉安，與知府伍文定定謀。召邢珣等遣諜四出投檄，言京師、湖廣、廣東西、南京、淮安、浙江各發兵，共數十萬，以疑宸濠，使不敢出南昌。賊果疑，遲回半月，始出攻南康、九江、安慶，則官兵大集矣。又密書與賊心腹李士實、劉養正，若有約内應者。宸濠搜得書，内相猜。士實勸：「去安慶，趨南京；否，徑出蘄、黄，趨京師。」皆不從。

七月癸卯，先生自吉安起師，會於樟樹鎮。知府戴德孺自臨江，徐璉自袁州，邢珣自贛州，通判胡堯元、童琦自瑞州，及新淦知縣李美、太和知縣李楫、寧都知縣王天與、萬安知縣王冕，各以其兵至。己酉，至豐城，議所向。或欲勿攻南昌，以大兵逼之江中，與安慶夾攻之。先生曰：「不然。我越南昌而趨江上，安慶之衆僅能自保，豈能援我中流？而南昌兵議其後，絶我糧道，南康、九江合勢乘之，是腹背受敵也，不如先攻南昌。寧王久困堅城，精鋭皆出，守禦必單。我兵新集，氣鋭可克。寧王聞之，解圍還救，暨來，已失南昌。彼則奪氣，首尾牽制，此成擒矣。」乃分兵十三哨，哨三千人，各攻一門，以四哨爲遊兵策應。寧王别伏兵墳廠，爲城中聲援。遣知縣劉守緒夜襲，破之。二十日昧爽，至南昌，令曰：「一鼓，附城；再鼓，登；三鼓不登誅。」遂援梯登。城中倒戈，門有不閉者。師入，擒居守宜春王拱樤及萬鋭等千餘人，宮中皆縱火自焚死。散遣脅從，府庫被宸濠取充軍資及兵士掠取不盡者籍封之，城中始定。

宸濠先遣兵二萬還援江西，自以大軍繼之。衆請堅守待四方援，先生曰：「不然。寧王兵力雖强，所至徒恃焚掠，劫衆以威，未嘗逢大敵，誘惑其下以事成封爵富貴。今遇一城不能克而南昌失據，衆心已離。我乘鋭邀之，將不戰自潰。」遂進，遇於黄家渡。賊乘風鼓譟，氣驕甚。伍文定、余恩佯却致之。賊争進，前後不相及。邢珣從後急擊，横貫其陣，賊敗走。文定、恩還乘之，徐璉、戴德孺合兵夾攻，賊大潰。追奔十餘里，擒斬二千餘級，溺水死者萬計。賊退保八字腦。是日，建昌知府曾璵、撫州知府陳槐亦率兵至。遣槐攻九江，璵攻南康。宸濠盡發兩郡兵，厚賞將士。丙辰合戰，官兵敗死者數百人。伍文定急斬先却者以殉，身立銃砲間，火燎其鬚，不移足，士殊死鬬。兵復振，砲及宸濠舟，賊遂大敗。退保樵舍，聯舟爲方陣。文定等爲火攻，邢珣擊其左，徐璉、戴德孺擊其右，余恩等四伏，火舉兵合。

丁巳，遂破賊。執宸濠及其世子、郡王、儀賓、僞丞相、元帥等官，斬首三千餘級，溺水死者約三萬。棄衣甲財物與浮屍積聚，横亘如洲，餘賊數百艘四逸潰逃。遣兵追擊，破之樵舍，又破之吴城，擒斬略盡。曾璵、陳槐亦收服九江、南康，餘黨悉平。宸濠檻車入南昌，軍民聚觀，歡聲動天地。仰見先生，呼曰：「吾欲盡削護衛，降爲庶人，可乎？」先生曰：「有國法在。」遂俯首不言。以婁妃嘗諫濠，求葬其屍。凡交通中外大小臣僚手籍，悉焚之。

前是，先生上宸濠僞檄，末謂：「陛下在位一十四載，屢經變難，民情驛騷，尚爾巡幸不已，以致宗室黠者謀動干戈，冀竊大寶。且今天下之覬覦，何特一寧王！天下之奸雄，豈直在宗室？興言及此，悚骨寒心。昔漢武帝有輪臺之悔，而晚節奠安；唐德宗下奉天之詔，而士民感泣。陛下宜痛自克責，易轍改絃，罷絀奸諛以回天下豪傑之心，絶跡巡游以杜天下奸雄之望，則太平尚有可圖，臣民不勝幸甚！」

左右多弗悦。以方起義師，不能難也。而上則自稱威武大將軍鎮國公，總督軍務，帥京邊驍卒數萬，假親征南遊。至良鄉，捷書至。大學士梁儲、蔣冕等請回鑾，不聽。

九月，上至南京。先生慮沿途奸黨潛伏〔一〕，欲自獻俘闕下。是月，發南昌。太監張忠、安邊伯許泰以數千人浮江而上，抵江西。先生乃俘宸濠，取道浙河以進。忠、泰使人要之廣信，弗聽。時太監張永已至錢塘。先生夜見永，頌其誅劉瑾功，永悦。因極言江西遭亂，民困已極，不堪六師之擾。永深然之，曰：「吾出，爲群小在側，欲左右默輔聖躬，非爲掩功來也。第事不可直致耳。」先生乃以濠付永，身至京口，欲謁駕。江彬等誣先生：「初附濠，度勢敗乃擒之爲功。」張永語家人曰：「王都御史忠臣爲國，今欲以此害之，異時朝廷有事，何以復使人？」乃見上，具道□□□狀〔二〕，彬等毁遂不入。張忠又誣先生將反，試召之，必不來。先生聞召即奔命，至龍江，忠等又阻之。乃綸巾野服，入九華山，日坐草庵。上使人覘之，曰：「王守仁，學道人也。寧有反乎！」會有巡撫江西命，乃還南昌。

忠、泰奉内降討宸濠餘黨，根搜羅織。京邊軍萬餘駐省城五閲月，糜費繁浩，公私騷然。

〔一〕「伏」，康熙本、徐刊本皆作「代」，據義當作「伏」。

〔二〕「道」後康熙本、徐刊本皆缺三字。

北軍旦暮呼先生名嫚罵，或衝道啓釁，先生略不爲動。先令市人移家鄉落，以老稚應門。給示内外，述北軍離家苦楚，居民當致主客禮。每出，遇北軍喪，必停車問故，厚與之櫬，嗟嘆乃去。久之，北軍咸曰：「王都堂待我有禮，我安得犯之！」會冬至，新經濠亂，民間哭亡酹酒，北人無不思家泣下。忠、泰自挾所長校射教場，江西官軍射多不中，乃强先生。先生故不得已，應之。三發三中，北軍同聲踴躍，呼應遠近。忠、泰不樂而罷，曰：「我軍皆附彼矣！」遂班師。

當是時，宸濠未死，諸奸佞先通濠得金錢者多在上左右，頗有異謀。畏先生，不敢發。先生沉機曲算，内戢凶倖，外防賊徒，撫定瘡痍，激厲將士，日夜如對勍敵，宸濠竟得伏誅。内閣大臣素惡王瓊，忌先生以提督專制討賊，歸功瓊。久之不賞。居南昌，求録陸象山子孫，集門人於白鹿洞。

世宗即位，封奉天詡衛、推誠宣力守正文臣、特進光禄大夫、柱國、新建伯。詔至，直父華生日，奉觴爲壽。

嘉靖元年二月，丁外艱居越，弟子益進。黄綰薦先生才可入相，而他疏刺譏楊一清，故與輔臣齟齬。而其鄉人之忌者至誣之史，詆其講學收召朋徒共爲名高。屢形奏牘，上亦不能無疑也。服闋，不召，不與鐵券。歲録勤王諸臣，唯伍文定得副都御史，餘並閒廢。先生上疏辭爵，論白諸有功者，竟格不行。廷推本兵、三邊、團營，皆不用。

二年，南宫策士問「心學」，陰闢先生，門人徐珊不對而出。三年八月，宴門人天泉橋。四年，會龍泉山中天閣。十月，立陽明書院於越城。

六年，起總督兩廣、江西、湖廣軍務，征思、田。至南浦，民歡迎夾道。講《大學》於明倫堂，諸生擁蔽，多不得聞。唐堯臣代獻茶者，上堂旁聽，驚曰：「三代後安得有此氣象耶！」師至田州，開示恩信，盧蘇、王受等自縛來歸，裹甲受杖〔一〕。上疏言：「思、田久苦兵革，況外捍交阯，縱克之而置流官，餉窮兵弱，必生他變。岑氏世有功，因其俗可，請降田州府爲田州，以岑猛子邦相爲判官，蘇、受爲巡檢。別立思恩府，設流官統之。」上皆從焉。

師旋，以蘇、受爲先鋒，合永順、保靖兵討斷藤峽諸盜，進剿入寨，傜賊悉平之。方欲移府治、建衛所、增兵設官而病作，疏乞骸骨。十二月，度大庾，疾劇，謂布政使王大用曰：「爾知孔明所以託姜維乎？」大用擁兵護衛，且敦匠事。舟次南安，門人推官周積來見，問何遺言。曰：「此心光明，亦復何言！」卒，年五十八。官屬、師生、士民遠近遮道，自贛送櫬至會城〔二〕，哭聲震地，屬路不絕。

桂萼等因言先生攻南昌日紀律不肅，奏捷誇揚，而學術僻狂，足壞士習，宜削官爵。上憐先生功，不許。田州之出，萼與張璁薦之。萼本不善先生，以璁强之。萼長吏部，暴貴喜功名。諷先生取安南，先生不應，以故構隙〔三〕。再論先生離職及處田州失當，下公卿議。停卹

〔一〕「裹」，徐刊本作「衷」，康熙本字形似「衷」而實爲「裹」字之草寫。今據康熙本改。

〔二〕「櫬」，原作「襯」，古代刻本「木」字旁、「衤」旁容易相混，今據文義改。

〔三〕「構」，原作「搆」，古代刻本「木」字旁、「扌」旁容易相混，今據文義改。後有類似情況，逕改，不再出校記。

典、世襲，詔禁僞學。隆慶初，始贈新建侯，謚「文成」，賜葬祭。子正億得嗣伯。萬曆中，從祀孔子廟庭。正億卒，子承勳嗣。承勳卒，子先通嗣。

自宋世理學昌明，程、朱大儒擇精語詳，有國者至以五經、四書制科取士，可謂盛矣。然人人崇用朱傳，而不知反驗之身心，口之所能言、筆之所能書顧茫然也。先生思振其衰弊，以爲人皆可堯、舜，獨恃此不學不慮之良知。而作聖之功，不廢學慮。孩提之不學不慮，與聖人之不思不勉本體同，而求端用力在於致。《大學》「致知在格物」，《中庸》「致中和」、「致曲」，推而極之，畢天下之能事，至於天地位、萬物育，而非有加良知也。孔子曰：「我欲仁，斯仁至。」不得謂良知之遠且難也；曾子曰：「仁以爲己任，任重道遠。」不得謂致良知之近且易也。

良知即明德，是爲德性；致之有事，必由問學。尊德性而道問學，致良知焉盡之矣。故謂象山爲尊德性，而墮於禪學之空虛，非尊德性也；謂晦庵爲道問學，而失於俗學之支離，非道問學也。非存心無以致知，後人自分，而晦庵、象山自合耳。顧晦庵之學，已皎然如日月之麗天。先生欲表章象山，以救詞章帖括之習，使人知立本、求自得，故其言曰：「朱、陸二賢者天姿頗異，途徑微分，而同底於聖道則一。其在夫子之門，視如由、賜之殊科焉可矣。而遂擯放廢斥，若碔砆之於美玉，奚爲也？」

至於「四無」之説，流失在龍溪。而天泉夜論，其師不以爲不然，故滋後人口實，然其中正有可詳求者。陽明之所爲「四無」，固異於龍溪之所爲「四無」。龍溪之所謂「四無」，以無爲無者也，蕩而失歸，恍惚者託之矣。故其後爲海門、爲石梁，而密雲悟之禪入焉。陽明之所謂「四無」，以無爲有、以有爲無者也。前乎此者，濂溪之「無極而太極」；後乎此者，蕺山之「無善而至善」。「上天之載，無聲無臭」，「形而上者謂之道」，是不可名者也。故知善知惡是良知，爲善去惡是格物。統中人以上、中人以下，循循焉俱由此二言入。教人有序，雖卓立喟嘆之顔子不能出其範圍，固當以緒山之所守爲正矣。致良知實功唯爲善去惡，故曰：「致知在格物。」其小異於朱子者，正心誠意之事並攝入格致中，舉存心、致知不分爲二，是固《中庸》「尊德性」、「道問學」之本旨也。

善乎，鄭端簡之言曰：「王公才高學邃，兼資文武，近世名卿，鮮能及之。特以講學故，衆口交訾。蓋公功名昭揭，不可蓋覆。唯學術邪正，未易銓測。以是指斥，則讒説易行，媢心稱快爾。」今人咸謂公異端陸子静之流。嗟乎，子静豈異端乎！以異端視子静，則游、夏純於顔、曾，而思、孟劣於雄、況矣！公所論敘《古本大學》、《則言》、《傳習録》諸書具在，學者虛心平氣，反覆融玩，久當見之。寧庶人反時，又能不顧九族，身任其事，不踰旬朔，卒平大難。宣德、樂安之變有如公者，景陵無羈靮之勞矣。

萬曆十二年十月，大學士申時行等疏曰：「前御史、詹事建白先臣王守仁、陳獻章從祀學宮，下九卿、科道官議。諸臣不能深惟德意，雜舉多端，或且詆訾守仁。奉旨：『王守仁學術原與宋儒朱熹互相發明，何嘗因此廢彼。』大哉王言！亦既明示之矣。而議者紛紛，迄無定論，又命廷議歸一具奏。仰惟王上重道崇儒，德旨屢下，深切著明。今覆議乃請獨祀布衣胡居仁，臣等竊以爲未盡也。彼詆訾守仁、獻章者，謂之『僞學』、『伯術』，原未知守仁，不足深辨。

「其謂各立門户者，必離經叛聖，如老、佛、莊、列之徒而後可。若守仁，言『致知』出於《大學》，言『良知』本於《孟子》。獻章言『主静』，沿於宋儒周敦頤、程顥。皆闡述經訓，羽翼聖真，豈其自創一門户耶？事理浩繁，茫無下手，必於其中提示切要以啓關鑰，在宋儒已然。故其爲教，曰仁曰敬，亦各有主。獨守仁、獻章爲有門户哉！

「其謂禪家宗旨者，必外倫理、遺世務而後可。今孝友如獻章，出處如獻章，而謂之禪，可乎？氣節如守仁，文章如守仁，功業如守仁，而謂之禪，可乎？其謂無功聖門者，豈必著述而後爲功耶？蓋孔子嘗删述六經矣，然又曰『予欲無言』、曰『吾無行而不與二三子』。門人顔淵最稱好學矣，然於道有以身發明者，比於以言發明，功尤大也。其謂崇王則廢朱者，不知道固相成，並行不悖。蓋在朱時，朱與陸辨，盛氣相攻，兩家弟子有如仇敵；今並祀學宫。朱氏之學，昔既不以陸廢，今獨以王廢乎？

「大抵近世儒臣，裒衣博帶以爲容，而究其日用，往往病於拘曲而無所建樹；博覽洽聞以爲學，而究其實得，往往狃於見聞而無所體驗。習俗之沉錮，久矣！今誠祀守仁、獻章，一以明真儒之有用，而不安於拘曲；一以明實學之自得，而不專於見聞。斯於聖化，豈不大有裨乎！若居仁之純心篤行，衆議所歸，亦宜並祀。我國家二百餘年，理學名臣，後先輩出，不減宋朝。至於從祀，乃止薛瑄一人，殊爲闕典。昔人有云：『衆言淆亂，折諸聖。』伏惟聖明裁斷，益此三賢，列於薛瑄之次，以昭熙代文運之隆。」

制曰：「可。」

康熙某年，湯斌答陸隴其書曰：「手教：孔、孟之道，至朱子而大明。學者但患其不行，不患其不明；但當求入其堂奧，不當又自闢門户。再讀《學術辨》云：『天下有立教之弊，有末學之弊。』又云：『涇陽、景逸未能盡脱姚江之藩籬，聖人復起，不能易也。』獨謂弟不欲學者詆毀先儒，是誠有之，然有説焉。弟少無師承，長而荒廢，茫然無所知。竊嘗泛濫諸家，妄有論説。其後學稍進，心稍細，甚悔之。反覆審擇，知程、朱爲吾儒正宗，欲求孔、孟之道而不由程、朱，猶航斷港絶潢，而望至於海也。

「若夫姚江之學，嘉、隆以來，幾徧天下矣。近有一二巨公昌言排之，不遺餘力，姚江之學遂衰，可謂有功聖道。然海内學術，澆漓日甚，其故何與？蓋天下相尚以僞久矣。今天下深明理學者固衆，隨聲附和者實多。更有沉溺利欲之場、毁棄坊隅、節行虧喪者，亦皆著書鏤板，肆口譏彈，曰『吾以趨時局』也。亦有心未究程、朱之理，目不見姚江之書，連篇累牘無一字發明學術，但抉摘其居鄉居家隱微之私，以自居衛道閑邪之功。夫訐以爲直，聖賢惡之，惟學術所關，不容不辨，如孟子所謂『不得已』者可也。今舍其學術而毁其功業，更舍其功業而訐其隱私，豈非以學術精微未嘗深討，功業昭著未易詆誣，而發隱微無據之私，可以自快其筆舌？此其用心亦未光明矣。在當年，桂文襄之流不過同時忌其功名，今何爲也？責人者，貴服人之心。自古講學，未有如今日之專以嫚罵爲能者也。

「或曰：『孟子嘗闢辟楊、墨矣，楊、墨何至無父無君？孟子必究其流弊而極言之。此聖賢衛道之苦心也，何怪今之君子與？』竊以爲不然。孟子得孔子之心傳者，以其知言、養氣、性善、盡心之學，爲能發明聖人之藴也。蓋有所以爲孟子者，而後能闢楊、墨，息邪説，閑先聖之道；若學術不足繼孔子，而徒日告於人曰：『楊、墨無父無君也』，『率獸食人也』，恐無以服楊、墨之心而熄其方張之焰矣。孟子曰：『今之與楊、墨辨者，如追放豚，既入其苙〔一〕，又從而招之。』則知當日之與楊、墨辨者亦不乏人矣，今無片言隻字之存，則其不足爲輕重可知也。然則楊、墨之道不傳於今者，獨賴有孟子耳。今不務爲孟子之知言、養氣、崇仁義、賤功利，而但與『如追放豚』之流相頡頏焉，其亦不自重也已。

「台諭云：『陽明嘗比朱子於洪水猛獸，是詆毀先儒莫陽明若也。今亦黜夫詆毀先儒者耳，庸何傷！』竊謂陽明之詆朱子也，陽明之大罪過也，於朱子何損？今人功業文章未能望陽明之萬一，而止效法其罪過，如兩口角罵，何益之有？恐朱子亦不樂有此報復矣。故弟之不敢詆斥陽明者，非篤信陽明之學也，非博長厚之譽也，以爲欲明程、朱之道者，當心程、朱之心學。程、朱之學，窮理必極其精，居敬必極其至，喜怒哀樂必求中節，視聽言動必求合禮，子臣弟友必求盡分。久之，人心咸孚，聲應自衆。即篤信陽明者，亦曉然知聖學之有真也而翻然從之。若曰能嫚罵者即程、朱之徒，則毁棄坊隅、節行虧喪者皆將俎豆洙、泗之堂矣，非弟之所敢信也。弟年已衰暮而學不加進，惟願自體勘求，不愧先賢。或天稍假以年，果有所見，

〔一〕「苙」，康熙本、徐刊本均作「笠」。《孟子》原文作「苙」，據改。

然後徐出數言就正海内君子未晚。此時正未敢漫然附和也。」

斌號潛庵，睢州人，孫徵君鍾元門人。

論曰：道固一貫，其流則萬析焉。既精，支離是患。儒者之學，固以經世務爲驗也。昔孔子作《春秋》，空文當行事；孟子游事梁、齊，闊其言弗用；漢董、賈，宋周、程、張、邵、朱諸賢，未得大展所爲；陽明遭際運會，值昏亂之朝，而能以勳名完立，卓然爲一代安國家、定社稷元臣。即其初謫龍場，亦有一紙書剪安之烈，使天下見儒者經綸無施不可，蓋皆其學之厚積有以發之。忌者顧從而指爲僞，甚矣。石齋黄公稱先生氣象類孟子明道，而出處建功之跡近於伊尹，知人知言哉！

明儒劉子蕺山先生傳

先生諱宗周，字起東，紹興山陰人。父秦臺公坡死五月而先生生，因念父，號念臺。居貧，依外祖父章公穎。章公儒者，趨步繩尺，常爲開説忠孝，以是少成而莊，卓犖有聖賢志度。辛丑萬曆二十九年，成進士。内艱，爲堊室容膝，日夜哭其中。陶文簡望齡來吊，曰：「教衰禮壞久矣，未見善喪若劉君者也！」先生冀上母節於朝，詣郡陳乞，哀動左右。仁和陳植槐感其誼，言於德清許敬庵孚遠而見之，遂納贄焉。自嘉靖中葉以後，學陽明之學者多失其真，唯敬庵恪宗程、朱，居敬窮理，言動皆有矩準，長興丁元薦從之遊。先生侍杖屨纔月餘，終身守師説不變。

三十三年，筮仕行人。沈一貫當國，給事錢夢皋朋邪亂政，楚獄妖書械起，縉紳重足。先生將論劾，念大父年老，厲聲自呵曰：「身非我有，何得乃爾！」遂假終養歸。

四十年，大父服闋，起原官，充副使封益王。親見宗藩困敝，因使竣獻六議，末曰：「陛下深居宫禁，務與臣下隔絶，雖皇太子至親，未嘗宣召。春秋鼎盛，講席不設，託之阿保之手。豈陛下之所厭者賢士大夫，復推之而於皇太子亦厭之也？陛下之所狎者宦官宫妾，復推之而使皇太子亦狎之也？」時鄭貴妃危太子，而神宗久不視朝，故疏及之。不報。

先是，顧憲成講學東林書院，以激揚名教爲任，朝野翕然龜著其言。而用事者不便，思中傷之。會淮撫李三才豪墨敗。憲成惜其才，遺書朝貴爲疏解，黨議門户自此始。崑山顧天竣、宣城湯賓尹，所謂崑、宣黨也，以不謹中考功法，諸附崑、宣者並黜，其徒積不平。值熊廷弼督學南畿，逢賓尹意，庇諸生之淫者，與巡方荆養喬相訐，養喬不勝。讒人聚蚊，坐東林主使，欲碑姦黨，平憾崑、宣。先生憂國是，上疏，略曰：「東林云者，先臣憲成倡道其鄉，以淑四方之學者也，何至被以黨名？且攻東林可，黨崑、宣不可。憲成，學朱子者也。世日尚奇，朱子以平；世日尚圓，朱子以方。合方與平，和之至也。夫王守仁之言良知也，無善無惡，其弊也爲佛、老，頑鈍而無恥；顧憲成之學朱子也，善善惡惡，其弊也爲申、韓，慘刻而不情。佛、老之害，得憲成而救。臣懼一變復爲申、韓。虞廷授受曰『中』，孔門得之爲傳心要法，斯則有進於東林者矣。」南臺孫光裕論先生顛倒是非，借東林袒養喬。同邑某謂先生曰：「慎毋及時事，且晚吏部矣。」先生不聽。明年，以病免歸。

光宗立，遺書首輔葉向高，言：「宰相職進賢退不肖。始閣下參政，姑用調停，釀成二十年叢脞之禍。願以前事爲鑒。」

辛酉天啓元年，起禮部儀制主事。逆奄魏忠賢與保母客氏爲對食，用中旨闢通。先生受事九日，抗疏曰：「頃者奉聖夫人客氏於陛下有阿保恩，不忍遽出，至出而復入。夫以大内森嚴，恣一宫人出入不禁，非所以閑内外也。陛下方以人言及之，一舉而逐三諫臣，罰者一人，至閣部以下，舉朝争之不得。則陛下又以一宫人，成拒諫之名矣！古者公卿有罪，下廷議而理之，不聞以禁中決也。乃今朝逐一諫官，中旨也；暮逐一諫官，中旨也。此中旨者，陛下方用之以快一時之喜怒，而孰知前後左右又不難乘陛下之喜怒，以快其私？方且日調鷹犬狗馬以蕩陛下之心，日進聲色貨利以蠱陛下之志，凡可以結人主之歡者無不至，使人主日視此法家弼士如仇讐，而後得以指鹿爲馬，盜陛下之威福，或降斜封之敕，或興鈎黨之獄，生殺予奪，惟所自出，而國家之大命隨之。試問今日得時用事、親幸於陛下若左右手者，非魏忠賢也耶？然則導陛下逐諫官者，忠賢也；導陛下以優人、雜劇、射擊、走馬者，亦忠賢也。陛下清明在躬，將追邁古先哲王，乃爲賢等所誤，豈不深可惜哉！」

有旨廷杖，向高力救，免。時上書者多言客氏，而忠賢之糾自先生始。

遼、薊餉詘，議輸金補諸生。先生揭上，禮部尚書孫慎行謂：「學校人才自出，天下黌序皆賈豎子，豈能濟緩急？」因條上祖制七事，慎行不能用。

左都御史鄒元標、僉都馮從吾以闕門戒嚴，人心崩潰，率同志講學首善書院。都下士大夫興起，先生與太常少卿高攀龍實左右之。累遷光禄丞、尚寶、太僕少卿。見客、魏焰張，衣冠之禍將作，固請告歸。

四年，起右通政使。時高邑趙南星爲吏部尚書，特重先生，將推入閣而知其難進，因有是命。曰：「俟其入朝，用未晚也。」比部檄至浙，而楊漣等已被逐，國事大變。向高致仕去，南星、攀龍尋亦罷。先生拜疏辭，竟革職。

緹騎四出，削籍偏天下。先生居里中，與諸生會講蕺山，痛言：「世道之害釀於人心，人心之惡以不學而進。今日亟欲明人心本然之善，他日庶不至凶於而國，害於而家。」楊、左六君子死，先生作賦，哀正直，陳邪惡。高攀龍寄語曰：「此何異公子無忌約賓客入秦軍乎？惟杜門謝客爲正。」先生然之，輟講遁跡。

惠世揚被逮，詞連先生。御史王業浩救，得免。已逮黄尊素過郡，先生餞於郊，灑涕與别。返，謂門人：「吾常自信於生死關無動，今利害當前，猶爾怦怦，知向者乃依傍也。」因獨契濂溪主静立極之説，存省交用，詣力益進。

烈皇帝即位，客、魏伏誅。戊辰崇禎元年十一月，起先生順天府尹。二年九月受事，上疏曰：「堯、舜之道，仁義而已矣。出乎仁義，則爲功利，爲刑名。其究也爲猜忌壅蔽，與亂同事。以陛下厲精求治，宵旰靡寧，雖堯、舜之憂勤弗切於此矣。然程效太急，不免見小利而慕近功。夫今日所汲汲於近功者，非邊事乎？誠得在事之臣，以屯守爲上策，簡卒節餉，修政刑而威信布之，需之歲月，必有望風束甲者。而陛下方鋭意中興，刻期出塞。竭天下之力以奉驕軍而軍愈驕，聚天下之兵以博一戰而戰無日，此計之左也。今日所規規於小利者，非理財之事乎？陛下留心民瘼，惻然恫瘝。而輒以司農告匱，講求掊克聚斂之政。水旱災傷，一切不問。條例紛紜，輾轉得之民手，爲病甚於加賦。

功利之見動，而廟堂之上有不勝煩苛者。頃陛下誅贓吏，坐者十餘人，輔臣劉鴻訓亦蒙嚴譴。雖法在不赦，臣終爲揆地惜。廠庫諸臣勅問，既往積弊相仍，事屬曖昧，此而置之重典，是謂不教之誅。從此深文，習爲頑鈍矯飾以欺陛下，度豈能一一問之？且陛下所以焦心勞思而不辭者，爲未得賢人君子而用之也。聖明天縱，諸所擘畫，動出諸臣意表，不免有自用之心。臣下自以不及，益務爲謹凛救過，讒者因而間之，猜忌之端遂從此起。夫天下可以一人理乎？恃一人之聰明，而使臣下不得關其忠，則陛下之耳目有時壅矣；憑一人之英斷，而使諸大夫國人不得衷其是，則陛下之意見有時而移矣。方且爲内降，爲留中，又何以追喜起之盛乎？

「然則兵陳而不戰，財散而不私，刑以不殺爲威，求天下之賢人以自輔，遂可以希堯法舜乎？未也。堯、舜之道，堯、舜之學爲之也。學之大者，在『執中』數語。陛下求治之心，操之過急，不免醖釀而爲功利；功利不已，轉而爲刑名；刑名不已，流而爲猜忌；猜忌不已，積而爲壅蔽。正人心之危，所潛滋暗長而不自知者，於焉默證。此心之出於道者，止此仁義之良。而精以擇之，一以守之，則隨吾心所發，無過不及之差，而中道在我矣。中者，天命之性，仁義之極則也。仁以育天下，義以正天下，由朝廷達於邊境舉而措之，陛下已一日躋於堯舜矣。」末引漢宣帝、唐德宗、宋神宗爲鑒。上憚其直，且謂所學迂，心不然之。先生疏：「古者京尹主治貴戚，誅豪右，漢張趙、宋包歐是也。國朝加設撫按，又設五城御史，京尹事權乃輕。臣雖不才，請自今考課。或民生未遂，或教化未行，或紀綱不立，或風俗敗壞，或人心澆漓，一一問臣坐臣罪，以稱古京兆之職。」不報。

先生曰：「雖未奉俞旨，吾惟設誠行之。」令下，豪貴斂跡，奸吏屏息。都人慶喜，謂百年來京尹所未有。

冬十月，我師由大安口入。京師戒嚴，遠近避難者麕至，煤米踊貴，京軍饑疲謗騰。先生曰：「吾官守土，當以民生内憂爲急。」奏發内帑二萬，捐門税以通煤米；出太倉粟平價，預給軍人月糧一月，亟運通倉抵之。

遵化失守，難民叩都門，主者恐有變，將插之郊關。先生曰：「民心一失，何恃城守？此京兆事，無庸諸君過慮。」乃嚴保甲，籍名居，編入，偏置粥廠。僵仆者火室温之，道殣瘞之。勸民貧富相卹，人自爲養。

十一月，我師攻德勝門，敗，袁崇焕移營南海子。中旨辦布囊八百，廷臣各進馬騾，先生頓足曰：「是將遷幸耶？乘輿出，大事去矣！」跪午門，力陳利害，請上御皇極門調度方略。俯伏至暮，傳旨始退。復造閣門揖輔臣曰：「上輟朝二旬，中外觖望，閣下可不力爲之所？」先生見上下解體，不勝憤，乃大會官屬民士於城隍廟，爲文告于謙。召父老，述高皇帝開造功德、列聖休養。詞淚俱湧，衆皆環哭，人固有志。

崇煥下獄，上任滿桂爲總理，統援兵。大學士錢龍錫等坐煥黨，簿問，復以他事杖殺郎署數人。益疑群臣謀國不忠，用奄人提督京營，刑賞皆亂。先生抗言：「上不開示誠心爲濟難之本，禍無已時。且軍旅重任，文臣提督，定制也。今以不信文臣，故委之武臣，致祖大壽以跋扈逃，申甫以睚眦隙，其他入援諸將率多潰散，則桂果能孤軍取勝乎？張鴻功侯世禄，皆以援兵潰，而與之戴罪；若滿桂失事，又何以處之？文武之途既盡，勢不得不與一二内臣同患難，曾有宦官典兵不誤國者？魚朝恩、童貫，千古明鑒。」諸帥竟不受桂節度，桂敗。會除夕，我師拔營，由灤、永去。先生瘞戰亡將士，自德勝門、涼水、蘆溝，埋骨三萬，標以柳榆。拜疏言：「兵必再至。請除詔獄，蠲新餉，以祈天永命。戒閣臣勿驅除異己，終朋黨之禍，阿人主富强，釀土崩之勢。」周延儒、温體仁見而惡之。因先生辭職，遂予告。

凡守京兆一載。每坐堂皇，奄人闖入言事，或出語詬誶，治事如故。奄人反笑而謝曰：「公執拗人。如是，無怪也。」武清伯奴子争道，毆諸生，使吏入武清家捕之。武清及門言謝，拒不見，曰：「奴辱士，罪在主將。」上告天子，卒棒奴，何校武清門外。初至，即焚司禮監樂器於通衢，盡驅倡優出境，輦下震烈。單丁窮户，周其情隱。是以重遭兵革，民不疲乏。比出都，都人罷市而哭。守門奄者見行李蕭然，顧嘆曰：「真清官也！吾輩死且服矣！」

五年冬，會推通政使，體仁格不用。八年，上念置相不得人，親試大小九卿詹翰於廷，命吏部並推在籍者，及先生。陶石梁奭齡送之曰：「願先生安其身而後動，易其心而後語，使天下實受其福。」九年正月，召對文華殿，問用人、足餉、平寇之策。先生言：「皇上求治太急，用法太嚴，布令太煩，進退天下太輕，遂使在事諸臣，相率畏罪飾非，莫肯盡心職業，所以有人而無人之用，有餉而無餉之用，有將而不能馭兵，有兵而不能擊敵。臣請盡改前所爲，天下方有太平之望。至於流寇，本皆赤子，撫之有道，還爲吾民。今日急務，在收拾人心，先寬有司之參罰。參罰重則吏治壞，致民生失所，盜賊日起。」又問東事。對不稱旨。遂相林釬，用先生工部左侍郎。

上封事曰：「皇上即位之初，鋭意太平，直欲躋一世而唐、虞、三代之，甚盛心也。至於二帝三王治天下之道，未遑求論，得其要領。於是首屬意於恢遼，而賊臣以五年蕩平之説進。己巳之役，謀國無良，朝廷始有積輕士大夫之心。自此耳目參於近侍，腹心寄於干城，治術雜以刑名，政體歸之叢脞，天下事遂日壞而不可救。天牖聖衷，一旦撤總監之任，重守令之選，下弓旌之檄，收酷吏之威，維新之政，次第舉行，方與二三臣工洗心滌慮，以聯泰交，而不意君臣相遇之難也。得一文震孟，而以單詞報罷矣；得一陳子壯，而以過戇下獄矣。此關於國體人心非淺鮮者。

「夫皇上所恃以治天下者，法也，而非所以法也。所以法者，則道也。如以道，則必體上天生物之心，而不徒倚用風雷；則必念祖宗監古之統，而不至輕言改作；則必法堯、舜之恭己無爲，以簡要出政令；法堯、舜之舍己從人，以寬大養人才；法堯、舜之從欲而治，以忠厚培國脉；更法三王之發政施仁，亟議拊循，以收天下涣散之人心。而且還内廷以掃除之役，杜後世宦官之釁；正儒帥以失律之誅，杜後世藩鎮之釁；慎宗賢以改職之途，杜後世宗藩之釁。於是下尺一之詔，痛言前日所以致敵之由，與今日不忍輕棄斯民之意。遣廷臣賫内帑、巡行郡國，以招其無罪而流亡者。陳師扼險，堅壁清野，聽其窮而自解來歸。誅渠之外，猶可不折一矢而畢此役，又奚煩觀兵爲？而日勤聖慮哉！」

内劄上多過切，上覽之，大怒，傳諭内閣重擬。手先生疏繙數過，起周行，久之得解。

時山陵城築郊壇，工作並興。太僕缺馬，温體仁、朱純臣倡爲義輸。又議罷明年朝覲，聽輸路費。先生諫曰：「臣聞爲人臣者，竭股肱之力，繼之以忠貞，不聞其出於利也。今國步艱難，瑣瑣進奉，何當報稱？且輯瑞何典，而以入費報罷，儻遂行之，辱國滋甚。」上不悦，然察其忠鯁，可寄大政，意欲遂相先生。體仁大懼，募會稽許瑚上疏，頌先生才諝不足，道學有餘。上疑瑚同邑，知之必真，遂不果用。七月，先生移疾歸，次天津。會我師破昌平州，焚皇陵。先生謂國難崩摧，非臣子接淅時，乃入津城，佐巡撫賀世壽設守。

越月，兵退，始南行至德州。念上欲求治而爲體仁所蔽，苟殊絶之知，潔身去國，所不忍也，復上疏曰：「皇上注意邊防，無日不疇咨側席，而邦畿震蕩，禍至於此，臣以爲非一朝夕之故也。往者己巳之變，誤國者袁崇焕一人，其他爲法受惡耳。有小人起而修門户之怨，概坐以焕黨。自此小人進而君子退，中官用事，外廷浸疏。則今日之禍，實己巳以來釀成之也。且以丁魁楚之失事於邊，而與之戴罪，何以服劉策之死？張鳳翼之溺職中樞，而與之專征，何以服王洽之死？諸鎮撫勤王之師，争先入衛者幾何人，不聞以逗留蒙詰責，何以服耿如杞之死？今幸以二州八縣藉敵飽颺，而朝臣之纍纍若若者充位如故，又何以謝韓爌、李邦華之或戍或去？豈小人昔爲異己驅除者，今不難同己相庇乎？語曰：『大姦似忠，大佞似信。』頻年以來，皇上惡私交，而臣下多以告訐進；皇上録清節，而臣下多以曲謹容；皇上崇厲精，而臣下奔走承順以爲恭；皇上尚綜覈，而臣下吹求瑣屑以示察。此正似忠似信之類。窺其用心，無往不出於身家利禄。皇上不察而用之，則聚天下之小人立於朝而有所不覺矣。天下即甚乏才，何至盡出一二寺人下？而每當緩急，必寄重任。乃者三協有遺，通、津、臨、德有遺，又重其體統，同之總督，率天下而奔走中官。夫小人與中官氣誼一類，而君子獨岸然有以自異。皇上誠欲進君子，退小人，決消長理亂之機，奈何復用中官以參之？此明示天下以左右袒也。當時有御史金光宸起而争之，竟以見逐，若惟恐傷中官之心者，非所以示天下也。至近日刑政之最舛者，無如成德、申紹芳、鄭鄤數事。此皆爲故輔文震孟引繩批根，即向者驅除異己之故智，廷臣無敢言者，皇上亦無從知之。於乎，八年之間，誰秉國成，而至於是！臣不能爲首輔温體仁解矣。」

疏入，中官大恚，共擠之上前。而體仁指理成德等偏黨，再革職爲民。

體仁既去，後相薛國觀復以罪賜死。上念先生久之。十四年，會推少宰，上意不屬，臨朝而嘆。罷朝，傳諭吏部用先生。再疏辭，不許。時先生病癨，故不欲出。明年五月，忽聞我師破松、杏、寧、錦；流寇陷歸德，進圍開封。蹶然起曰：「此何時，豈臣子言病日乎？」遂襆被上道。行至淮安，拜疏陳三事：

一曰明聖學以端治本。臣聞天下無無本之治，本一端而萬化出焉，人主之心是也。請陛下求之吾心：當其清明在躬，獨知之地炯然而不昧者，得好惡相近之幾，正所謂道心也。致此之知，即是惟精；行此之知，即是惟一。精且一則中，隨吾喜怒哀樂之所發，無往非未發之中而中其節。此慎獨之説也。雖聖如堯、舜不廢精一執中，以此後之學聖人者亦曰慎獨而已矣。

二曰躬聖學以建治效。臣聞天下大矣，而以一人理，非徒以一人理天下也。陛下留心治道，事事躬親，群臣奔走受成不暇，益相與觀望，爲自全之計。致一人孤立於上而莫之與，豈其知人之道，猶未之或講與？仰惟陛下躬親聖學，法堯、舜之明目達聰，而推本於舍己。亟舍其聰明而歸之闇，非獨舍聰明，並舍喜怒，舍好惡，舍是非。至於是非可舍，而後以天下之是非爲真是非，斯以天下之聰明爲大聰明，合衆論之同，建用中之極，即讒説殄行，亦不至震驚朕師。自此陛下端拱無爲，而天下治矣。

三曰崇聖學以需治化。天春生萬物，而秋以肅之，莫非生也；君仁育萬民，而義以正之，莫非仁也。化天下自朝廷始。請百僚有犯，悉下法司，永除詔獄，不至以非刑辱士。至廷杖一節，原非祖宗故事，願與廠衛一體並罷，還天下以禮義廉恥之坊。由是化群臣以化兆民。乘中原殘破之餘，亟議撫循之法。特遣才望大臣，宣示德意，悉蠲剿餉金錢，改爲牛種廬舍之資，聽有司設法招徠。仍罷天下督師等官，明示與民休息，而專責兵事於巡撫。陛下躬修明德於上，坐收干羽之化可矣。

上温旨嘉納，然終見爲迂闊，不能施用。

在道，晉都察院左都御史。十月，陛見，問都察院職掌安在，對：「都察院職，正己以正百僚，其次責成巡方。巡方得人，則吏治清，民生安。」出，集諸御史申飭，復列風紀六事以上：

一曰建道揆。請復京師首善書院，崇祀馮從吾爲瞽宗，昭聖明興道致治之意；復天下社學，選明德老成爲師，聚彥士教之。

二曰貞法守。自今一切輕重獄詞，從三法司聽斷，不得下詔獄。其有不公不法，五城御史覺察之，廉其情罪之重者，送刑部究擬。

三曰崇國體。著令大臣三品而上，有犯者先行九卿科道會議。議詳，付司寇，司寇議定。坐殊死者始收繫，其他即以其罪行遣。

四曰清伏奸。自今朝紳交結近侍，蹤跡著者，立置典刑。此外大小臣僚，或借事呈身，或假途干進，因而勅類斜封，官同傳奉者，臣衙門以白簡從事。

五曰懲官邪。官之失德由寵賂始，其途多自臺省而上。自今有輦金入長安者。臣單辭檄之，立置三尺。

六曰飭吏治。察吏之責，專在巡方。天下事事宜歸惇大，獨於風憲受贓之律，毫不可骫。且亟罷減俸行取，行久任之法。

上是先生議，亦未能盡行也。

周延儒再相，修託名譽，然性故妬冒。士大夫遂以爲真能遷改，因相契結。每朝畢，輒就屏語，惟先生兀然孤峙，見者皆慚而止。

中書王育民爲絳州知州孫順考察地行賄於先生，先生糾之，且自劾。上革二人職，法司逮問，百僚肅然。

亡何，上惡給事中姜埰言，行人司副熊開元又因召對，面劾首輔延儒，俱下詔獄。先生言於朝曰：「上方開弘政門求直言，一日而逮二言官，非所以昭聖德。」時我師由界嶺、黄崖諸口入，甚急。閏十一月己未，上御中左門，議督、撫去留，群臣皆候於廷〔一〕。有密旨下錦衣衛，賜埰、開元死。先生曰：「刑人於市，古今通義也。惡得私斃諫官？今日宜空署争之；不者，何顔立交戟之下！」衆許諾。奏事畢，御史楊若僑薦西洋人湯若望善火器。先生進而叱之，以爲：「用兵之道，太上仁義，其次節制。近來邊臣於安攘屯戰之法概置不講，專恃火器爲司命。我用制人，人亦用制我，不見河間反爲火器所破乎？先臣戚繼光數十年在塞上，謹烽燧，嚴斥堠，未嘗專恃火器。不恃人而恃器，國威所以愈頓也。若望唱邪説以亂大道，又作爲奇巧，撓惑軍政，乞放還本國，永絶異教。」上不悦。先生又請正大帥跋扈、援師逗留罪，言：「范志完身督寧、薊，關門三協，皆其汛轄，既無先防，又借援南下，致關門無阻。處分當自志完始。」上曰：「志完固難辭咎，但入援乃奉詔，何便坐彼？」先生曰：「十五年來，由皇上處分未當，致有今日。乃不改絃易轍，仍欲以一切苟且之政，補苴罅漏，非長治之道也。」上變色曰：「從前已不可追，今日事後之圖安在？」對曰：「亟選將、練兵，擇賢督撫，尤在吏兵二

〔一〕「候」，徐刊本誤作「侯」，今據文義改。

部得人。斯技能畢出，捍禦疆圉不難。然宋臣有言：『文官不愛錢，武將不惜死，則天下太平。』今日用人之弊，在徇才望，不求操守，徒以機辨恢張相尚，故鮮實效。」上曰：「大將別有才局，非徒操守可望成功。」先生曰：「當於才局中審有操守者。如志完，操守不謹，總兵偏裨無不得賄補授，所以三軍解體，士莫用命。」上色解，曰：「已知。」勅先生起。

於是户部尚書傅淑訓論救埰、開元，上不納。先生進曰：「陛下聖度淵遠，如臣愚，累寬鈇鑕，黄道周亦被遣召還。群臣敢復請二臣。」上曰：「道周有學有守，豈二臣可比？」先生曰：「二臣學守，誠不及道周。顧朝廷待言官有體，言可用用之，不用置之。即有罪，合付法司。遽下詔獄，終於國體有傷。」上怒曰：「三法司錦衣衛皆朝廷官，朕處一二言官，何至遂傷國體？假有欺君骫法，終不可問乎？」先生曰：「掌衛刑者多膏粱子弟[一]，未必讀書知義者也。每聽寺人頤指，勢不容於不私矣。即上欲問欺君骫法，亦不可不付之法司也。」上大怒曰：「開元疏必有主使，疑即宗周。」命刑部擬罪。閣臣周延儒、蔣德璟、尚書林欲楫、侍郎馮元飆、勳臣吳遵周等申救，僉都御史金光宸言猶力。德璟引述「唐太宗惡魏徵直諫，入宫，言『會須殺此田舍翁！』皇后具服賀」等語未畢，上遽曰：「太宗才，朕不如；至閨門内行，亦不效太宗所爲。」德璟曰：「陛下安肯效太宗？第太宗巧於取名。」上曰：「何爲？」德璟曰：「人主納直言，則名歸於君。太宗優容徵，祇以成己名耳。」上意頗回。延儒等復以先生年老婉解，乃免擬罪，再革職。光宸亦謫外。先生在院六十八日，正色率屬，光宸嚴介，操望相亞。

〔一〕「粱」，徐刊本誤作「梁」，今據文義改。

時偕去，朝野惜之。然上自是亦遂不置㨾、開元於死，卒改刑部，各杖戍。

先生以未解嚴，不忍竟去，止城外蕭寺。士大夫交送於途，張瑋、吴麟徵、祁彪佳、劉理順、金鉉、陳龍正、董標及舉人祝淵、諸生惲日初咸來問學。時彪佳被命掌河南道，先生謂之曰：「道祇在事君當官間，此外他求，妄也。君當以諫諍明職業，毋負所學。」標，關中人，故遊馮從吾門，時官南城兵馬。問《大學》之要，先生曰：「在誠意。」退，作《心意十問》相叩質。淵試南宫，疏理先生下部擬罪，淵略不懾，遂納贄。時李邦華代先生，未至，吏部尚書鄭三俊請留先生戴罪計吏，先生遂行。淵留京邸，欲上書掊擊用事者，先生挽之南歸。

先生歷神、懷朝，凡三革職爲民。雖家居，戀戀日以國存亡爲念。紹興推官陳子龍行取入京，過别，先生纚履出迎，曰：「僕有一言告公。南北多事，京師坐困屢矣。萬一有變，外援不至，都城必破。今日急策，當令皇太子監國南京；否，亦分封二王淮、泗爲後事圖。公至與當事者籌之。」

十七年四月，聞李自成逼居庸，移書巡撫黄鳴俊，請發兵勤王。五月，聞京師陷，上殉社稷，徒跣號慟，荷戈渡錢塘，趣鳴俊發喪出師。諸生、門人從者數百人。鳴俊曰：「事未審，少鎮定，以安衆心。」先生勃然曰：「君父變出非常，公專閫外，當枕戈泣血以倡同仇。反藉口安民，作全軀計乎！」杭人洶洶環館舍，先生指謂鳴俊曰：「人心如此！禮有常有變，九廟淪喪，臣子豈容食稻衣錦？公即疑凶問，亦當行哭廟禮。」是月甲午，行禮祐聖觀。先生尺布裹頭，伏地而號，官吏士民和者數萬，聲震屋瓦。鳴俊終不出兵，先生與前吏部給事中章正宸、户部給事中熊汝霖、淮揚巡撫朱大典募義旅。將出，會福王立南京詔至，乃解。先生起原官，稱：「先朝罪人，當歸死司寇，不敢受職。」詔慰，趣上道。六月，行至杭州，拜疏曰：「今日宗社大計，舍討賊復讐，無以表陛下渡江之心；而苟非陛下毅然決策親征，亦何以作天下忠臣義士之氣？至討賊次第，一曰據形勝以規進取。江左非偏安之業，請進圖江北。鳳陽號稱中都，東扼徐、淮，北控豫州，西顧荆、襄，而南去金陵不遠，則請以駐親征之師。大小銓除，暫稱行在，少存臣子負罪引慝之心。從此漸進，秦、晉、燕、齊必有響應起者。一曰重藩屏以資彈壓。淮、揚數百里間，設有兩節鉞〔一〕，不能禦亂卒南下。路振飛坐守淮城，久以家屬浮舟遠地，是倡之逃也。於是劉澤清、高傑遂相率有家屬寄江南之説。軍法臨陣脱逃者斬，臣謂一撫二鎮皆可斬也。請自今重撫臣事權，責以彈壓鎮臣，無多設督臣以滋掣肘。一曰慎爵賞以肅軍情。請分别各帥封賞，無失或濫。夫以左帥之恢復而封，高、劉之敗逃而亦封，又誰爲不封者？武臣既封，文臣隨之；外臣既封，中璫隨之。恐天下聞而解體也。一曰核舊官以立臣紀。燕京既破，有受僞官而叛者，有受僞官而逃者，有在封守而逃者，有在使命而逃者，亟宜分别定罪。至於僞命南下，徘徊順逆之間，或陰陽詭秘，爲賊行間，尤宜明示誅絶。」

又追論「督撫不赴援，致賊長驅犯闕。及新朝既立，不急出兵北伐，中外諸臣謀國不忠不職」罪。

〔一〕「鉞」，徐刊本原作「鋮」，不辭，據義，當爲「鉞」。

時馬士英專定策功當國，與李沾、劉孔昭等結爲死黨，出吏部尚書張慎言，而薦逆案阮大鋮知兵。召陛見，群陰翩翩且起。先生次丹陽，寄子汋書曰：「時下邪正尚在相持，吾有疏論事，行吾言則進；不然，則義難入朝。」士英及四鎮深銜先生，言其上書稱草莽孤臣，不書新命，明示不臣。會黄鳴俊入朝，至鎮江，其兵與防江兵鬭。南都傳言先生與鳴俊入清君側，士英大恐，稱詔止鳴俊兵。傑、澤清遣刺客數輩詣丹陽，見先生危坐僧舍，竟日無惰容，太息而去。政府患廷臣交攻無已，擬上傳兩慰之。先生不得已，乃拜命。

首疏請肅風紀，曰：「願陛下求之正心之地，心正而朝廷從之，百官則而象之。故内閣而干六部之事任，爲擅權；六部而承内閣之風旨，爲亂政；臺省而依附閣部，爲植黨；介胄而與議朝政，爲要君；外官而通賄朝士，爲作姦；朝臣而交結近侍，爲罔上行私。臣院皆得過而問之。」在臺一月，諸所條奏，無不深切時弊，而君臣僔沓戲豫，並寢不用。已授阮大鋮爲兵部右侍郎，復設廠衛詔獄，紹述崔、魏之政。先生言大鋮進退繫江左興亡，争之不得，請告歸里。出都門，都人揮涕曰：「劉公去，吾輩無死所矣！」

自聞北變，遂蔬食，以身餘一死爲憾。語及，輒愴然曰：「吾安得從先皇帝於地下哉！」既歸，杜門。有問學者，止之曰：「守所聞，行所知，足矣。今乾坤何等時，猶堪吾輩擁皋比從容論學乎？此所謂不識人間羞恥者也！」明年五月，南都潰，馬士英擁太后奔浙，撫按郊迎。先生憤曰：「士英實亡南國，今棄天子、挾母后而逃，此國賊，恨不手刃，忍迎之耶！」潞王監國杭州，復約正宸、汝霖赴難，又勸守道于潁保越江之險，潁不能用。六月丙寅，聞會城降，慟不食。餘姚諸生張應煒、吕滋進曰：「先生係天下之望。今浙東尚有魯、惠二王，宗室有楚將軍華堞，聞黄石齋越在近郊。誠擇諸王賢者，與石齋間道走閩，檄鄭帥以海師直擣南都，浙中不攻自定。轉危行奇，願先生更慮之。」先生曰：「向累請于公城守，褒如充耳。今大勢去，亦何及！余老矣，力不能勝，有一死正命而已。」

戊辰，出居郭外水心庵，遣人訪道周，趣正宸、汝霖食少糜以俟。庚午，通判張愫渡江降，先生復不食。聞門人王毓蓍沉柳橋，曰：「元趾死，吾尚何濡滯哉！」女夫秦祖軾爲書稱：「江萬里身爲宰相，義不苟免；先生則有文山、叠山、袁閎故事在。」先生詳論不可義，係之辭曰：「信國不可爲，偷生豈能久。止水與叠山，只争死先後。若云袁夏甫，時地皆非偶。得正而斃焉，庶幾全所受。」

丙子，辭墓赴西洋港。久不得溺，旁人扶之出。是日，我大清將軍以禮來聘，復書曰：「遺民劉某頓首：國破君亡，爲人臣子惟有一死。七十餘生已絶粒經旬，正在彌留。敢尚事遷延，遺玷名教，□授荒迷。」終言，不再付使者，並來書不啓封。自是勺水不進。

戊寅，就祖軾於楊枋。王毓芝入，呼之曰：「嗟！紫眉當以道義相成，勿作兒女子態！」語及毓蓍，爲淚下，曰：「吾講學十五年，僅得此人。」口吟絶命辭曰：「留此旬日死，少存匡濟意。決此一朝死，了我生平事。慷慨與從容，何難亦何易。」祖軾欲書之，曰：「偶然耳。」既而曰：「吾感熊雨殷而賦此。」因謂祖軾曰：「爲學之要，一『誠』盡之矣；而主敬，其功也。敬則誠，誠則天。若良知之説，鮮有不流於禪者。」又曰：「日來静坐小庵，渾無事，浩然與天地同流。」又曰：「餓死事小，失節事大。吾今而後知孟子所言『無以饑渴之害爲心害』。明乎此，於道也幾矣。」訓子汋曰：「常將此心放在寬蕩蕩地，則天理自存，人欲自去。」屬之曰：「死後，葬我下蔣，碑曰：有明秦臺先生藏衣冠處，子某婦某合葬之墓。」言迄，泫然淚下，曰：「生平未嘗言及二親，以傷心之甚，不忍出諸口也。」又曰：「胸中有萬斛淚，半灑之二親，半灑之君上。」

閏六月朔，辛巳，謂毓芝曰：「吾今日自處合義否？」毓芝曰：「甚正。雖聖賢處此，無以加。」張應鰲侍側，攜其手曰：「學問未成，全賴諸子。」復厲聲曰：「爾曹勉之！」應鰲進曰：「先生今日與高先生事相類。高先生曰：『心如太虛，本無死生。』」先生曰：「微不同，非『本無死生』，君親之念重耳。」丁亥，聞祁彪佳殉，舉手者再，已不能言。指几上筆，書一「魯」字，蓋念魯王。戊子，先生考終。前後絶粒二十餘日，勺水不入口十三日。年六十八。魯藩贈某官，謚忠端。唐藩贈某官，謚忠正。學者稱蕺山先生。

先生篤實類朱文公，而言誠意慎獨與朱不合，曰：「意者心之存主，所謂『道心惟微』，即未發之中，天下之大本也。獨體在是，慎者慎此而已。然未發之中，下不得個静字。延平教人静觀氣象，終落偏枯；至龍溪以心、意、知、物並歸無善無惡，不從性善歸根，則性命事功俱無依泊。」時俗學宗傳注，王學宗「四無」，先生説出多未服。惟濮州葉廷秀、餘姚史孝咸、孝復兄弟遺書往復相叩，學者漸知歸向。袁黄「功過册」有倣爲「遷改格」者，善與過對。先生曰：「是功利之學，有意爲善，皆惡也。論本體，有善無惡；論功夫，則先事後得，直無善有惡耳。」

於是作《人譜》，專紀過。始獨知，次七情、九容、五倫、百行。曰：「行此，知道不遠人矣。」

其論方希古曰：「先生禀絶世之姿，慨然以斯文自任，直欲排洪荒而開二帝，驅犀獸而見三王。既而時命不偶，以九死完天下萬世之責。其扶持世教與孔、孟同，誠不愧千秋正學。」充論吴聘君曰：「先生涵養性情，安貧克己，不事著述，而獨契道真。言動之間，悉歸平淡。充其所詣，庶幾依乎中庸，遯世不見知而不悔。」又曰：「薛文清多困於流俗，陳白沙猶激於聲名，惟康齊醇乎醇。」論王文成曰：「先生承絶學，於詞章訓詁之後反求諸心，而得其所性之覺，曰『良知』；因示人以求知之方，曰『致良知』。良知爲知，知不囿於聞見；致良知爲行，行不滯於方隅。即知即行，即心即物，即動即静，即體即用，即功夫即本體，即下即上，無之不一，以救學者支離眩騖之病。孔、孟以來，無若此之深切著明也。特其急於明道，往往將向上一機輕於指點，啓後學躐等之弊。天假以年，盡融其高明踔絶之見，而底於實地，則範圍朱、陸而進退之，有不待言矣。」

先生之學出許敬庵，已入東林首善書院。博取精研，歸於自得，專用慎獨，從嚴毅清厲中發爲光霽。粹然集宋、明理學諸儒之成，天下仰其人如泰山北斗。所著書數十種，載《文集》。子汋，自有傳。

論曰：有夷之清而不絶物，有干之忠而克全歸。君子而不仁者有矣。若先生，仁者也。告君必陳堯、舜，由執中慎獨，引而合之時務，一一可立施行。微獨世主未寤，至後學亦尚有憚其説者，豈功利之没人哉？於乎，道之行不行，寧獨一代之存亡乎！

伯繩先生著其先人蕺山先生年譜，詳慎有體，實能見先生之學所以發先儒所未發者。末又綴生平細行别爲編，其先生之小德川流乎？

事太夫人筋力致養，柴水之事靡不躬親。祖兼峰公病，抱持卧起，身爲薦席。居喪歠粥，闔門蔬食。次女患痢，醫用黄雞爲藥，勿許也。三世七喪，淺土營立塜墓，御史徐縉芳資之百金，謝曰：「百金之餽，其所取義乎？不義乎？僕所未了者，止有先人一事，將茹荼帶索以畢餘生，何至煩故人爲念。」御史不敢復言。

事女兄母，赴官，聞其不豫，輕舸徑返。卒則養其子，子卒又養其孫，曰：「以終事母之念耳。」叔母朱無子，迎養，已而朱欲異爨，自艾曰：「古多數世同居，一叔母不能安，何古今人不相及耶？」再從弟宗祐流落閩中，尋歸。冬月製衣，家人與之布，見而恚曰：「弟衣布，兄能安於帛耶！」易之。

初，劉氏家廟所行，皆世俗禮。先生立宗長一人，總宗教、宗翼二人佐之，宗老一人以齒，宗幹一人司錢穀，宗糾一人司賞罰。舉宗之事，質成宗長，未聽而牒於官者，罪之。置義田百畝，定卹例：一卹賢，二卹鰥，三卹嫠，四卹孤，五卹喪，六助婚。罪人與醮婦不卹。

終養歸，聞許敬庵先生喪於途，不至家而往哭焉。丁長孺、劉静之卒，每過必哭。

崇禎八年、十年，越城饑，募米，遣諸生分賑，活數萬人。十三年又饑，亦如之。郡邑下教，每方積米二百石，需明年平糶。先生謂非本計，即所居昌安坊立社倉，分三等行賑，一坊遂無饑者。

鄉黨有寃結，必爲平理。姦吏跼蹐，惟恐先生知之。

通籍四十五年，立朝僅四年，家居强半授經。帷榻甑竈不改舊，士夫多毁衣入見。偶服紫花布袍，價爲頓高。飯客不過數器，享先生者亦遂以寒漿乾飯，未嘗不心知其僞也。會稽令趙士諤問疾，至榻前，見其單陋，歎曰：「豈意今日得覩管幼安！」丁巳，京察劉廷元，韓浚尋怨於東林，士諤時爲考功，曰：「劉大行清修，人所不堪，此諤之親見也。」乃止。

給事中徐耀使浙，渡江來見，先生方閉門掃軌。耀託倪鴻寶爲介曰：「昔人不得見劉元城，以爲如過泗州不得見大聖。耀若徒返，亦何顏面鄉之父老乎！」先生乃見之。都督劉應國，遼東中前所人，固請見，見輒涕泗再拜，自言：「不遠萬里，得見先生，不覺喜絶而悲也。」金壇周仲馭謁，先生留飯，仲馭語人以匕箸長短若何，杯盤大小若何，爲一生未有之榮。郎官秦祖襄入京，止宿逆旅，騶從紛沓，主人供應不給。周視同旅，一人幅巾危坐，童子侍側，問之，曰：「劉都御史也。」皇恐避去。其爲世所欣慕畏憚如此。

先生門牆高峻，不特小人避其辭色，雖君子亦望崖而返。周延儒使其客薦誠，先生不答。後有爲馬士英言者，曰：「所貴大君子，以能化小人爲君子。國事爲重，不宜拒絶太深。」亦不答。黄漳浦祭告禹陵，及門者三，先生不見，曰：「際此亂朝，豈大臣徜徉山水之日！」漳浦聞之，即行。

先生德日慎小，心日謹微。官行人時，夢還衛經歷，覺而自責曰：「終有不忘榮進意在。」待罪中左門時，惲日初欲上書留先生經筵，先生聞之，曰：「僕自反必名利心不盡，有聲音笑貌爲人所見，至使同人中有迎風而動者。益覺闇然一關，不易過也。」

世之言先生者蔽以節義，又或謂其學之粹，勿以節義當之。此皆惑於成説，推其弊，禪宗之寂、武俠之剛，兩託之矣。不知先生敬義並立，内直外方，養獨體於未發之中，而天地萬物、生死晝夜，胥一以貫。洎乎垂革，猶争儒、佛之渺茫於彌留呼吸間〔一〕。信乎擇中庸而能其不可能者與！至於朱、王之學，聚訟且百餘年，小儒老衲番休更勝，卒以翳蔽人心，爲世大厲。惟先生直以得之心者，正諸儒之異同，如懸日月於終古之天，光景常見。綜其大旨，由慎獨誠意該之。於乎！衷於先生之人與書，彼邪説淫辭，其亦庶乎有所底也與！

倪子新先生曰：五朝之事，德、功、言三不朽之人，萃於一傳，文不可殺。《宋史·李忠定公傳》亦至三十餘頁，讀者不以詞繁難竟苦之也。

〔一〕「渺茫」，原作「渺芒」，今據文義改。

朱夏夫先生曰：惓惓不忍去國之意，千載發人歌泣。思陵雖迂闊，先生每飯不忘。北變時流傳有蒙塵之説，先生慟哭曰：「上必殉社稷。」不幸末造，君臣之間，固稱知己。

張敬可先生曰：先師於及門最愛先君子，出入兩都，無不隨侍。南都嘗命作《中興金鑑》，欲上，不果。簡時方冠，幸獲耳承緒論。六十年來，夢寐歆泣，民生於三，其敢或忘。今見此傳，語言謦咳怳如復侍先師，乃知私淑之與親炙，此心此理，自相接也。作者許大精神，紹揚聖學，豈當徒作史傳觀？

王門弟子所知傳

周室既衰，治教分統。文、武以前，有王者，必有名世，相與裁成，輔相天地，以興治平。其後匹夫當素王，亦有門弟子講聞切究，明先聖之道，以覺後學。自仲尼没而微言絶，七十子之徒遵揚謨訓，大義不乖。戰國時，莊列申韓，「異同」、「堅白」，三鄒子之學，可謂棼亂矣。然及秦没漢初，百家皆息，而孔子之道獨明，以有顏、曾、子貢、游、夏、思、孟之家法，世世傳守弗衰也。孟子之門，有師無弟，設爲問答，纂著七篇，大闡仁義王伯之辨，其教與孔子之「引而不發」殊矣。所以然者，以無顏、曾、子貢、游、夏諸賢親與鈞陶成就，不得已存語言文字，俟後之君子以心相接，越千百年稱爲絶學。以知道有統會，學有師承，寧非自天鍾生，五百年隆運相須以起，不可多遘哉！

漢董子大儒，門人未有著録；馬融、鄭玄傳經絳帳，何與開繼；王通河汾之教，殆其庶幾。

白是至有宋，程、朱宫牆，號稱多士。程有尹、楊、游、謝，朱有輔、蔡、黄、饒，覃及金華、東陽，亦能敬守所聞，開明治之盛。由此言之，道之不行而得明，不可謂非從游有助也。

陽明之世，門士多矣。其師實能開誘吟風立雪、浴沂詠雩，灑然窺孔、顔樂處。時雖有僞學之禁，而信道彌堅。後稍龐雜，隆極而微。持盈砥柱之功，可不謹哉！故擇其有功傳習徐愛、錢德洪、鄒守益若而人，而審别其未醇者。若夫澤遠志勤，識操純確，則亦附之私淑，以見聖道之大，豪傑之士無所待而興起，固前哲所樂引也。

餘姚徐愛，字曰仁，號横山。正德戊辰進士。初，娶文成女弟。及文成歸自龍場，納贄稱弟子，喟然以聖學爲己任。後數年，文成遷南太僕，愛亦自祁州調南工部，同舟歸越。論《大學》宗旨，首作《傳習録》。性深純開徹，善發師門旨意。在南都時，同門雲集，輒令愛分接之。文成出撫南、贛，愛亦請告，約歸陽明之麓，以究竟百世之業，曰：「朝聞道，夕死可矣！」年三十一而卒。文成哭之哀，擬於慟顔子焉。在祁直劉六、劉七之亂，有保障功。

餘姚錢寬，字德洪，以字行，號緒山。文成倡明絶學，人多未信，德洪與同郡王畿首奮然從之。及論無善無惡宗旨，天下多歸錢之篤實，而訾王爲近禪。嘉靖壬戌，成進士。終師喪三年而後出，累陞刑部員外。以論郭勛失入下獄，會御史楊爵、都督趙卿亦在獄中，請曰：「箕子明夷，文王羑里，先生今日也。昔黄霸、夏侯勝受《尚書》，今請受《易》。」德洪爲闡其義。久之，乃出。隆慶初復官，年七十九卒。先後主講席二十年。

泰和鄒守益，字謙之，號東郭。正德辛未進士第三人，授編修。壹意問學，嘗讀《中庸》，嘆曰：「程、朱補格致傳，而《中庸》首言慎獨，不及格物，何耶？」積疑於懷。比謁文成虔臺，涣然冰釋。從討宸濠，與奏凱，往來留越。文成謂門人曰：「曾子所謂『有若無，實若虛』、『犯而不校』，謙之近之矣。」以議大禮謫判廣德。建復初書院，延同門王艮講學興禮，風動鄰郡。陞南主客郎中。文成卒，於師服心喪，奔哭，存撫孤子。聚同門講學天真書院，始與吕枏、湛若水，後與徐階、羅洪先相切劘。陞南祭酒。因九廟災自陳，疏中寓交儆意，解官歸。壬戌卒，年七十二。隆慶初，贈南京禮部侍郎，謚文莊。嘗言：「士之通病，在於局量狹而學力麄，官職、貨賄，小小便眩奪；技藝、事功，小小輒滿假。古人明明德於天下，吾儕自省有此願欲否。」子善，孫德涵、德溥能世其學。

會稽季本，字明德，號彭山。弱冠，舉於鄉。丁父母憂，家居十二載，於書無不讀。已師事文成，翻然悔其舊學，一意六經。懼學者騖於空虛，思身挽其敝。著書數百萬言，精考索，務實踐，從游常數百人。時論學者多以自然爲宗而厭拘檢，爲《龍惕説》以反之。始以進士理建寧，務在平反。及爲御史，以言事謫，終長沙知府。

吉水羅洪先，字達夫，號念庵。自幼慕羅一峰之爲人。年十五，聞文成講學虔臺，心向往，遂卑視舉子業，常斂目静坐。《傳習録》出，探讀至忘寢餐。嘉靖八年，以進士第一官修撰。外艱，致毁三年，不内處。會讀《楞嚴經》，得反聞之旨，覺身在太虚。忽自省曰：「無乃誤入禪耶？」乃反求諸孔、孟，與同郡鄒守益相劘切。改左春坊贊善，疏請豫定東宫，朝議罷爲民。

家居，凡應酬儀節，一裁古禮，親賢問道，未嘗以言詞先人。贛江水漲，寓宿田家。巡撫馬森以洪先嘗却臺省饋坊銀數千金，檄縣取爲構室，竟辭之。同榜唐順之以兵事起官，約偕出，時相亦遺書道款，並婉書以謝。其後順之雖禦倭海上有功，卒罹清議。晚歲謝客，能前知，曰：「此偶然，不足道。」疾作，子世光就省試，謂家人：「兒歸，但語以莫厭窮，窮固自好。」卒，年六十一。文成之學，得洪先難進易退之節以立堤坊。雖私淑，猶顔、曾也。其所見，出入二氏而不雜越，於黜邪扶正尤有力云。隆慶元年，贈光禄少卿，謚文恭。

渭南南大吉，字元善。嘉靖初部郎，出守紹興。初至，若不諳事理。既三月，召諸吏抱案，立剖數十條，且數其某事欺骫狀，郡驚爲神。時文成里居講學，納贄稱弟子。葺稽山書院，創尊經閣，收八邑才士，講習其中。四方雲集，庖廪相繼，大吉左右之也。政尚風威，喜任事，諸興除，民賴其利。以大計去。

海寧董澐，字蘿石。以能詩，名江湖間，已遊會稽，謁文成山中。長揖踞上坐，文成異其氣貌，咨其年，六十八矣。語連日夜，乃廢其詩卷，北面納拜。留數月，欣然忘歸。故時爲詩社者或招之返，曰：「翁老矣，何自苦若是！」澐笑曰：「吾方幸逃於苦海，方知憫若之自苦也。顧以吾爲苦耶？吾將從吾之所好。」遂自號曰從吾道人。文成爲之記。子穀士，知漢陽府。

山陰朱節，字守忠。與徐愛、蔡希顔同舉於鄉，受學文成，始立師弟之道。後第進士，官監察御史。巡按山東，統兵剿劉六、劉七等，卒於師，文成哭之哀。贈光禄少卿。

餘姚徐珊，字汝珮。嘉靖壬午舉人。從文成學，癸未會試，策士以心學問，陰闢文成，珊嘆曰：「烏能昧吾之所得，以幸時好乎！」不對而出。聞者高之，曰：「尹彦明後一人。」錢德洪亦不第，與珊俱歸。文成喜曰：「聖學從此明矣！吾學既非，天下必有起而求真是者。」珊深然之。後官辰州同知。

餘姚夏淳，字惟初。事後母極孝。從文成學，嘉靖戊子舉於鄉。時魏莊渠主天根、天機之説，淳曰：「天根、天機，一物二名。云静爲天根、動爲天機則可；若曰静養天根、動察天機，歧動静而兩之，是所執有端矣，非所以語性也。」人服其精。官思明同知，立社學，以禮教爲急。

餘姚胡瀚，字川甫。七歲端重如成人，一日，問塾師：「學孔、孟以何入門？」師異之。其從父支湖召語曰：「孺子願學乎？學在心，心以不欺爲主。」乃著《心箴圖》就正文成，文成曰：「吾小友也。」王畿、錢德洪皆與交，會講天真書院。時主朱學者疑陽明，宗王學者論考亭，瀚爲指别其補偏起敝之故，同學皆服。

餘姚范引年，字兆期，文成弟子。講學青田，從游日進。青田人建文成祠，以引年之主配食。

餘姚柴鳳，字後愚，翰林廣敬孫，文成弟子。主教天真書院，衢、嚴之從學者甚衆。

餘姚孫應奎，字文卿，號蒙泉。嘉靖己丑進士。文成撫江西歸，率同縣之士七十餘人往師之，由是鄉閭教澤浹行。爲禮科，彈冢宰汪鋐，廷杖幾斃，鋐竟以此不安其位，去，轉江西參政。宦江右者莫不禮嚴嵩門，應奎獨不往。累陞右副都御史，總理河道，踰年歸。家居三十年，紹講良知之學。年八十三，卒。

餘姚聞人銓，字邦正。嘉靖丙戌進士。以文成表弟執贄。知寶應縣，擢御史。論救都御史王應鵬，廷杖。後視南京學政，以士無實學，校刻五經、《舊唐書》。隨與錢德洪等定《陽明文録》。世宗嘗幸承天，行宫尚存，人心憂其再巡，銓上疏撤之。自湖廣副使告歸。

餘姚趙錦，字元朴，號麟陽。嘉靖甲戌進士。知江陰縣，擢御史，巡按江蘇。因元旦日食，疏引《春秋》之義：「日食爲陰盛陽微，由閣臣嚴嵩怙寵納賄，害民凶國所致。」削籍。穆宗即位，起河南道御史。後巡撫貴州，宣示德威，苗蠻俱就約束。萬曆初，歷南禮、吏尚書。張居正柄國，屢言朝政得失，被劾，去。復起左都御史。議文廟從祀，謂白沙、陽明當與其列。改兵部尚書。内艱，歸，年七十六。贈太子太保，謚端肅。

姚江自文成後大臣以剛正著者，趙端肅錦、孫清簡鑨、陳恭介有年，皆能以身明道。至施忠介邦曜、孫碩膚嘉績，學文成之學，而生死大節同國休戚存亡，與夫世之口説良知者相萬也。鑨、有年、邦曜、嘉績自有傳。熊汝霖入《劉門弟子傳》。沈國模、管宗聖、史孝咸、孝復入《姚江書院傳》。於乎！王、劉道同也，弟子豈各分門户哉！然而致知、誠意，因時指授，取其篤信，不必定宗一家也。

山陰張元忭，字子蓋，號陽和。性篤孝。父天復爲雲南副使，擊武定畔者有功。讒人文致逮訊，扶父萬里赴滇就理，復馳京師訟冤，一歲三返，始得辨。釋屨及門，血縷縷滅趾，天下聞而哀之。隆慶辛未進士第一，官修撰。故事：詞林惟清茗，元忭獨講求世務人才。學宗文成，摘考亭論著與文成意符者，袪世儒之惑。初，出張居正門，不詭不亢。歷左諭德。卒年五十一。

時越中先後有三鼎元：諸大綬、羅萬化及元忭。皆修身潔行，著忠孝節。大綬爲講官六年，以哭穆宗升遐而卒。念生母例不得封，哀請於朝，報可。人臣之得封生母，自大綬始也。萬化與元忭讀書龍山，謂近世講良知者率言自然，沿二王之習，務崇躬行，砥實踐，而元忭更多發明。見舊志王門弟子惟立《徐愛、季本傳》，疑未備，然終不敢以己意輒增。其用心之慎如此。《萬化傳》見後。

山陰王畿，字汝中，號龍溪。文成倡致良知之教，郡人觀聽移駭。畿高才，首授業。出，以所聞爲諸士稱道，由是願從者日衆。嘉靖癸未，舉南宮，不就廷試，卒業師門。文成舉四語爲教法：「無善無惡心之體，有善有惡意之動，知善知惡是良知，爲善去惡是格物。」畿謂心、意、知、物止是一事，天命之性，神感神應，惡固本無，善亦不得而有也。於是「四無」之説興，而天下漸以禪寂爲師門病矣。然畿爲人卓犖多大節，聞師喪，不赴廷試，與德洪迎櫬廣信。三年服畢，始入都，除南職方主事。六科疏薦畿學有淵源，宜備顧問。夏言票旨詆爲僞學，罷薦首吏都給事戚賢官。又忤考功薛應旂，以考察去。萬曆癸未卒，年八十六。

泰州王艮，字汝止，號心齋。子璧，字宗順，號東崖。父子布衣，不求仕進。文成在贛州，有自江西來安豐者，聞艮説《論語》，詫曰：「此絶類巡撫王公説也！」艮大喜，造軍門，以賓禮見。論證數日，納贄下拜，曰：「先生之學，得諸心者也。」或勸之著述，不應。文成卒，始受徒淮南。當是時，泰州有艮，紹興有王畿，皆揚良知之説以倡道東南者。其弟子幾徧京邑，人稱爲「二王之學」。艮最早出，而畿之末年授羅汝芳，又稱「二溪之學」。璧少奇雋，師事王畿、錢德洪，嗣父主講席。艮門人著者，同郡林春子仁，起家進士，以質行稱。

越中之學宗龍溪者，爲周汝登及陶望齡、奭齡兄弟。

汝登號海門，嵊縣進士。親贄龍溪，篤信「四無」之教，其言曰：「子云：『我有知乎哉？無知也。』移良知而歸之無知，去性善之説遠矣。」德清許孚遠恪宗程、朱，設《九諦》示學者，汝登作《九解》折之。然居官廉慎，循績可稱。終户部侍郎。崇禎九年卒。

望齡字周望，號石簣。會稽進士，南宫第一，廷試第三人。越中古文推陽明、石簣，冠絶有明。陽明灑然自德性流溢，石簣熔鑄周、漢、八家，歸之冲淡。其爲人高簡，不受滋垢。沈一貫欲假妖書殺正人，率同類以大義折止之。其學與海門同時，嘗言：「吾自悦禪，從此得力，何能顧人非議耶！」人稱其不欺。官終國子祭酒。

奭齡字君奭，號石梁。以舉人終肇慶知府。啓、禎之際，與蕺山劉子分席而講。悦禪者皆從陶，然蕺山稱其門人，多求自得。石梁作「遷改格」，教人爲善去惡，蕺山更作《人譜》，曰：「道不遠人。論本體有善無惡，工夫直有惡無善耳。」於是以念過爲事，其同異如此。

江西之學宗龍溪者爲羅汝芳，再傳歸善楊起元。汝芳，號近溪，南城進士，官雲南副使。張居正惡其收召朋徒講學，嗾言者劾免之。歸，復與門人走安城，下劍江，趨兩浙、金陵，往來閩、廣，益務張皇，不爲龍惕而爲龍亢，論者惜焉。起元，號復所，官編修。册封崇藩，還道盱江，執贄汝芳，曰：「乃今如客得歸矣。」戊子較士，入闈試策，大發所學。官終吏部右侍郎。

劉門弟子傳序

先人有言：世之論王子者概之以事功，不知其事功由學而出。王子之事功，斯真事功；真事功，斯真學也。論劉子者概之以節義，不知其節義本學而成。劉子之節義，斯真節義；真節義，斯真學也。士之生各隨其世，故孔、孟皇皇游聘，程、朱亦事科舉。王、劉二賢，並起進士，爲時名臣。顧王子當明世之隆，爲其弟子者遵遺教，謹取與進退而已。劉子際末流，守死善道，其弟子之出而仕者多以生死明學術。迨王毓蓍、祝淵之徒，未嘗事任，亦審大義，皎然與星漢争光。蓋以言明道，不若以身明道之爲能真知而實踐也。

劉子嘗有言曰：「此乾坤何等時，猶堪吾輩從容擁皋比講學，此所謂不識人間羞恥者也。」而陳洪綬亦云：「但存君父心，得升先生堂。」余録劉門，取其死義者得若干人。其次張奠夫、惲仲升諸君子，皆能兀守故廬，不交當世之權貴，亦足多矣。至其纂言提要，發誠意、慎獨之旨，則梨洲黄氏與有力焉。是以次而列之。傳未成。

姚江書院傳 癸未

昔南宋之世，儒者盛於東南，國統中微，斯文彌烈。晦庵朱子集諸儒之成，傳四書、《詩》、《易》，修《通鑑綱目》，老、佛之流息，孔子之道著。猶窮河源者溯崑崙，沿江、漢者放東海，到於今五百餘歲，未有跨而越之者，良由體大而思精，力全而用博也。然當其時，金谿之陸、永康之陳，已自侈談經濟，喜言覺悟，遂有鵝湖、鹿洞之派。一再傳何、王、饒、輔，頗傷詞費。沿及於明，用經義取士，浸以性理，開利禄之門，人心苟趨科目，不以修身體道爲事。庠序之設雖賒，先賢餘澤衰矣。

浙東承金華數君子後，名儒接出。正德、嘉靖之際，道統萃於陽明。陽明氣象類孟子明道，至出處就功之跡，知覺先民之意，則往往近於伊尹。閔學者久牽文義，特本原性善，開迪良知。良知加之以致，必有事焉。曾子弘毅任重，固曰「死而後已」；顔子欲從末由，猶云「未見其止」。然則先難之功，畢生不輟，道心之發，一日可獲。孔子曰：「我欲仁，斯仁至。」孟子曰：「無爲其所不爲，無欲其所不欲。」陽明祖述孔、孟，直示以萬物皆備，人皆可爲堯、舜之本。曲成誘人，於是爲至。其與朱子「存心致知」之教蔑有二也。

然當是時，禪宗盛行，門人不能謹持師説，每以禪宗所得舉歸之師，而墨守朱傳者則悉以聖人之精微讓之佛氏。又陽明天資踔絶，高明者自聞其説，輒不喜爲積累集義之學。矯枉則直必過，固當爲後人受其咎也。

若夫攻禪者反戈攻王，而即以攻王爲衛朱，則兩背也。象山稱元晦太山喬嶽，陽明功勳節義，卓爲一代宗臣。此見於行事之實，其揆固一。經生家舍己之田，蕪穢不治，而越其疆畔，以疵求前哲，空復何施？至於本遠原分，微言大義，各有流極，固賴學者補偏起敝以振興之。昔石渠、虎觀諸儒，講文煩密，遂啓老莊糟粕六經之説，陽明自天泉論《大學》，亦貽二谿、二王之弊。使仲尼復生，文、行、忠、信兼以爲教，寧有斯失哉！

崇禎末，沈、管、史諸公特起姚江書院，講陽明之學。其人皆能嚴立志節，循理處善，世以輩金、許之於朱。雖未涉崑崙之顛，傾雲漢之波，要亦涉其末流，不至於溺焉者。後之人放尋遺緒，固於此有取爾也。惜其文章語録久多湮落，又師資所承頗衆，不能詳載，特著其關世教、禆聖路者見於篇。

沈求如先生，諱國模，字叔則，餘姚人。憤舉業陷溺天下之人不知聖學，奮然棄諸生，倡明之。初入嵊，見周海門汝登，既與念臺劉子會講證人社，歸而建義學於半霖。同志者管先生霞標，史先生拙修、退修兄弟。其學以求仁爲宗，教人當下察，取本心擴充克治。遇有向道者，泥首鼓勸，雖在齠齔，提耳訓告。姚江講學之盛，前稱徐錢，後稱沈史焉。

崇禎末，築室石浪屏居。聞劉子死節，哭之慟。自謂後死，作人明道之意益篤。使門人重繕義學，月旦臨講，曰：「陵谷變遷，惟學庶留人心不死。」順治十三年，卒於石浪，年八十二。

始山陰祁忠敏彪佳與先生善。忠敏巡按三吴，一日杖殺巨憝數人。會先生至，欣然以告。先生字呼曰：「世培，亦聞曾子云：『如得其情，則哀矜勿喜乎？』」後忠敏嘗謂人：「吾每臨讞，必念求如，恐倉卒喜怒過差，慚此友也。」

管霞標先生，諱宗聖，字允中，餘姚人。曾祖見廣東參政。先生爲人孝友忠亮，强氣自克，謂人心不正，在學術不明，於是與沈、史三先生會講陽明之學，以躬行實踐爲則，一言一動必準乎禮。邑中後生、先達皆化之。孫少保鑛、楊中翰文焕、葉臬使憲祖與先生詩文山水和遊。既以聖學相勉，少保病中向信益篤，嘗復先生曰：「此理深，非造次可答。向嗜讀《左》、《國》、秦、漢、百家等書，今先生爲我洗盡矣！」崇禎十四年，卒，年六十四。

祁忠敏嘗薦之於朝，特徵不起，號曰徵君，崇祀鄉賢，後不疑趙公貞請史拙修先生碑志徵君，稱徵君「淵海之學，山嶽之行，水鑑之識，金玉之品，今日郭有道」。拙修先生因其説爲傳，無所加。

史拙修先生，諱孝咸，字子虚，宋太傅浩之後也。父元熙，江南按察僉事。自陽明倡良知之教，天下學者尊姚江，徐愛首作《傳習録》推揚師説。及王畿，以心、意、知、物俱歸無善無惡，錢德洪不然之，後人稱徐、錢爲王門功臣。

崇禎中，沈、管、史諸公特起，講學於半霖，時人頗共迂怪。沈先生識行超卓，教人當下識取良知，故議者有禪學之目。及見拙修先生衣冠言動一準儒者，醇潔之士徐稍歸之。然劉子稱求如之斬截、霞標之篤實、子虛之明快，一時共相伯仲。沈先生卒，拙修先生主書院。

先生和平光霽，以名教爲宗主。家貧，日食一粥，泊如也。嘗謂：「良知非致不真，證人改過則聖。吾輩頭頂儒冠，家畜妻子，學宗孔孟，教遵先哲，何至借徑於禪？」令學者鞭辟近裏，以立誠爲第一步。曰：「學問自有向上功夫，勿以必信必果爲駐足之地。」又曰：「空談易，對境難，但將《論語》『居處恭，執事敬，與人忠』深佩而力行之。」順治十六年卒，年七十八。門人稱其博學工文章，要歸於道。潛隱高節，有陶潛、金履祥之風焉。

子起曾，字尊聞，能守家學，安貧蹈道。

弟孝復，字子復，號退修。志行淵密，灑然和樂，人以比南州孺子。劉子舉慎獨誠意之説，謂：「意爲心之主宰，即道心惟微。存發一機功夫，專在未發處用；致知不先主誠意，必有知非所知之病。」門人葉廷秀、董標等競相質問，退修最先言之。崇禎十七年十一月卒。學者並稱「二史先生」。

韓遺韓先生，諱孔當，字仁父，餘姚人。沈求如先生弟子。其學以致知爲宗，求友改過爲輔。久之自得，兀然忘言。正己率人，狂愚俱革。教學者援上蔡「透得名利關，是小歇脚處」及敬軒舉孟子告景春大丈夫之説，使人有壁立萬仞氣象，如濯江漢而暴秋陽。康熙八年，主院事。十年，卒，年七十三。

自沈、史兩先生没，書院輟講竟十年。先生挽其墜緒，舊人新進翕然咸來問學，弟子至七十餘人。持論較師説亦頗闊，恪遵濂、洛，兼綜群儒，以名教經世指勖學者。每臨講席，默對良久，乃始發語。咸共内怍，至於沾汗，曰：「比從韓先生來，不覺自失。」其教人感切如此。

早歲學於禪，知禪之害，曰：「佛氏與聖人異，大端在君父上。」又曰：「佛氏意主了生死，陽明子所謂自私自利也。聖人天地萬物一體，學者無自狹小。」

其居貧長約，敝衣饘粥，終身不改，無向人稱貸事。痛近世吉凶不遵古禮，延僧道盛宴會鼓樂，風俗既敝，財力亦空，曰：「志聖人之學，須從立身處家始。不節用，則取與進退，造次妄投，何處尚有學問？」因出陸梭山《居家四則》，命各書一通，曰：「能做此，亦自足用。不必出見紛華而悦也。」

又曰：「否泰剥復，乃天行消息。知《易》者惟仁山、白雲。」病亟，謂門人曰：「吾於文成宗旨，夢醒覺有新得。努力察識，擴充此心，簡點形迹，終無受用。」

門人最著者，同里徐景範文亦。有學識，純潛和正，光采動人。康熙丙午舉於鄉，都門士大夫争欲屈致與交，輒謝弗往。文亦既没，姚江人士風靡，雖先賢餘教猶存，興起者少矣。

金如王公諱朝式，山陰人。爲諸生，常有憂世之志。崇禎初，奉母司馬氏隱居四明山，從沈求如先生學，亦學於念臺劉子，與王毓蓍、秦弘佑等侍講證人社。劉子主誠意，而公篤守致知，曰：「學不從致良知入門，有誠非所誠之弊。」由是會者多異同。十年，入嵊賑饑，全濟四萬二千一百二十口。又同禺氏蘇公、奠維鄭公營立姚江義學，順母意，首倡捐田，學會大盛。已喟然曰：「流寇延蔓，必危宗社。吾徒雍容談道，欲以何爲！」將走四方求奇傑，以謀時難。十三年，卒，年三十八。劉子祭以文，稱其：「有超世之識，不必印之於古；有過人之才，不必韜之以静；有隨處傾倒之肝膽，不必出之以養。」時謂定論。

禺氏諱元璞。父萬傑，雲南左布政使。奠維諱錫玄。皆餘姚人。沈求如先生弟子。自義學始建，迄書院之成，多二人力。禺氏有容孝德，承父志，喜任卹。李賊陷京師，倡勤王議，事雖不行，論者韙之。奠維舉義倉，釐崇祀，謂：「良知之教，陽明子欲人直下承當，徹始徹終，莫作光景看過。如顔子『一日克己復禮，天下歸仁』，學者能事斯語，置良知不談可也。」同門邵振韶，卓識士也，以奠維之言爲然。

長孺邵公，諱元長，餘姚人。沈求如先生弟子。爲人言行無枝葉，意象豁如。嘗稱：「古之學者爲己，今無此實心，雖云談道，實長浮競，終身長自暴墮，可惜也。」值外氏風沸，與遺韓先生力扶正學，消邪説，諸狂誕者皆避色去。陽明子之道復明，歎曰：「先儒之學，爲此鬼怪輩害事！」進門人，較量志行，商確取與，曰：「此外更無學。久而益熟，自有異境。須虛心廣見，師古聖賢人，不可安於近今淺薄，在能者自取之。」康熙十三年，卒，年七十二。

沈先生高弟有安元邵公資仁，嗣主石浪，鄉黨稱善人。梅夫吕公滋、禹銘錢公九鼎、蜀庵陳公正衎、棐臣吴公棶，並杜門編書求志，以遺民終。

吾之俞公，諱長民，餘姚人。沈求如先生弟子。書院之立，延公司文課，月旦講會，發難常數千言。沈、史兩先生没，諸高第弟子張客卿、蘇玄度、邵以貫等相繼逝，姚江書院中微，而釋氏臨濟宗大盛。高明者輒往濟宗門下，争詈道學而仇視儒者。同人或不能自守，議論往往出入釋氏。惟韓布衣孔當、邵文學元長屹然爲儒宗主，嚚競潛息，遂復書院之舊，布衣没，公承之，嗣舉月會，以文章號召，門士多歸者。每語：「今之霖間，昔之河、汾也，諸生有能爲董、薛、房、魏其人乎？爲萬世開太平，此沈先生志矣。」嘗序刻《陽明王子全集》行世。年八十餘卒。無子。抗言高志，人顧思之。

王父魯公先生，諱曾可，字子唯。在娠七月而孤，終身孺慕，有曾子養志之節。迨除母喪，没齒素食。饔飧纔具，而惠於三黨。師友宗之，賢者交之。貧者、里之昏喪無告者，無不假也，不責其償。下至傭夫莊户，並感其義。少時頗愛書畫，一日讀《孟子》「伯夷聖之清」語，即涣然釋去，篤向聖學。

時書院初立，姚中有道學之目，家人咸以爲疑。先生厲色曰：「不如是，便虛此生。」徑往從之。月旦院會，請業者各持成見，殆同紛訟。先生獨正襟斂容，如不能言。退而書所答問，近思精擇，期於動息有合。諸先生喟然曰：「今英才滿前，如魯公之孝友端厚、五倫無闕者，未見其多比也。」於是皆愧服焉。

初年功專主敬，後乃深詣致知，曰：「吾今而知知之不可以已。如日月有明，容光必照；不爾，日用跬步俱貿貿盈科。」後行思以魯得之，故自號魯公，曰：「成吾學者，魯也。」教二子讀儒書，近高賢，持身渾樸，莫漫馳思經濟。冢孫幼授陽明《客座私祝》、《康節詩句》、《朱子家禮》，語之以必爲聖人。道行於家，交遊信之。順治十六年十一月，卒，年五十一。

先生居平不見喜怒之色，不服闇，不登危，稱道不亂，好禮不變。善善惡惡，同其清污，門無雜賓，鄉黨儀式。與遺韓先生交篤，勤受規諍。事拙修先生，無方就養，且走十餘里叩牀下省疾，不食而返。如是月餘，因亦困病。同門躬行充實，以先生爲首。至於身没之後，雖平時詆□□□□□譏□者轉深懿好，服其純誠，到今懷思。

多貯明儒書：敬軒、康齋、白沙、陽明，以下曰仁、緒山、東郭、南野。坐卧北樓，手鈎玄要，常爲後生開説，提撕本原。及院會請益教言，稽古質疑等，蠹餘隻字，力闡師傳，無或謬缺。其後修《姚江書院志略》，皆出先生遺笥所留云。

贊曰：一邑之教，千聖之文。卜氏西河，王通龍門。德性問學，其流孰分。洋洋優優，以待其人。懷此先哲，敘我彝倫。

吴逸茱先生曰：八傳首尾聯絡，不可移掇。藹然嚴師尊祖之思。

吴次張先生曰：倣范史《逸民》、《循吏》諸傳，格論只疏别王學源流，不更牽朱、陸，特識。

陶及甫先生曰：後人無學無識，各持同異，無論矣。即意中右其所尊，亦復崇古替今，尚存朱朱王王之見，不知二子登孔子廟庭，位次斷在七十二子上，則朱曾王孟無疑也。假令從旁進講，夫子必不左都右咈。傳序直能道孔子意中欲言，數百年來有功聖門之文。

叔祖培風先生曰：少時見家魯公先生同門諸前輩講良知之學者，皆篤行君子也，今則搦管爲時文家。夫人談朱稱陸矣，此傳出，直可鍼膏肓，起廢疾。

顧涇陽以來，已憂良知病道，東林正人門户，然持論太深。其《二大辨序》有云：「江西『頓悟』，永康『事功』，今且兼而踞之，朱子復起，憂更何如？須擣其窠巢始得。」因指「無善無惡，心之體」句摭入根搜，不知致良知功夫，全在爲善去惡。宗旨四語，特本其寂感一機、體用共原者言之耳。此等源流關係，蕺山劉子洗刷最精，吾輩當虚心諦觀。庶洛、蜀本是一家，無容鬩牆，見譏外人矣。自記。

陳恭介公傳

公名有年，字登之，紹興餘姚人。父克宅，正德九年進士，知嘉定。以清丈革豪右詭洒，治行爲吴中第一。嘉靖初，召拜御史，劾太監劉允取佛烏思藏惑衆當斬，又劾武定侯郭勛大不敬，直聲震中外。出按貴州、河南，備兵四川，勒兵殲叛番，諸番無敢犯者。歷湖廣左布政使。楚中連年潦旱，重以大工採辦，百方裁量，民賴以甦。陞副都御史，巡撫松潘。囤賊負險，久逆命。乘雪夜，令死士攀崖上，以索梯度軍，一鼓克之。改應天巡撫。方移任而餘孽復叛，有以爲言，罷歸。

公登嘉靖四十一年進士，累遷驗封郎中。萬曆二年冬，成國公朱希忠薨，其弟希孝請贈王爵。時希孝席世勳，位太傅，掌錦衣衛，貴用事。閣臣張居正、司禮監太監馮保仗爲腹心，王篆攝部，承居正指，遂欲予贈，公上疏曰：「高皇帝約，非奇功大勳無贈王，故徐氏王者，唯中山一人。張士三王河間，靖難祥符，平交阯，又死土木，此於例宜贈也。寧陽在正德中逢迎射獵，與彬、寧近狎，武廟欲封之，争者滿朝迄不見聽。後假平曹欽，不爲無名。伏見成國公太師希忠，恭誠寅畏，奉御三朝，爲國元臣。然遭荷承平，非有統軍臨敵汗馬之勞，何奇功大勳，而贈王之？在希孝，誠出孝子悌弟之心。而越違舊章，處以非分，亦非所以褒崇其兄也。故臣以爲越請者非法，遂請者不職，臣終不敢溺職徇非法。」

纂欲削牘，固争不可，以原疏上。居正不悦，中旨用寧陽王張懋例，贈定襄王。公即日乞病歸。迨居正敗，纂亦削籍，謫馮保而没其家財。卒奪懋、希忠贈王。上追思公議，起考功文選郎中。拜疏請召還海瑞，中外相慶。二十一年，代孫鑨爲吏部尚書。明年，以會推閣員，予告歸。

先是，大學士申時行、許國、王錫爵、王家屏先後疏請建儲，家屏持之獨堅。上心害之。禮科李獻可以請豫教，削籍。家屏封還御批，上怒。科道鍾羽正等並降謫，孟養浩至杖一百爲民。家屏不自安，三疏乞歸，許之。至是，會推列家屏及原任左都御史李世達，上見其名，大怒，降處選郎。顧憲成等公奏言：「冢宰及總憲廷推，自有故事。舊輔家屏爲相有名，若宰相不廷推，恐將來開私竇無已時。」因乞歸，疏十餘上，命馳驛回籍。遂用沈一貫、陳于陛入閣，而正士日退矣。初，陸光祖亦以執奏趙志皋、張位密薦入閣事忤申時行去位。嗣是，孫鑨用京察不徇王錫爵去。光祖，平湖人，鑨公同縣，時人稱「浙中三賢太宰」，浙人榮之。

公一生嚴正，秉難進易退之節。銓郎時以成國封曲乞休，或言其硜硜，曰：「小臣與大臣異。大臣忍小就大，小臣不得其職則去，是吾分也。」及因廷推歸，又譏其：「既爲大臣，何不能忍小？」曰：「大臣者以道事君，不可則止，如此而已矣。」屏杜中貴請託，復國初銓臣體，陛除不關內閣，中外交不便之。立朝居鄉，所相從往來無數人。然培護善類，言官有錮謫，必爲之請，務於得允。平心恕物，家素寒清，自奉陋約，常服角巾、紫花布衣，攜一僮閒視郊原，遇之者不知其爲冢宰。二十六年三月，卒，贈太子太保，謚恭介。

邵廷采曰：采母陳，蜀庵先生女。先生守布衣之節，終身不試。博覽典文、精研性理，尤好《左氏春秋》、司馬遷《史記》，旁及《昭明文選》。窮竭硃墨，以致自娱。與兄儀一先生帛冠奉祠，言及祖德國恩，涕泗交下，至於廢酒撤席，不能答語。甚哉，其傳家忠孝，保世之遠也！少侍講席，得聞恭介公家居軼事，以其頗涉纖細，不載。然兹傳所約，亦可以想見其大概矣。陳氏世牒出於宋中興賢相並松潘公支系，具《保定公墓碣》，不更入。

羅文懿公傳

公諱萬化，字一甫，號康洲，紹興會稽人。其先以勤穡忠厚啓基，至東溪先生靂有陰德，再傳爲皇考拱璧，以孝聞。

公生而神度端凝，與同郡張元忭讀書卧龍山，講王文成之學，務爲真知實踐，曰：「以此克治，異日將舉而措之。」嘉靖四十三年甲子，舉於鄉。隆慶二年戊辰，成進士。御試制問以外攘内安之道，公對曰：

臣聞帝王之涖天下也，必安攘兼舉，而後可成天下之至治；必明斷並行，而後可收天下之實功。故務本重農，以厚民之生；治兵修備，以固國之防。是二者誠有國之先圖，不可以後時而偏廢者也。然非明以燭之於先，而斷以行之於後，則雖日慕乎安内之名，

而實效罔臻，從事於攘外之文，而成功莫奏。其何以合内外之治，而用紓夫宵旰之憂也哉！故必君以實心主之，而委任以責成者奮英明果斷之勇；臣以實心效之，而謀猷以宣力者竭左右勷贊之誠。然後君臣道合而百度貞，上下志同而萬邦理，中國可安，四荒可攘，内可順治，外可威嚴，久安長治之功可垂拱而竢矣。

欽惟皇帝陛下躬大聖之德，膺曆數之歸，至誠享帝，恭己臨民，天下臣庶孰不翹首拭目，跂佇維新之化？而陛下方且望道未見，求治愈殷，乃特進臣等於廷，俯賜清問，惓惓乎安内攘外之策。顧臣愚陋，曷足以知當世之務，徒悚懼焉。雖然，陛下之設此舉，蓋將采而行之，非虚循古事已也〔一〕。蘇軾有言：「君以名求之，臣以實應之。」矧今陛下以實求之，臣敢不披瀝以對揚萬一耶？

臣聞之《書》曰：「天降下民，作之君，作之師，惟其克相上帝，寵綏四方。」則知天之生民，所以鈞陶而涵育之者，其責恒寄之君；而君之主民，所以生養而安全之者，其道實法乎天。惟人君有同天之道，則凡曆象日月，以經天之時；體國經野，以相地之宜；立綱陳紀，以定民之極；愛養撙節，以盡物之利：皆所以興化而致理也。然語其政之大者，則唯曰務本以重農、治兵以修備二者而已。昔成王初親大政，正天心陟降之際，人心觀仰之時也。惟周公殷殷告誡，一則曰「知稼穡之艱難乃逸」，一則曰「其克詰爾戎兵，以陟禹之迹」。蓋知稼穡之艱難，則農事修，而民食有資，人君養民之責盡於此矣；知戎兵之當

〔一〕「古事」，徐刊本、祝校本皆如是。康熙本作「故事」。

詰，則武備飭，而民生有衛，人君安民之責盡於此矣。卒之，穡人成功，而明昭之烈，於前有光；守在四裔，而重譯之朝，靡遠勿屆。此古之稱善治者必曰成、周，而誦周公輔理之功亦至今不衰也。

洪惟我太祖高皇帝籍田有諭，諄諄乎重農之意。成祖文皇帝務本有訓，切切乎逐末之戒；而又作《祖訓》一書，兢兢於選將練兵之事、居安忘備之憂。則當時所以足兵食而成民信者，已周詳而曲盡，故民皆樂業，而太和在宇宙，夷來貢琛，而王享及雕題，內固無不順治，而外亦無不威嚴。誠上追成、周之盛，而啓我國家億萬年無疆之休矣。

伏惟陛下臨御以來，躬率臣民耕籍南郊，屢勅邊吏慎固封守，博求制外之長策，謂宜農無不足之貯，國無不寧之宇也。乃窮陬僻壤，猶有啼饑號寒之衆；寇賊奸宄，且有潢池弄兵之形。廑我皇上宵旰，不遑暇逸者，何也？臣嘗反覆思之而得其故矣。

試以農言之：方今四方之民，游惰者多，歸農者少，此生之所以不衆，而用之所以不舒也。陛下試欲驅天下之民而皆力於本，其道無他，惟貴穀粟而已。我國家罪有折贖，鹽有飛輓，其初非不貴也。後以國用不支，而見小以忘大，於是有折色之兑，有解銀之額，而穡人之功漸輕矣，何怪其趨末而去本也哉！故臣願貴五穀，賤金玉，使曉然知稼穡之重，如晁錯屯田徙塞下之議焉，則激勸倡導之下，豈無力本之農矣乎！若夫屯政之善，鹽法之理，祖宗之制，具在也。修而復之，以利天下之商，厚天下之農，在一推行間耳，孰謂其有不可哉！

以兵言之：方今邊疆之地群醜匪茹，警報歲聞，此備之所以不嚴，而國之所以不固也。陛下誠欲嚴天下之備而克壯其猷，其道無他，惟重將帥而已。我國家總兵有官，參將有職，其初非不重也。後以承平日久，而重文以輕武，於是有巡撫以轄之，有總督以統之，而文法之拘加密矣，安責其臨敵而制勝也哉！故臣願重其權，專其任，使屹然當一面之寄，如充國湟中守便宜之事焉，則委任責成之際，豈無敵愾之勇矣乎！若夫精練驍果，罷調客兵，將帥之略，固在也。控而操之，以奮天下之武，安天下之民，亦一運用間耳，孰謂其有不能哉！

雖然，爲之有本末，施之有先後。其具在方册，而其用則在於陛下之明與斷而已。伏讀聖諭有曰：「朕日夜圖維安攘之策，莫急於斯，而行之靡效，其故何與？」臣以爲天下事未有行之而無效者，陛下特未實行之，而臣下亦未能實奉承之耳。願陛下致精明之氣，勵明作之功。穀所當貴也，則斷然以貴之，而不牽於榷算之謀；將所當重也，則斷然以重之，而不惑於優柔之論。賢否欲明以辨，昭然如日月之行於天，而光不可掩也；賞罰欲必以信，轟然如雷霆之鼓於天，而威不可測也。然後君宰其權，則臣終其事；上作其氣，則下效其能。守令司民牧者，誠知重農而勞心於撫字，則國無不闢之野，而何患游民之不歸農哉！將帥司兵柄者，誠知奮武而盡力於封疆，則國無不振之威，而何憂遠人之不率服哉！是蓋惟明克允、惟斷有成者，既並用而不偏，故內安中國、外攘四荒者，斯兼舉而立效。周成王之治不專美於前，而我二祖列宗之盛業，將由此式廓而光大之矣。

抑臣又有獻焉：心也者，萬化之原而明與斷所從出者也，使其心純乎天理之公，而絶無人欲之私，則明斷固渾然而在。苟一以私蔽之，則明有時而昏；一以欲累之，則斷有時而失。其何以主宰化機，而役使群動哉！范氏曰：「君心惟在所養。」故臣願陛下存養省察以體其心，精知力行以强其心，廣詢博采以大其心，親賢遠佞以純其心。一念之萌則曰：我其忘稼穡之艱矣乎？一慮之發則曰：我其忘戎兵之詰矣乎？然後心無不存，而可以全明斷之德，可以保安攘之功，惟陛下少垂察焉。

穆宗御極，援遺詔，悉反嘉靖之政。竄誅方士，起用舊人，褒録建言死事諸家，夢想名儒，以資啓沃。是科殿試，親禱於天，閲公對至「君心惟在所養」，亟加嗟異，遂賜及第第一。傳臚之日，拜舞進趨，如舊相習。大學士華亭徐階見而器之，授翰林院修撰。甲戌，陞侍讀終。張居正當國，居六品官，十年不遷。居正卒，累陞春坊諭德、國子祭酒。丙戌，丁外艱。服除，起南京吏部右侍郎，召爲吏部左侍郎，佐太宰平湖陸光祖掌内計。光祖行，代者餘姚孫鑨未至，公攝部三月，宿弊一清。陞禮部尚書，兼翰林院學士，教習庶吉士。

時皇后未有子。王恭妃生皇長子，宜立儲，及鄭貴妃生皇三子而貴妃寵，上意未定。群臣皆執奏，以皇嗣不可久虚，上益厭之，前大學士申時行等屢請册立，于慎行、李長春先後爲秩宗争之，不得，各引去。公繼長春後伏閤上疏曰：

前下明詔，期以今春二十一年恭行建儲，兼舉封王，定國本，廣藩屏，甚盛典也。比奉聖諭，忽更成命，云思遵祖訓立嫡之條，少遲册立；並封三王，以待皇后生子。臣等深惟大計，有不能不爲皇上一敬陳者。

祖訓立嫡不立庶，蓋以有嫡有庶，自不得舍嫡而立庶耳；非嫡未出而必待嫡之謂也。臣考本朝故事：太祖以洪武元年，成祖以永樂二年，英宗以天順元年，憲宗以成化十一年，孝宗以弘治五年，世宗以嘉靖十八年，有嫡立嫡，無嫡立長，並因時豫建。惟我皇上正位東宫，即當先帝御極二年。今天下仰聖明之御宇，莫不追先帝之遠猷，豈非近事明效哉！兹皇后高禖之兆，歲久未彰。皇長子睿齡日茂，時當出閣。況前此屢奉明旨，中外臣民，望切雲霓。而復援立嫡之經，從封王之典，將使觀瞻靡定，疑慮叢生，失大信於天下，此臣等之所爲私憂過計也。

且皇后母儀天下，衆子孰非其子？與虚東宫以待嫡，不若立長以安天下。伏願俯賜采擇，仍勑臣部，以册立皇長子與册封皇三子、皇五子同日具儀舉行。則匕鬯有歸，維城永固，天下幸甚。

先是，並封之旨下閣，王錫爵持之不堅，在廷因歸咎，曰：「此錫爵密進者。」工部郎中岳元聲等數十人面詰錫爵於朝房曰：「閣下奈何誤引親王入繼之文，爲儲宫待嫡之例？」庶吉士李騰芳上書錫爵曰：「古之賢豪將立權謀之事，必度其身能作之，身能收之，則不難晦其迹於一時，而終可皎然於天下。公欲暫承上意，巧借王封，轉作册立。然以公之明，試度事機，急則旦夕，緩則一二年，竟公在朝之日，可以遂公之志否？恐王封既定，大典愈遲。他日繼公之後者，精誠智力稍不如公，容有壞公事，隳公功，而罪公爲尸謀，公何辭以解？此不獨宗社之憂，亦公子孫之禍也！」錫爵讀訖，爽然曰：「諸公詈我，我無以自明；如子言，我受教。」

於是公復上疏曰：

伏見皇長子始生，皇上布告覃恩，明示天下主器之重，今睿齡十有二矣，已及加冠之期，未幾且當大婚之吉。蒙養匪豫，則趨向靡端；情竇一開，則攝調不易。故一日册立之典未具，即一日出講之儀不行。此宗社大計，皇上豈不心明之？而行之寡斷者，豈猶有格於中而無由自決耶？

夫上意之微渺，或有不能喻之於下，下言之委曲，容有不敢畢之於上。皇上深居九重，臣等末由瞻望顔色，假借面陳。竊念今廷臣倚信，莫如王錫爵。請特御便殿，親賜召問，使考古證今，速定大禮，慰中外臣民之望。

夫人情所在，即天意所在也。方皇上覽臺臣之疏，明旨下部，朝野懽聲雷動，誠内結於心，忠愛之至也。《易》曰：「天之所助者順，人之所助者信。履信思順，則自天祐之，吉無不利。」臣司禮言禮，安上定民由禮則治。我朝禮制，定自高皇，列聖嗣守，二百年内無凌替之憂、外絶覬覦之萌者，本此。豫建太子，禮素定也。皇上奈何忽更之？借待嫡之虚詞，違立長之成憲，俗公紹述祖考，計安宗社，不亦遠哉！

伏見皇上篤親親之誼，親王而下，歲一遣使册封，今四月又届期矣。臣等循故事以請，悉得奉明詔舉行。乃獨於元良之建，舉朝奏議，一切留中不報。陛下試思青宫之與藩服，孰重孰輕？立儲之與封藩，孰緩孰急？古人早建豫教，在敦敘九族之先，而陛下易之，此臣所謂舛也。日本爲東患數年矣，然譬之人身，朝鮮之被侵，猶四肢也；太子，天下本，則腹心也。舍腹心而肢體之是憂，臣所未解也。

昔人謂君之聰明少蔽，則司耳司目之官均受其罰。臣忝秩宗，爲陛下股肱耳目，而令大禮久闕，中外狐疑，臣之罪實深。是以不憚補牘，昧死上言，惟陛下垂鑒。

章八上，卒未得請，公廢不寐食。念留侯本招四皓，有吕后爲主；今皇長子非后出，故不足恃，惟有使戚夫人自請，以鄭用鄭，覺悟上聽，事乃得諧。會儀制司郎中鍾化民、主事李茂春與公交密，而鄭妃從子、順天府諸生某嘗出入化民所。公令二人諭鄭生，使説貴妃母，入告貴妃，開陳奪儲禍福。貴妃初聞之恚，後乃漸移，乘間特請於上。而錫爵又密陳：「皇上縱欲少緩册立之期，豈可不先行豫教之禮？」上命明年二月皇長子出閣就學，長幼序明，國本遂定。然其謀本出於公，外廷莫知也。

公於是念太夫人老，累疏請終養，馳驛歸覲。時憂勞疾成，在道卒於寶應舟中，年五十九。贈太子少保，謚文懿。

公早勵名節，庚辰分較禮闈，江陵子豫請題目，不答。既得第，猶載重贄稱門生，終却之。及掌邦禮，臺諫以建儲，章奏碎激，獨鎮之以和静，與二王、申、許諸相國不立異同，潛移默運，卒襄大謀。寧夏之役，議召苗兵，公謂：「不可！是示苗弱也。賊倚西人爲援，第乘其未至，先破西人。賊，穽獸耳。」已而果驗。其知兵勢又如此。日本關白請封，本兵石星主之。封使既出，復發勘使。公謂：「封已誤，勘再誤。王言無反汗，若國體何！」已而沈惟敬等充詔使，議久不決。比關白死，行長等乃撤歸。時論以公之才得在相位，大業當更可觀。而兩經枚卜不用，蓋忌者阻之也。其鄉邦孝友惇睦，故老皆能道之。

子光鼎，由廕監官刑部郎中，有廉直聲。壬子，孫元賓舉順天鄉試。天啓二年，復疏陳建儲事，援于慎行、趙用賢卹廕例，得請以讓其弟元賢。是科元賓成進士，歷任河南道御史，陞操江都御史，自有傳。

論曰：嘉、隆之季，言理學者人人殊方。由師承漸遠，高識之士挾其靈明，游於恍惚。溯厥由來，咎有攸歸。而康洲先生以純誠之德、淵衍之量見之，立朝任事，不阿不峻，確有本末。所與交鄒南皋、耿楚侗、許敬庵、鄧定宇諸人，皆篤行君子也。越中龍溪之後，接以海門，駸駸乎如程、朱之有慈湖焉。激極因衰，顧涇陽矯之以名節，遂啓東漢黨錮之禍。嘻，亦甚矣！先生鑒末俗之流失，憫人心之澆漓，務砥實功、省議論以自守。唯淡泊寧静，未造文成堂室。其言曰：「君子修身立命，則存順而没寧；忍性動心，則德崇而業廣。勉乎哉，學而已矣！」

於乎！世徒以科名重先生者，其志識何如也？

黄忠端公傳

公名尊素，字真長，號白安，紹興餘姚人。性嚴介，諸生時以經濟名節自許，持論操行，卓犖不爲苟同。萬曆四十四年成進士，除寧國府推官。能治强宗，以廉直稱。天啓三年，擢御史。

時逆奄魏忠賢與保母客氏爲對食，專竊朝權，用王體乾、李實、崔呈秀等爲腹心，阮大鋮、曹欽程、楊維垣等司搏擊，許顯純、田爾耕等任爪牙。又聽大學士沈㴶謀，大開内操，震驚宫廷。四年三月，公因星變，指陳時政十失，末云：「阿保重於趙嬈，禁旅近於唐末，蕭牆之憂慘於伏莽。毫末不戒，將尋斧柯。」奉旨責其疏中有「天下，誰之天下」語，奪俸三月。未幾而汪文言之獄起。

文言者，徽人，本名守太，以武學不第，納監入王安幕。邵輔忠論劾，下刑部，徒三年。更今名，仍入監，遇纂修《實録》，授中書。往來諸大老門，頗驕蹇。顧慷慨曉大義，僉都御史左光斗、吏部給事魏大中皆與遊。時逆奄久欲傾陷君子，授意刑科阮大鋮造謀。大鋮乃遺吏部尚書趙南星書：「吏部陞轉，請告者率引人相代，有頂首之謡。」南星不知，墮其欺，毅然以爲前弊當革，上疏曰：「吏部四司，惟稽勳一人，餘皆二人，以稽勳事少故。然今日之稽勳，實儲文選考功用。如就近量推，不拘資及，即一省二人亦可。」引陸光祖調吕坤、黄克念同邑同司例爲言。上從之，遂調職方郎中鄒維漣爲稽勳，管外察。而維漣與原任主事吴羽文並江西籍，於是刑科傅櫆論南星違制，並及光斗、大中狎文言，下文言詔獄。其後因之延蔓羅織，櫆與大鋮始禍也。大中片紙求救於忠端公曰：「事急矣，勿殺義士！」公即至北鎮撫司劉僑所，密計不竟其獄，文言因此得寬。忠賢怒，以他事削僑，用許顯純代之〔一〕。

六月，左副都御史楊漣論忠賢二十四罪，忠賢欲結輔臣韓爌爲地，爌嚴拒。遂令魏廣微條旨，切責漣而温慰忠賢。自廣微、顧秉謙入閣，葉向高强半注籍，午門杖殺郎中萬燝，又逮御史林汝翥。汝翥恐先斃群奄手，亡走詣遵化獄。群奄疑汝翥閩人，向高匿之，直入邸寓，嫚罵坐索。向高奏之，亦置不問。文言竟杖一百爲民。於是向高奏：「數十年不行之廷杖，用之旬日，實傷國體。且自楊漣首劾，舉朝閧然。皇上誠欲保全忠賢，莫若聽其自請，且歸私第，遠勢避嫌，其於轉禍爲福直俄頃耳。内操一事，祖宗朝所無，聚數千兵甲於宫廷肘腋間，終屬隱憂。」不聽。向高、爌予告去，漣、光斗皆削籍。

先是，公繼漣上疏言：「小人爲惡，至於情見勢極。先時臺諫折之不足，後恐干戈取之亦難。」及萬燝杖死，又言廷杖之弊：「爲廷杖者必曰祖制，亦思彼行之者何人耶？二正之朝，

〔一〕「許顯純」，徐刊本、祝校本作「許顯仁」，康熙本作「許顯純」。《明史·許顯純傳》云：「（許）顯純，定興人，駙馬都尉從誠孫也。舉武會試，擢錦衣衛都指揮僉事。天啓四年，劉僑掌鎮撫司，治汪文言獄，失忠賢指，得罪，以顯純代之。」據改。

行之者王振、劉瑾也；嘉靖時，行之者嚴嵩也；萬曆時，行之者張居正也。曾見二祖、宣、孝之世有此事耶？」

公深沈謀斷，處群小能不爲已甚。大中劾魏廣微，公曰：「不可。此小人之包羞者也。」大中不聽，廣微遂決與正人敵。忠賢知劉僑寬汪文言之獄，其謀出公，尤忌之。五年二月，遂與周宗建、李應昇等同削籍去，而復逮汪文言。秋，七月，逮漣、光斗、大中下鎮撫司，脅文言證其受熊廷弼賂，文言不肯承。顯純乃自爲爰書，織入定罪，追賍酷掠，皆死於獄。六年三月，復逮高攀龍、周順昌及公。

先是，五年冬，三吴訛言翻案以公爲主，用蘇杭織造太監李實爲張永，誅逆奄。逆奄聞之，大懼。刺事至江南四輩，無影響。刑部侍郎沈演欲自以爲功，奏記逆奄曰：「事有跡矣。」逆奄使人日譙訶李實，取其印信空本，填七君子姓名，皆指爲吴人，而不知公越人也。攀龍拜疏，坐園池正命。吴人因順昌毆殺緹騎，而緹騎之逮公者方泊胥門，誅求供應，榜笞驛官。義士許爾成偏袒一呼，衆叢擊，焚其舟，沈其輜重於水。有司擁護出境，抵杭關，失駕貼，竟不内，去。撫按逮公赴京，與李應昇同就詔獄考，身無完膚。再考及公，公仰首顧顯純曰：「吾忍見李君負病受楚毒乎！」顯純爲之動容。閏六月，卒於獄。前一日，獄吏告以内傳欲斃公。公有語，亟書寄家，即於三木上賦詩，南北向拜謝君親，不及他事。

先後死璫難者十有七人，名列兩朝忠烈祠碑，而中書汪文言、吴懷賢不與焉。

莊烈帝登極，贈公太僕寺卿，謚忠端，予祭葬廕子，宗羲入監。而封其父曰中如其官。妻姚氏，封淑人，鄉黨榮之。

曰中，號鯤溟，通《易》、《春秋》，與人言必原本經傳。忠端公之喪，蔣令弔之於途，鯤溟公曰：「此郊弔也。明府以《春秋》起家，豈宜有此？」一邑利害，他人不敢言者，公獨言之。有伍伯倚令勢魚肉市民，公投以治生帖，伍伯叩頭請死，令亦從此不敢近伍伯。逆案尚書某使其僮客越境追人，公呼僮客，杖之曰：「吾非杖汝，聊以寄汝主耳。」其疾惡如此。

姚淑人，上虞人。從忠端公在京，楊、左諸公多夜過邸寓，商論時事，燭累見芟，管勾茶鐺酒罍無失候。魏大中尤數過，以小人陰謀相告，形之歎息。客去，輒迎謂公：「得無又有歎息事耶？」獄急，上書求代。每哭公至暈絶，諸子前相慰解曰：「無庸，第無忘大父粘壁書耳。」蓋鯤溟公於諸孫出入處大書「爾忘勾踐殺爾父乎」八字於壁，諸子受教慟哭，淑人亦哭。一生經荷艱危，後三十年益遭亂離，播遷無定居，每以舊國存亡係念。康熙十九年卒，年八十七。

子五人：宗羲、宗炎、宗會、宗轅、宗彝。宗羲自有傳。

贊曰：黃氏之系，出於潁州。漢相霸。慶元不屈，厥支是延。仕爲慶元通判者。金人破慶元，死之。三子分地避兵，一居定海，爲東發始祖。東發殿宋，震，宋末名臣。茂卿啓明。文茂，泰定進士。受學吳草廬，主教於鄉。從學草廬，以大其聲。堀當遜國，思效全忠。天造多奇，翻與叛同。賦詩：「爲臣真欲效全忠，豈料翻成與叛同。」赴水死。伯川有詩，小野亟嘆。東河撫孤，不先一飯。伯川舉天順，壬午，主考陝西。有《竹橋十咏》，倪小野稱其蕭散閒遠。素庵生稔，號東河，娶章氏，撫孤子。孤子入城市，必向其所之，而立待其歸始食。

忠節之後，斯文之傳。知孫必昌，慰我對川。公大父。三品及封，七品死節。始疑不符，終乃券合。公言三品封祖，後以御史七品死，贈冏寺，果三品得封。鯤溟公後死受封。同文之獄，孰非錦歸。天壽其翁，善養不違。兩朝忠烈，碑峙孤山。六忠祠祀，越城具瞻。我遵竹浦，潮赫斯怒。宛在其中，英英白露。

刑部左侍郎梅墩公家傳

邵氏道一公之族登進士者，始自白竹公、月湖公。月湖公第四子梅墩公復以穆宗隆慶元年丁卯舉鄉薦。明年戊辰，成進士。由是亞六房孟氏蒸蒸盛矣。白竹諱惪容，官刑部主事。月湖諱惪久，知邵武府。二公同父，考曰菊莊公文達。文達考曰守原公珉。珉考則傳二公悌思也。自梅墩公上溯傳二公爲世四，自傳二公溯福一公、宗一公至道一公爲世三。余五世祖海州公與梅墩公同出傳二公，爲高祖兄弟。其仕也，同在萬曆初年，故因近宗爲立傳焉。

梅墩公諱陛，字世忠。凡通籍二十四載，由庶吉士爲御史，三出巡按，閱臺資終一星。及陞都察院右僉都御史，督撫南、贛，則以便道歸省，直月湖公之艱而不涖任。服除起家，巡撫湖廣，累陞左僉都、左副都，協理院事者二年。轉刑部右左侍郎，理部事又一年。有浮言求多於公，因乞身歸。歸之歲，萬曆二十一年也。後二年，病終於家，年六十。贈太子少保、刑部尚書。

先是隆慶四年，爲江西道御史，上疏請行：「公侯伯應襲之子，與已襲而年三十以上者，俱赴京營提督，教習騎射韜略。並選中式武舉，及武學官生之穎出者，淬勵以儲將材。」從之。時有買珠之役，李都諫争之甚力，忤繫。公特疏《都商破産哀號狀》，請上躬行損節，並釋諫臣。已而念母恭人，心動，告歸。

萬曆元年，内艱服闋，補河南道御史，出按蘇、松，首疏寬四郡宿逋。時張居正當國，專用催科考成，持下甚急。公獨以博大寬厚，紓恤民力。松江吴某者嘗爲邵武推官，故下石月湖公。公至，則出其子於重繫，曰：「朝廷繡衣，豈吾修郄地乎？有直道在，亦不以沽直焉爾。」四年，再按鳳、淮。江北故患水，比歲潦甚。將爲祖陵、漕河梗，公根脉之。創築泗堤，濬海口。具疏改折、留賑、蠲恤數事，民賴以蘇。

六年，移按江西。有旨查革書院，公請存白鹿。縉紳翕然，以爲公故陽明同里，能明輔道術、裨政化也。土産赫蹏額有輸，俗不理機杼，額又有輸。公疏減紙直，而裁絲絹之半，以輕齎供焉。

九年辛巳報命，會當京察，留掌河南道，以公慎稱。

其巡撫湖廣也，在萬曆十六年。歲祲，飢民白晝焚掠都市。公梟徇首掠，多方賑發以安集之。賊劉汝國出没太、宿、蘄、黄間，飢民多從之，勢披猖。公設堡哨，遏賊衝移。應天府撫操下流犄角，賊負固，堅壘不出。公檄播兵先進，而身督師黄州，徑抵其巢。賊倉皇焚巢走，追斬俘獲甚衆，汝國旋就縛。是年，鄖陽兵譟，圍撫治李材軍門，材避走襄樊。久之，乃定，人謂公得先幾，威惠兼克。在楚一年，轉左回院協理。初，潞王之國有以景邸莊田啖之者。王請之頗溢。故額濫及民間世業。公瀕代，慨然曰：「奈何心知目視其事而忍不言！」乃列見田實課以聞，且議徵輸歸州縣，毋滋官校擾。其爲屬境慮長久如此。

陳太宰有年稱公閎達，有用世才。終始法官，常依於慈厚。早歲以孝弟聞。月湖公有子八人，歸自邵武時悒悒，公燕進曰：「大人慮諸兒乎？伯兄蒙大人之教，魁鄉薦矣，仲善爲生，叔簿太湖。兒雖譾然而諸生哉，當强自力。不腆先世之遺，與大人節縮二千石餘祿，請畢分殤弟之嫠及三弱弟者。」月湖公嘉其義。已卒如約，諸兄咸無異辭焉。其後母弟圭舉於鄉，庶弟皆立。公祿入輒分遺均給，及宗戚朋舊賢貧者。世父白竹公素奇公。公第，白竹公方捐館，祭祀必迎主並薦，保植其子孫，公之大德可知也。

立朝不阿權要。掌河南道時，南督學缺，時相以書致殷勤，言此席當屬公，公力辭。已卯，監江西，試策問，更議考成。或言：「不虞忤首輔耶？」公曰：「士君子安有以字句逢人？」趙用賢劾居正奪情，都御史用他事論罷之。公語同列曰：「都臺從蒲團中度半生，今日乃爾哉！」或以語都臺，公亦不顧。已而晉江王司寇時爲户部郎，疏論都臺，得罪去，交遊無敢送者，公獨具餽祖道。立交戟之下，務修實事，不以意氣封彈。自公没十餘年，而東林黨議興，臺諫之門户與國事終矣。於乎！時爲之與？人爲之與？

公葬豎玉山。子二：欽順、欽馴。明之末年，欽順孫不倫聚兵四明山，被獲，不屈，死之。不倫兄子曰進，字大赤，有文名於時。

思復堂文集卷二

傳

明户部尚書死義倪文正公傳

公諱元璐，字玉汝，一字鴻寶，紹興上虞人。父贈尚書涷，徙郡城。涷有經國才。隆慶辛未，試南宫對策，指陳時政得失，下第。甲戌，成進士，官南工部郎。定船政，軍衛皆便之。江陵相居正忮其直，出之知撫州，歷守撫、淮、荆、瓊四郡，所至有循吏聲。

公幼承幃庭講聞忠孝大節，居身矜重，才氣絶世。天啓二年，成進士，充翰林院庶吉士。四年，授編修。首輔葉向高特器公，曰：「三年來無片刺及吾門，何處得此風采！」然是時璫焰遂熾，向高未幾罷相。五年，公奉使封德王。使竣，即乞假省太夫人，尋召還京。魏忠賢已進爵上公，至配享孔子。公典試江西，命題譏切，忠賢大愠。會熹廟崩，思陵登極，誅忠賢，公乃得免於禍。

崇禎始政，天下清明。而逆黨阮大鋮、楊維垣等猶在班列，所刊《三朝要典》背顛公論，群小陰持其説以動摇國常。楊、左衆君子死，士氣未復，冀幸小安，莫能盡言。公以爲此邪正之幾、治亂之本，遂不謀同列，獨上疏曰：

臣頃見邸報，凡攻崔、魏者必引東林並稱雅黨。崔、魏而既邪黨矣，向之彈忠賢、糾呈秀者又邪黨乎？夫東林，則亦天下之才藪也。其所宗主者，大抵秉清挺之標，而或繩人過刻；樹高明之幟，而或持論太深。謂非中行則可，非狂狷則不可。且天下之議論，寧涉假借，而不可不歸於名義；士之行己，寧近矯激，而不可不準諸廉隅。自以假借矯激深咎前人，而彪虎之徒公然毁裂廉隅，背叛名義，連篇頌德，匝地生祠。夫頌德不已，必將勸進；生祠不已，必且嵩呼。乃從寬之曰「無可奈何」。嗟乎！充此無可奈何之心，又將何所不至哉！議者能以忠厚之心曲原此輩，而獨持已甚之論苛責吾徒，亦所謂悖也。

天祚明德，陛下龍飛，出諸臣鼎鑊之中。恩綸酌用，凡屬崔、魏之異己，即可化牛、李爲同心。而猶堅執方隅，深虞報復。夫曩年借東林媚崔、魏者，其人自敗，無可施報復之端；若其不附崔、魏又能攻而去之者，其人既已喬嶽矣，雖百東林烏能報復哉！

疏末，請亟召用韓爌、文震孟，而復天下講學書院：「蓋書院、生祠，相爲貞勝。生祠毁，書院豈不當復！」上方深思，未即納用，而維垣起争公疏甚力。公復上疏曰：

觀台臣維垣所奏，事事與君子爲仇，言言與明詔相背。明詔戒諸臣「無立同異」，「天下爲公」，而維垣論列輒曰孫黨、趙黨、熊黨、鄒黨，動分門户，持此彌堅。陛下當陽，皎日既出，而維垣猶舞魑魅於容光臨照之下，欲起地下諸奸而更生之，取正人灰燼，重加燔炙，乃快其願。臣竊以爲計過矣。

維垣怪臣盛稱東林，意東林予李三才而緩熊廷弼也。然當時議三才特推其揮霍之略，而未嘗不指之爲貪；於廷弼特未即西市之刑，而未嘗不坐之以辟，則未爲失論失刑也。若維垣之稱魏忠賢曰「廠臣公」，「廠臣不愛錢」，「廠臣爲國爲民」，而何況三才！五虎、五彪，律當處斬，而初擬止於削奪，維垣不聞駁正，又何尤昔之寬廷弼者乎？「韓爌清忠有執」，天語煌煌。即條旨廷弼，僅免一梟，未嘗赦之。今舍其抗疏抵璫之言，而加以關説莫須有之事。廷弼行賄，璫口假以污衊諸賢，追賍酷掠，此天下所共知。維垣奈何尚守是説乎！

至於不附紅丸，及孫慎行君子之論，臣言原非矛盾。慎行清望與王之寀不侔，議雖刻深，不失《春秋》書趙盾之法。夫董狐不爲沽直，趙盾亦未嘗貶賢。而以臣爲謬，臣不受也。

王紀清正，因參沈漼忤璫而斥，文震孟薦紀削奪，均之得罪於逆璫者也。至以破帽策蹇、傲蟒袍馳驛之人，此何可譏？夫刑賞出於朝廷，斯榮辱因之。若當日，則忠賢之刑賞而已。年來破帽策蹇之輩，較之超階躐級者，誰榮誰辱？抑宫保横玉之劉詔，何如桎梏抵罪之耿如杞？自此義不明，相率爲生祠頌德，呼公呼父而不顧。而維垣以臣爲謬，臣不受也。

鄒元標始則峭直，後則寬和，正其暮年進德，都門講學，扶正人心，爲益非細，而今詆之爲婪取多藏。且逆璫逐元標而毁書院者，正以箝學士大夫之論，而恣其無所不爲。自元標以僞學見排，而逆璫遂真儒自命，學宫之席，儼然揖讓宣尼，書之史官，貽後世笑。而以臣爲謬，臣不受也。

崔、魏時，人皆任真率性，罔辨頑廉。使有一人矯激假借，猶足以立朝野之坊。若東林已故諸賢鄒元標、王紀、高攀龍、楊漣而外，又有若顧憲成、馮從吾、陳大綬、周順昌、魏大中、周宗建、周起元其人。遣戍謫放，有若趙南星其人。臣不敢臚名，以侵薦舉之職。其爲理學清節，要何可疑？存没不同，並歸真品，豈有所矯激假借其間？而以臣抑揚之詞爲一成之論，謂臣大謬，臣益不受也。

若維垣持論之悖者，謂小人待其惡稔，乃攻而去。夫待小人惡稔，天下事已壞矣，殺天下正人亦已盡矣，思攻而去之不嗟何及乎？崔、魏惡稔，不遇聖明，誰攻而去之？又始終以無可奈何爲附璫解嘲。脱一旦舞蹈稱臣，挺戈弑逆，亦託之無可奈何乎？

又言「忠良不當以崔、魏爲對案」：

夫今日亂賊，非崔、魏而誰？王安石非真小人，而附安石者，皆真小人；豈崔、魏真亂賊，而附崔、魏者反非真亂賊？以維垣之邪説，護亂賊之崔、魏，孔、孟復生，爲世道懼必有甚於前日矣。夫古今惟意見不同，議論偶異。如宋臣蘇軾、程頤互相訶詆，均不失爲正人。本朝大禮之争，折衷未平，皆主於愛君尊祖，若品節大閑，豈有兩是？品節試之於崔、魏而定，無問其爲東林與非東林也。

總之，人才不可不惜，我見不可不除，衆鬱不可不宣，清議不可不畏。臣前疏論列，本爲維垣。不斥其名，意使之聞而愧恨，面熱發頳而食不下咽。不意其怙終遂惡，乃至於是。且猶揚揚以正人自負，語言首鼠，豈能上逃睿鑒？《書》曰：「作僞心勞日拙。」臣願維垣之熟思之也。

書奏，上嘉嘆。公於是請毀《三朝要典》，略曰：

伏見挺擊、紅丸、移宫三案，始自清流。當事起議興，盈庭互訟。主挺擊者力護東宫，争挺擊者計安神祖。主紅丸者仗義之言，争紅丸者原情之論。主移宫者弭變於幾先，争移宫者持平於事後。六者各有其是，不可偏非。

至魏忠賢竊命，始假三案以殺人，而求富貴者萬口和之。既又編立私書，名爲《要典》。凡推慈歸孝於先皇，正其頌德稱功於義父。批根今日，則衆正之黨碑；免死他年，即上公之鐵券。聖神御世，誅罰既行，則於此書唯毁之而已。假奄豎之權，役史官之筆，亘古未聞，當毁一；未易代而有編年，不直書而加論斷，當毁二；矯誣先帝，僞託宸篇，既不可比司馬光資治之書，亦不得援宋神宗手序爲例，當毁三。此書不毁，必有受其累者，非主三案者之累，而争三案者之累，又纂修三案者之累也。

願勅部立將要典焚毁，明詔廷臣，章奏無得漫舉向時黠將之謡、選佛之説、一切市語妖言，以塵聽覽。舊染污俗，咸與更新，昭陛下寬簡蕩平之治，天下幸甚。

上從之。

時公已遷侍講，屢上書言事。海内傳其奏牘，希望光儀。同郡大學士來宗道曰：「渠何事多言？我詞林故事，唯有香茗耳！」時謂宗道「清客宰相」。

公復與其兄御史元珙追論前大學士魏廣微、顧秉謙削籍詔，以廣微實爲禍首，持國柄授璫，毒徧宇内。以先朝焦芳例，除名爲民。於是御史毛羽健劾阮大鋮，御史鄒胤祚劾楊維垣，御史高弘圖劾劉應選、梁夢環、劉詔，給事中顔繼祖劾李魯生、李蕃、霍維華。旬月之間，魏忠賢之黨以次盡去。上親定逆案，分七等，錮之終身，皆公三疏啓之也。

四年，遷右中允。自袁崇焕敗後，罷大學士韓爌、錢龍錫、劉鴻訓，而相温體仁、周延儒。

史堇等謀借封疆翻逆案，日夜汲汲，龍錫下獄論成。上益疑廷臣朋黨，無徇國心。會大凌河久圍，復遣中官督戰，公嘆曰：「此觀軍容之漸也。外廷無人使，主上不得已出此。」是時，前右中允黃道周以救龍錫謫外，公上疏願以己官讓道周：「道周行清絶俗，奥深經史，精識時宜。天爲陛下生此一人，非臣等所及。請用道周出臣，猶棄魚目碔砆得隋和。又前順天府尹劉宗周清恬剛介，正與道周相類，宜召還京師，風厲臣節。」不報。四乞歸省，政府以公人望，藉客致殷勤慰留，啗以美遷，公辭焉。謂所知曰：「平生不愛熱官，不喜居要人牢籠之内。今石齋、九一既去，而我獨留。『有靦面目』，《詩》其謂我哉？」引退益力，上不許。

六年，遷左諭德，充日講官。七年，陞右庶子，掌坊事。上制實、制虚各八策。制實者，成敗得失見於行事之實；制虚，則本之心，運之廟堂。以虚應實，可包百世，利子孫黎民，無遠勿屆。内規執政，論吏部侍郎張捷薦吕純如事，又請盡撤監視内臣，以重邊疆。上置公書御榻，時時省覽焉。

八年正月，賊陷鳳陽，焚皇陵享殿，放高牆罪宗。公上疏，以爲：「寇禍非常，祖宗大辱，人心所在思亂。賊據南北衝，事變未可知。請上亟下詔罪己，悉蠲崇禎七年以前逋賦，並東南雜解改折。發弊追贓，勿或根搜濤濫，並寬有司參罰。使官民咸得安枕，以祈天永命。」十月，上避居武英殿，撤樂減膳，布袍視事。命臣工共加修省，務存寬恤。時禮部侍郎陳子壯亦條蠲租、清獄、宥罪、使過、省工、束兵、改折、豁贓、恤宗、寬驛、旌敘、事例十二事，與公疏俱下部。而温體仁每事拂抑，率以名塞，未能盡行也。

是年陞國子祭酒。上疏：

《禮·王制》：選造三升，然後論辨授官；簡不率，則有郊遂之移。請倣其意，分貢選爲正流，援納爲閏流。援納拔萃，改正流，與貢選同科；黜貢選不才，退處閏流，比郊遂。又遵祖制，六堂遞升。所教崇德行，明經術，講求兵農水利律曆，間嫺騎射，備公卿將帥之用。最下使讀律令，稍通治民，毋致牆面。博訪品端學正多聞儒者，充六堂司教官。不拘甲科，久任教成，特與優擢。天下府州縣有通三經尤卓者，撫按送部，奏請廷試，發雍肄業。仿高皇帝遺制，國子生習讀《春秋》，以明大義，斷世事。學成，按洪武間張惟、蔣學等授編修、給事中。餘御史部曹方面如此，則太學養士可與周治比隆，次亦有光漢、宋。明倫之教，始不徒設。

又請：「勳舊子弟十四以上、三十以下入監教習，如古胄子、漢四姓小侯法。不由監咨，不得承襲。」上可其奏。

體仁久知上意嚮公，慮一旦進用，且奪其位，力謀去公，而臺省無可諭意。一日，上手書公名授内閣，命以履歷進。體仁大恐，嗾誠意伯劉孔昭訐公冒封典事，擬旨削籍。上察其誣，改命予告歸里。

十五年，起兵部右侍郎兼翰林院侍讀學士，以母老辭。有詔敦促，已聞京師被兵，徵四方兵入援。矍然起曰：「詔以臣貳樞，而聞警不前，非義也。」遂散家財，募義從，得敢死數百人，持滿夾趨銜險出濟。明年正月，抵阜城。時王師深入，自良、涿亘山左，連營九百里，游騎四出。裨校請暫止觀變〔一〕，公正色曰：「吾三千里赴召，豈復顧身！且北兵日南，進退等危耳。」遂進。十日，達京師。京師城門晝閉，行旅斷絶，援兵皆不能前。聞公至，皆驚。即日陛見，密陳虚實，條守禦之策。亡何，叛帥劉超就擒。敘功，廕一子錦衣衛指揮僉事。

當是時，上注意相公，而陳演欲攘首揆，既因延儒視師構成其罪，又慮公柄用，詭入告曰：「天下匈匈患兵、農不得人。今使元璐爲司農，元飆爲司馬，事濟矣。」上不察演意。以爲推轂，即日拜公户部尚書兼翰林院學士，馮元飆兵部尚書。召對，諭曰：「國家艱難，兵食宜合一。卿兩人同鄉里，負才望，朕故用以協心規畫，卿其有以報朕。」公引浙人不得爲户部，力辭。上不聽，諭曰：「朕知卿久矣。卿忠誠敏練，義不辭難，勉爲朕分憂。」至以高皇帝用宋濂、劉基成大業比説，公乃拜命。疏陳生節要義，以爲：「天下才賦，什九咸耗於兵，耗於將之虚冒。請用户部官行兵部事，或臨操頒犒，或就營面給，以杜侵漁。至於軍興以來，正賦之外，有遼餉，有新餉，比復議抽練邊兵驍果捕賊，又加練餉。其實有抽無練，復匿全鎮原伍，惟舉抽練之數，號稱單虚。非因抽練而兵精，乃因抽練而兵寡。自今請罷抽練，悉還原伍。」

又：「一兵兼食三餉，一民兼供三餉，名項紛然。吏緣爲奸頟，設民運屯糧，督撫徵收，徑餽行間者，邊帥每置不言。而唯責京運部欠，藉口僨事，江河漏巵，莫知所底。請著令，凡徵

〔一〕「校」，徐刊本原作「較」，今據文義改。

民糧，悉去邊餉、新餉、練餉之名，止開正賦、兵餉二項。正賦萬世常經，兵餉事平賜復。庶歸畫一，民知所守。」

又條上恤車户、改雜折、省弁職數事。上皆從之。京倉僅支二月，上發帑金四十萬，召買米石。大家豪賈並深藏居奇，米價驟貴。公計不如收漕，於天津歲運關、寧、薊、永三百萬石内，扣五十萬石輸京倉，用四十萬金折給四鎮，米石八錢。大倉得米，而邊軍喜得金，上下便利。諸所變通，悉此類。

公當極弊之後，盡力補苴，秕政少釐，而度支終告絀。保定巡撫徐標奏請復商屯之制，可省漕運，强西北。事下部，公議先於都城開引十萬。未及舉行，會有以開鑛鈔法動上者。陳演附贊其説，言利之人益紛紛進措施，俱拂人心。

當是時，天下苦於兵多將驕，上不能御將，將獨以索餉爲事，上意益專措餉。括膏血以奉冗軍，啗庸將，而不得一戰，盜賊因之，以招垂盡之命，則哄然從風靡。柿園既敗，李自成兵不留行。公仰屋夜思，請上詔秦、晉二王，悉輸所有餉軍，無齎盜糧。自成已入潼關，陷西安，秦累世府庫盡爲賊有矣。成敗頃刻，諸爲民條奏興除俱不得施設。上雖虚中任公，然責餉嚴，陳演、魏藻德等猶固寵專位。

十二月二十四日萬壽節，上不舉。漏下十刻，與宰相咨求長策，涕泣感發。藻德承間言：「計臣才品俱優，但起家詞林，錢穀終非所長。」上默然，徐曰：「計臣實心任事，顧時艱未能速效。即撤，誰代之者？」方岳貢具言公清操練事，在廷無出其右，不可易。藻德曰：「代之誠難。顧軍國事大，幸聖主熟思其人。」上竟惑藻德言〔一〕。十七年正月，傳諭：「講臣元璐，專供講職，仍視部事候代。」二月廿九日，以大理寺丞吴履中爲户部左侍郎，筦計務，公解部事。

先是，正月晦，上諭公措餉百萬。時部帑留貯不滿二千，公奏外解未至，道路阻梗，且陳許都之變，東南震動，上滋不悦。是日，上怒蔣德璟條旨言練餉事有「聚斂小人」語，詰問德璟，不屈。公以鈔餉户部職掌引咎，上乃稍霽，命起。德璟出，又補疏極言練餉之失，且求退。詰旦，諭裁練餉。

是月，命李建泰督師西討自成，公奏言：「黄河亘千百里，處處可渡，兵力必不能及。宜責沿河州縣，各自爲防。量度要口，築砲臺，大軍得專辦賊。赦今年田租半，使人有固志。又免軍籍爲民，立可致千萬。」不聽。二月，自成渡河，陷太原，至黎城，他賊陷臨晉。建泰聞山西陷，家破，逡巡畿内，兵竟不進。

是月，上猶遣中官王坤及科臣韋朝薦等四出催餉，並周延儒、吴昌時贓罰，朱大典贖鍰。公上言：「贓贖重大，完何容易？勢必波蔓遷延，民不聊生，挺思走險。亂人乘之，恐遂無淅。」乃罷遣坤。

三月，賊長驅向宣府，犯保定，所在迎降。公上言：「賊勢披猖，皆自人心離涣。請急降

〔一〕「藻德」，徐刊本、康熙本、祝校本皆誤作「德藻」。《明史·倪元璐傳》云：「陳演忌元璐，風魏藻德言於帝曰……」今據上下文及《明史·倪元璐傳》改正。

温旨，問畿民疾苦，分别罪繫，情可矜原及罰贖徒以下，悉與肆赦。祖宗兩都並設，原有深心，正爲今日。宜重留都事體，外引鳳、淮以通南北之路。」事急，又密疏，請命東宫撫軍南出，不報。公嘆曰：「今無兵無餉，無將無謀，而賊如破竹。然吾心泰然，以上憂勤，初無荒淫失德之事。讀盡史書，豈有如此聖明而一敗塗地者，第比來聽言用人、定封行賞多是手忙心亂。吾受恩深重，無可效者，唯有七尺耳。」

丁未，都城陷，公將致命，門人金廷策進曰：「公何不效文信國，出外募兵以圖興復，乃輕自擲？」公曰：「吾誠信國罪人。然事勢無及祇辱，天下事非一人所爲，以待能者。吾姑順受其正。」語及太夫人，淚下曰：「老母年八十四矣，日食飲，幸如初，復何憾！」冠帶出廳事，北謝闕，南謝太夫人。畢，援筆題棐几曰：「南都尚可爲，死吾分也！」又謂家人曰：「上必殉社稷。俟大行殮，方收吾屍。」遂南面坐，引帛自經而絶。賊入，則見公如生，驚，羅拜庭下，嘆息呼忠臣去。頃之，僞兵政榜戢騷擾，家人乃得治斂。南都贈太保吏部尚書，謚文正。順治九年，卹明季殉難忠臣十五人，公爲首。諭祭賜地，命有司春秋致祭。

論曰：崇禎之世，天下非無人，患用之後時，與齟齬之不得達其用。如倪文正公之掌計，意務收拾人心，竟與人主背馳。及盜入關門，中外土崩，向所養百萬之兵，勞身焦思以籌足食者，曾無一人御敵。事勢已去，乃議悔過罪己，恩威俱不足以感畏其民。親臣、世臣稽首賊廷，棄三百年之主如敝屣，甚哉！丘民之心不可失，有國者不以利爲利也。

吴偉業嘗稱公與馮元飆分部實共事。元飆數被病，上賜藥餌雜物，居數月，不得瘳。公首並三餉，清邊兵，支吾匱詘，多非其意。每相見，輒頓足曰：「使吾兩人早受知，竭狗馬力，天下事或不至潰裂。今定何及耶！」孫傳庭之出關也，貽書元飆，雅不欲速戰。上意及朝論趣之急，不得已誓師。既下汝州，克寶豐，三日五捷。上坐便閣，喜甚，召元飆曰：「傳庭乘勝，賊滅亡在旦夕。卿居中調度有方，朕且加殊賞。」元飆頓首曰：「賊故見羸以誘我師，兵法之所忌也。臣不能無憂。」上默然，良久，因罷去。無何，敗書聞。

廷采草就公傳，復捃拾無功先生《先德五譜》中逸事爲後序。

公才性奇敏，五六歲屬對射覆，出語驚座。嘗戲作《牡丹賦》，父雨田公見之，喜告曹太夫人曰：「二郎他年公輔才也。」

其爲詩文經義，灑然逸倫，旁涉翰墨、丹青、圖篆，無不深妙。四方名士請者，公未嘗辭，然内明嚴。爲詹翰時，有以楚紙乞擘窠書者。楮筆精良，得意疾揮。忽問紙所時來，則中貴所屬請耳，公遽閣筆。請續，竟不許，客懷楮去。數之，得十字，曰：「一蕭尚可名齋，十字容渠不閣乎！」因以名樓曰「十閣」。

崇禎十四年，田太保弘遇以貴妃父奉詔禮普陀。過越，冠紳傳册徵詩，報以二絶，竟不交面而罷。

尤慎於取予進退。一縣令求草制，致束帛，受而展之，中有黄金。不悦，曰：「以禮求文，事本光大。何爲韜祕，以成曖昧？」讓還一縑，反其金焉。

爲大司農，定差規，門可羅雀。有故例向供饘沐，公不取一錢。

吴昌時横經公門，壬午，將賓興逍遥湖上。酒脯召客，欲屬公甥徐某卷於内簾。徐喜，渡江走告公，公愠曰：「士當先行節，後科名。今出門輒圖苟且，異時何望豎立？且來之志廣才疏，吾方慮其遺宜興憂，又可就其轍乎！」及周、吴敗，咸思公言。

八年枚卜，召翰林尚書、九卿堂上官，將試以票擬，公引疾，方杜門。政府香山、吾騶兩使至，謂上意久屬公，即召，無偃蹇理。文公震孟亦勸駕，公曰：「諸公誠愛我。然我屢疏終養，今聞枚卜，遂爾突出，即此面目，何以對君親？況置相大典，自當旁求良弼，豈如科場考選，可一試而得？得亦不光。」遂堅卧。其日，應召者七十餘人，各給一札，使平章之。及宣麻，唯文公入閣。文亦以病卧，不赴。乃益歎服，謂年友曰：「鴻寶每事高我一籌。」

公美鬚容，能笑語和光接人。司成歸憩，雅歌投壺，以意創爲百官鐸，釐正銓法。設五簋之享招客，閩人涂仲吉亦與。酒行，忽哽咽流涕，言：「方今中外多事，士君子致命守身之道，不可不講。須於平日設身當境處之；不然，鮮不隳喪名節。」諸生王毓蓍等咸在坐，聞公言，無不感動。終後，毓蓍沈柳橋，卒如公教。蕺山劉先生亦言：「公任户部，知不支，嘗懷一帨於袖中，曰：『時至即行。』或稱公徒以一死報國，談何容易哉！」

方公戊辰三疏，天下稱爲「鳳鳴朝陽」，可當公行事。世最患白黑不明，邪正混淆。

若宋時熙、豐諸君子，或主調停，馴至大壞。公之建言立節，與烈皇帝相終始。始同擊璫，終殉社稷，此亦末造明良之會，非偶然也。

公識度超遠，意主於成天下之事。與人寬夷，守禮自信，人亦卒不以非道相疑。壬午赴召，經涿州時，馮銓助守州城獲全，聞公至，郊迎供帳。公欲往，從吏叩頭諫，公曰：「非汝所知。」遂往，一茗而起。或請其故，公曰：「國家多難，庶功賞一途可奔走。群力逐鹿〔一〕，所覬不過鞶帶，拒之故深，且南北走。今日軍國爲重，倘疑開端翻案，明主持之自堅，霍、吕其前事矣。」

周延儒賜死，朝士無敢唁者，公曰：「往綸扉巨公，群思剸刃吾腹，宜興獨以文章容我。昔蔡邕變顔於董卓，眭固素服於崔浩。明主厲法，寮采伸情，何嫌何疑！」上竟不問。

所至汲引人才。在司農，侵暮歸邸，必延接文士，咨詢僚屬，略無倦容。政府有以拒客明介者，公笑曰：「宰相以用人濟世，而乃避人避世乎！」

其風流幹略，與蕺山劉先生不同，同歸於道。天啓時，蕺山直聲已震天下，而同里士大夫未有以真儒相推者。公每向人言：「念臺，今之考亭。」及崇禎五六年，又言：「劉先生，當今第一人物。」又數年，謂：「此老真大賢。曩止信爲清孤，今乃知其無所不有。」公之深思、樂道、好學、善下如此。

〔一〕「逐」，徐刊本原作「涿」，今據文義改。

諸凡持論，必與君德時政相依切。論學術曰：「孔、孟之道，自能刑人殺人，不須學申、韓。少正卯之誅，原情按法，天下稱平。今有亂國重典加一等之論，則時有申、韓，無孔、孟。此等生心發政，最是害事。」論良知曰：「平天下之道，不過用人理財，好君子，惡小人，無智愚皆然，是所謂不慮而知者。今乃爲之説曰：『君子無術，或亦誤事；小人有才，不妨姑試。』則是作聰明，非良知矣。」思陵之受蔽，公兩言盡之。

故事，講義撰自講官，取裁内閣。公初直講，用催科賦額箴切時政，體仁謂語意峭急，發改中書，往復數四。公持不可，曰：「啓沃自講官事，此後峭急有甚此者。必爾，吾當自陳求罷。」體仁銜之。時上意向公，進講無不前席。一日，講《説命》「惟暨乃僚，罔不同心」，體仁在側。公語直侵政府，上拂然以手抵書盡几端，卬首上視。公徐申正義，音吐弘亮，卒霽容受焉。

賊勢已逼，上猶御經筵，講生財有大道。上疑公諷刺，詰曰：「今國計益艱，生衆爲疾，何所措手？」公對：「聖明經權互用。臣書生，止知因民之情，藏富於國。」退，亦不引謝。翌日，上謂閣臣曰：「故事，講筵有問難而無詰責。疇昔之言，是朕過也。」

公司計凡十閱月。解部事未二十日，即國變。著書數十種，《代言》、《奏牘》、《講編》、《兒易》尤行於世。《兒易》者，分内外二儀：《外儀》墨守先儒，有因無創；《内儀》尊仲尼以兼三聖。又分《之》、《以》兩編：《以》者，本諸大象。如豫以作樂崇德，全卦皆歸樂；革以治曆明時，全卦皆歸曆。《之》者，等於《易林》六十四卦，因而重之，卦占一辭，取《易》所固有爲之箋釋。自敘曰：「漢人説經，舌本彊橛，似兒强解事者。宋人梳剔求通，遂成學究。學究不如兒，兒强解事，不如兒不解事也。」又曰：「子雲太玄，童烏共之。」童烏，子雲九歲兒也。或以古文「兒」、「倪」通用，因以姓稱《倪易》，誤矣。

潘文水先生曰：老健周匝，具徵筆力體裁。懸之國門，直是增減不得。

孟蓼村曰：三疏提掇貫串，得班掾家法。後敘自創一體，細大不遺。風神駘宕，兼有蔚宗、永叔之長。

單楚林曰：竊見先生成此傳時，晝夜咄咄，手易稿凡數十過，幾至嘔血。曰：「以備文正家乘耳。國史自當謹嚴，不得乃爾延蔓也。」讀者豈可忘此苦心。

明左都御史李忠文公傳

公名邦華，字懋明，吉安吉水人。父建，舉人，南刑部主事。公生而孝友，不苟訾笑。爲諸生時，同縣先輩鄒元標勖以萬物一體之學。萬曆三十二年，成進士。謁南太宰邦人曾同亨，與極論古今典故、人才、吏治得失，曰：「吾老矣，以此贊國在吾子。」

初知涇縣，行取山東道御史。章數十上，首輔葉向高下朝房，秉燭照公面曰：「吾不知李懋明何似，敢言乃爾！」福王之國，請給田足四萬頃而後行，部科噤不敢言，公争之曰：「若是，則之國無日矣〔一〕。」向高亦上疏極言，事得寢。

巡按兩浙，當慮囚，就輿中閲册默記，以次決遣數百人，吏民驚爲神。

熹宗初，備兵分守易州。入爲光禄少卿，擢僉都御史，巡撫天津。涖任明日，妖賊攻陷景州，鎮兵盡東出，城虚。飛騎檄東師還遮擊，復選步兵千人躡賊後，各戒道里日時。比合戰，兩軍猶不相聞，腹背奮擊賊，賊大敗，俘斬四千有奇。敘功，加一級。而真定督撫攘錦衣世職。

遷兵部右侍郎。避魏忠賢，移疾歸。竟與周順昌、林枝喬同削職爲民。

崇禎改元，起工部右侍郎。改兵部，協理京營戎政。進本部尚書。踰年，中旨罷歸。尋起南兵部尚書，參贊軍務，議定營制，汰虚卒，察水陸形勢，繪爲圖以進。謂「守江東不如守江北，請置屯滁、和、全椒，且屯且練，以固門户；守下流不如守上江，請介池、太間，開府采石，修治舟車，以固咽喉」。又請宿重兵，設總督於徐州。兵部畏縮，不敢覆疏。以外艱去。

服除，起南右都御史，道拜北掌院左都御史，代劉宗周。時崇禎十五年也。初，奉南院命，以衰老辭。俄聞邊警，投袂起曰：「豈臣子辭官日耶！」爲文告大江之神，誓墓訣子孫而出。是時，左良玉缺餉東下，所過焚掠。留都民一夕數徙，文武大吏相顧無人色。公舟至湖口，爲檄告良玉曰：「本部院四朝大臣，一生忠孝，勤王討逆。仰望貴鎮同仇，頃傳麾下全軍

〔一〕「之國」，諸本皆如是，「之」似是「亡」之誤。

南潰，江流中斷，陵京震驚，何輕舉若此？我朝列聖英靈，皇上神武，群醜遊魂，旦夕膏斧。貴鎮不以此時枕戈厲劍，輿疾討賊，乃甘自菲薄，貽誤功名。海内豪傑，人各有心，各鎮及麾下將士，保無從旁觀變者。舉事一不當，辱身家而污清史，智者不爲也。宜即日嚴戢將士，疏通江路，尅期還鎮。本部院當力爲貴鎮濟此飢軍，不則義旗回指，將不得以玉帛相見矣。」良玉奉檄心折。又用其親信李猶龍、胡以寧開陳禍福，大感悟。乃飛書皖撫，發庫銀十五萬補六月糧，軍心大定，南都始解嚴。越日，公具威儀入其營。良玉帓首鞾，握刀插矢，俯立迎鵠首。公辭，改用師弟子禮見。因坐樓船大閱，引勞諸將，徧訪姓名。爲公斬淫殺者四人，殉於軍，放還男女四千餘人，漕鹽艘五百。臨別，至牽衣號慟。公入朝，上迎勞曰：「東南半壁，賴卿無恙。」跪奏移時，數詔起立，温語如家人。然國勢已潰，庸相宦官更用事。公雖知無不言，卒不能有所施爲。

甲申三月，賊逼真、保，上臨朝對群臣而泣。公痛憤具疏，請急遣皇太子監國南京，略曰：

臣去年入都，即請勅畿輔急修城守，秦督扼關，別遣重臣防河。諸臣泄泄不戒，以致今日。皇上爲陵廟生民主，惟有堅持效死勿去之意。周平、宋高之遷幸，非所宜聞；但賊烽火已徹山東，恐南北中斷，則神京孤注。

伏見皇太子天資英武，豫教端凝，早合歷試諸艱。請倣仁廟故事，撫軍陪京，即日臨遣。簡親臣大臣忠誠勇智者爲之輔導，便宜飛輓，牽率南師以顧燕、雲。

賊驕而無律，急檄吴三桂引關、寧兵迎擊，勅襄城伯李國楨簡京營精鋭佐之，臣等力當守城之事，逆賊之首，可懸藁街。更望皇上下詔罪己，悉發内帑以餉戰士，無齎盜糧。

又曰：「皇上勿疑臣南人爲欽若、堯叟之圖，臣誓以身許國。即委臣南疆，臣不敢任。」越日又疏，請定、永二王出封江南。烈皇帝袖公兩疏遶殿行，密諭閣臣陳演曰：「憲臣言是。」演頗泄其語。既而言南遷者益衆。光時亨等群譁排，上惑轉恚，竟寢不行。

及昌平陷，亟請登陴。閣臣魏藻德故曳踵徐徐行，曰：「姑待。」公唾之而出。明日，率諸御史，登城，爲内監所拒，慟哭返。十八日，賊破外城，移宿吉安館文信公祠下。旦，内城陷，奔大内，不得入。歸館，正冠衣北面再拜，三揖信公曰：「鄉邦後學邦華當死國難，請從先生九原。」取白縑書贊曰：「堂堂丈夫，聖賢爲徒，忠孝大節，矢死靡他。」移席正坐，投繯絶，年七十一。臨絶，顧家人曰：「謹獲總憲印，還朝廷，勿污賊手。不得上問，無殮吾屍。」賊入，呼忠臣，下拜而去。越三日乃殮。四月，賊退，返櫬葬鰲山釣魚臺。南都贈少保吏部尚書，謚忠文。

論曰：自古言遷國之失，未有言其得者也。夫周之東，委岐、豐予秦；宋之南，捐三京畀金，國孱矣。然周遷後享曆固三四百年，宋亦且百六十年。桓温議還都洛陽，朝野震恐。王述以爲但從之，自無所至。然則使晉元不南，幾何不爲懷、愍續乎！獨建炎有興復之勢，可不遷，遷亦不宜都臨安。其地勢失而國祚延者，忠厚之德貽之者長，勇戰之臣持之者衆也。

夫遷誠下策，然能奔走保其社稷，若燎旁之火，未可卒灰，必有扶義同力者出於其間。故孟子告滕文未嘗不言遷。週五遷而興，楚三遷而後亡，其明效也。顧迫於强勢而避遷者，不可忘舊都。周與晉宋惟竟忘之，迄以不振。唐累出奔，然能用兵返取舊都。夫與其坐而斃，不如出奔。而後之佞人，假靈武以紬分封監國之説，蓋覘知主心多忮也。計安宗社而忮起於父子，其暮氣之欲歸，抑聾官之罕斷乎！

雖然，至德號稱光復，以民心未離，至抱太子馬足不得行。崇禎之季，則民心亡矣。不圖之早，而臨危議遷，恐其出而滋辱，未可以成敗事後擬也。余哀烈皇帝之義，故具述之，附於《李忠文公傳》焉。

明副都御史謚忠介施公傳 附周巢軒公傳

公諱邦曜，字爾韜，紹興餘姚人。萬曆己未進士。除武學教授，陞國子博士，歷工部營繕主事。魏忠賢擅政威脅，諸曹無不附者，公獨兀立。忠賢怒，傳詔監毁北堂，將以侵損加罪。會暴風起，堂壞，得免。稍遷屯田郎中。中官涂文輔監督二部，恥爲之下，乞郡知漳州。

漳民闘通海寇，官不能捕。公至，則先知其主名、窟穴，有發輒獲。李魁奇爲亂，多議撫。公謂巡撫鄒惟璉必思長策，養虎終食人。劉香横海外，縶其母誘解其徒，卒授首。在郡八年，威化大行。

陞福建按察司副使、布政司參政。鄭芝龍始降，餽用密珀爲盆，作果樹榴橘。中丞嘆賞，乃再進，公獨却。已上十七帖，皆金葉，復還之。芝龍愧服，貪吏望風解印綬去。

崇禎十一年，入爲光禄卿，遷通政使。諸生涂仲吉頌黄道周冤，公故道周同學，恐因以益上怒，判仲吉疏尾：「存此論可也。」不爲封進。仲吉氣盛，劾通政阻言路。上親閲疏，見疏尾，大怒，勒歸里。

十六年，起南通政使。陛辭言事稱旨。出都三日，遣中使追還，曰：「南京無事，留此佐朕。」推刑部右侍郎。上曰：「與左副都御史。」邦曜清執，可任風憲。」公自以特立受主知，乃條具職事：「巡按古直指職，察吏道治忽。請後考察官吏，必面覈勤懦廉頑，各以輕重，立行陟罰，毋第取一二單寒，塗塞明詔。」又言：「得一良吏，勝得一良將；去一貪吏，即去一民賊。」上深然之。

李自成逼真、保，公屢趣兵部尚書張縉彦勅厲守戰，速徵天下勤王兵。漫不應，惋憤叱罵而去。上既殉難，在東長安門慟哭，問僕曰：「倪尚書安在？」曰：「自經矣。」遽投繯。僕解之，厲聲曰：「若輩安知大義！」時賊騎充斥，不可返寓，公望門求縊，居人皆麾出之，飲砒酒而卒。

南都贈太子少保，謚忠介。我朝謚忠愍。一子，尋卒，無嗣。夫人寄食壻家，淺土一抔，烝嘗闃然，姚人哀之。

公學信王文成，與同邑沈國模、史孝咸建姚江書院，刻《文成集要》三編。自起孤童至大僚，不改寒窶之舊。蕺山劉先生推其善信克實，幾於無愧。學者稱四明先生。

同郡北都殉義者、户部尚書倪公元璐别有傳。

左庶子周公鳳翔，字儀伯，山陰人，崇禎戊辰進士。爲人和正，寡言笑。楊嗣昌、薛國觀用事，罷斥黄道周諸君子。公司業南京，與同志草疏，連署入奏，權幸側目。顧其立身嚴，無以中之。南雍久弛，率以貲入殿最，公力湔前習。靈璧侯嘗辱士，公具疏劾侯，侯徒跣謝乃已。

遷左諭德。曰：「元良國本，三代與秦享國長短在此，吾不可以不敬。」寇陷秦、晉，軍餉益急，征及倡優之屬。公具議：「今日事勢在急收拾人心，豈宜重剥百姓！國帑甚盈，何爲守之以資寇？」倪公元璐見公議，嘆息。時賊已迫郊畿，群臣憚上威嚴，竟未有及發帑者。

都城陷，傳言車駕南巡，旁皇一晝夜。已知上崩，肉袒號慟，拜書南告，辭父母，投繯死之，曰：「兒幸不降辱，以遺大人憂也。」

公知人，能作士。癸未，南宫分較，出門下者，嘉定黄淳耀、晉江郭符甲、東莞張家玉，先後皆殉節。海内以爲師門之榮。號巢軒，謚文節，贈某官。

論曰：謝孔淵稱，公授業王生述，公出守時，夫人虞率服青藍布，每用爲慨。以是知生平無須於人矣。其一介不取，有以也。而高第陳天怨嘗見廷采，執手曰「先生疏奏遺文存笥有日〔一〕，此千載事，將以屬君」。余唯唯不敢當。是時先生年八十矣，不時付，越一年而没。往搜公稿，不可得，嗚咽者久之。然夫子稱「見利思義」，而公有介；「見危授命」，而公有忠，行信當時，聲流後世，公之文既蔚炳矣哉！

金赤霞曰：附周傳於施傳末，此用《後漢書》體，非左周右施也。文簡質，不爲鉛飾，亦在陳、范二史間。

明巡撫蘇松副都御史世培祁公傳

公諱彪佳，字虎子，號世培，紹興山陰人。天啓二年進士，除興化推官，定亂卒，有能名。崇禎四年入爲御史，諫内侍知京營操。

巡按蘇、松，就問老父，條利病，捶殺少年拳勇無賴，管内懾伏。宜興陳氏家奴播虐怨家，刑牲、焚廬、發塚。公捕奴正法，盡追還所佔男女、田房，奏奪陳氏父子官，遂治怨家之亂者。吴中稱爲神君。公美晳而頎，顔如玉人。每出，士女列觀，而畏其英毅，莫敢犯。竟用奏陳氏

〔一〕「先生」，徐刊本、祝校本皆如是。康熙本作「先師」，當從康熙本。

忤周延儒，下考。烈皇帝知公，改罰俸，免歸。

受學蕺山劉先生，劉門弟子日進。

十四年，起河南道御史。會王師略山東，或説公緩行，公奮然曰：「君父有急，義當奔赴，況受命掌計，豈得觀望！」至都，首疏留蕺山及金光宸，又叱吴昌時於朝。摧挫之餘，正氣復振。尋命刷卷南京。

明年，京師陷。福王監國，遂議即位。公抗言：「暮監國而朝即位，示富天下。且群帥勸進表未至，古人忠如陶侃猶恥不與定策，況其他乎！」弗聽。

時三吴不逞多託勤王尋怨，朝議以公威望在吴，拜右僉都御史〔一〕，巡撫蘇、松。入丹陽，斬亂民三人以徇。所至設烈皇帝位，率衆哭，沿衢張榜，言中原已無賊，國有長君，人心乃安。

蘇民以鄉官項煜從賊，剽其家。常熟亦焚時敏宅。公捕爲首者斬之。嘉定華生家奴客爲亂，踞坐縛主杖之。所在數萬同時起，公捕斬數人，餘悉掩獄。令曰：「有爲原主保者，貰其死。」於是諸奴皆膝行搏顙，丐原主赦免。乃募人爲蒼頭軍，親教戰。

興平伯高傑麾下攫丹陽市錢，浙兵勤王者不平，鬭而傷，城門晝闔。公率蒼頭軍馳斬傑兵，傑大恚，聲言移屯丹陽。牒止之，與約，就會瓜洲。傑意公文吏，必不至。及期，風作，傑笑曰：「祁撫有辭矣。」頃之，南岸帆起，頃刻破浪到，傳呼曰：「祁都堂至。」撾鼓入。傑聞大

〔一〕「右僉都御史」，原作「右副都御史」，浙圖康熙本傳節子校改「副」爲「僉」，《明史》本傳同，今據改。

騀，裹甲迎〔一〕。公角巾單衣，從隸胥各一。傑愧服，大喜，手揮兵去，勞且拜。坐語良久，起，指曰：「公在，傑敢踰尺寸以溷公者，有如大江！」乃約四鎮同獎帝室。

撫吴六月，城守兵食咸有成緒，四方謀議忠志之士群造幕府。而馬士英憾蕺山劾己，疑公屬稿，嗾御史張孫振追論前阻監國正位爲潞王地。公不辨，但辭定策功所陞右副都御史，竟歸越。在都，諫廠衛、詔獄、廷杖三事，本朝弊政，不可紹述。國門傳誦其疏。

明年，南都亡。馬士英逃至杭州，假太后命復召公。蕺山勸之行。潞王監國，黄道周請急設蘇松督撫，經略浙西。吏部侍郎王志道述吴中士民萬口惜彪佳早解兵柄，第得彪佳至，數萬衆可立集。就拜公兵部侍郎，總督蘇、松。會王師壓北新關，不果。

閏六月四日，貝勒聘使至越，公語兄駿佳曰：「此吾授命時矣。」自雲門别家人，還抵寓園，望南山，喟然曰：「鬱鬱山川，今猶昔也。」入池水端坐死。留書几上，言：「殉節易，圖功難。以難者俟後賢。」唐王贈少傅、兵部尚書，謚忠敏。

論曰：家傳言吴門院署有池久淤，起工濬之，謂其兄曰：「若事不濟，妻子則歸於此。」嗚呼！公之英才亮志，陳康伯、虞允文儔也，獨南都無宋高其君耳。自忠敏罷歸，王師平行收浙，無復牽顧。而江陰民擁典史閻應元爲城主，堅守三月乃克。然則吴人思得忠敏，信矣！

〔一〕「裹」，徐刊本原作「衷」，祝校本亦作「衷」，康熙本字形似「衷」而實爲「裹」字之草寫。今據康熙本改。

叔戒三先生曰：越州明末饒名臣，而實能濟時救世首推公。故傳亦勃勃有生氣。

章刻華曰：論詞纏綿悱惻，真覺言有盡而意無窮。

余陳陳三公傳

余公諱煌，字武貞，紹興會稽人。天啓二年進士及第第一。累官翰林院修撰、左春坊左中允、右庶子兼侍讀，日講經筵。嘗與修《三朝要典》。崇禎中，給事中韓源追論其事，公疏陳本末，免歸。

乙酉，王師下杭州，檄召越紳渡江，公獨不往。魯王涖越，起户部侍郎、禮部尚書，皆辭不就。陳時政：「馬士英賣官誤主，兵未至而先逃，國已亡而復用，爲失刑之大〔一〕。」丙戌，起兵部尚書，言：「藩鎮各自成軍，久不相屬。頃田仰與鄭遵謙争餉，蹀血禁庭，臣冒鋒鏑，幸而解散。司馬職統六師，今行朝之官，特綴旒也，豈能繩以平世法哉！」公見越事益急，而諸臣文恬武嬉，請乞紛然，上疏争之，謂：「請祭，則當思先帝烝嘗未備；請葬，則當思先帝山陵未起；請封，則當思先帝宗廟未享；請廕，則當思先帝子孫未保；請謚，則當思先帝光烈未揚。」人讀之嘆息。

〔一〕「失刑之大」，徐刊本作「失刑之失」，按義當作「失刑之大」。

江上失守，郡城不閉，有議守陴者，公嘆曰：「臨江數萬衆不能一戰，乃欲以老弱守孤城乎？」亟開九門，縱民避逃，自出東郭，赴水死。後數日，貝勒渡西陵，下紹、寧郡邑，不戮一人。

陳公諱潛夫，字玄倩，紹興會稽人。崇禎丙子舉人，授開封府推官。南都録守豫功，陞監察御史，巡撫河南。陛見，陳恢復策，爲馬士英所持。尋以童氏妄稱元妃，公前在道私謁，無人臣禮，並逮詔獄。南都破，脱身航海至越，上書：「願假臣兵五千，直渡海寧，斷武林左臂。」加太僕寺卿，監浙西軍。募得三百餘人，與孫、熊三家兵列舟江上。明年，軍潰，歸山陰之小赭里，呼妻孟氏曰：「行矣！我爲忠臣，爾爲烈婦，相保泉下，無悔也！」同上化龍橋，赴水死。

陳公諱函輝，字木叔，號寒山，台州臨海人。崇禎甲戌進士。好酒色，事著述，日與客沈飲，出酒文傾吐，譏切將相誤國，扼腕〔一〕。談至夜分，嚙酒杯碎。尤能傾貲急客，先人之憂，海内稱文章風流豪蕩者，推天台陳君焉。筮仕靖江令，以不謹罷職。

魯王涖越，爲兵部侍郎，傷二都淪没，哭泣至喑失聲。入對行朝，出酬同列，必悚言痛哭。閩詔至浙，衆議開讀，獨公與熊汝霖持不可。金堡自福州出監鄭遵謙軍，公密疏請殺堡，堡奔

〔一〕「扼腕」，康熙本、徐刊本和祝校本皆作「搤擥」，《東南紀事》作「扼腕」，今據改。

衢州。

丙戌夏，嘆曰：「八郡敝矣！諸軍猶誅糧無厭，是重棄民也。北來生兵日益，豈不知此身何所耳。」江上潰，有勸魯王嬰城者，公哭曰：「民去，將孰與守？君爲社稷亡，臣請從亡。」乃從王還台。王自石浦浮海，竟相失。公不抵家，哭入雲峰寺，即几上書：「六月十六日申時卒。」偏書別友，不及家人一語。至其時，遂投繯。作《絶命辭》八首，《自祭文》一，《埋骨記》一，流傳江表。二子：臣謙、臣詩。能識父志，不交當世事。

論曰：余公開越城縱民出避，所謂天下之陰德也，未可以曹彬渡江不殺之義掩之。玄倩始與仁和進士陸培争名交惡，既皆以義死，其大致同矣。寒山宫室之美，妻妾之奉，得我窮乏，蓋兼有之。既而臨大節，視平日嗜好，如蟬翼之振露，灑然自得其本心，非見道明而去累疾者耶！姚江吕章成有《告北園文》數千言，其聲嗚咽，曰：「北園，吾西臺也。」蓋以謝翺自方，以文山方寒山云。

何玉羽曰：文章節義，非鄉黨自好所能摹寫。寒山精神尤露。

王介三曰：謹嚴修潔，是陳史手筆。

金家臣曰：讀余疏「諸臣請乞」處，當時才識如此，時事何復可爲！

少師恒嶽朱公傳

公名燮元，字懋和，號恒嶽，紹興山陰人。爲人沉毅，有大略。讀精實有用之書，不爲浮文激苛。進退以禮。萬曆二十年，成進士，歷大理評事、守蘇州、廣東提學副使。家居養親者十年，喪母，服除，起陝西按察使。二年，陞四川右布政使。

天啓元年，晉左布政使。其秋，奢崇明反。初，洪武中阿奇以猓玀率衆歸附，命爲永寧宣撫使，世守藺州。萬曆中征都都夷，宣撫奢效忠有功，遂雄長諸司。迨崇明以族人承襲，益務謬爲恭順。故事，土司不入會城，崇明荷優遇，獨得入。見王府壯麗，密使工圖繪，參將周敦吉叱之曰：「番醜便敢爾！」子寅更凶獰，勇力絶人，延接逋逃。時方調川兵東援，檄下，父子蹶起，請提兵三萬往。然故遲遲行，日夜造軍器。俟諸路兵盡出境，乃遣心腹將樊龍、樊虎統兵赴重慶；劉訓入成都協謀。九月十三日，崇明起永寧。十七日，巡撫徐可求閱藺卒倍調額，一人前應唱名，稚子也。可求訶之。樊龍厲聲曰：「嫌小乎？」即抽刀斬之，其黨張彤等萬衆齊上，遂殺可求及道府以下文武官一十七人，據重慶反。

當是時，公以輯瑞方去成都，蜀王率士民出國東門，遮道留曰：「公去則誰與守？」公慷慨曰：「義不辭難，見危授命，吾事也。」遂與右布政周著、按察使林宰、巡按薛敷政會謀。著等以王令共推公權行巡撫事。檄召石柱、羅綱、龍安、松潘、威茂、建昌諸土、漢兵，募白徒，集士民，上城塞各水洞，悉斂二百里内米粟、甲仗、金鐵、麻枲、硝磺、油炭之屬，分督所産州縣。凡二十餘日，守禦粗備。而崇明父子發永寧，分四道至。使樊龍出兵，扼瞿塘，遏東援，人心洶懼。有詣公馬前告城不可守者，手劍誅之，誓衆必死。

十月，賊陷内江。所過州縣三十七皆望風下，稗木、龍泉守隘諸將悉奔潰。十六日，賊至龍泉，瞿英、雷安庶、袁中繡列陣大戰，力竭死。公亟斂四門屯兵登陴。至次日，北門尚未扃，賊已奄至，奢寅徑營城北。時我兵應檄至者纔七千，賊衆十萬。令周著守西門，林宰守南門，學使胡承詔守東門，公自屯北門當逆寅，薛敷政爲游徼。是夜，城外火光燭天。十八日，賊樹竹梯，穴城焚門，凡三晝夜。公先遣人決都江堰水至濠滿，賊治橋，得少息。募健卒五十人，夜縋城分出，趣外兵。行重慶，檄何守中守要隘，保寧道周道直扼萬縣。樊虎初欲下夔門，遂不敢往。蜀王時遣人問勞發帑募兵，日一授餐，竹屑木頭取給蜀府。汶川、太平、東鄉宗室咸出漿肉餉守者。賊反計久，奸人、刺客彌布城内，少年又輸情於賊爲耳目，事泄，前後受誅者二百人。捕得劉訓及其黨，懸首示賊。賊氣奪，人情稍定。

十一月朔，賊設雲樓，窺瞭城中。公度賊必出四掠，中虚可擣。夜二鼓，令劉養鯤等率敢死五百人，侵晨突出，誡勿取級。賊果不備，斬二頭目以歸，焚其雲樓。賊又樹陽橋，俟近城間〔一〕，將尾之入。數千人喊譟，鞭牛上題筆橋，城中人有驚死者。吴三省等用巨銃，以鐵彈擊牛，中當軛旁牛，多斷繫走，幾獲奢寅。十九日，松潘、雅、黎、峨眉兵俱到城下，與賊大戰，

〔一〕「城間」，康熙本、徐刊本皆作「城問」。祝校本改作「城間」，據義應作「城間」。

突圍而入，軍聲頗振。

十二月，城中夜無犬吠，雞豚鹽菜俱空，搜囤積以濟衆飢。賊黨馮宜欲擾川北，安岳令翟學程以秦民屏之兵破走之。宜率數萬衆就奢寅，屯城北，賊勢益盛。劉養鯤告公：「寇深矣。」

有被脅諸生范祖文使人來約，賊將羅乾象欲内附。亟招之。夜縋乾象父子上，乾象自負材勇，意驕甚。卒宴見公體貌神氣，頓首曰：「公天人，敢不效命！賊旦夕滅矣。」賊驍將惟乾象與廖鎮權，鎮權中彈死，乾象歸正，賊舉動無不知。公又使牙將周斯盛詭内應，潛出盟，質其來。崇明果自至。甫懸一人上，松潘守兵不知，大譟，驚走。伏起，獲其從者數人，城中氣百倍。簡州諸生王廷弼爲老丐，泣於城下。懸之上，搜得創亂揭數十通，標兵數十人俱受賊劄，士民競食其肉。奢寅見廷弼等頭高懸，意甚内忌，多用鞭撻，衆心益攜。是月，順慶推官郭象儀率羅網𤅽、譚正通、譚正修、譚大孝遇賊漢州，斬馘甚衆，賊懼。成都軍民飢，咸思決戰。商人李從龍等自製軍仗，率家丁助力。

二年正月朔，大颺兵城上，日日出戰，戰無不利。羅乾象來報：「賊意專在旱船，破之則無慮矣。」已而旱船薄西門，用合抱柱、四寸板，轉掉用牛二百。周著以大銃並七稍砲十三架更番擊之，凡八日夜，盡裂。象儀收威茂入援之衆擊賊郫縣，兩戰皆勝。追奔三十里，崇明父子俱受創。及石柱女將秦良玉兵至，新都城中聞之踴躍。公造水牌二百投江中，順流下，豫令所在沈舟斷橋，守隘以待賊逸。二十八日，大開四門，衝賊營。賊接戰不利，斂營固守。其日，良玉與弟民屏、姪翼明擊賊於新都，大戰。鄧懋官將援遼還兵及七知縣之兵皆會，賊舉火走還營。夜分，賊營四面火起，乾象欲擒斬寅父子獻。寅覺，父子策馬走，乾象及范祖文來歸。比明，圍城者始知，並狼狽遁，所棄婦女萬餘，多跳河死。三十日，比落縛送逸賊，公坐北門橋上。凡係猓玀種永寧人，斬三百人，餘縱遣之。前陷州縣僞守、僞將相繼奔潰，江路始通。凡百有二日而解成都之圍。詔以公爲右副都御史，巡撫四川。

二月，水西安邦彦挾其宣慰使安位反，圍貴陽。先是，奢崇明既敗遁走，困飢，奪民牀渡瀘河。崇明徑歸永寧，寅留屯茜草壩，收潰黨得萬人。僞相何若海誑諸裔云：「已入成都，且輦金帛遺之。」邦彦遂起兵犯黔，與奢氏解仇合好，諸裔蠭應。內地從亂之民乘時飽掠，渡河蟻附，亦且數萬。於是奢氏之勢復振。成都城中方括借援軍糧犒，秦良玉又與譚氏有嫌，推官胡平表解之，旬日乃定，以故緩追逸賊。重慶之陷也，平表時爲忠州判官，縋城，徑走石砫，以大義激女將良玉及同知陳思虞。俱感動，總兵速發。十月十七日，戰於重慶，斬張彤一弟，賊始膽落。次日，忽互争放舟俱下，公聞之，急與薛敷政檄良玉赴援成都，思虞仍還重慶。竟藉良玉解成都圍，公之部分審也。

朝命張我續爲總督，以三月三日入保寧。公命良玉東會總兵杜文煥攻重慶。四月，公發成都，經略川南。總兵楊愈懋先至敘州，建議江安不先取，不能復三瀘。遣將士與劉養鯤、羅乾象等同縣令陳達道夜分直抵城下，斬其僞將，一鼓而登，遂復江安。

賊合諸苗七八萬攻圍長寧，長寧糧虛，守將龔萬禄殺二妾出走。五月，公在平羌聞報，疾走戎城。賊前騎已至七星山，得險，將士俱無固志。副使李仙品、知府劉澤大列栅守江，遣兵迎戰，集諸僧結寨兩山顛，水陸扼險。十四日，大戰於城南三十里來佛渡，賊氣甚鋭。吴民望、曹虎等去衣甲渡河而鬭，蔣達射崇明落馬。僞將焦之仁挺身當前，衆殺之仁，遂失崇明，後數日，天大雷雨，賊奇兵倶札小澗，水忽高數十丈，淹没無算，乃倶奔逃。萬禄乘勝復建武，愈懋追至長寧，軍威大振〔一〕。

初，崇明父子分道，寅自統五萬由陸，周鼎二萬由水，道江津，往援樊龍。前騎至玉蟾山，遇薛來衍，馮高奮擊，殺賊六百餘人。寅怒，正欲再鬭，聞崇明敗衄，乃舍重慶徑歸，而拜僞大將宋武，屯茜草壩以爲聲援。舉人胡纘與劉養鯤用間招賊，復納豁，宋武、張令亦納款。酒間，縛何若海來獻。

是時，上東道徐如珂、督指揮馮世修、義軍將金富廉、墊江知縣劉國藩合邑梅、平茶、石耶、酉陽之兵，以二月進戰，奪據佛圖關。中賊間，三土司與遵義馬湖兵相殺，潰退。秦良玉善病，亦欲歸，民屏力勸進兵。三月，至鳳白市，大戰，奪據二郎關。四月，杜文焕至自白崖，與監軍副使邱志充、楊述程督西兵、毛兵，與賊連戰二日。賊馮高設伏，我師雖鋭，未得利。翌日，西兵、毛兵當先，秦兵繼之，諸官兵在左，三土司兵在右，合戰。賊大披靡，直抵重慶城。楚將薛總兵亦至。

五月，遂分兵爲六，接戰，文焕先得利，民屏率奇兵遶出其後，賊驚敗，斬殺鮮有脱者。周

〔一〕「大振」，康熙本、徐刊本原皆作「大震」。祝校本改作「大振」，據義應作「大振」。

鼎逃至合江民舍，爲義兵所縛。城中聞鼎敗，寅不至，始垂首喪氣。張我續進駐合州，水陸斷絶，賊糧盡，人多縋城而下。酉陽冉天胤與秦民屏遣數十人夜登城，燒其營屋數十間，後無繼者，乃退。金富廉力勸進兵。張彤、石永高出見，諸監軍道縱之回。次日，樊龍自出，三土司争而殺之，軍遂大閧入城。壯卒沈應龍在亂軍中識張彤，斬其頭，送富廉，餘賊盡殲。賊據重慶凡九閲月而復，官兵於是得專意川南。

七月，總兵楊愈懋兵敗於江門，遵義再陷。愈懋聞杜文焕議加宫保，拍案，怒氣蹶張，竞趨永寧。先是，松潘道副使李忠臣本臨潼人，家永寧，陷於賊，屢密信欲合死士從中起，候大軍，事覺遇害。賊賂其僮質妻子，夜出請如夙約，愈懋信之。郭象儀泣諫，不聽，軍人有阻者，立鞭之，至江門營絶地。賊先攻譚大孝營，大孝壯卒俱私歸，雇瀘、納人充數。愈懋又傳令：「各營自固，切勿出救。」大孝不能支，奪路走，徐永武戰死，象儀遂以身殉。諸軍皆潰，賊徑趨總鎮營。標兵方出栅戰，賊突起栅後草間，斫營徑入。愈懋度不免，拔劍在手，遣親信負印馳出。獨指揮馬繩祖數人在側，逼之上船，船沉，遂自刎。其日，副使李仙品適到納谿，收督潰卒，結壘南岸，賊不敢衝。公飛騎撤瀘州范繼道、建武龔萬禄入保。萬禄强項，竟中賊誘，父子死戰不得脱，遇害。遵義城中無兵食，賊合水西七八萬人蠭湧至，推官馮鳳雛義不受辱，投城死。

公亟請杜文焕鎮納谿，一月後方至，輒稱疾去。楚兵先期盡撤，張我績奉詔援，黔賊勢復熾。公於孤危下鎮以静慎，乃四路設險，因材授方，使馬湖知府鄭朝棟及胡平表守長寧，建武參政閔夢得及李仙品守納谿，下南道王世仁、上東道徐如珂同守合江，又使道臣吴國仕進真綏，趙邦清進綦江，盧安世出桃竹壩徑道，知府余新民等主運。八月，公督將吏分兵進討，賊亦殊死戰。半年之間，轉戰數百計，勝負相當，卒不得要領。

三年二月，詔加公兵部侍郎，總督川、湖。公拜命，會諸將議曰：「我之久不得志於賊者，賊以合，我以分也。」於是列營納谿，陽爲進取，而陰令大兵會長寧。二十五日，戰於麻塘坎，大勝，盡燒賊營。二十六日，戰於瀘州衛，拔洞中避難者百餘家。四月，進壁青山崖，乘霧奪險。石砫兵亦會，窮歷三洞，擒僞相章守位。閔夢得抵馬克橋，遣劉養鯤等破横山、八甲、三溪，獲僞將柳元儒。於是四面守隘之賊盡遁，我師合爲一路，進次土地坎。賊結大陣，厚募敢死決戰。總兵李維新麾衆進，多不肯應，李仙品厲聲曰：「有進無退，有尚方在！」僉事劉可訓謂諸將曰：「若等欲走，直須走達成都。眼前一轉足，復有生理乎？」鄭朝棟亦趣之。秦翼明請當先，立判賞券。詰朝，大戰，賊衆甚盛，我軍死鬬，有中五六槍不反顧者。及斬僞總兵吴繼周，賊遂披靡。奢寅父子敝衣穿甲，陣前督戰，而使僞者乘大馬，盛儀仗。官軍並力取之，遂得逸去〔一〕。既敗，水西人飽掠先走。二逆見大勢去，乃於永城四面舉火，遁走紅崖山。官軍入永寧，賊棄子女鞍仗，以逗追兵。鄭朝棟攻天台囤，苗目羅甫率兵數千出降，獻僞僭冠服。羅乾象、譚正修破白崖、楠木、青岡諸囤。五月二日，破銅鼓坪，降苗裔萬家。水西分二

〔一〕「去」，徐刊本原作「取」，康熙本作「去」，今據康熙本改。

道來援，一趨永寧，行至新寨，見官軍陣整，不戰而退。二逆新率數萬人直衝古藺，王世仁、徐如珂督羅乾象、譚大孝等列陣待，相持兩日。其黨魯仲賢就執，懼死，誑軍人曰：「我奢寅也。」争而殺之。我軍雲集藺州，燒其九鳳樓，蕩清其巢。二逆走龍場，匿客仲壩，水、藺界也。公檄鎮道分平裔落，降者數萬。

會夏秋之交，疫作，鎮道將卒皆病。十月，賊復借水西兵及都都夷入犯永寧。城中米僅支四日，有議退者。李仙品、劉可訓、鄭朝棟厲聲曰：「今日是吾輩死所，復何言！」力疾掖登城，手利刃督戰，將士無不感泣。李維新悉衆出，火砲齊發，賊敗遁。秦翼明兄弟及諸將剿都都夷，斬獲五百餘人，餘遁入芒部。盡焚其房舍，得糧數千石，造船製盤車，逆流挽運，軍中始不飢。賊轉入深箐。五路之師俱進，侯良柱先到，獲崇明妻安氏及劇賊奢崇輝、蔡金貴等數十人。公懸賞格募二賊，二賊覺，走匿水西莫德家。去藺四日，莫德與同走火灼〔一〕。李維新遣林兆鼎入大方，范繼道出赤水衛，集四十餘洞義民朱三鳳等疊進捕賊。十二月，公率僉事胡平表入永寧。林兆鼎自大方還，言黔撫期正月三日共攻火灼〔二〕。公檄李維新、李仙品復發重兵，至畢節，賊皆避入老林。四年二月，乃旋師。

是時永、藺已定，拓地千里，將吏咸願郡縣之以爲封賞。公計深山密箐，民猶鳥獸，不可

〔一〕「火灼」，徐刊本作「火匀」，康熙本作「火勺」。皆誤。當爲「火灼」。火灼堡，在今貴州黔西縣北。新版祝校本已改正，據改。

〔二〕「正月三日」，康熙本如是。徐刊本「月」下衍一「月」字，今據康熙本删。「火灼」，見上校記。

以中國之治治。請以外四里膏壤歸永寧衛，隸敘州；内四里深險磽瘠分給降將，俾各守土保塞。二酋走遁窮巖，卒誅之，恐徒費兵力，稍寬時月，當懸首藁街。

會黔撫王三善師覆於大方，總督楊述中以罪去。公出師遵義，爲黔聲援。晉兵部尚書，移撫貴州，節制貴、州〔一〕、湖、雲、廣西五省軍務。公復重購降人阿友、阿引等，佯得罪叛去，懸賞捕之。或令販鹽布、造弓弩住邊界。久之，寅不復疑，悉召用之，因得通外問，約死士斬其腹心將。賊左右漸稀，意念徬徨，益疑其下。考掠阿友，備五毒，以刀穿其左足一晝夜。友抵死不承，釋之。寅痛飲卧帳中，阿引等乘睡砍其胸，身死腸出。稱官兵至，餘賊盡犇，焚其屍，以首來獻。藺州首亂起寅，寅誅，崇明遂無能爲。苗、漢人告復業者踵至，川南禍本永絶，公一意討水西。

無何，父喪歸。偏沅巡撫閔夢得代總督，尋公前議以戰爲撫，「貴陽抵大方路險，用兵宜從永寧始。賊恃畢節一路外通，須重兵扼之，斷其四走之路」。不果用，黔事益壞。

莊烈帝即位，録平藺功，加少保，廕一子錦衣衛指揮使，世襲。秋，詔公仍總督五省軍務，巡撫貴州。公抵黔，周覽形勢，上狀曰：

黔中山林深阻，苗民錯居，惟上下六衛，一道經通。逆苗慓勇嗜殺，當示以必戰。師已踰險，如鼠鬬穴中，將勇者勝。若專在拊循，至秋水涸，寇必大至。士不得解甲者八年

〔一〕「川」，徐刊本作「州」，據「五省軍務」，當作「川」，據改。

於兹矣，算不定，計不立，緩急失序，首尾衡決，爵秩太易則衆志競，將領太多則號令棼，此前鑒之最明也。

如臣愚策，據險要，立營壘，飭兵馬，練戰士，坐得致敵之術。曩者諸將校坐糜廩食〔一〕，竊取小功自相矜誇，此最無益邊計。所殺或係他種非反者，或掩戮降人報功次，失蠻裔心，違聖朝柔遠之義。今大兵所誅，叛逆耳。環黔皆苗，安能盡殺？御以威信，皆良民也。六衛腴田，非此屬誰爲墾耕？若殺不當罪，是驅之歸賊而自樹敵也。臣當使肘腋安定，軍伍充實，用奇迭出，期於滅賊，不敢優遊以稽天誅。

天子可其奏。公於是大簡諸將，賞功罰罪，更易署置，各當其職，人心大和。

崇禎二年六月，乃檄滇兵下烏撒，蜀兵出永寧、畢節，扼各路要害，而親率大軍駐六廣，逼大方。鬼師莫德説安邦彦曰：「安邊在烏撒，滇人不敢南下。永、赤之兵牽制我後，我當先破之，取永寧以畀奢氏，取建武六縣以畀法舍，然後挾烏鎮以臨遵義，並黔及滇。」邦彦從之，以歹費等防六廣、小阿，烏謎等防遵義，阿鲊怯等守鴨池、三岔，各號元帥。而邦彦號四裔大長老，崇明稱大梁王，先抵赤水。公授意守將許成名佯北，誘賊深入，薄永寧城。諜知賊入誘，即令林兆鼎從三岔入，王國楨從六廣入，劉養鯤從遵義入，邦彦聞主師四合，恚甚，恃其勇，欲旦夕先破永赤兵，還拒諸將，急索戰。成名約永將侯良柱、鄧圮夾攻賊。圮等兵始交，成名與

〔一〕「坐糜」，康熙本、徐刊本皆作「坐縻」。祝校本改作「坐糜」，據義當爲「坐糜」，據改。

羅乾象繞出其背夾擊，賊不支，大驚潰，自壓擠死者數萬。崇明、邦彦莫德皆受創，漢兵斬其首，群苗震讋，各鳥獸散。會良柱以争級拔營先歸，遂得稍稍逸去。

公移檄安位，諭以内附。位豎子不能決，其群目復集兵，迫脅諸小種，號二十萬拒命。公會諸將授方略，戒之曰：「水西地山險深昧，陰雲霧瘴，莫辨昏朝，林多猛獸蝮蛇。即不戰鬬，而兵易疲，且陸不通車，水不浮舟，餉無由達。我深入其阻，陷賊伏中，卒以此敗。困獸之鬬，未可輕也。」諸將受命，乃焚蒙翳，剔岩穴，截溪流，懸繩度，盡發精卒馳百餘里，或斬樵牧，或焚積聚，暮還歸屯，使不可測。凡百餘日，獲首功萬餘，生口數萬。軍行得鄉導，輒發窖粟就食，而賊飢，斗米六金。劉養鯤遣客入大方，燒其宮室，懸榜而出。安位大恐，乞降。與約四事：一、貶爵，二、削水外六目地歸朝廷，三、獻故殺王巡撫者首，四、通畢節等驛路。位皆聽命，遂率四十八目出降，誓不敢反。而黔人自軍興來，歲食楚餉百萬，不樂罷兵。恐無所資，相與作亂。揚言：「水西，我不共戴履者。必盡殲，無令遺種。」殺其使，奪所獻馬。公立斬數人，乃定。而水西亦厭兵，再遣使乞降。公爲上奏，詔許之。遂上善後疏曰：

臣惟邊徼雖安，不可忘戰。制裔之法，必先内固。水西自河以外六目九司之墜，亦頗廣衍，今已悉入版圖。臣於沿河要害，築城三十六所：近者控扼裔地，制出入；遠者聯滇、蜀，通商賈。皆立邸舍，繕郵亭，建倉廩，煙火相望，部曲相保，塹壘木樵，較聯不絶，賊必不敢卒入爲寇也。

鴨池、安莊，計河旁可耕之土通溝洫者，不下二千頃。事定之後，無慮常屯萬人，人賦水田二十晦、旱田六晦，稍益之，使自贍，鹽酪芻茭出其中。諸將士皆身經數百戰，披草萊，立城郭，咸願得尺寸以長子孫，即割新疆授之，使知所勸。

謹條便宜九事：不設郡縣，置軍衛，不易其俗，苗、漢相安，便一。地益墾闢，聚落日繁，經界既正，苗不得以民不耕地漸侵軼，便二。黔地瘠，仰給於外，今自食其土，省轉輸之勞，便三。國用方匱，出太府金錢勞諸將不足，以爵酬之，爵轉輕，不若以地，於國無損，便四。既世其土，各自立家，計經久遠，永爲折衝，便五。大小相維，輕重相制，無事易以安，有事易以定，便六。訓農治兵，揚旗河上，使賊日備我，便七。願耕者給地，一從其便，且耕且戍，衛所自實，無勾軍之累，便八。軍耕抵餉，民耕輸糧，以屯課耕，不拘其籍；以耕聚人，不世其伍，使各樂業，便九。

上可其奏。

五年，加少傅兼太子太傅。七年論僇邦彦功，加少師，蔭一子錦衣衛指揮僉事，世襲。八年，一品再考滿，加左柱國。

九年，出師誅擺金、兩江、巴香、狼壩、火烘五洞叛苗，水西勢益孤。又通上下六衛，並清平、偏鎮四衛道路，凡一千六百餘里，設亭障，置游徼，以便往來。雲南沐氏土舍普名聲爲亂，移兵討之，名聲伏誅。

蜀帥侯良柱貪横，公劾其不法狀。良柱倚朝貴援，且因永寧争級事修郄於公，遂以龍場地界謂公曲庇安氏。龍場壩者，實水西地。異時水、藺仇殺，争此地，時屬藺，時屬水。其後結盟，假崇明居之。去大方七十里，永寧六百里，山箐不産五穀。蜀人欲爲設官屯兵以自廣，公上奏曰：

臣聞御裔之法，治以不治，既來則安，不專在攻取也。今水西既已納款，殘藺安敢負固？惟當明定疆界，使諸裔自耕牧，遵往制職貢賦，爲數世利。若設官屯兵，臣愚以爲不便。夫守邊者但聞扼險，不聞入險。龍場陡臨裔穴，四面孤懸，中限河水，不利應援，築城守渡轉運煩費。捐有用以事無用，且内激藺夷必死之鬬，外挑水西扼吭之嫌，兵端一開，非國之福。

書上詔詰責數四，公持前說。及推勘坐誣，卒如公議。

安位死，無嗣。朝議復欲用兵郡縣其地，公力持不可。諸苗感公誠信，争納土，獻重器。遂上奏曰：

水西恃其險遠，向阻聲教。今安位殄絶，疏族異支紛然争立。臣奉明詔，一切禁止，
聖威遐暢。有苗來賓，納土獻印，相繼於道。臣惟水西有宣慰之土，有各目之土。宣慰

公土，宜還朝廷。各目私土，宜畀分守，籍其户口，徵其賦税，殊俗内向，同於編氓。大方、西溪、谷里、比那要害之地，築城戍兵，足以丕振國威，永消反側。夫西南之境，皆荒服也，楊氏反播，奢氏反藺，安氏反水西。而滇之定番，彈丸小州，爲長官司者十有七，二三百年未聞有反者。非他司好逆而定番忠順也，蓋地大者跋扈之資，而勢弱者保世之策也。今臣分水西之壤，授諸渠長及有功漢人，咸俾世守。凡其俗虐政苛斂，一切除之，使參用漢法，可爲長久計。

制曰：「可。」西南遂底定焉。

十一年春，公薨於黔，年七十三。黔、蜀番漢軍民咸罷市巷哭，制服立祠，比於漢之馬伏波將軍、諸葛忠武侯焉。訃聞，天子震悼，賜祭九壇，遣官視葬禮也。

蕺山劉先生銘其墓曰：

　　跡公前後條奏，真得古王者御裔之策，動可爲萬世法。當群議沸騰，貪功喜事，致天子不難鐫一官謝黔人。而公則大猷是經，始終操執，不以毁譽利害奪所守，其器識淵遠，自學古之日得之。用兵必先定謀，矢石之交，神氣愈閒，指揮不亂。御蠻徼一以恩信，未嘗妄殺一人，故所至附懷，死而哀思。

初在隴西，行經首陽山，遇老人，談世事，載歸，受奇門遁甲、六壬，遂長占候。而内江隱者牟康民精數學，亦預卜「兩川有事，定之者朱公」。頃者，中外交訌，海内用兵幾三十年，欲求公一戰一墨守、一剿一撫不可得。當是時，惜不及進用公，竟委之西南一隅以老。然猶幸公專制西南，使縣官得並力中原，而公之以一身用舍，係天下安危，抑豈其微哉！

爲大理寺慮囚，山西有囚某以睚眦殺七人，輦金京師爲請寄。公至晉，首按其事，曰：「奉命恤刑，非一切縱解也。殺人而失出，若死者冤何！」竟論辟如律。

知蘇州時，屬邑賦例輸郡帑者，邑先爲羨贏，資吏乾没。公立法，使邑自封識，不關吏手，由是羨贏遂絶。

督學粤東，巡按御史某累牘薦士，却之。後竟以二十人檄藩司應試棘院，公卒不許，曰：「侵官非法。」榜其姓名於市。某恚甚，誣指公他事，朝論竟直公。

右轄四川，直殿門工興，採木於蜀。蜀木凡奇材生深山絶險遠，斬伐置大壑，候暴漲出集涪州。吏緣爲奸，不願竣役，類言不中。如是二十年，費工部數十萬，官吏坐逮繫沈命者累積。公疑其事，立駕至涪，第其上下簡料之，凡五日而羸異材一千七百餘章，盡釋諸纍囚。而以不及選者給高貲商算其直，使達京師。蜀田沿永樂中故籍，歲闢而賦不科豪户隱占。遼餉起，海内悉加賦。公徧料蜀田，正經界，每畮均徵三釐，歲省賦七萬五千有奇，蜀人德之。及水西底定，即其地築城堡，設公署，開荒屯種，諸役皆身自經營，犂然可紀，而費則取之公餘。公才之不可量如是。然沈深韜晦，家居不入城府，坐卧擁書，稀接賓客，故末由知公。

竊嘗論公剛毅如忠獻，純誠如汾陽，練達如文饒，廉正如孝肅，而將略大類趙營平。本朝自新建而後，大業未有及公者。蓋天祚國家，川岳儲精而篤生公也。華亭陳子龍稱公體貌奇偉，望若天神，食常兼數十人。室無姬媵，堂無玩好，性介潔不苟取。鎮黔、蜀垂二十年，軍資贖鍰不下數十萬，籍於公帑。服用節嗇，又多才能。應羽書旁午，未嘗有記室，章奏書檄皆出己手。用法嚴，誅不避親，賞不遺賤，故人樂爲之死。當熹宗朝，奏凱不歸功奄寺，以此失侯，天下尤重焉。

論曰：余於《恒嶽朱公傳》而嘆明世非無才，大抵壞於文法議論耳。當藺變初起，文法不及掣肘，議論不及牽制，以故才無小大，咸得展布：郭象儀，推官也，首用三譚兵摧賊鋒，後死於楊愈懋之信牒；范祖文、鄒蔚然，諸生也，於俘囚中陰結降將，志存本朝；胡平表，判官也，能縋城發秦氏兵，又調和文武土司，使軍政不亂；薛來衍，大理知府子也，道阻不能歸，以二千人破周鼎、奢寅兵數萬；宋世第，貢士也，識龔萬禄於稠人，推立爲將，使守建武；其他周著、林宰、閔夢得、李仙品、鄭朝棟、劉可訓皆有大功者。至若指揮馮世修，既死不殊，復與郡人金富廉等起兵；上東道徐如珂自吳門來，聞變不避，直走墊江擊賊：並卓犖樹古人奇行。公倉卒器用，盡其才節，何舉世歎乏才，黔、蜀之間，顧多才若此哉！以其時知人任使之識，休休有容之量，雖出於公，而公獨當危事，無齮齕公者，公於是始得措施爾。在《易》之萃，物相遇而後聚，諸人之遇公，當亦一方貞元之會也。及危寧傾定，乃以龍場地界群起相牙，仍受文法議論之牽掣。由斯以觀，縱有薦公當三邊本兵之任，公豈得一展所爲哉！公之不爵於熹宗，宜也。不爵與謚於莊烈之世，遇而不遇也。其遇則西南之福，其遇而不遇，則中原之不幸，非公之不幸也。《易》曰：「師貞丈人吉。」又曰：「勞謙，君子有終。」勞而不伐，有功而不德，厚之至也。」公當之無愧矣。康熙初年平水西，置威寧府、大定等三州，改諸衛爲縣。

督師白谷孫公傳

公名傳庭，字伯雅，號白谷，代州振武衛人。萬曆四十七年進士，知永城、商丘縣，有循卓聲。天啓五年，擢吏部主事，避魏忠賢之禍，請假歸。

崇禎初，天下亂，有澄清中外之志，講安邊弭盜大略，慷慨義形於色。八年秋，起司封郎中，尋超拜順天府丞。是時，官軍逐流寇入漢中，賊困於車廂峽。陝督陳奇瑜狃永寧關之捷，負威名，謂賊可旦夕平，驟聽賊降，賊得出險。遂延縱，殺監護官五十人，衆至二十萬。其最强者闖王高迎祥，番漢降丁驍騎多歸之。宿將曹文詔敗死真寧，詔革奇瑜職，先後解陝撫李喬、甘學潤職，特用公巡撫陝西，專圖闖王。

既涖任，簡募得勝兵三千人，自將之。九年七月，進討高迎祥。賊出漢中，取黑水峪，犯西安。公度賊道遠，人馬疲，路險雨濘，乃度渭迎擊，大敗之。夜，總督洪承疇馳至。明日，會師盩厔，合戰，捕得迎祥於陣，獻俘闕下。餘賊散走蝎子塊。拓養坤在鳳翔，聞之，請降。公馳至鳳翔，致其副賊張文耀，養坤降意乃決。朞年，復叛去。片檄追討授首，公名震關右。

秦兵向驕，畏公律嚴。許忠、劉世傑等劫衆據藍田叛，公標無一兵，乃下令清屯。每健丁一予田百畝，免其租課，得九千餘人，復歲得餉銀十四萬、米麥二萬，遂獲叛將。上命諸撫以秦爲法。

兵部尚書楊嗣昌任熊文燦總理，合十撫兵十二萬，馬三步七，加剿餉至二百八十萬，刻期百日盡賊。公移書謂：「兵忌多不精，功亦難猝就。步卒善蹶，民不堪重餉。但選關、寧精鋭馬軍八千人，自足破賊。」嗣昌大恚。初部議秦撫當一正面，直商、雒路兵萬人，餉二十萬。公辭以：「臣自有屯糧贍兵，無須餉。」復總覈各郡帑積餘，發撫屬贖鍰，使副將鄭家棟、王根子市馬於番，募兵於邊，糗具自辦。不煩户部一緡，得勝兵六千人，騎四步一。

過天星、混天王等衆數十萬犯涇陽、三原，擊之於楊家嶺、黄龍山，大破之。俘斬二千餘，降散近萬人，賊北走延安。公度延地荒，賊不能留，欲扼之澄、郃山水間。賊果南返引避，公疾趨而西，一日夜行三百餘里，至職田莊，遇伏敗。復走寶雞，再中伏。折而走隴州關山道，又敗。遂盡解甲降，無遁免者。闖將李自成援絶，以二十騎踰秦嶺，逃入河南，秦賊遂平。

而豫賊曹操、混十萬、老回回十三家屯聚崤函，熊文燦尾其後，佯請降，要挾過當。公投袂起曰：「賊盡於此。此賊亡，則天下遂無一賊，機不可失。」與總理夾擊，乃出潼關，迎賊閿鄉，貫其營而東，復自東貫而西，無敢當者。賊大懼，以總理手諭馳上，公呵之曰：「降即解甲來，不者，吾且復進兵。」行未數里，得總理檄：「若飭有司者，招撫已就，無妬吾功害成。」公不得已，怏怏歸。賊竟去，移窺商、雒。從關内發兵馳禦，賊南折入於楚。當是時，剿撫兩不成，嗣昌、文燦心愧公，反布浮言，謂公逗撓軍計，上偏信，惑之。

十一年十月，京師戒嚴，召洪承疇及公統三邊、陝西兵五萬入衛，改承疇薊遼總督，公督保定。嗣昌欲盡留秦兵宿薊，公争：「秦兵家口在秦，豈肯舍之東去？此非譁則逃，是驅兵從賊也。」嗣昌不從。公不勝憤悒，耳病大作。嗣昌謀文致公，聞其病廢，稍解，趣之保督任。以失聰乞骸骨。上怒，薛國觀等復擠之，遂逮繫。

在獄二年，疆事大壞，文燦論死，嗣昌自請出師。而張獻忠叛於穀城，還陷襄陽，襄王遇害。十四年，李自成陷河南，殺福王。上於是追思公，而周延儒再相亦每稱公。即獄中召拜兵部侍郎，親御文華殿，賜釁沐，問除殘殄寇之道。公涕漣陳畫，矢不以賊遺君父。上嘉悦，使將京營兵援開封。公見京營敝，嘆曰：「吾思用秦人。」

先是，秦督傅宗龍、秦撫汪喬年先後入河南，敗没。上惡賀人龍不救，將殺之而憚其强，乃改公督秦軍。十五年夏四月，公至西安，固原總兵鄭家棟、臨洮總兵牛成虎、援剿總兵賀人龍皆以兵來會。公大集諸將，縛人龍，坐之纛下而殺之曰：「爾奉命入川討寇，開縣譟歸，猛帥以孤軍失利，獻賊出柙，職爾之由。爾爲大帥，遇寇先潰，致秦督秦撫委命賊手，一死不足塞責也。」遂舉尚方斬之，諸將莫不動色。因以人龍兵分隸諸將，軍政始立。

六月，命侯恂會公援開封。督師丁啓睿敗績於朱仙鎮，奔汝寧。九月，河決開封，李自成、羅汝才西迎公軍。公至南陽，設三覆：牛成虎將前軍，左勷將左，鄭家棟將右。成虎佯北致賊，還鬭，勦、家棟左右横擊，高傑以中軍與董學禮翼之，斬首千餘級。追奔三十里，及於郏縣。賊棄軍資甲仗餌官軍，官軍囂，遂潰，喪材官、將校七十有八人。是役也，天雨，糧車不進，採青柿爲食，人謂之「柿園之敗」。公上書自劾，整旅登封，還至西安，收斬逃帥，軍威復振。

於是自成再陷南陽，還屯開封。十一月，陷汝寧，殺保督楊文岳，遂南陷荆、襄。十六年春，陷承天、德安、黄州，渡湖陷常德，有衆百萬，並左金王、賀一龍、羅汝才之兵，自襄陽移屯鄧州，益兵攻鄖陽。公遣高傑以兵援鄖陽，擊賊，敗之。進兵部尚書，總制三邊，督七省兵。公念官軍久無鬭志，賊勢已成，非大舉不可出，乃練兵西安，步、騎五六萬人。懲「柿園」飢，作火車二萬兩，載輜重，戰可拒馬，止則環之，工作窮日夜。

半載，七月庚子，發潼關。戈甲耀日，旌旗數十里，爲二十年來軍容所未有。以總兵牛成虎、副將盧光祖爲前鋒，副總兵高傑將降丁爲中軍，總兵王定、官撫民率綏、夏二鎮兵爲後勁，檄四川總兵秦翼明出商、雒，左良玉自九江赴汝寧，河南總兵卜從善、陳永福會洛陽下池塞。八月辛未，次閿鄉。自成盡發荆、襄諸賊，俱會河南。步賊沿河列守，自汜水至滎澤，伐竹木結筏，人佩三葫蘆，先驅千餘北渡。總兵劉洪起以兵逐之，復渡南岸。丁丑，成虎率諸將前驅，遇賊於洛陽，擊破之。再敗之河岸，追奔至汝州。孤軍無繼，退屯澠池。

九月己亥，公次汝州，僞都尉李養純降，進圍寶豐。自成輕兵來援，傑、廣恩、光祖迎戰，却之。癸卯再戰，破其騎兵。公謂「寶豐不即下，則腹背受敵」，親督諸軍，悉力攻拔之，斬僞州牧陳可新，遂以大兵擣唐縣，盡殺賊家口。賊馳救不及，滿營痛哭。會大雨六日，糧車日行三十里，道淖未至，士馬飢。或勸退舍就委輸，不聽，下令破郟縣就食。縣俱窮民，割騾羊數百頭，噉立盡。己酉，命河北、山西就近餉公軍。賊步騎萬餘迎戰，官軍前鋒擊斷自成坐纛。進逐之，賊披靡，逃亡者相屬。時前鋒盡收左、革故部，皆致死於賊。而傑統降人悉賊中曲折，三破李過兵。自成懼，奔襄城，築牆自守。官軍屢勝輕敵，日馳逐數百里。河南所在皆荒，既深入，屠馬煮弩食，食輒病。

丙子，賊投巨牌，刻日會戰。大雨連十日。壬子，後軍譟於汝州，降盜李際遇陰通賊，賊大至。公會諸將問計，廣恩請駐師分據要害，步步爲營以薄賊。公從傑計決戰，廣恩不懌，引所部八千人先去。賊前鋒名「三堵牆」，紅、白、黑各七千二百人，薄官軍。官軍入賊伏，賊乘之，大敗，陷淖死者數千人。一云賊置陣五重，力戰破其三。至老營而賊死鬬，官軍陣動，遂敗。傑立嶺上呼曰：「不可支矣！」麾衆退，壯士推火車者輓輅脱，傾輈塞路，馬兵之奔者皆絓軸。賊騎凌騰之，步賊手白棓遮擊，盔腦俱裂。賊空壁追躡，一日夜踰四百里〔一〕。官軍死亡踰四萬，喪軍資器械合數十萬。一云公分兵爲三，令廣恩禦大路，己與傑間道迎糧，永福閉營候糧至，勿動。未發而永福兵先行，遮斬之，不止。公與傑收潰兵數千騎，度垣曲，走河北。賊別將克汝州。戊午，自成向潼關，廣恩擊破之。公亦還至潼關，衆尚四萬。十月，壬戌，李過陷閿鄉，疾走至潼關。獲督師大纛以紿守者，乘間突入，潼關陷。自成間道緣山厓出關後夾攻，官軍大潰。李過陷華陰，公與廣恩退

〔一〕「踰四百里」，康熙本如是。徐刊本誤作「輸」，據康熙本改。

屯渭南。賊合衆數十萬陷渭南，公揮刀躍馬入陣，死之。公既殁而西安淪陷。賊西略三邊，每至城下，輒用公名宣言曰：「尚有善兵如孫督師者乎？何恃以不降？」由是秦、晉崩解，賊建國稱王，鼓行東，竟大河以北皆爲賊境。高傑南奔揚州，踰年死於徐。而廣恩、永福並降賊，封五等伯。明空無人，不能一戰，以亡天下。

論曰：公季子世寧嘗爲會稽丞，録《忠節録》，有華陰王山史傳公，稱公嚴重有威儀，長身伉爽，才武絶人。其用秦兵也，將憑巖關持久，固將吏心。秦士大夫厭苦屯牧，弗善也，累檄趣之戰，不得已出。以霪雨糧絶，師大潰。殉節時從騎俱散，不能得其屍，遂有傳公未死者。於乎！姚平仲之入青城，好事者爲之耳，孰謂公肯蹈此哉！

公臨出，屢顧夫人張，然無一言。張曰：「相公第報國，無憂我。」降將張文耀願以死奉夫人間道歸晉，張持不可，曰：「吾知死而已，不知他也。」比城陷，率二女三妾沉井。世寧方八歲，揮之去。踰垣，墜於民舍，有老翁衣食之。越二年，長子世瑞重趼入秦，出夫人屍，面如生。翁歸以弟，相扶還，見者泣下。家國之難至公甚矣，而忠節孝義萃於一門，何其盛也！

夫家國可亡，而莊烈之爲君，傳庭之爲臣，固凛凛有生氣。事之不成，天也。自宋以來，禍敗之迹未始不由於和與撫，而將卒之潰逃與梁、唐、晉、漢、周五氏相類。當文燦總理，公求戰而不能；迨七省會師，欲不戰而不可。發言盈庭，以事外之人而撓成算，所賴有人主制其命耳。自成之勢烈於湟中，白谷之成不如充國，而莊烈之任遠於漢宣，不可謂盡非人事。乃霪雨二旬，人謂逆運之昌符，豈知將來之隆瑞哉！

公參佐定襄喬元柱以明經奏用，爲監軍道，潼關罵賊，伏劍而死。其後戰守死者，榆林有尤世威諸將，寧武有周遇吉。

明侍郎格庵章公傳

公諱正宸，字羽侯，號格庵，紹興會稽人。少受學蕺山劉先生門。崇禎四年成進士，選庶吉士。温體仁當國，朝士争附，公惟旅見一揖，體仁銜之，出爲禮科給事中。奏言：「願陛下師周、孔之仁義，黜管、商之富强。」上方求治急，不能從。

巴縣王應熊緣戚畹田弘遇入相，公抗疏：「應熊小才飾短，小辨濟貪，陛下何取而大用之，使壞士風，排正類？」下詔獄。馬世奇、王邵過應熊曰：「章長科此舉，成就老先生爲潞公矣！」應熊曰：「上英斷人，安敢爲潞公！」色艴然。廷臣疏救，免歸。

應熊敗，起户科，上言：「方今大臣揣摩宫府，張設爪牙，知護一官；小臣恬默取容，轉圜迎合，知護一身。陛下孤寄臣民之上，臣竊寒心。」其言多爲温體仁發。後臺省攻體仁益力，始罷相。

十一年，論熒惑之變，火於五德爲禮，糾諸臣蔑禮數事。又言：「西廠雖革，而其實故存，曩時主西廠之人故在宫省中，且迷惑天聽，況直省府州縣。」上令中官自行回奏，氣勢稍奪。

遷吏科都給事中。論：「治道隆衰，關言路通塞。臣添六垣長，苟一垣不言，皆臣咎。」上召對，厲聲曰：「言官須設身處地，無得妄指沽名。」公對：「朝廷設言官本求言，豈可令退避爲立仗馬？寧言之不當，幸皇上勿生厭薄。」

周延儒再相，悉反前政。引用正人，撤内監使者，止緝事，蠲租清獄，行間賞罰，朝報夕可，天下欣想太平。而門多雜賓，性少介節。公故延儒門下，謂同官曰：「當夾持相公以弘大業，無徒將順爲美疢。」延儒欲以門生江禹緒推宣大總督，公持不可。延儒之起由馮銓，圖假守涿功復銓冠帶，又與金光宸、孫晉格止之。且致箋：「願師相積誠格主，用成匡弼，紓時難。」延儒雖甚恨，終公在位，未得恣意。

十五年，會推閣員，有無名子效《東林點將録》，以二十四氣分配朝官。流言吏部尚書李日宣、河南道張瑄及公有私，上以爲然。指所推房可壯、宋玫、張三謨爲罪，戍公均州。延儒復賄敗，上思公，再召，而國難作。

弘光立，起原官。疏陳政事：「一曰勤學，二曰辨官，三曰正人心，四曰肅紀綱。請縞素帥師，親臨淮甸，使天下知朝廷無偏安江左之心，則將士敵愾，以一當百。」馬士英欲起阮大鋮，舉朝不可，乃先以中旨起張有譽爲户部尚書。公封還詔書言：「臣於有譽，非争其人，争其事也。中旨傳陞，非所以待君子，有譽賢者未必受。是用有譽所以斥有譽也。」竟用安遠侯柳祚昌薦，起大鋮。公解官歸。

魯王涖越。以吏部左侍郎掌部事。江上敗，遂行遯。後十年，有僧至㑩山，驟登其家樓，家人驚叫，子婦曰：「必吾舅侍郎也。」肅笄出謁，已持鉢去。有傳其在廬山、嵩嶽。又十年，始爲制服祔廟。

論曰：明世士大夫矜負廉節，所絀者才。然民心士俗，綿延幾三百年醇厚者，廉節維之也。余初至會稽道墟，登格庵先生之堂，及其子若孫遊宗黨，往往談述格庵里居事。衣大布，葛巾寬帶，家門上城，還返兩舍，率單步不由舟櫂。府縣歲試童子，無尺素爲後進通。其標尚如此。遜荒以後邈焉高蹈，使人溯洄宛在。其人賢矣哉！

孟孔木曰：忠節之士全身禪悦，自明末始。謝皋羽、鄭思肖無此風也。公更潛埋姓氏。天地間有此種人物，正復使人不敢罵僧。

先格庵立朝，建議終始，屹如山嶽。在故明時，吾宗藉爲後勁，今則固當奉爲前型。得先生傳，毛髮皆動，使後人不勝流連仰止。章錡湘維識。

明侍郎遂東王公傳

公諱思任，字季重，號遂東，紹興山陰人。宋愍節公倫之裔孫。五六歲時，有言其二十必貴，貴當棄母，啼曰：「天若祚母者，幸無使兒貴也！」及長，博通文籍，經義絶出，當世名公羅汝芳、吕坤、黄洪憲等争共延譽。萬曆乙未，成進士，時年二十。除知興平，調富平。果丁母憂。服闋，補當塗。大璫邢隆開礦横山，公抗言：「横山，高皇帝鼎湖。三百里内即樵蘇無入，開採誰敢者！」隆氣塞，退。税璫疏立關采石，復以計寢之。出大辟與盜之枉者，操江都御史耿如杞稱曰：「使人人議獄如當塗，天下何冤民乎！」陞南刑部主事，再左遷袁州推官。父老，終養歸。

魏忠賢擅政，使伻走語：「卿可得也，一通手板者。」公笑不應，飲伻以醇酒。比過常州，孫宗伯慎行留公信宿，曰：「季重，智人也。」

崇禎二年，補松江教授。明年，陞國子助教。駙馬鞏永固、襄城伯李守錡奉旨聽講，諸博士遜讓莫前。公唱明孔、曾授受微指，名理圓暢。祭酒林釺、司業陳仁錫皆下席謝教，以所講作擘窠書榜之圜橋，摹寫傳誦，一時翕然。

陞南工部主事，晋屯田郎中，備兵九江。募驍果五百人，教之擊刺，教之習射，教之没水，易防江守湖法，奸盜屏跡。大姓柯、陳衆殆十萬，逼居瑞昌，巡撫解學龍憂之。公曰：「吾知所柔之矣。」密疏，請下學使，廣二姓弟子員額，洞長崩角謝。有不軌，縛軍門正法。

英山賊破鳳陽，轉寇黄梅。黄梅人前大同巡撫石崑玉以涙和墨請救，將吏多言越界剿寇非便，學龍猶豫，公奮然曰：「此何言！並朝廷疆域，何分江、楚！先人有奪人之氣，必援之。」衆仍不欲。公自遣一牌去，自潯陽統兵萬往黄州，所過安堵。乃入見學龍，屏左右語曰：「諸人賈豎，何足與謀！黄梅生齒百萬，豈得坐視？且賊破梅，乘勝旦夕至孔隴。救梅正自救也。」學龍意寤，許詰明出師。衆且譁，公大言曰：「賊走矣！諜言其掠馬羸，意不在江也。」明日，遣把總慈谿袁斌領鋭兵北渡〔一〕。公駐池口爲應。梅人有修怨石氏者陰通賊，斌捕得，斬之。夜二鼓，賊騎數千逩北門，斌令俟以寂。賊首闖天星攻甚急，斌用百子銃啓門突擊，賊奔相蹂。官軍從暗中追斬百六十餘級，生擒闖天星。越三日，賊自井亭將趨麻城，公疾遣人至廬山，得射虎耕戈二十，伏大道。賊馬至，蹋血僵斃，無守者，以爲神。蓋戚武莊法也。於是賊盡返英山。已再破潛山，將復黄梅之怨。公名掛京察，已納節。學龍躬造，請勉視事。賊聞，即解去。梅人祀學龍及公北門，請以邑隸九江，公飄然歸。

乙酉夏，王師下南京，馬士英聲言護太后遁走紹興。紹興士夫未知弘光所在，人情洶洶。公上疏太后，暴數士英罪，請斬之，略曰：「昊天不弔，降此鞠凶，實生賊臣馬士英傾我宗社。上嗜飲，則進醽醁，上悦色，則獻冶淫；上耽音，則貢鮑優；上好玩，則奉古董。君臣唯事荒嬉，而以疆埸重憂盡推史可法，又從中多方撓制，忌其成功。每一出朝，賣官鬻爵，文選職方、巡撫總督罔不以賄爲市。及乎聞警，風鶴先逃。請立斬士英，傳首省郡，爲覆國欺君戒。亟下哀痛罪己之詔，以示悔禍，則人心國勢，猶可復振。」

又與士英書曰：「閣下氣驕腹滿，但知貪黷之謀，酒色逢君，門牆固黨。叛兵至則束手無策，强敵來而先期以走，致令乘輿播越，社稷丘墟。閣下謀國至此，即喙長三尺，何以自解？以職上計，莫若明水一盂，自刎以謝天下，則忠憤志節之士尚爾相原，如或逍遥湖上，潦倒煙

〔一〕「鋭兵」，康熙本如是。徐刊本作「統兵」，祝校本從之。「領」與「統」義重，故從康熙本。

霞，效賈似道之故轍，千古笑齒，已經冷絶，再不然如伯嚭渡江，吾越乃報仇雪耻之國，非藏垢納污之區也，職當先赴胥濤，乞素車白馬，以拒閣下。」士英愧憤不能答。

魯藩涖越，由翰林院、提督、太常寺館卿，晉詹事府詹事、禮部右侍郎。屢疏，極言官亂、兵亂、民亂、餉亂、士亂之失，乞休，不聽。嘆曰：「江上之事不臘矣！」

未幾失守，屏家依祖墓於鳳林，構草亭，顔之曰孤竹庵。巡按御史王應昌請拜新命，復書曰：「不忠思任，年七十有二，旦晚就木，鳩盤茶免使賣笑過生我矣。」親黨多以利害相勸，陸生曾漥獨言不可，公笑謝之。自是遂不飲食。垂革，拖紳朝服曰：「以上見先皇帝。」目猶不瞑。及孤竹庵乃瞑，時丙戌九月二十二日。

自神宗朝，即以文章氣韻妙天下，歷五十年，更閱五朝，卒致命效節，不負所學。雅性不羈，好酒及客，善手談、戈法、青烏、握槊之術〔一〕。教學者稽求典故，「九經、二十一史、本朝會典律例、鹽關屯按、邊徼阨塞、人才高下，具宜條究精思」。又言：「海内第一急務，在安頓窮人。驛遞乃窮人養濟院，奈何廢之！」其後闖、獻二寇並以驛卒首禍，逆如公料。又素剛負氣，中經三黜，不以少自貶損。終始孤立，幽思寄深，得風人之致云。

論曰：董先生瑒有言：公全歸在余公煌後。後此有趙公汝諍、余公增遠爲一類，又有姜公埰爲一類，章公正宸、林公增志、熊公開元爲一類。各行其志，跡之不同，勿論也。公諳吏

〔一〕「青烏」，康熙本、徐刊本原皆作「青鳥」，祝校本改作「青烏」。「青烏」，指堪輿之術，據義當作「青烏」。

事，尤見兵勢。俊逸之氣，往往發爲諧辭隱辨。解紛微中，莊士每畏苦之，然徐沁《贊採薇子像》云：「公以詼諧放達，而自稱爲謔，又慮憤世嫉邪，而尋悔其虐。孰知嬉笑怒罵，聊寄託於文章；慷慨從容，終根柢於正學。」斯言得公矣。

吴紹文曰：才略氣節，寫得精神逼露。

姜介三曰：先生大節，在拒討馬士英。書表文章，足以扶國運，厲士氣，厥功不小也。其終始孤立處，更賴表微。

瑞麥里二高士傳

禮義，所以爲國也；廉恥，所以立身也。《易》曰：「知進退存亡，而不失其正。」四維備，而天之消息盈虛應之。時有亢而道唯潛，其唯君子乎！揚雄，擬《易》者也，而其亢也，至於投閣。嚴光、林逋，可以出之時而無出，君子猶尚焉。何也？爲其身名充也。若涉亂世之末流，一以處爲則而已。明初，太祖以禮義開國，士大夫以廉恥敬身。葬祀福壽、余闕，遺危素，北庭旋凱，命元臣無得舉賀。所以培裕國基，至厚也。故靖難之際，死節者彪炳前世。又有若雪庵，補鍋其人，追首陽之芳蹤，景遯荒之高躅。自是而後，士以難進易退爲操。武宗之南狩，世宗之議禮，與於廷杖者，天下争榮之。而惟時伏居林草，非力不食，歌耕樵釣以陶性情，迄無悲憫，亦多有焉。蓋世綱之及也，所在皆是。

漢時楚王英之獄，株連名士累百千人，正當永平、建初之隆也。至於鈎黨之禍，考逮蔓天下，又無論已。有明一代，若王振、汪直、劉瑾、魏忠賢之用事，介溪、江陵、烏程之柄政，立於朝而能免者，蓋亦鮮也。況夫趙孤蹈海，楚懷入關，炎午生祭於前，修竹拾骸於後，其爲遺人逋客，更何可勝言。至若一姓之中，絕塵不反，先後相嗣，尤足喜者。雖榮悴各塗，心跡異趣，於消息盈虛之運，並有取焉。吾於山陰朱氏得二人：天順、成化間有臞儒純，順治、康熙間有固亭用調，作《瑞麥里二高士傳》。

臞儒姓朱氏，名純，山陰瑞麥里人。家世業農。而純體羸瘦，自號臞儒。臞儒者，臞於儒也，故又號識字農。里中無幼長以識字農呼之，則忭喜。或叩農曰：「君自謂識字，識得天下幾字？」農曰：「吾向識忠孝字。今而知忠非吾職也，志諸心而已；孝吾亦不能爲；吾以農繼之。故吾農識字，亦止識農字也。」

農性悦學，飯牛牧豕，手一編，誦習久之。博覽無不通，教授於鄉，與同縣羅頎、張畾結鑑湖詩社。知府浮梁戴琥深加禮敬，嘗造其廬。後行鄉射禮請農，農雖勉赴，終憚於繩束，屬郡庠兩生代肄，琥亦不强之。

居常杜門，或扶杖屐，聳肩行道上豪吟。又聞嵊多佳山水，數往遊焉。好事者聞其至，載酒以俟，夜醉嵊江。興作，舍舟上青楓嶺，掛巾折竹如意，擊石浩歌。有五子，力農問字，共具餐飯。時擁諸孫膝前誦《豳風》。農侶持樹藝書，及娶嫁葬日就問，輒按述歷告。生永樂戊戌，及弘治辛丑而卒。自作《識字農傳》，比於無懷、葛天之民。

固亭名用調，字子彝。臞儒弟絅七世孫也。性好古學，恬於勢利。崇禎十七年國變，悉焚棄其所爲時文，廢跡山水，時年十三歲。其後諸從昆弟稍出應舉，翕有文譽，泊然不以屑意。陳老蓮洪綬嘗就之宿，引爲忘年友。

時從奚童出舍北，沿海道南行，登塗山嶺，東望涕泗，曼聲長歌，歌曰：「曉登塗山頭，沆寥海氣秋。天雞啼不歇，月落潮聲流。聞有神仙宅，金宮白玉樓。星槎會有便，乘此恣遨遊。」聞者壯悲其志焉。

既而有中以奇禍者，事解，家益落。乃日課園夫，溉花培樹、養魚馴鷗以自娱。好劇飲，不能多得酒，釀熟則呼群季，共飲盡之。

初任天放，晚更簡晦，號固亭勖厲。然性終介直，鄉里或相憚疾，尋亦服其無它。

自入國朝，四十三年，堅守一行。嘗謂諸子曰：「先少師平鎮黔、蜀幾二十載，不妄戮無辜一人，後當有盛者。在汝輩乎？然非吾望也。國寵不可忘，金吾公爲是賫志以没。」語畢泣下。遺命以故冠衣斂，曰：「吾得見先人宗寢。」

配孺人祁氏，忠敏公猶子，考諱熊佳，象孟光德曜，處家有法。固亭全隱高節，祁有助焉。

論曰：古之傳高士有矣，要於守真履道，能全其天，非是散誕之徒弗貴也。余向讀陽明

《別三子・序》，其一爲餘姚徐曰仁，其二爲山陰白洋之朱守忠、蔡希顏。今按府志：「守忠諱節，以進士、監察御史巡按山東，統兵剿賊，卒於師，即曜儒之孫。」固知其有自來矣。固亭自承忠孝，非隱者也，而卒以高士著。「德之不孤，乃必有偶」，其是之謂乎！

祁慎原曰：傳兩人直本一代風教，使人不敢下筆。

貞孝先生傳 丁丑

貞孝先生者，姓劉氏，諱汋，字伯繩，紹興山陰人。父左都御史忠正公宗周，發慎獨誠意之學，歷仕神、光、熹、懷、赧五朝，犯顏極諫，卒死殉國，海内稱之曰蕺山劉子。先生幼習父訓，以不苟取與進退爲家法，出則載書隨轡，入則奉盎視膳。家畜老僕罷癃，嘗令典謁，遇之者不知爲公子。魏忠賢之禍流傳，有詔逮公，時先生年十四。塾師將挾之他避，堅不可，遂從公入雲門。

公講學證人，來者日衆。首令先生開誘，然後延問，同門引爲老友。德清許元溥，敬庵孚遠子也，遺書稱「儒佛爲一」。先生闢之，言：「儒佛之異不在於用，而在於體。慎獨而中和位育，豈彼佛者所有？」其能篤守父師之説如此。

公官左都，以救姜埰、熊開元得罪，舉朝震栗。先生易僮衣，從入朝堂側聽，具載其語，歸作《壬午召對記》。

李自成陷京師，公詣會城，責巡撫黄鳴俊勤王，遣先生歸募兵於越。既從公入南都，見弘光政亂，力贊公歸里。我朝招下浙東，公不食，先生但伏庭下悲泣。唐藩、魯藩皆遣使祭贈公，蔭先生官，先生辭蔭曰：「敢因父死爲利！」

浙東敗，逃剡溪萬山中，欲走閩。奸人將難，先生乃不得已歸，哭公瘞所，以不得比祝開美、王元趾從地下爲愧。既葬，遂杜門絶人事。監司王庭璧、知縣顧予咸來設奠，副使王爾禄、同知吴勉並公門生，赴哭，俱弗見。爾禄贈金三百，辭曰「梓遺文」，固辭弗受。及去，官造門言别，卒不内，曰：「幸爲我辭大夫。若違先訓，墮初志，何益萬分！出處殊致，無苦相强。」爾禄泣下曰：「鳳翔千仞，非三代以下人物，真我師嗣子也！」其坐卧蕺山一小樓，竟二十年。故人自史子虚、張奠夫、惲仲升數輩外，希復接面。嘗寄榻古小學，有縉紳徵集多士，要先生復舉講會，遂屏跡不至。

於康熙三年卒，年五十二。卒之夕，出篋中稿屬諸子曰：「大父文，千古聖學所寄，勿漫示人，俟可梓行世。曩遺命葬下蔣，水土淺薄，有力可擇高阜改葬。都御史贈蔭，前堅辭不獲，則三世木主〔一〕、遺像並當題易，國恩不可忘也。若等第遵《人譜》，記憶大父絶粒，無應舉，無就吏，安貧讀書，養教子孫。」又曰：「生平操厲，惟恐隳喪名節，今畢矣。殮用孝服，祭素食，以志吾終天痛。葬大父墓道，使魂魄長依附。」

〔一〕「三世」，徐刊本如是，祝校本從之。康熙本作「二世」。

先生爲人温栗，居閨闥未嘗有惰容。先公在時，省郡大吏敬待若神，不因此通請謁。少年倣賈誼《治安策》指列治道，公見而怫曰：「奈何爲此矜張！」即不復作。證人社友徐君嘗捐建書院貲，約以時酬。會徐死，先生垂歿，趣長子茂林訪徐後人，還之。徐後人無所得，以歸其壻曰：「爲我告徐君冢，故友某償夙負矣。」避地剡溪，奉公文像，託友人周敬可。敬可盛以布囊，置牀頭，有警即負之登絶巔。如是一年，無片紙失。歸而家破，養之没齒。卧榻故假祁氏，病篤，命起扶易曰：「豈可終於祁氏之榻！」其矜細行皆類此。同門私謚之貞孝。

是時能承先志，守道不變者長洲徐枋昭法，九一先生汧之孤，僧服隱吴門山。巡撫都御史湯公斌屏騎從到門求見，不内，繞行山廬，嘆息而去。亦以壽終。

論曰：先康節有子子文能紹其學，儒者並嘆嘉之，然遭宋昇平，有洛下諸君子相唱和，再世處士，身名俱泰。若蕺山當明末造，有言不信，致命遂志，困不失其所亨。而爲之子者，義不容與父俱死，乃至掩形匿跡，交遊講藝之事一切都絶，自比箕子之貞，長採夷、齊之蕨，與子文之履順未可同論。孔子稱「篤信好學，守死善道」，先生有焉。

張敬可先生曰：當革命之日，而先師父子致命守身，天下稱山陰劉氏。此氣運之盛也。作者具君父心，乃有此文。

余金二公傳

余公諱增遠，字謙貞，一字若水，紹興會稽人。兵部尚書煌之弟也。崇禎癸未進士，除寶應知縣。劉澤清開府淮南，欲以公禮格府縣，公投版棄官歸。

魯藩莅越，授禮部儀制主事，遷郎中。王師渡浙江，尚書死義，公避兵山中。府縣逼令入見，乃輿疾城南待齊斧。久之事解，聚村童五六人，授以《三字經》。旦則秉耒，與老農雜作。海道同年生王天錫欲與話舊，辭以疾。天錫屏從者，披帷突入，公擁衾不起，曰：「主臣不幸有狗馬疾，不得與故人爲禮。」天錫執手勞苦。方出門，遽與婢子擔糞溉瓜。嘆息而去。

冬夏皂巾，未嘗科頭，終身不離城南一步。疾革不藥，曰：「身二十年前死矣，今何爲哉！」遺令諸子：「裸葬吾分。姑聽汝曹志，用松杉裁蔽形，坎土令容棺，勿求文士爲銘狀。」

康熙己酉年卒，年六十五。

金公諱廷韶，字二如，號越石，紹興山陰人。崇禎癸未進士。弘光立，除知贛縣。時南北岌岌，而贛當五嶺衝，民疲調繁。公臨政，一以保安百姓爲急。巡道于鉉、守備許榮祖虐贛兵，兵譁，巡撫李永茂使監軍道劉廣胤慰諭，至屈膝不聽。公聞，單騎至，父老觀者以賢令君來，争共解息；軍士亦雅敬令君，遂罷去。

留都失守，江西望風靡迎。前南昌衛指揮鄒希賢賫招降文，將達永茂、廣胤。公捕得，痛杖之，斷其足。希賢曰：「大兵且至，盍少寬？」公厲色罵曰：「負國賊，汝何寬！且使金廷韶爲若賊得，豈復望生哉！」因請永茂必梟希賢首。「贛之迎否，視此舉也。」永茂怯，不從。會隆武建號，永茂憂去，而翰林楊廷麟、總制萬元吉聚兵於贛，獲我朝招撫制使董作梅。公並縛希賢，送廷麟，悉斬之。廷麟、元吉由此義公，任以事。

先是，廣西轉運五萬至贛，爲左良玉標官所要。公款宴諸標官，而遣人舁鞘入庫。至義師起，悉以五萬金出給餉，由是兵食漸集，守戰有緒。而遽以争張安事革職去。

張安者，贛劇盜，本姓名陳丹，衆近萬，號閻王總。時隆武將出，贛軍單，寧都曾應遴市安圖大用，使二子奉表盛稱：「安，淮陰、諸葛也。使得備宿衛，湔盜賊名，必效死力。」於是授安副總兵，號其兵「隆武新營」。起應遴兵部左侍郎，監安軍，二子授主事。既而新營兵淫虐，民日號哭，奔告公。公與應遴書曰：「頃閣下建撫議，欲假之以威敵，不意養之以噬民也。且張安辭色禮貌，俱極猥鄙，寧復可任緩急？今民避難城中者既多，又值糴貴，保無激成他變。閣下縱不惜民，如國家何！」曾銜之。又致書廷麟，廷麟雖善其言，不能禁。於是衆皆怨曾氏，圍其署。應遴踰垣走，而斃新營兵在城者百數十人。安遑怒攻城，公率民堅守，至二十餘日始解。已報陞吏部主事，而應遴以嗾民毆大臣、殺禁軍馳奏，竟革職。時歲丙戌三月也。都御史田闢、守道彭期生及萬元吉皆上疏留，不報。民老幼扶道左號送，塑像凡數十處，公命毁之。去贛後四月而閩事敗。其冬十月，王師克贛州，廷麟、元吉等死節，而所謂「隆武新營」張安者，兵竟潰叛去。公聞，南向泣曰：「使臣言驗，國之不幸也。」

公事父至孝，比贛歸，父没數旬，錢塘之師亦潰。於是痛傷家國，嘔血羸尫，麻冠大布，去廬父塚。歲時望朔、先帝忌日必正冠服哭拜。後遂披髮頭陀，憔悴行吟。家人縱跡，多在海畔，或時至城南，與同年友余若水敘道舊故，已復棄去。著史論百餘篇，題曰：「不忠不孝，覥顔天地，爲大罪人。」因更號恥廬。康熙丁巳年卒，年五十四。

公年未三十，鬢眉皓白，兩目盲伥。又二十餘年，鬢盡枯斷。海内高其風節，與若水並稱曰「越中余、金二先生」焉。

論曰：余、金二公之幽貞苦節，尚矣。余公闇然滅其聲光，而金公之迹一見於令贛。若伊人者，誠濟變才，非獨保民之賢令宰也。以唐藩之恭德求賢士，楊廷麟之開誠收衆思，而未盡其用。豈主臣朋友之相遇，固若是難哉！抑末流之運使然與？

外王父蜀庵陳先生嘗爲余道上虞徐漢官之義：「漢官名復儀，亦崇禎癸未進士。丙戌後，哭泣失志，奔蹲山頭，夜不抵舍。父恐其爲豺虎所食，每使人尋招，不獲。一日，竟投空谷以死。至性孤往，風疏雲上，使人夢寐之際往往相見。徐君求死而得死，與余、金之求死而不即死，其趨一也。斯並所謂豪傑之士、狂狷之選哉！」

朱穎倩曰：起伏題緻，俱合子長遺法。論末聯綴徐君，是蔚宗書中得意處。

胡載歌曰：敘張安事絶勝，通篇注意在此。

翼明劉先生小傳 庚午

先生諱光世，以字行，紹興山陰人。少有絶力，恥言勢利。初受知於于瀛長先生穎及劉威北穆，既受知於定西侯張名振、兵部尚書張煌言。

穆字公岸，貌修偉，善大刀及射，寬而愛人。崇禎中，以武進士授上海把總。南兵部尚書史可法知其才，檄補應天副將。時穎知紹興府，見天下大亂，東南必不免兵革，募豪傑有氣節者。餘姚邵應斗、蕭山朱伯玉及先生爲之魁，轉運南都以三人從。比歸，薦先生及伯玉於誠意伯劉孔昭，孔昭梟人遇也。糧用乏絶，念故人相善者，乃往依穆。穆雖爲將，家貧，推食食先生，且餉其友。南都敗，穆歸里，與穎及鄭遵謙等謀守浙東。慮紹興單弱不濟，聞方國安有見兵數萬，自寧國、廣德東來，令穆道諸暨迎之。國安未至，遵謙已起郡中署守。通判張愫、會稽令彭萬里皆死，武進士沈振東説遵謙悉取江北船繫南岸，由是王師不得渡。魯藩監國，以穎爲都御史，巡撫紹、寧，穆威北將軍伯爵，受王之仁節度。明年，進威北侯。穆用先生左軍都督。先生在軍，與士同甘苦，營無餘糧，戰必先登，諸營兵不敢與威北左營兵抗。方國安每欲誘致先生，先生不肯。

穆子九短而悍，有膽義。父守上海時，大盜畢崑陽繫獄。崑陽，徽人也。善用鎗，世傳畢家鎗無敵，九慕之，日賂守者飯崑陽，一年不怠。崑陽出，遂授九鎗法。九嘗與父較鎗，父不及也。先生在南都，九以私錢給先生。及兵起，戰於清風岡，死焉。

先生憤渡江無期，致箋於潁，陳時事得失。江上敗，潁歸金壇，穆及遵謙入海。遵謙尋爲鄭彩所殺，穆病死，先生晦跡家居。明年，王翊起四明，聞其宿將，具禮來聘，辭不赴。翊募死士纂取先生友人爲質，先生往，以母老力辭。其後，張名振、張煌言以鄭森兵入舟山，浮海往見。江上之役，名振雅敬先生，煌言前募兵平岡，亦善先生。至是名振没，煌言固欲留之。先生歸，杜門教授，年八十二終於家。煌言死杭州，從者瀨水羅子木。

跋曰：重山董先生爲余言：越中忠義果敢之士，至崇禎之末尤盛。餘姚則有邵應斗、朱坦之，皆以膽力聞，見稱於于瀛長潁。後應斗爲熊司馬參將，戰喬司有功；坦之好結客，傾貲財。兩人並與翼明交，雄武相尚也。府治石獅子累千鈞，坦之手兩曳之以行。卒以被誣，死俗吏。瀛長聞坦之下獄，趣吏印玉以信牌召之。起晨至昏，蹋蹻走二百里，叩姚江城入，坦之已死，玉大恨。瀛長下教切責令。比兵起，玉帥掾史、壯士數十人投劉穆，及穆子九同死於清風岡。

李恕谷曰：一傳並綴數人，賓主歷然。結尾津津於子木、印玉，是史家微意。

明江陰縣典史閻應元傳

閻應元字麗亨，其先紹興人。四世祖爲錦衣校尉，始家北直隸之通州，而應元起掾史，官京倉大使。崇禎十四年，遷江陰縣典史。

江盜百艘乘潮闌入，將薄城。會知縣去攝旁邑篆，丞簿選愞，男女竄奔。應元帶弓鞬，躍馬大呼於市曰：「好男子從我殺賊護家室！」從者千人。苦無械，又持竹行呼曰：「事急矣，從我，人假一竿。」於是出列江岸，堵牆林立。應元往來馳射，發矢輒殪賊。賊連斃三，氣懾，揚帆去。巡撫狀聞，以欽依都司掌徼巡。得張黄蓋擁纛，前驅清道行，邑人以爲榮。

久之，僅循資遷廣東英德縣主簿，陳明遇代爲尉。應元母病，未行。會國變，將家僑縣東砂山。

乙酉五月，豫王入南京，分遣貝勒及他將略定府州縣，守臣或降或走。旬月之間，下京口以南名城大縣百數。閏六月朔，江陰諸生許用德縣太祖御容明倫堂，率衆拜哭，聚者萬人。欲奉陳明遇爲城主死守，辭曰：「吾智勇不如閻君，請從閻君。」夜遣騎迎應元。應元投袂起，率家丁四十人，夜馳入城。時城中户纔及萬，兵不滿千。應元料尺籍，治樓櫓，令户一男子乘城，餘丁傳餐。發前兵備道魯化龍所製火藥器貯堞樓，勸輸富人出金粟布帛，他物皆聽。國子上舍程璧首捐二萬五千金，捐者麕集。於是城中有火藥三百罌，鉛丸鐵子千石，大礮百，鳥機千張，錢千萬緡，粟、麥、豆萬石，它酒酤、鹽鐵、芻藁稱是。乃分門而守：武舉黄略守東門，把總某守南門，陳明遇守西門，應元守北門，總徼巡。四門部署甫定而外圍合，大軍傅城下者十萬，四面圍數十重，引弓仰射，頗傷城上人。城上人發礧礟機弩，傷大軍甚衆。乃架大礟擊城，城垣裂，應元用鐵葉裹門板，貫鐵絙護之。取空棺，實以土，障隤垣。北城穿，於城内加築堅壘，一夜而就。又乘月黑，束藁爲人，持炬立陴堄間。兵士伏垣内，擊鼓呼譟，若將縋城聲。大軍驚，矢發雨注。比旦，獲矢數萬。又遣壯士夜出砍營縱火，大軍相蹂踐自殺，死數千。大軍却，離城三里止營。

劉良佐擁騎至城下，呼曰：「吾與閻君雅故，欲相見。」應元出立城上。遥語：「弘光已走，江南無主。君早降，可保富貴。」應元曰：「余明朝一典史，尚知大義；將軍爵五等，膺重鎮，乃爲敵前驅。何面目見吾邑士民乎！」良佐慚，無言。

應元頎身，面蒼，微髭。用軍倉卒嚴明，犯法輒貫耳鞭笞，然厚賞予。親爲傷者裹創，死視殮酹醊。稱軍人曰「好弟兄」，不呼名。陳明遇善附循，每巡城，相勞苦至流涕。以故兩人名位卑輕，而率一城士庶共犯國難，至死不貳。

貝勒連破蘇、松，益兵來攻江陰。面縛降將，跪城下，涕泗説降。應元罵而麾之。又令斬四門首事一人即撤圍，應元厲聲曰：「第斬吾頭，何事多言！」會中秋，給軍民賞月錢，分曹擕具，登城痛飲。許用德製樂府《五更轉》曲，令謳者曼聲歌之，與刁斗笳吹相雜，竟三夜罷。貝勒覘知無意降，募死士重鎧梯衝急攻，礮震百里，城中巷哭。應元登陴慷慨，意氣自若。

旦日，大雨，午有紅光如綫起土橋，射城西。大軍從煙霧中騰而登，城遂陷。應元率死士百人馳突出入巷戰，所當殺傷百千。及門，門閉，度不免，踴身赴前湖。水不没頂，被禽。劉良佐箕踞乾明佛殿，見應元至，躍起，持之哭。應元笑曰：「何哭！事至此，一死耳！」見貝勒，兀立不屈。刺其脛，踣地。暮擁至棲霞禪院，院僧夜聞大呼：「速斫我！」已寂然，應元死。

凡攻守八十一日，大軍圍城者二十四萬，死者六萬七千，巷戰死者又七千，凡損卒七萬五千有奇。城中死者亦五六萬，屍枕藉街巷，無一人降者。

城破時，陳明遇下騎搏戰，至兵備道前被殺。重創，手握刀僵立壁旁，不仆。或曰闔門投火死。

論曰：余弱冠即聞閻典史，比讀家子湘傳，使人脱然忘死生。子湘得狀於江陰黄晞。晞坐其父毓祺，兄弟四人並收，没爲奴。鄉人斂金贖出之，行丐南歸，家口盡亡。以通經授徒毘陵，年七十餘，幅巾白布袍終身。既狀應元，又作《先府君行略》，惜未之見。

毓祺字介之，諸生，立名崇禎間。甲申聞國變，痛心嘔血，遂類中風狂走，結客蹈海。作詩有「可憐上帝如泥醉，自笑遺民與石頑」之句。後變姓名，轉側江淮數年。所至皆親其豪傑，以是得禍，死獄中。

毓祺既江陰人，宜與應元同在圍城者。子湘傳晞妻黄烈婦周氏牽連書及，不直敘毓祺、晞事，因有忌諱，隱約其文。不知遺民之頑，自古有之，今不啻三紀矣，會當發忠義之幽光，況如應元者，非守土而殉義，一典史酬三百年愛民養士之恩，令翩翩科舉出身都重禄者當之俯首含愧，不復能仰視，固興王所亟賞也。

仁和馮山公以睢陽擬江陰，而進陳明遇之義於許遠，其里字不載，蓋狀中闕云。

宦者王永壽傳

會稽董先生有《宦者王永壽傳》，意不在永壽也。其傳曰：

永壽，燕人。天啓中不附魏忠賢。懿安張皇后嘗問外庭事，以楊璉、左光斗等死狀告，后爲之不豫者累月。熹宗崩，議所立，后意屬信王甚堅，命永壽宣於朝。帝既即位，誅忠賢，斥諸宦官在内者，永壽亦引退。崇禎五六年，宦官復稍稍用，永壽得事帝。京師陷，傳旨後宫自裁，皇后、周氏以下，使宫監還報謝恩如禮。獨長公主幼，未奉詔。帝怒，手砍其臂折，仆地。而永壽方從張皇后宫至，跪白曰：「懿安皇后亦縊崩矣。」帝喜，徑走煤山。

先是，忠賢有養女任氏，美而狡，進熹宗爲貴婦。至是，賊入，曰：「吾天啓張皇后也。」賊不敢犯。及賊敗，任挾宫中寶賄，偕一少年出都。歲餘，費其所挾空，恚語於人，遂聞於官，傳送京師。京師人謂張皇后不死，驚惋聚觀。永壽適在衆中，見曰：「此任貴妃何爲者？」手指之，呐呐詈不止。妃亦識永壽，泣下面頳，閉目不語。言永壽去爲僧，往來西山中。

邵廷采曰：古寺人、綴衣之職，周官冢宰統治之，其人固有良、有不良。自秦二世委轡，至東漢及唐，禍烈矣。然漢有吕强，唐有張承業，宋有羅銑，明有金英、王安，而終之以王承恩之死節，不必盡杜勳社之秩也。嘗讀《唐書》，德宗母后沈氏以東都再没，失其所在，德宗立而求之。其時高力士之女自詭爲后，迎入大内。力士子辨其非，德宗勿罪，曰：「吾寧受百罔，冀得一真。」竟不得。舊史載，莊烈之至南宫也，使人詣懿安皇后所，勸令自裁，倉卒不得達。及兩宫崩，宫中大亂，后青衣蒙頭，步入成國公第，後事遂不明。今見《永壽傳》，始知后殉義不在周后下。國雖亡，一代之名教完矣。任事與高類，而任罪大。后之在熹宗朝，其賢明何如者？豈其臨難不決，至失身流落閭里蒙垢哉！當時永壽不致辨，蓋不忍見遺妃淪没，而身對簿，染流俗之污議也。其往來西山，與陵寢相近，志亦足悲矣。

施自西爲盱眙丞時語余：有故太監某者，年九十餘，逸其姓，僧服守祖陵旁，月日展掃堂墠，焚紙錢，叩頭嗚哀。亦永壽風節云。

董先生名瑒，字叔迪，號無休。手輯《蕺山先生文録》，劉門誠意慎獨之學，多所發明焉。

思復堂文集卷三

傳

姚江孫氏世傳

餘姚人物之盛，自憲、孝、武三朝始。其著姓多，莫盛於孫、王、謝，而孫氏尤盛。孫氏自燧及嘉績六世，世以文章忠孝嗣其家緒，蔑有廢墜。海内高仰之爲當代宗臣。

燧字德成，號一川。其先業農，居梅川鄉。弘治六年，燧第進士，入居縣城。初仕刑部主事，累陞福建按察使、河南右布政使。

時寧王宸濠久蓄異志，外結群盜，内通權倖，冀移天祚。朝議選才節大臣，摧其機牙，用燧副都御史，巡撫江西。燧嘆曰：「投艱於我，死生以之。」攜二僮入南昌。南昌已洶洶，巡撫紀綱之僕皆藩邸伏奸。胡世寧揭濠，逮詔獄。下江撫覆奏，力爲湔雪，不死。燧潛謀默慮，託禦他寇，城進賢、南康、瑞州。奏勅湖東道分巡，兼理兵備，與饒州犄角。九江當湖衝，請重兵備權，兼顧南康、寧州、武寧、瑞昌及湖廣興國、通城。廣信横峰、青山諸窯，地險人悍，設通判駐其地，督六縣。又假討賊，盡出會城兵器外府。嘗笑曰：「即賊起，吾不滅賊，賊必以吾處分故速滅也。」

會江西大水，濠黨凌十一、閔廿四等流劫鄱陽，燧與按察使許逵自江外掩捕之。夜大風雨，走匿濠林墓中。濠恐，致書陸完，請急去燧。燧亦言濠必反，疏七上，盡爲中途邀截。屢疏自劾乞休，不允。積憂累瘁，髭髮盡白。

正德十四年六月，濠生日，置宴。次日，各官入謝，濠立露臺，大言曰：「太后密旨，令我起兵監國。」燧曰：「安得有密旨者！」又曰：「天祚暗移，汝不知耶？」燧憤曰：「安得妄言求死！」又曰：「事已至此，我往南京，汝當從駕。」燧張目直視大詈，武士縛燧，以銅錐折其臂。許逵奮起呼曰：「孫都御史朝廷大臣，反賊敢擅殺耶！」燧顧逵曰：「恨不從公言先發，今乃受制於人！然賊滅自不久，吾臂可折，吾目亦可抉也。」與逵俱就害惠民門外。

然賊竟以燧先備速敗。起時，大索城中兵器，弗得。又所在多有官司，遥應者禁不發。其後餘賊走安義，守兵遮擊，盡獲。湖廣、浙江則以饒撫故，不被賊禍。王文成謂諸將曰：「吾輩徼國家靈寵，告廟飲至，寧可忘孫公成勞？」遣吏護其喪歸越。子堪、墀、陞聞報，挺戈赴難。道遇露布，乃迎喪廣信。會上親征駐南京，文成親檻宸濠，取道浙河東下。檻車與燧靈車先後相比，堪兄弟幾欲手斧濠。濠仰首謂監者曰：「孫都御史櫬亦至此耶？」左右對：「孫都堂三子徒跣奔走在近，不審何爲。」濠謂監者：「速掉舟！無以我故，傷孝子心，壞朝廷法。」

世宗即位，贈禮部尚書，謚忠烈，祠祀江西。敘堪錦衣千户，世襲。堪第武進士第一，歷官都督。子孫世籍京衛，墀尚寶司卿，墀孫如游，天啓初大學士。

陞字志高，號季泉。嘉靖乙未進士第二人，累官編修、國子祭酒、禮吏二部侍郎，終南京禮部尚書，贈太子太保〔一〕，謚文恪。爲人孝友純篤。痛父死國，終身勿治家慶，手不書寧字，不爲人作壽父文。母楊夫人年九十，陞爲侍郎，或偶不怡，輒伏跪不起。事伯兄如父，事無巨細，咨稟而行，坐必侍側，没身不衰。爲文宗兩漢，詩宗工部，必關倫教。每以民生、水旱、盜賊形之詩歌，風當事者。勑諸子以剛方名節，尤篤友生。同年韓修撰應龍早卒，撫保其孤。華州王官諭惟禎死於地震，收其文，序而鐫之。生平無嗜好，一介之細苟有未安，曰：「趙清獻必不如是。」初出嚴嵩門，嵩專政，特自吏部乞徙而南，天下高其風節云。五子：鑨、鋌、錝、鑛，惟少者爲貢士，逸其名。

鑨，字文中，嘉靖丙辰進士，官兵部主事。世宗齋居，近習頗預政，鑨抗疏引趙高、林靈素爲戒，大學生士徐階見而悸曰：「是禍且烈，不在一人。」乃移疾歸。隆慶初，歷光禄卿。張居正奪情留相，耻與同朝，復請告。萬曆二十年，爲吏部尚書。明年以京察罷。

先是，京察去留先白閣臣，鑨及考功郎中趙南星力矯其弊，王錫爵不悦。於是刑科給事中劉道隆論稽勳員外虞淳熙、職方郎中楊于庭，臺省交劾而吏部曲爲解，僅議一主事袁黄非

〔一〕「贈太子太保」，康熙本和徐刊本均如是，然《明史・孫鑨傳》及《紹興府志》、《禮部志稿》、《明詩綜》的《孫陞傳》皆作孫陞「卒贈太子少保」。太子太保與太子少保實非一職，《文集》諸本皆誤。

體。上責吏部回奏，𤅷奏言：「淳熙，臣鄉人，安貧好學，非有先容之助。于廷任西事有功，尚書石星亦言之，臣不忍以功爲罪。且既命議覆，自有異同。若知其無罪，以科道之言而去之，昧心欺君，臣不能爲。」上以不引罪奪俸，而南星竟調外，淳熙等並罷。

𤅷乞休，不許，復奏曰：「人臣之罪，莫大於專權；國家之禍，莫烈於朋黨。夫權者，人主之操柄，人臣所司，謂之職掌。吏部以用人爲職，進退去留屬焉。然必請旨而後行，則權固有在，不可得專也。今以留一庶僚爲專權，則無往非專矣；以留二京職爲結黨，則無往非黨矣，臣任使不效，徒潔身而去，俾專權結黨之説終不明於世，將來者且以臣爲口實，又大罪也。」因請乞骸骨歸。舉朝論救，皆被謫。

明年，吏部尚書陳有年又以會推閣臣，列舊輔王家屏名，失上意，去位。錫爵語顧憲成曰：「當今最怪者廟堂之是非，天下必欲反之。」憲成曰：「吾見天下之是非，廟堂必欲反之耳。」憲成斥歸，講學於東林，天下趨之。沈一貫繼相，以才名自負，持權求勝，政府清議更相傾軋，垂五十年。方正之不容，自𤅷爲吏部掌京察始也。先𤅷長吏部者，平湖陸光祖。代𤅷者有年，𤅷同縣士。並以不得其職去。由是浙江三賢太宰之名震天下。

𤅷二子：如法、如洵。

鋌字文和，嘉靖己酉鄉試第一，癸丑進士，庶吉士。直經筵講違弼之義，上爲之前席聳聽。累官國子祭酒、禮部侍郎。鋌於兄弟中最警敏，畢讀中祕書，尤精《易》義。年四十一而卒，禄用未竟，士林嗟之。子如浤。

使，終太僕卿。

　　鍹，字文秉。隆慶戊辰進士。由長垣知縣召拜御史，督學廣東，歷江西、河南按察布政使，終太僕卿。性行質良，所至多惠政。

　　鑛，字文融，號月峰。萬曆甲戌南宮第一。授職方主事，調考功。癸未掌選，拔鄒元標於戍所。甲申，晉太常卿，以副都御史巡撫山東。大軍時援朝鮮，與日本鏖戰海外，自登、萊轉餉不絶。進防海圖，言：「關白冀緩我師，請封請貢。堂堂天朝，豈宜示弱小腆？臣與參末議，主戰不主和，無墮賊謀，乃可威鎮百蠻。」晉兵部侍郎，總督薊、遼。議留倭使小西飛，與本兵石星忤。又督大帥董一元乘雪擣倭巢，剿戮叛卒，斬妖人劉天緒等。先幾制變，風威大行。終南京兵部尚書。

　　生平研慮盡注古詩文，文祖北地李夢陽，心追左、馬而力不至韓、歐，以根底六經稍遜於古人。蓋其時荆川、遵巖之大家，何、李、王、李之秦漢，兩宗迭興迭廢，而月峰推揚餘瀾，選言紀事歸於百煉精卓，實爲學古楷式。其後宦成，退居月山。數年，乃與同縣葉六桐憲祖、管徵士宗聖賦詩談道。徵士徐進以致知慎獨之説，月峰喜，復書曰：「此理深，非造次可答。向嗜讀《左》、《國》、《史》、《漢》百家等書，今先生爲我洗盡矣！」其晚年游息進德如此。

　　如法，號俟居。萬曆癸未進士。授刑部主事。皇三子生，神宗欲封其母鄭氏爲貴妃，而皇長子之母王恭妃位號不進。如法抗疏：「不封恭妃，必不可先封鄭妃。請亟立皇太子以定國本，然後再議二妃之封。」貶潮陽典史。光宗嗣位，子有聞赴闕訟，贈光禄卿。

　　如游，字景賢。萬曆乙未進士，累陞禮部尚書。光宗即位，遵遺詔，欲封貴妃鄭氏爲皇后。如游争之曰：「祖宗朝其以配而后者，乃敵體之經；其以妃而后者，則從子之義。故累朝非無抱衾之愛，終引割席之嫌者，則以例所不載也。皇貴妃事先帝有年，不聞倡議於生前，而顧傳詔於崩後，豈先帝彌留之際，遂不及致詳耶？且王貴妃誕育聖躬，恩典尚爾有待；而顧令不屬毛離裏者得母其子，恐九原亦不無怨恫也。鄭貴妃賢而習於禮，處以非分，必非其心之所樂；書之史册，將爲盛代典禮之累，且昭先帝之失言，非所以爲孝也。《中庸》稱，達孝爲善繼善述。義可行，則以遵命爲孝；義不可行，則以遵禮爲孝。臣不敢奉命。」從之。又諭封李選侍爲貴妃。上不豫，大臣候御榻前，選侍要挾太子，欲封皇后，如游諾以次第舉行。尋大漸，未得再命而止。熹宗立，晉東閣大學士。在位未久，聲名稍減於前。卒，贈太子太保，謚文恭。

如泟，字一之。萬曆辛卯舉人，歷仕壽昌教諭、萬州知州、鞏昌同知。少負雋才，傲睨一世，流風逸韻，鄉黨多有傳道之者。四子，仲應楫惟舟，質行好學。收麥於薊，直大兵至楊村，死焉。應楫子復乾流寓通州，有二子在通州。

如洵，號木山。萬曆癸丑進士，授刑部主事。決疑獄，釋殊死二十餘人，晉員外郎，決意終養。母年踰百歲，致毁廬墓，有雙鶴巢其塚。補工部，出守池州。訟者以情理曉譬，民多格化。親督驍健，獲江盜盛長等，威惠大著。遷山東副使，陞參政，備兵濟寧。爲人純誠質行，年七十七，終於家。

嘉績，字碩膚，文恭公之孫。崇禎丁丑進士，授兵部主事。楊嗣昌以其知兵，薦爲職方郎中。太監高起潛求世廕，執不可，因侍上觀德殿閱軍器，讒之下獄。學士黄道周時亦下獄，襆被藥裹，俱不得入。嘉績推服用奉之甚謹，且從受《易》。會諸生涂仲吉上書頌道周，上益怒，察諸臣與道周通者。同獄文震亨等各詞辨，嘉績獨曰：「黄霸受經夏侯勝，史傳美之。何足諱乎！」清獄詔下，因刑部尚書徐石麒得出，起九江僉事，未上而國變。

乙酉，王師渡浙江，郡邑望風降附。嘉績置酒觴其族人，泣曰：「吾族受累朝厚恩，寧忍遽背之耶！」即以是日招鄉市得數百人，西赴錢江，而同縣熊汝霖、寧波錢肅樂亦至，故臣遺士稍稍來集。

歷官左僉都御史、東閣大學士，從亡海外，以丙戌六月二十四日卒於舟山。臨絶，謂汝霖曰：「吾恨幸全要領，不獲從文山往死柴市。」初葬張信墓道南，後四十年，其孫訥渡海起櫬，反葬燭湖。

邵廷采曰：采大母孫，諸生惟舟君女，述孫氏家世，小大畢詳。忠烈殉難，三子奉母夫人極歡，惟枕席入内則痛裂涕泗。一日，召舞師演宸濠新劇，命悉情狀，無隱嫌。至武士出帳，銅錐折臂，母夫人慟而入〔一〕，舉家皆哭。已出廳事，縛優孟宸濠者，榜之四十而錫以金錢。於乎！忠烈之爲忠，三子之爲孝，至矣。宜其大啓後昆，與國咸休，奕代若斯之炳蔚也。

好俠執蒲譏月峰「手持書卷，坐大司馬堂」，余觀月峰督遼疏稿，籌畫邊計，事後當成敗皆驗。

〔一〕「慟」，康熙本如是。徐刊本、祝校本皆作「痛」。據義當從康熙本。

事之論，盡可憑哉！碩膚不辭螳臂，超然成敗利鈍之表。假若《宋史》之存二王，之人也，陸、張比烈，宜不虛也。

寧波萬氏世傳

浙河東有世臣曰寧波萬氏，始家鄞，由武毅將軍鍾。鍾之父明威將軍斌，定遠人，從明高皇帝起濠梁，克滁、和、真三城，守滁。從定中原，與副將軍常遇春出塞，死渾河。鍾累立功西南，世襲寧波衛指揮僉事。拒靖難師，復死之。

子武嗣，好經史。永樂六年從征交趾，戰没檀江舍。無子，弟及。射龍將軍文率舟師禦倭，次桃渚。雙炬漸逼，發矢，落其一炬。颶作，將軍溺焉。土人神之，號曰射龍。武年二十三，文二十二。

文没後五月而生子全，母吴與姑曹、姒陳咸弱歲保孤。而文之女兄義顓亦終身不嫁，共持門户。當是時，家無壯男，四忠統祚幾中絶，寧人靡不憐矜而奇其三節一義，曰：「後宜大昌。」全長果特立，養盡孝，祭盡哀，作宗譜，明世系。一平閩括，三破島夷，講切經史不衰。

傳子僖，僖傳椿。恪共先職，皆好經史，並稱儒將。

椿生表，字民望，少孤，至孝。以世職中正德庚辰武進士，晉都指揮，累任運漕參將，廣西副總兵、淮安總兵、僉書南京中府都督同知。再督漕，興革利病，賑饑民，釐營伍，絶鎮守中官之干請，懲魏國悍弁之干紀者，風采肅然。嘉靖中，倭人内侵，東南騷動。時在告，謂必誘斬汪直，寇可平，乃薦蔣洲於當事，不聽。其後胡宗憲卒用洲致直。在浙闔時，倭猝犯杭州，撫臣巡海無備。亟選僧兵數百，使女夫吴指揮懋宣統以出，大破之。及僉書中府，蘇、松告急，散家財募兵進，猝遇賊於婁門。身中流矢，裹創大呼督戰，賊潰去。抵留都，下血斗餘。與子書曰：「家世戰功死王事，獨身持文墨不任兵。今晚年增一箭瘢，不亦美乎！」生平與龍溪、緒山、荆川、念庵、東郭、心齋講文成之學，所至士大夫問者無不意滿去。稱鹿園先生。萬氏之大自鹿園始，年五十九。自是子達甫年七十三，孫邦孚七十，五代有壽者亦自鹿園始。

達甫偕庶長史謙甫厲志問學，受業龍溪、緒山，累官廣州參將，軍民畏懷。邦孚，號瑞巖，運漕有功，僉書山東都司督，踐更入衛。直三殿災，傳旨毁五鳳樓保承運庫。力持樓國家象魏，不可毁，請撤小屋塗大屋，卒兩得全。倭薄釜山，拜游擊將軍，率龍江營水師赴援，守鴨緑江，轉餉不絶，大軍須以全濟。累陞狼山副總兵。會改通州城，爲大塚，瘞散骨，州人感泣。總兵福建，一稟前戚少保約束。島民失風入境者，撫軍欲掠以爲賊，持不可，悉遣之。朞年歸，與鄉耆俊雅歌碁枰，以壽終。

生悔庵先生，諱泰，字履安。崇禎丙子舉人。與陸文虎、黄梨洲、晦木、劉瑞當、王玄趾同學於山陰，得聞證人之教，復社盛行。及文虎自甬東破荒而出，婁東、雲間無不倒屣傾接。東江之役，士人皆乘時獵取名位，以户部主事授先生，先生獨不受。至於寧郡勸司分餉，皆避勞怨，則獨任之。大兵渡浙，皆改易頭面，其故爲舉人者起赴公車，先生獨不行。卧病三載，炊煙坐絶，猶能以奇計出朋友於厄，事具世紀。自丙戌謝棄文字，凡廟堂著作、坊瓦摹勒一不以寄目。有傳吴霞舟遺稿來自海外者，漫漶漏奪，則摩挲諦視，手抄件繫，遂爲完書。間過異時經遊之地，荒臺天末，徬徨不能去。其標尚如此。

順治十四年，度嶺歸。舟下南安，同年生毛汧染疫將死，同舟皆欲棄之，爲收載，親其藥裏，汧得生，而先生遂病，竟以其冬十月卒，年六十。子八人，著者斯年、斯大、斯同。

斯年字祖繩，從錢忠介公學爲制義。忠介死海外，收其文，爲之立嗣。晚從道士郎堯生遊，悦其玄門運氣之術，自謂有得。年七十七，終於五河子言官舍。

斯大字充宗，精經學，以爲非通諸經，不能通一經；非悟傳注之失，則不能通經；非以經釋經，無由悟傳注之失。

其論曆法曰：

商周改月改時，子丑寅皆陽月春月，三正迭用，並爲年始。然敬授人時，終不若建寅爲正。孔子欲行夏時，吕不韋亦知此意，見周已滅亡，俟天下一統，將用夏正。秦政得志，遂因《月令》，更正朔。時月一從夏時之舊，但以十月爲年始，非不韋本意。夫建亥純陰，冬先乎春，且於三正之義何取也？

商、周之書分至，皆不繫時。夫分至者，四時之中，如《堯典》「殷仲春」、「正仲夏」是也。若以周正紀，則二至當在春秋，二分當在冬夏。聖人第以干支物候著令於民，使赴功趨事，而不綴以春秋分、冬夏至之文。見正朔雖更，分至啓閉之序，固不可紊也。漢武造太初曆，改用夏正，而分至啓閉始均，二十四節氣之名始立，至繫冬夏、分繫春秋亦自此始。

論郊社曰：

郊唯日至一禮，祈穀不名郊。魯僭日至之郊，故孟獻子啓蟄而郊之言，爲國諱僭，託於祈穀，以輕其事。《明堂位》：「魯君孟春祀帝於郊。」夫周正孟春，夏十一月也，此僭日至之郊之證也。

郊大報天，主日；社祭土，主陰氣，主月。别有春朝秋夕、王宫夜明之禮以祭日月，此禮之同而異者也。《春秋傳》：「日食，天子伐鼓於社。」蓋月掩日則日食，社爲陰而主月，故伐鼓以責之，此祭地主月之證也。

論祫禘曰：

禘，夏祭也。禘祫一事。取其序昭穆謂之禘，取其合群祖謂之祫。以始祖配，並及群祖，每歲一行，行必午月。以其時陽盛陰生，求神於交接之間，即時祭中，爲之特大。

其禮無有可以侯之五年者。

天子四時之祭：春曰礿，夏曰禘，秋曰嘗，冬曰烝。禘、嘗、烝皆祫，而惟禘之祫爲尤盛。故《春秋傳》於諸祭書「有事」，於夏禘獨書「大事」；《公羊傳》亦特著之爲「大祫」。無於時祭之外别有所謂三年大祫者。

嘗烝之祫通乎諸侯，夏禘大祫專於天子。而魯行大祫，故《禮運》云：「魯之郊禘，非禮也。」然魯之行禮，特僭其祼獻尊罍之數、樂舞豆籩之繁、拜跪登降之節，而未嘗追所自出。故《明堂位》曰：「季夏六月，以禘禮祀周公於太廟。」以禘禮，則用天子之禮樂也；祀周公，則不追所自出也，謂魯禘文王，誣矣。曰：然則「五年而再殷祭」，《公羊》之説非與？曰：魯雖僭禮，然自爲殷祭，間歲一行，不若周之歲舉。故《王制》亦有「諸侯礿則不禘」之言。《公羊》所云，指魯禘，非謂周禘然也。

他言宗法、喪服、昭穆，皆糾闡前人未發。初，輯《春秋》二百四十卷，燼於火。復輯，絶筆於昭公。臨没，以季武子立後一事未定爲念，其嗜學乃爾。

自周衰，百家放言，遭秦焚書，漢武始立博士。迨後石渠、虎觀，各以家法誦説授受，莫能歸一。宋儒繼起，欲以精微之理該洽典文。入明以來，科舉之學盛守一先生箋傳，但有講章而無經術，荒蔽聖人本指。充宗潛思强力，綜覽精貫，不索異，不守同，必衷至當，於是六經之義晦久復明。

既承先澤，守身完璞，攜一子教授浙河東西二十年。宿儒名公，爭來就質。其爲人剛毅，見有不可，義形於色，匍匐急難，悉其心力。如葬張蒼水於南屏，陸文虎兩世六棺，皆人所不能爲者。事具《遺民傳》。年五十一。

斯同字季野，有史才。詔修《明史》，總裁令其以白衣領事。嘗補二十一史世表五十四卷，朝士奇之。兄子言，字貞一，先在史館七年，出知五河。季野踵其事，子父一手，稿本粗定，儒林寶貴焉。

論曰：浙東以文章忠孝保國之寵者，無盛於姚江之孫，而碩膚先生以死繼之；其次則盛於甬中之萬，而悔庵先生以隱承之。雖迹行不同，歸於不忘君祖，可謂無忝所生矣。衛所之制，井田、府兵遺意也。古者公卿即爲將帥，晉文謀帥，亦曰：「説禮樂而敦《詩》、《書》。」後世任武力則背違老成，修儒雅則闊迂經濟，絳灌、隨陸之不相合并也久矣，世所以受魚爛之禍也。萬氏起軍衛，而理學志節醞釀三百年之長，文武不異其趨，而晦見各伸其用，故爲世家，宜哉！

徵君孫鍾元先生傳

先生名奇逢，字啓泰，號鍾元，直隸保定容城人。萬曆三十八年庚子，年十七，魁鄉薦。

友定興鹿忠節公善繼，兩家相去十里，風雪暑雨過從，討論濂洛，證本六經，不爲詞章訓詁漸溺。居父母喪，兄弟結廬塚旁六年，巡按御史上其事，旌焉。家貧却饋，一日與忠節講學，向晡，蒼頭始持豆麵作羹，泊如也。

天啓中，魏忠賢用事，黨禍大作，故人左光斗、魏大中、周順昌等先後被逮。時忠節贊大學士高陽孫承宗軍於榆關，先生遣弟奇彦上書孫公曰：「左、魏諸君，善類之宗，直臣之首。横被奇冤，有心者孰不扼腕！昔盧次楩，一莽男子耳，謝茂秦以布衣爲行哭於燕市曰：『諸君今不爲盧生地，乃從千載下哀湘而弔賈乎！』李北地在獄，何中默致書楊文襄求一援手，康德涵至不自愛其名。今左、魏之品，可方北地，非次楩敢望。逢一介書生，無由哭訴，尚慚茂秦；閣下名位比肩文襄，豈至出德涵下乎！」孫公覽書，即具疏請入朝，面陳軍事，將爲申救。忠賢聞，謂興晉陽之甲，懼，夜遶御床而泣，馳詔止之。時光斗誣贓二萬，魏、周皆數千，酷追無以應。光斗故爲三輔屯田使，督學畿内，有遺愛，多門下生，先生因與鹿太公及其友張果中倡行義助。垂集，三人相繼拷死。當是時，京城衢巷皆邏校，士大夫觸手糜爛，親故鍵户。先生殊慷慨，靡顧身家，經紀喪殮，禍亦卒弗之及。孫公高其才義，欲表除職方郎，與共事。先生知時不可爲，自陳願老公車。臺諫交章推舉，並辭不就。

崇禎九年，容城被圍，率宗人鄉户並力守禦，城賴以完，優詔褒嘉。南兵部尚書范景文聘贊畫軍務，亦辭不赴。

秦、晉已陷，李自成將逼都城，先生携家避居易州五公山，斬茅雙峰，婣宗門士依以保者數百家。飭軍實，申期約，餘暇講詩習禮，修喪昏冠祭儀節。四面擾攘，獨山中弦歌俎豆，恩教洋洽，寇賊莫敢犯。時以方田子春無終山焉。

順治初，祭酒薛所蘊具疏讓官，兵部左侍郎劉餘祐及巡按交薦，堅卧不應。樂蘇門泉石幽勝，遂移家，築兼山堂，觀玩《易》象。子孫勤穡給食。門人負笈來者，隨其所詣，傾懷提告。人無長少貴賤，咸接以誠。道行於鄉，耕夫牧人亦知崇敬。釀成花放，鄰村争遣車驢相迎，兒童歡喜曰：「我先生也。」

康熙十四年，卒，年九十二。士大夫弔哭屬路，耕市哀廢。督學檄府縣列祀百泉書院，容城、夏峰皆立專祠。子孫甥壻數十人俱遵教誨，進止揖讓，舉有成度〔一〕。孫淦，壬戌進士。門人最著者，睢州湯斌。

先生學以慎獨爲宗，於人倫日用，體認天理。嘗言：「生平年愈進，功愈密。喜怒哀樂中節，視聽言動合禮，子臣弟友盡分，此終身行不盡者。後生非務躬行，唯騰口説，徒增藩籬，於道無補。」多爲世之紛嘵争朱、王者下砭也。著《理學宗傳》一書，表周元公以下十一子，附《諸儒考》，悉出獨見。海内稱孫徵君，或稱夏峰先生。

論曰：丁未，余年二十，從角聲苑解齊上人爲禪坐。二十二，遇遠道人於石門，令觀安身立命之宗，後遂喜讀《龍溪語録》及張子韶《論語頌》諸書。洎癸丑客嘉興，侍施約庵先生，爲

〔一〕「舉有成度」，徐刊本原作「著有成度」。康熙本作「舉有成度」，據義當從康熙本。

言河北孫徵君當代真儒，欲遣兒輩負笈往事。因出《徵君語録》，始識儒、佛之分。伏而讀之，大約言朱子之後流爲支離，故陽明當藥之以虛；陽明之後流爲佛、老，在今日當藥之以實。損益盈虛，此理具《易》象中。北方學者謂其調和朱、陸，頗不然之。然觀徵君之立身，始終一轍，世亂不污，世清不激，豈依阿同俗、修託名行之士所能哉！及屢徵不起，山居講學，追蹤王氏河汾，其風流漸被遠矣。竊怪學人訾論陽明，千口傅合，甚乃薄名節而非東林，謂鄒、馮兩先生詒世道厲。於乎！其自顧何如也？彭方濂修撰輯《湯潛庵語類》一編，其中扶擁文成，不遺餘力，蓋得於徵君之澤居多云。

遺獻黄文孝先生傳

先生諱宗羲，字太沖，號梨洲，忠端公尊素長子也。忠端公五子，仲宗炎，字晦木；叔宗會，字澤望。並有情才著述，東林前輩交稱之。而先生最晚没，學問淵海，名冠海内。發明蕺山劉子誠意慎獨之説，東南學者推爲劉門董常、黄榦。少補仁和學諸生，而忠端公以劾魏忠賢、客氏，死詔獄。

莊烈皇帝登極，誅忠賢，收捕奄黨。先生年十九，袖長錐，草疏，入京訟冤。得賜葬祭，贈官録後。再疏，請誅曹欽程、李實，蓋二人受忠賢指論公。而爲大理考問公者，許顯純也〔一〕。五月會審，顯純自訴孝定皇后外甥，律有議親。先生對簿：「顯純與魏忠賢謀反。」引高煦、宸濠親王戮社例，以錐錐顯純，血流被體。卒論立決，妻子流三千里。又與夏之令子光山夏承、周宗建子吴江周廷祚共箠所頭牢子。顔啓、葉文仲，登時斃。六月，會審李實、李永貞、劉若愚三奄中府。實辨原疏不自己出，忠賢取空本令永貞填寫，故墨在硃上；屬先生所親，行賄三千金。先生疏：「首執對『墨在硃上』，賄成也。」復用錐錐實。當是時，先生義勇勃發，自分一死，衝仇人胸。賴天子仁明，念忠臣遺孤子，不加罪。會審之日，觀者無不裂眦變容。當是時，姚江黄孝子之名震天下。事定還里，四方名士無不停舟黄竹浦，願交孝子者。

弘光朝，阮大鋮起用〔二〕，欲盡殺天下清流，先生幾及於禍。

浙河監國，授兵部職方司主事，陞御史、左副都御史。事敗，遺民亡命者多赴先生，先生瞿然曰：「有老母在，且先人不可無後，乃以俠名江湖耶！」遂奉太夫人姚避居山中。大啓蕺山書，深研默究，以爲世知蕺山之忠清節義而已，未知其學也。其學則集有宋以後諸儒大成，聖人復起，莫之易也。於是作《劉子行狀》，要其指歸之精微有四：

〔一〕「許顯純」，徐刊本、康熙本原皆作「許顯仁」，據《明史・許顯純傳》云：「（許）顯純，定興人，駙馬都尉從誠孫也。舉武會試，擢錦衣衛都指揮僉事。天啓四年，劉僑掌鎮撫司，治汪文言獄，失忠賢指，得罪，以顯純代之。」今據改。本段以下三處皆同，不一一出校。

〔二〕「用」，徐刊本在下句「欲」字後，今據文義改。

一曰靜存之外無動察。木之培必於其本，省察即存養中切實工夫。今專以存養屬靜，安得不流而爲禪？省察屬動，安得不流而爲僞？又於二者之間，方動未動之際，求其所爲幾者而謹之，安得不流而爲雜？

一曰意爲心之所存，非所發。傳曰：「如惡惡臭，如好好色。」指所存言也。如意爲心所發，孰爲其所存者乎？豈有所發先所存者乎？心無體，以意爲體；意無體，以知爲體；知無體，以物爲體。物無用，以知爲用；知無用，以意爲用。工夫結在主意中，離却意根，更無格致可言。

一曰已發未發，以内外對待言，不以前後際言。喜、怒、哀、樂，即仁、義、禮、智四德，非七情也，一心耳。而氣機流行之際，自其盎然而起，謂之喜，仁也，元也，春也；油然而暢，謂之樂，禮也，亨也，夏也；肅然而斂，謂之怒，義也，利也，秋也；愀然岑寂而止，謂之哀，智也，貞也，冬也。是四氣所以循環不窮者，賴有中氣存乎其間，而發之爲太和元氣，是以謂之中和，性之德也。人有無七情之時，未有無四德之時，存發止是一機，中和渾是一性。

一曰太極爲萬物之總名。《易》畫一奇，太極之象；因而偶之，陰陽之象。太極即在兩儀、四象、八卦中。理因形氣而立，其要歸之慎獨。人心徑寸間，空中四達，是爲太虚。虚，故生靈，靈生覺，覺有主，是曰意。寂然不動之處，唯此不慮而知之靈體，故舉而名之曰獨。少間見聞情識紛起，雜而非獨，慎之無及矣。可知獨即意，意非念也。氣即理，非理生氣也。謂理生氣，與佛者有物先天地之説何别也？

武進惲日初仲升氏編《劉子節要》，握先生手曰：「今日窺先師堂室者唯吾與子，議論不可以不一。但於『意非所發』，宜稍融之。」先生不答。

其爲學不名一家，苦身焦思，自謂以魯，得年二十二讀二十一史，日限丹鉛一本。家仇黨禍，舟車茅店之内，手不去編。寒夜抄書，必達雞唱。暑則穴帳通光，以避蚊蚋。早受先公命，就贄蕺山，然竟崇禎世一十七載，詩文盟會、交遊聲氣去其半。及蕺山夢奠，擔簦避寇，匿影憂讒，海澨山陬，饑寒顛踣，而後乃一意於師門之學。然碑版記述、天官星曆、句股壬遁，夙所精兼，未能棄也。自言生平所不作者，祝嘏、諛柩之文，人亦莫敢强。

康熙丁未，復舉郡城證人書院講會。戊申，臯比鄞城，謂學問必以六經根底，於是甬上遂有講經會。先後主海寧、紹興講席，而所就經術湛深士以甬上爲最，雖時文淺説，亦知崇本蕺山。先生倡明之功大焉。

己未、庚申，累以博學宏詞特舉遺獻薦，固辭老病。有司承詔，取所論著資裨《明史》者，繕寫宣付史館。是時，先生年八十矣。

歲戊辰，自爲生壙於先公墓畔，諭以死後次日舁致石牀，一褥一被，不用棺槨，不作佛事、七七，諸鼓吹、巫覡、銘旌、紙錢、紙幡概去不用。作《梨洲末命》一篇。子百家私與宗叔道傳謀曰：「諸命皆可遵，獨不用棺槨一事，奈何？」先生聞之，曰：「噫，以父之身不能得之子耶！」作《葬制或問》。

或問：「送死者棺周於身，槨周於棺，古今通義也。今子易棺以石牀，易槨以石穴，可乎？」曰：「何爲其不可也！余覽《西京雜記》，所發之冢多不用棺，石牀之上，藉以雲母。趙岐敕其子曰：『吾死之日，墓中聚沙爲牀，布簟白衣，散髮其上，覆以單被，即日便下，下訖便掩。』陳希夷令門人鑿張超谷，置屍於中。人入視其顱骨，重於常人，尚有異香。古之人行此者多矣。」

問者曰：「爲其子者從之與？」曰：「奚爲其不從也！孝子者，於親平日之言，無有不從。至於屬纊之後，世俗謂之遺囑，禮家謂之顧命，親之所言，從此不得聞矣。無論馬鬣夏畦之子，不敢不奉以終身，不必孝子。於此而有不從，則平日之爲逆子無疑矣。楊王孫裸葬而子從之，古今未有議其子之不孝者，是從之爲是也。」

問者曰：「子以從親爲孝，則古今無諍子矣。」曰：「聖人之爲棺槨，以概天下之人。其有不欲概者，自創爲法，亦聖人之所不禁也。必以去棺槨爲非禮，則趙岐之《孟注》不當列於諸經，希夷之《圖》、《書》不當傳於後世矣。使爲子者而欲諍之，則是自賢以蓋父也。」

問者曰：「諍之不可，父死之後陰行古制，使其父不背於聖人，不亦可乎？」曰：「惡，是何言也！孝子之居喪，必誠必信。誠信貫於幽明，故來格來享。欺僞雜於其間，精氣隔絶，宗廟之饋食，松楸之霜露，其爲無祀之鬼矣。孟子之禮匡章，以其不欺死父也。父有不善尚不敢欺，父之不循流俗，何不善之有？顧使其形骸不能自主，則棺槨同於敝蓋，人亦何樂乎有子也！」

百家遵末命，葬化安山，用鄭寒邨先生文立石，捧土塞壙門焉。其卒，以康熙三十四年七月，年八十六。

所著《孟子師説》、《明儒學案》、《明文案》、《事案》、《明文海》、《南雷文定》、《吾悔集》、《蜀山集》、《南雷詩曆》、《待訪録》、《宋史補遺》、《冬青引》、《西臺慟哭記注》、《行朝録》、《海外慟哭記》、《汰存録》、《思舊録》、《今水經》、《四明山志》、《台宕記遊》、《匡廬行脚録》、《姚江文略》、《姚江逸詩》〔一〕、《姚江瑣事》、《黄氏家譜》、《喪服制》、《春秋日食曆》、《授時曆故》、《大統曆假如》、《回回曆假如》、《西洋新法假如》、《律吕新義》、《氣運算法》、《納甲》、《納音》等，皆有成書，不下百種。納置壙中石几上。門人流傳鈔録，徧行京國。私謚文孝先生。

先是忠端蒙難，封太僕卿鯤溟公在堂，先生承養祖父，具給鮮旨。後敦匠事，冒暑重跰道諸暨，購美櫝歸，直二百金。四弟幼孤，身自育教，迄於成立。崇禎庚辰，充解南糧，連歲奇祲，家人環向而泣。走黄巖告糴，值遏禁嚴，謀於王峨雲、倪鴻寶、祁世培三君子，其事得集。順治庚寅，晦木以連染被執，將罹大辟。先生赤足行冰雪中，十指皆血，求救於馮君道濟，得胡珠百顆，獻之大帥，乃得釋。丙申，墓祭戴家山，闔門爲山寇所縛，又求救於沈、李二君，乃

〔一〕「姚江逸詩」，康熙本如是。徐刊本原作「姚江遺詩」，祝校本從之。據《四庫全書總目》卷一九四：「《姚江逸詩》十五卷，浙江巡撫採進本，國朝黄宗羲編。」當從康熙本。

得放歸。凡所遭逢皆人所不能堪者。

叔葆素子木正亦敦志節，潛居注《易》，終身冠髮不改。一門群從，能行古人之道。浙東黄氏，他姓罕比焉。

論曰：余同里親炙黄先生，見其貌古而口微吃，不能出辭。及夫意思泉湧，若決河東注，頃刻累百千言，續屬不絶。著述文章，大者羽翼經傳，細逮九流百氏，靡不通貫。嘗示余《乾坤鑿度》、《象數》等書，望而不敢即，蓋弘覽博物多得之黄漳海，而理學宗蕺山，以故雜而不越。其爲人有奇氣，所交遊勇俠劍客。遭運貞元，未伸幽憤，始終無忘先公詔獄之痛。大肆其力於典墳，洎乎髦年而智益明，神益强。累際辟徵，迄不爲名所累，屹然一代學者宗師。所謂不得於彼，必有得於此者與？至全歸不用棺槨，雖非聖人中制，然灑然超俗，何必同方？而議者謂其毁滅喪紀，過矣。故具載其《或問》一篇，附楊王孫書之後焉。

半霖史顯臣先生傳

史先生諱標，字顯臣，餘姚人，求如沈先生弟子也。沈先生紹陽明之學，高明醇篤，涣然冰化。天童密雲悟欲羅致之，沈先生不肯，曰：「吾是儒者户庭，特與師爲方外交。必欲引之入釋，是信道終未弘耳。」密雲亦不敢强。乃歸，與管霞標、史子虚、子復三先生建姚江書院於半霖，從遊者至六七十人。

其教以求仁當下直證良知爲宗，惟山陰王朝式金如、同縣張廷賓客卿深契其旨。而顯臣先生英才妙思，於同門中年最少，請益之下，神明頓悟。沈先生顧而喟曰：「知吾學者，此子也。」丙戌後侍沈先生，退居石浪。又嘗入雪竇妙高峰，坐溪流中觀雲起月高，三年不出，學益邃詣。

沈史諸先生既没，嗣主書院者，仁甫韓子、吾之俞子。康熙二十二年壬戌，二子相繼逝，舊人淪散。於是同里後學邵廷采及先生門人合同志連名奏箋，請先生主書院，先生奮然曰：「誠吾責也！」自爲諸生，數十年以經義舉業指授學者，多所開誘，因文而進之於道，至是就正者翕然。庚午之春，安邑康侯如璉宰餘姚，親詣書院講學。先生稱説宗旨，大闡文成之教。尋足疾，卧小樓三年，門人群就榻前來問，津津提告，神氣愈劭。臨革，問何言，曰：「此事何處安排耶？譬操舟入海，但將柁把定，不顧波濤洶湧也。」安坐而逝，年七十八，時癸酉十一月也。

學識超邁，而言動守規矩，居家應事不隨不激，引遇後進一以純誠。於書院創承，始終畢力。順治初，與萸維鄭子共肩營立之勞。洎乎末年，遂主院會。淡於利欲，勇於任道。流風餘澤，姚人士至今思之。

東池董無休先生傳

先生諱瑞生，字叔迪，更諱瑒，號無休。其先自廣川徙高郵。明初，董旺以軍功除紹興衛守禦，遂爲紹興會稽人。十傳至考，諱用時，字公權，載郡志《理學傳》。兄期生，崇禎癸酉舉人，官淮安知府。

先生五歲而孤，輒痛父，却飲食。七歲畢讀五經，十歲能文。自幼厲志，不慕華衣膏膳。母喪，勺水不入口五日，隔内斷葷致毁，篤疾三年。其友諸九徵稱曰：「叔迪，今之孝子也。」已出，後從叔父，存養、没葬祭一視所生，三黨咸歎：「爲人後者有如是乎！」

陳卧子司理紹興，見先生文，以爲絶倫。時許都始亂，東陽、錢江騷動。先生研極兵事，讀有用之書，與陸章之、錢仲匡、劉翼明爲生死交。既國變，遂棄舉子業，髡髮，假緇衣，讐録《蕺山劉子全書》。誡其子：「學在居敬，能守《曲禮》，由是而之程、朱之門不遠矣。」作《記日書》念過，與《人譜》一編表裏。

自蕺山完節後，證人之會不舉者二十年。先生謂：「道不可一日不明。後生生今日，不幸失先民餘教，出處輕而議論薄，由學會之廢也。」善繼述蕺山志事者，亟舉學會，復請蕺山高第弟子張奠夫、徐澤藴、趙禹功諸前輩集古小學，敷揚程、朱、王、劉家法。於是餘姚黄梨洲、晦木、華亭蔣大鴻、蕭山毛西河皆挈其弟子，自遠而至。值督學使者按越下縣，會者近千人，越中士習復蒸蒸起矣。向學之情，老而彌篤，告學者以體用必全，守身經世。

西棹金陵，訪王元倬孝廉。南度嶺，則順德陳元孝、南海屈大均，莫不束芻投紵，往來惠好，而義烏金公絢爲平南王掾與焉。每相與語，未嘗不至夜分也。萊陽姜實節葬其父如農給諫宣城，守墓在近，時過先生。司寇蔚州魏庸齋將以先生名與關西李中孚同薦，知其不可致，乃止。晚歲，迎翼明，館於家。徜徉蘭亭、禹穴間，課授諸孫，步趨唯諾，舉有禮度。所居郡城東池，學者稱東池先生。年七十八考終。

子二人：良槵，武進士、副總兵；良梴，諸生，奉命蹤故人淮上，歸途聞訃，沿道哭泣，勺水不進。比到家門，卒於舟中，聞者哀之。

論曰：崇禎之季，舊臣遺士之高隱者多矣，入而不出，遂忘當世。獨董先生伏守故廬，殘書欹硯，心喪疏食，殷殷以佑啓後賢爲意。康熙甲寅避寇入郡，始謁先生，詔以「既宗蕺山之人，不可不知蕺山之學」。後數年負笈，喜讀《全書》，見其楷書詳注，條分眉列，惟恐有失師門之真，其莊慎如此。兵事向宗俞、戚。俞師閩人趙本學。余得本學《陳圖》二卷，來自先生。此可以儒者成轍拘哉！今先生亡未十年，欲訪王、劉道源同異及甲申、乙酉間逸事，而越中耆老無復存者。東池修竹之湄，令人每念而涕零也。

河南布政使許公傳

乙酉夏，讀書會稽龍眉山，許子巨山客留郡城能仁寺閲一載矣，余生平未之識也。一日，介余友劉君子志委作尊人藩臺公家傳，將溯流從余山中。時繁暑，子志爲余辭以仲秋相見。而聞巨山期余甚迫，余心亦未嘗一日忘巨山。比八月下旬尋子志約，則曰：「巨山先一日死矣！」余駴而走之野，哭之慟。於乎！巨山，吾死友也。死友之孝思不可負，況公遺愛在越，其靈爽異於他賢，不以余布衣之言鄙遺，因感慨欷歔，拜成公傳。惜不及巨山生時示之，面咨公居常細大事，以爲恨。余終負巨山也夫！

公諱弘勳，字元功。其先鳳陽五河人。明洪武中，始祖諱定以軍功授指揮使，守遼陽，遂爲遼陽人。終明世襲指揮職。而公王父諱惟曾，折節學問，爲博士弟子。考諱爾顯，字耀寰，官至都督同知。初從平南王尚可喜攻取五島，航海歸，命陞一等阿思哈哈番。從攻中後、前屯二城，加拖沙喇哈番。又從征廣東，功陞精奇尼哈番。子孫世襲。都督爲將善機變，有威重。當李定國陷桂林，定南王死節，其兵疾如風雨，柳州守將全節、梧州守將馬雄及提督線國安皆走廣東。定國進陷柳州、平樂、梧州，胡一青、趙應選、馬寶、曹志建等皆出自山谷，環應定國。定國北敗敬謹親王於衡州，明年遂至肇慶。時都督守肇慶，内外隔絶。定國泄城濠，三面急攻，用布囊盛土爲牆，置木栅挨牌，藏鳥鎗以拒内兵，陰穴地道，城中洶懼。都督亦塹濠城中，以待縋城奪梯，隨方拒禦。會郝尚久反潮州，東西擾亂，靖南王耿繼茂分兵屯三水備尚久，而可喜救肇慶。閲月，定國解圍去。事平論功，都督爲最。

都督生五子，其三即公。公性平恕，喜讀書，懷經世大略，循理處善，不事細苛。十三歲爲諸生。甲辰康熙三年，以父廕授刑部陝西司員外郎。平反斬盜之誣服者三十餘人，力請之尚書，盡得宥釋。

乙巳，陞兵部車駕司郎中。定勘合則注明時地遠近、支發夫騎多寡之數，宿弊革清。戊申，陞知順寧府。順寧窮邊，無縣郭。外皆玀玀堡寨，性嗜鬭殺。公至，宣布威恩，簡刑清政，以善化導。朞月之間，更相向勸曰：「使君兒女撫我。」又雲南藩下人依威凌橫，民無控告。公上白藩府，請如律便宜收案，由是稍戢。庚戌，都督疾終，廣東奔喪民遮道扶攜送公。

癸丑服闋，補紹興府。始到，解去前政繁密，專務寧息，日與客登卧龍山亭飲酒種花。明年，耿精忠反福州，浙東群盜並起，延及紹界。其年七月，諸暨、嵊縣之盜合數萬衆，直犯郡城，公聞賊且至，去太守冠服，服短褐，持尺刀，周視城垣，亟毁負郭民房，撤濠中木筏，列砲石城上，塞東南稽山門，防賊闌入。乃挑保甲鑄戟劍，立什伍，親教止齊步伐，婦女聽出入毋遏，人有定志。賊至，則挺身先上麗譙。民競持仗，不呼而集，亦且數萬。公命紳士分門登陴，絡繹警察，乃歷巡各垛，均給餐飯，人人歡呼，咸願死守。賊至稽山門，知有備，轉攻常禧門，何守備戰於班竹庵，不利而退，賊遂圍城。時鎮將玩寇，方合婚，置酒張樂，公毅然曰：「古太守任兼文武，我當受難。」乃出家丁及民壯合數百人，分兩道而出，斬首百餘級。賊益蜂集，勢危甚。公身督戰，臨矢石，衆爭進鏖賊，賊屍横野。移栅五雲門，縱火燒民舍，煙焰迷日。奸宄有謀以城應，遂欲劫掠富室。公命户選壯者，拔刀操門，晝則興販，夜燃炬，止行者違禁突出。用賊諜論，群黨因不得逞。而是時城門驟閉，米價頓貴。乃命殷户各即本坊行賑，更發帑金市米，減價平糴，城中賴以全活。次日，賊雲梯攻五雲門。幾入，公率壯士啓門出戰。賊矛如蝟，砲雷震。公率藤牌陳勝等左右翼擊，自辰至未凡數合，賊披靡，追至五里舖而還。賊猶收餘衆攻圍，公連日接戰，寢飯俱廢者四晝夜。十七日，會城援兵至，始解圍遁。而援兵宣言「賊已入城」，欲放掠。公力争不可，曰：「紹民爲朝廷城守盡忠，城中安得賊？寧殺太守，勿負吾民也。」至長跪，以百口爲一郡請命，且出家財椎犒，竟得寧釋。民老幼號泣曰：「始出我於寇，既出我於兵，我父母也。」立保越碑紀公德。

八月，郡兵東討上虞、餘姚，擣大嵐山。公慮破賊日山民横罹鋒刃，乃隨軍親行，先遣人持榜曉賊。賊亦感泣，曰：「罪死不赦，必明府親至，乃敢降。」軍吏群白止公，公弗聽，從二僮單騎抵賊營，反覆開譬。大嵐之絶頂曰石窗，曰過雲，過雲之巔有雲南、雲北寺，曰杖錫。飛鳥望崖而返，賊憑之爲老巢，公皆歷之。其渠長羅拜，獻漿飯。公南向坐，食飽則出。賊相顧心折：「明府，神人也，不往乃非我。」盡燒營寨，領衆隨。出師未踰月，大嵐以平。遂經營新、嵊之寇。

冬月，偕滿參將由仙巖取道，進攻長嶺。連破長樂、太平、開原、蔡灣諸砦，賊勢大衰。至掛門山班師，計陣斬及生致僞文武官各數十人、賊首數千級，獲軍資刀械無算。公輒慨赤子蹈水火，列榜招諭，降其餘衆萬餘，新、嵊悉平。而前所遣僚屬分將西擊蕭、諸群寇者，亦皆克捷，八邑奏寧宇焉。

是時，武定相國李公芝芳開府衢州，總制閩、浙，上公翦寇恤民恩績。乙卯，陞浙江按察副使，分守紹、寧。公以四境粗定，民冀休安，治以無事，乃修濬亭池，種花如故。

而李公調公軍前籌措兵食，處以賓友之禮。公感其誼，知無不爲。時收復台、處、温、金，旁邑婦女離散，或爲亂兵所掠，牽號顛踣、千里相望。公請於李公，爲出官俸求贖，尋其父夫，具符傳遣之。又設粥廠數十區，分賑流餓。及於明年春，麥耕者復業，民乃得濟。又軍興行五凌鑠民庶，動以通賊爲辭；守把以下斬級積勞，多見遺抑。公悉爲白，請制府嚴敕詳録。李公恩化大行。

己未，奔祖母丁太夫人喪廣東，迎殯紹興郭外，遂寓家於紹。積書至數萬卷，分數十簏，牙籤展校，每至丙夜。然惟講求古今人物治亂、典章承革，師其大意，要於時務可行。汲汲論交，無間門地。舊治有請以客禮見者，灑履迎之，未嘗辭也。最喜劉生士林子志，曰：「君當勉卒景行，毋墮蕺山、貞孝兩先生遺教。」

癸亥，補福建按察副使，分巡延、建。上游四郡率墾山爲田，無畝分號數，貧粥田者不能除籍，代富家輸糧當役，莫之伸理。公至，下其事於縣，悉行更正。又建灘舟中流劫，求盜不獲，浦城至省會數百里〔一〕，時被其害。公謂盜必勾通船户，著令船必編號，明注船户居籍、小票客子姓名，及雇船時日、所到地界，牙家清簿繳覆。建灘遂無盜警。

甲子，陞陝西布政司參政，總理糧儲、鹽驛諸務。驛路清，治糧米四十餘萬石、草料一百餘萬束。並蠲除耗贈，均一支收，秦中稱其廉平。

丁卯，陞雲南按察使。滇中前受藩下人威虐，吴氏既没，怨家乘時報復，詞案堆盈，多告逆孽漏脱。公更爲原反審定籍業，散歸農伍，人情始安。又以夜捕營卒之謀不軌者，僇其渠逆，餘不窮竟。凡寬嚴得中皆此類。

辛未九月，陞河南布政使。聞豫省大饑，舍車乘騎，疾驅而進，一日夜馳二三百里。比到，髀肉皆脱，遂篤疾。以明年壬申三月二十八日卒於藩署，年五十歲。豫人哀哭。訃至紹興，民祖免降食，如喪其父。

劉子志曰：「吾侍公久，而見公之事親孝，體國忠，與士大夫恭信有禮。下逮寒士，苟善一藝，無不容接，急其厄而憫其災。王父母、父母忌辰，垂涕洟，嗚咽奉饋啓告。居喪斷葷肉〔二〕，屏婦御，絶音樂，以三年常。其遇諸父昆弟，喜戚與共，有陷過差，怡氣規導，恩教兼至。在官，視其事之繁簡易劇、時之常變，以爲勤逸。伏枕興寐，惟念民艱，胸無留事，座無留牘。三十年通籍，無數畝寸椽之業以庇子孫。垂没，搤某手，告以所展設弗究，意念深矣。如

〔一〕「浦城」，康熙本如是。徐刊本原作「捕城」。當從康熙本。

〔二〕「葷」，徐刊本作「暈」，今據文義改。

公者，誠可謂具剛柔之則，全禮智之量。鄗人所見，未得其匹。」余聞子志言，追維公曩者臨越之事無不然。

公巨容儀，秀鬚髯，洪鍾聲。自奉約廉，與人無競，恂恂如不能語。及決大疑議，引經摭律，若燭照數計而龜卜。又工楷篆，通諸家書法，拊琴圍碁，几窗容與，想見風采焉。

論曰：昔蔣琬、龐士元皆非百里才，陶魯爲縣佐，不治。後遭事會，俱建功業。若公之仁心浹於黎庶，動止一遵彝教，所謂儒者之器，又非特如魯比也。守越時，修復朱、王諸書院，先正毛忠襄、孫忠烈、張陽和、陶石簣等每過其祠必拜。雍容被服，與民敦行古禮，皆以身率，使得竟其志用，庶幾乎周、漢之風俗可興。天奪之速，惜哉！

光禄卿仁和龔公傳〔一〕缺

盛將軍傳 己卯

盛將軍諱國政，字寰宇，紹興山陰人。其先文肅公度，居臨安。八世祖顒，明天順初都御

〔一〕徐刊本無此標題，今據康熙本補。

史，以忤曹、石落職。孫應期，弘治中進士，官河南按察、山東布政使，巡撫四川、江西，進副都御史，治河。應期孫瀧始家蕭山，亦第進士，知南寧府，名廉吏。後又遷山陰桑瀆。四傳得將軍。

將軍虎項駢脅，方面修耳，身八尺，洪鍾聲，目睫有光。兒時渡瓜瀦湖溺水，數鸕鷀銜其衣出之。里有狐祥，將軍過宿，遂不復怪。咸以爲異。

二十歲走京師，出居庸，歷宣鎮，西至大同。瞰覽險要，見守禦單弱、米湧貴，而邊軍月餉不足，侃然思上章陳言，不果。乃益發憤，讀陰符秘册、俞戚二將軍圖陣、《練兵實紀》，擊劍騎射。

崇禎三年，由遼陽籍中武舉。庚辰，成進士，廷對第三人。沮忌者，除福撫後營守備。初至，直大閱，巡撫都御史張肯堂見其軍容鮮整，旌旗甲仗頓易，識將軍才，題參將，守延平。諸營久弛，賈人子竄名籍，有伍無將軍精訓練蒐，代冒人反苦令嚴，群稽首於將軍之父馬前。父以爲言，將軍跪謝曰："非敢違大人。兵不備，寇猝至，是以帥與城予敵也。"他日出，輒又聚而譟，斬四人，由此軍政始肅。

十七年，自閩安移鎮杉關，汀州大帽山、簾子洞賊閻王、猪婆等猖獗，寧化知縣於華玉倡招撫，賊益横。汀境西通安、贛，南接惠、潮，多複嶺，産鐵。山無賦税，民隱田自占，婚嫁不與外通，不畏官府而聽里之魁。率性獷好鬭，專攻剽，以殺人爲戲。百餘年來，官不能討，設千户所星碁防禦，寇鈔如故。其俗：少時煉桐子油塗足，歲久重趼，履竹木蒺藜，繫囊沙而跳坡，以故登山涉澗，趫捷如猿猱。又善傅藥矢，伏機弩，中人獸立斃。戈鋋利精，官軍至則伐大樹，摧崖石塞道，或蔽叢篁灌莽射之，入者迷不能出。又有石洞如屋，延數里，窟其中，實金帛子女。肯堂檄將軍往討，並移會江西軍襲其背，潮之軍邀其南遁。將軍請假便宜按兵，與汀人來者講肄進取，賊出没所、山林深扼、道里回遠咸得實。乃多具牛酒，召村父老宣恩信。約村與一鼓一旗，賊至則入收保，鳴鼓舉烽，他村應之。其有旗之聚，皆爲良民，兵毋得入。約定，將軍乃親率百人，夜犯一村，村鳴鼓舉烽，頃刻百里傳警皆徧，知民可用，乃拔壁起。賊恃險不虞，民鋤棒争先，師乘鋭入，燒其二砦。猪婆紅帓首出搏戰，將軍乘高自射殺之。令投刀者勿死，轉相呼招，賊大解散。又輦佛郎機從南安絶嶺横擊，洞石糜碎，聲震天地。餘賊悸，莫敢出。數日，縛閻王以獻，遂平簾子。籍其金帛充逋税，悉遣婦女還家，罷兩省兵。師還，老幼迎送，乞黄石齋先生文紀功德。晉福寧總兵。

乙酉，帥所部兵赴留都，馬士英以不先謁己，沮弗達。蘇松巡撫祁彪佳爲言於朝右，遣歸。

秋唐王入閩，將稱帝。將軍抗議，謂當稱監國，俟出關正位。卒建號，而將軍爵不進。及議戰守，請：「出衢、信以號召三吴、江右。若畫地而守，自仙霞、分水、杉關、二渡關外不啻百處，非一丸泥可封。備多衆分，一關疏虞，各屯俱潰。無事，則無諸王潮偏安之策；有變，即礀州、厓山之覆矣。」衆不聽。又議曰：「計見兵、義團召募約二十萬人，月給銀一兩，待明春進取，今年秋冬更需餉百萬尚不足，此爲坐而自盡。況北軍乘勝遠鬭，其來不緩，豈容姑待？」又不聽。見鄭芝龍專國，方築安平鎮擬郿塢，實無心戰守，乃退歎曰：「時事不可爲。」即日決去，隱於醫。後三十年而終，葬於建寧之白鶴山。

方貝勒之入閩也，重將軍名，遣浦城副將招之，不應，去之西鄉，鑄鍋爲業。金固山礪，其先越種也，貽書風以利害，譬曉百端。復書曰：「僕所欠一死。所以不死者，以上有七旬之老父。自吾祖吾父，三世獨子，無期功强近可依。僕死，無以慰吾父，且膝下甫呱呱一子，將轉溝瘠，並斬吾祖後矣。昔文山思黄冠歸里，叠山蘄爲大元頑民。區區之衷，竊自恕希此耳。必若不已相迫，豈以僕爲真不能死哉！」固山知不可奪，言於貝勒而陰護之，竟免於難。

將軍故儒將，凡天官奇遁、歷代陣法、九邊海防，皆有圖注。尤深好《大學衍義》、《衍義補》，手録《辨訂》四十卷。每誠後進先忠孝，後文藝。自以勝國孤臣恥伐舊績，或偶舉一端，或言未竟，不樂而罷。閩都督王進功故麾下，嘗被□□□同安〔一〕、惠安、漳浦、龍巖沿海居民，以問將軍，曰：「君行令，臣行意，盍馳騎潛令内徙？令而不聽，兩不恨矣。」進功如誡，全活甚衆。閩人到今稱之流涕。

贊曰：明世絀武，一代無功。迄於南渡，益煽其風。跋扈者降，忠良遯荒。王師乘之，踰載而亡。視彼宋高，韓、岳、吴、劉。賊檜議和，百六春秋。非和之能，緊戰之力。賢奸並庸，文武互翼，孰如明季，獨賞惟奸。襲盗而公，專兵阻賢。發言盈庭，多庸無識。虎臣悲憤，傭

〔一〕「□□□」，康熙本、徐刊本「被」下均删去三字。味其文意，似爲「命盡誅」一類文字，俟再考。

保匿跡。求仁何怨，之死不辱。蘇、張百端，我守初服。芝城之山，白鶴之陽。公靈在斯，公返故鄉。

驃騎將軍敬齋周公傳〔一〕

將軍諱國奎，字燦然，號敬齋，紹興山陰人，濂溪先生仲子燾之後也。燾自宋建炎南渡還諸暨，又自諸暨分山陰東浦。凡二十三世至將軍父徵崖公，諱應聘，僑居天津，以拔貢尹山東郯城，有廉平聲迹。朞年卒官，士民投金相賻，歸櫬於天津葛沽葬焉。太夫人陳繼逝，家業中微。

會伯兄國璧與修《實録》，除昌平州同知，及仲兄國振偕往依之。時將軍方弱冠，倜儻有器識。伯兄每歎：「季弟必興吾宗。顧今日天下軍興，文事不振，弟自度當於古人何比？」將軍笑曰：「傅介子、班超立功絶域，識事務者爲俊傑耳。」伯兄甚異之。居亡何，賊薄州城，知州亳人李公豐聞將軍雄略，請計事。將軍借箸曰：「賊亂而不整，易與也。且無長慮，夜必散掠。若挑精勇，多張旗幟，隨所向襲擊，彼謂京兵大出，必遁。」如其言而賊敗。李公以兄女女將軍。後伯兄奉督餉檄，出天津運毛帥餉，颶作而覆，仲元倚片板漂入朝鮮。比歸心愴，去爲僧，李公亦罷官歸亳州。將軍乃決策從戎。

〔一〕浙圖康熙本無此篇。

順治五年，故人張承恩補鎮江協鎮，請將軍俱行。承恩陞總兵，與譚太固山南度仙霞，入福建。用將軍前部抵羅陽，圍其城。城中人得外人砲反擊，固山營多傷，或言守砲爲承恩麾下，固山疑有貳，退軍三十里，依險自固。承恩患之，將軍進曰：「寇交壘而内相虞，害莫大焉，然非可口舌明也，惟有獨進攻城，城拔疑自破矣。」既而城中齊出，將軍率私屬勇士横衝其陣，所向披靡。鎮兵夾攻，大破之。揮軍奪門，遂入羅陽。固山大喜，上將軍功第一。承恩起拜曰：「今日兩軍無猜，安和克敵，皆君力也。」進攻寧德，當西北隅敵樓極險峻處，負重創。既解甲，敵兵突至。取邪幅束甲，左脇中砲，忍痛疾戰，血濡甲表，鉛嵌邪幅原裹白金上，餘洞甲葉，傷及脇肋。由是屢挫敵鋒，坐纛受矢，形若蝟蚟。人呼「破纛將軍」。

寧德既下，抵福安。時劉忠藻守福安，别遣兵出城，沿河列栅，與城内爲犄角。我兵營於河東，距五十里。侵暮，天微雨，將軍告承恩：「兵尚神速，盍乘雨夜趨出？不意渡河，栅可破。栅破，城可圖也。」軍將行，雨益甚，承恩難之。趣曰：「昔李愬雪夜擒元濟，少遲，彼得爲備。福安城小而堅，忠藻長於應變。誠恐攻者自勞，守者自逸，公必悔之。」夜三鼓，勒兵及河，發屋爲筏，栅内始覺，倉卒矢砲濕。將軍引數十人徑渡河，兄子文芳持巨斧砍栅，大軍繼進，敵軍大崩，遂奪其險。進師城下，忠藻悉機拒守，三閲月援絶，乃飲鴆死。將軍謂承恩：「臨危不避，丈夫也，必殮殯如禮。」師入屠城，復請，全活甚衆。

進下福寧州，將軍爲承恩謀曰〔一〕：「銅山去此不遠，聞吾軍聲膽落，可遂乘勝夜抵銅

〔一〕「將軍爲」，徐刊本、祝校本皆作「將軍謂」。南圖康熙本作「將軍爲」。據文意當從南圖康熙本。

山。」守將果捐城逃，以將軍守之，令曰：「敵未創而先逃，避吾鋭耳。今聞鎮帥在福寧，城中兵少，必復來争，宜豫爲備。」果圍城東南，又去城五里依林爲營。將軍望而哂之。弁目見敵盛，議塞城門堅守待援，將軍佯應曰：「塞城門，自絶歸路也，惟西北臨河，塞之可耳。」乃密下令縛草爲人，集木板及諸引火物。敵投書招降，約盡三日，許曰：「諾。」盡三日，暮風起，出草人蒙甲列城上，潛鑿土塞兩門。使善没者以搭鈎渡河，候狹處再舁板傍河順流。不一時，鈎木成橋，兵盡過河。銜枚走四里許，逼敵營縱火。風盛，敵奪路竄，死相枕藉。城中鼓譟以應，圍者還見老營火起，亦驚遁。追至百五十里而還。

七年春，陳倉、鐵羅漢等帥衆二萬，聲言復銅山之怨，圍城三周。將軍使突圍告急，承恩自統兵。一晝夜馳至，力戰入城。見敵勢重，欲棄銅山，將軍諫曰：「敵不知謀，所恃一鐵羅漢，獷夫耳。但計誅羅漢，二萬人犨捲矣。」明日，陳倉撤圍，布兵河西，出三千人渡河請戰。將軍偵知敵情，告承恩曰：「彼兵多而以少來戰，必用鐵羅漢伏河滸叢葦間，而分兵東南，繞吾歸路。俟我戰勝追奔，伏起夾攻，首尾受敵，勢必南走，又遇東南兵，蔑生望矣。請鎮公親帥馬兵，嚴陣當敵，且勿與戰。潛分兵繞出東南敵背，職引步兵千餘，直衝河滸。彼既視誘戰之兵進退，必不虞吾猝至。乘其猝，可遂破。既破鐵羅漢，乘勢渡河，陳倉之兵不戰自潰。其繞遏東南者，吾兵反出其後，亦必望風靡矣。」時鐵羅漢善用被陣：用紅布畫虎豹，漬水，左右短兵，翼以長鎗步卒四人。開闔卷舒，鎗矢不入，馬亦驚怖。常以此取勝。將軍令人製鈎鐮木耙，明立賞罰，疾奔河岸。鐵羅漢與左右各擁被出，狀如列翅，鋭甚。將軍親用鈎鐮，注視鐵羅漢，鈎定滚被。長鎗皆爲木耙所制。鎗矢齊發，立殺鐵羅漢，餘衆俱潰。於是揮兵渡河，直衝陳倉大陣。承恩合戰，敵屍徧野，擠入河不可勝計。陳倉自縛乞降，而所遣往東南兵亦大捷。承恩拜勞曰：「君智勇兼具，趙雲一身是膽，何足傲乎！」制府李公題延平副將，旨既下，而將軍以苦戰致疾，力乞休。承恩移鎮台、温，從至温，久之，返紹興。

長子文英，登庚戌進士。尋值三藩之變，命英曰：「汝談兵紙上以拾科名，不如親歷。吾志業未竟，勉之！」將行，又謂之：「閩事在吾彀中矣。耿氏起家軍伍，逃死關東，三世爲王，一旦負恩違叛。勢既不順，又不能收東南蜂起之衆，直走金陵，坐閉福州，私快名號，其人豚鼠耳。入閩承平，尚須協濟。況數兵疲，重科民困，將不堪命。又鄭經已入漳、泉，兩虎同穴，何暇經略嶺北？持久内崩，我師攻其前，鄭經襲其後，耿斃鄭亦隨亡，此卞莊刺虎之日也。」後王師平閩，迄如將軍言。將軍以康熙十五年十月卒於家，年六十五。

英從軍功，服闋，授登州遊擊，改守潼關。二十七年，陞延綏神木副將。復立互市，致書彝目，令民租種邊地，西人賴以全生。丁丑，上親征噶爾旦，駐蹕五原。英朝見行在所，浹日三接。後五日，簡鎮川西。歷官皆迎養太夫人。

閱歲，太夫人李氏卒於松潘，年七十四。次子文林郎文傑護喪歸葬。而總戎公以書來，屬采爲傳。傳成，授其弟子開捷，使上公裁定。復爲之贊曰：

周氏之先，出於營道。登是南邦，建炎新造。始遷諸暨，大啓山陰。如蔓斯延，瓜瓞繩振。文能附衆，武克威敵。一張一弛，經緯妙易。邁迹自身，今有將軍。止也爲山，動也爲雲。於皇時清，墮山喬嶽。入閩既庭，歸全巖壑。張公淳德，曰甌是居。公曰無庸，吾有舊廬。君之宗之，以適東浦。某釣某遊，憪焉思古。伯仲之間，倚馬萬言。絳灌、隨陸，並驅後先。命於帝庭，軔發山左。既歷諸艱，今遡西土。輯和蕃落，金石登受。臣拜稽首，天子萬壽。將軍之澤，以及子孫。不虧不崩，盟府具存。我懷其人，功德惟峴。石泯名在，千載如見。

王志宣曰：敘戰功如畫。將軍長才短馭，真爲可惜。故以論閩事，一唱三嘆終之，此史家言外傳神處。

何侍御傳 癸未〔一〕

公諱嘉祐，字子受，紹興山陰人。何氏世有文武才。明正、嘉間，六世祖石湖公父子兩世爲尚書，曾祖泰寧公任江西大參，世父書臺公監察御史，皆著聲迹。公繼之。

公生而秀挺，妙語言，工文字，自少立忠孝節。當王師始下浙江，奉贈公潛匿，遇方國安潰兵東掠，刃揮贈公，公承以膊，號而求代，贈公竟免。遂攜家隱上虞山，侍贈公。間歸展墓。贈公病，偕一僮治湯藥，視溲便。再刲股，終不起。時居貧流播，治木必美具。具辦，太宜人

〔一〕南圖康熙本無此篇。

偕諸子女始自山中來奔。鄉黨皆謂公孝子。

順治甲午，選貢辟雍。丁酉，舉順天副榜，就江南撫軍辟，當機割斷，撫軍風威大行。甲辰，授知江西奉新。自金聲桓後，亂者相踵。奉新控江楚要衝，他縣盜時時闌入，公到漸寧帖。乃度山津易險，分建四部，鉤連屯障，使共聲警，有急發鼓舉燧，盜望風駭徙，縣界遂安。於是嚴抑豪右，清占田，招流亡，貧者給牛種，親載漿飯停勞。不一二年，户口殷集。

丙午旱饑，力請蠲租。民困特甚，歎曰：「平日志何志？學何學？身任人牧〔一〕，而可云救荒無策乎？」自出貲俸以賑，全活萬計。又以邑田下下，穀食本不贍，特相土宜，購良種，樹麻、桑、桐、漆，栽溉皆著成書刊，示鄉遠。用所樹多寡定徭重輕，民歡欣争務，境無曠土，漸成富饒。

故例，漕輸縣倉報滿，統解省。奉轄十二鄉近省遠縣，勞費過倍。公著令：里各置倉，趣徑解省，不迂由縣。民大利，惠政爲兩江表。在職五年，督撫交薦，遂行取。己酉，擢户部主事、廣東司監，督寶泉局。癸丑，京察一等，兼理江南。司案牘明捷，小大精理，白尚書奏免民欠一百餘萬。尚書梁公清標素奇公才，其冬賚詔撤平南王，因請俱行。

先是，朝議久欲撤三藩，而平南首疏請。平南王尚可喜年老矣，念歸遼，又安廣東。世子奄笪性虓急，王慮其爲變，故有歸老之請，以世子嗣封留粤，實兩利之。度滇、閩一體，事未必行，而已苟得其名。上因而遂許之。滇逆惡平南首破成局，而奄笪耿氏壻，知閩謀，恃東西

〔一〕「人牧」，徐刊本原作「人守」，浙圖康熙本作「人牧」，今據浙圖康熙本改作「人牧」。

援，故蓄異志。詔使至廣，辭疾弗出。上念王勤勞久耄，不忍令父子異處，加世子禄秩視王，奉車而北，朝夕寢膳。

王拜詔，且逡巡。尚書宣諭畢，以婉言諷曉之。時甲寅正月三日也。次日，王又見，乃議遣世子先發，而王以三月十六日行。奄篔遂攘袂大言曰：「急亦作鄭國姓耳，何以行爲！」詔使頗聞其語，並遑迫。而嶺南細民多雇藩下錢爲業，至是誅負狼藉。又諸將家出什具變賣，填塞城市，泥馬首不行，省下羹沸。五日夜午，尚書卧客館，聞外撾鼓，急披衣起，則督撫提鎮交至，滇南告變矣。召官屬共議，衆未發語，尚書獨顧公曰：「事奈何？」公曰：「制倉卒勿辱軍國，責在公。設守衛，俾他日不横決，則封疆有主者。今日獨可使緩發，以需朝命。」尚書俯首良久，曰：「更爲我詳思。」公曰：「此無容思，須速斷。遲則便爲人制。」即起燃燭草疏。詰明，平南王從數百人擐甲入，兩階夾戈刃。坐定，尚書遽對衆言曰：「王無爲行計，且具疏留王。非王，孰可使拄滇逆者？」王愕然，曰：「僕不識尚書所謂何也。」尚書揣懷間曰：「疏已具。努力答上恩厚，義不辭難。」王氣頓緩，手疏傳示諸將，皆相顧散。奄篔亦出見，事遂定。當是時，尚書自謂左右手倚公，微公，禍發漏刻。公復白尚書，令官私船封纜備藩下裝載者，即於是日盡解縱。内外始知王未行，歡若更生。越七日，後詔至，粵、閩果停撤，而閩變已先作，不及閩，大臣皆被拘縶，粵獨完。公輔尚書，機畫悉符詔指，使還，獨乘小舸，唯出都時所持衣被。士女沿道走，識以爲何使君舟云。

秋，奄篔終叛，王恚恨卒。而以先有備，亟伏誅，並如公始計。

上嘉粤使功，用尚書薦，陞公本部員外郎。監蕪湖鈔關，晉郎中，歲終舉劾，再薦，改都察院湖廣道監察御史，巡視西城。壬戌，榷鹽河東，卒官，年五十九。公識幾有心，思達國體。爲人謀傾瀝腔血，人急痛如在身。平生無他嗜，學獨單心時務。凡兵刑、農穀、地理、官制有用之事，靡不周暢。施用未竟，議者惋之。二子：偕、載。

贊曰：夫子論士，以「行己有恥，不辱君命」爲上，宗族稱孝者次焉。若公之行也根於孝，而使命適於變，抑可謂全體全用矣。昔王維楨稱：「寧庶人之叛，胡公發其謀，孫公死其難，王公平其亂，一事而三人始終之。」以公方古人何如也？兩漢而後，儒者類有以經術蒞世務，然如公歷官强職，謀斷咸盡，天下稱其廉幹，可多得哉？

毛西河老師曰：碑版敘事〔一〕，别有三昧。左、史、班孟後，唯陳、范二史俱有其法。下此，雖韓退之，全然不懂，但生撰字句，面目不出。廬陵頗傑，而眉山失之甚遠。有明以來，具文而已。念魯論理議事之文，俱本經術，而於傳志紀述，又登堂入室。才大如此，何患不傳？爲之稱快不已。

陶士偉曰：敘奉新事嚴謹，可續東漢《循吏傳》。使粤事則詳盡機情，雄健流暢，直兼盲腐兩史之長，巨觀也。

〔一〕「碑版」，徐刊本原作「碑叛」。浙圖康熙本作「碑版」，當從浙圖康熙本。

暨陽陳氏譜傳

膺山公，諱彦，字少澤，號膺山，良庵公第三子，鴻臚公之孫，而方伯公曾孫也。爲人沉敏端厚。幼承家學，博涉經史。講嫻忠孝大節，庭幃中恂恂懇懇。兄弟析箸，推腴均肥，宗黨曾無間言。

乙酉、丙戌間，方國安屯江上，以需餉爲名，乘時鈔掠。指良庵公累世貴仕富盛，遣凶黨數十人直入第宅，竄去。公時年三十，獨在側，號泣奔侍。國安百端凌喝，皆以身代，略無惶悸，亦無激憤。人見之，多爲揮涕。餉半入，家垂破，而王師渡江，得解。

奉親還里，遂棄諸生，以教子勿墮先業爲事。厚幣膳，延名師，禮敬踰等。晨夕義方，稱説孝悌忠信，曰：「此立家之本，願爾曹世世恪遵也。」二子皆入庠序。孫奕文、奕磐同登康熙戊子科浙闈賢書。平生好義務施，約身裕物。尤篤於三黨，故舊靡不罄力，同患相恤。咸謂「公之餘澤，宜未有艾」云。

姚江邵廷采曰：余於截江之役，不勝三嘆。聞當時議方、王爲正兵，派五郡正供餉方，則已擅浙東財賦三之二矣。猶然饕目豺心，誅搜無厭，致民貧富不有寧居，北望王師，有後予之怨。其後竟以反覆詐諼，父子駢戮，今其子孫無孑存者。而膺山公履尾蹈沙，脱親歸養，遂昌厥後，天之報施，於忠孝之際，豈或爽哉！余故於《膺山傳》並及方氏，一以明爲人臣不忠之戒，一以示爲人子篤孝者之勸。

宋將作監簿修竹先生傳

修竹先生者，宋之遺臣也，名英孫，字才翁，姓王氏，山陰人。祖用亨，贈少保、保康軍節度使。考克謙，端明殿學士，先生以父任補承務郎，累遷將作監簿致仕。入元，遂不出。仁宗皇慶元年，年七十五，壽終於家。其號修竹者，營修竹書院於山中，樂之，而因以自命者也。先是，度宗咸淳三年，歲在丁卯，賈似道大治甲第於紹興，里閈王氏相比，請旁壤焉。啗以利禄，先生不爲動，曰：「世遺也，尺寸不可得，吾寧謝官。」拂衣杜門，不交當世者六年。

庚午，稍轉宣義郎，平反於灊疑獄，出辟囚，民稱不冤。

甲戌，知慶元府慈谿縣。縣饑，盗縱横，帥守以罪去，先生至，亟蠲貸糜粟。民既全悦，乃練丁壯、肅保甲以捕備盜賊，殛其渠而遣其徒。旬月間，悉還爲良民。常平黄震字東發，慈谿人。上其事，轉承議郎。其制書曰：「常平使者言爾敏而有才，惠威兼濟，敉定海瀕。若汝余嘉，陟官一列。」尚書王應麟文山座主。之詞也。

尋以籍田通判慶元府，提轄市舶。攝事半載，鎮以寧静，民便安之。

陳景行薦先生，除將作監簿。命下，知時事去，決計歸。歸之月，德祐二年二月。其五月，少帝北遷。又三年而厓山覆，宋亡。先生惋念先烈，形於歌咢。與遺民謝翺臯羽、鄭宗仁樸翁、林景熙霽山、唐玨玉潛爲詩酒交，遂瘞宋陵。傳者不知爲先生。居平勇赴人之急，細及瘵疾施藥。棄孩無養，輒收哺，長而父母存者，衣橐遺歸。仍歲潦饑，省節和糴以拯鄰戚，士貧者亦賴舉火。迄於身没，猶足以繫邦人思也。

嘗築精舍於陶山麓旁，祠晉高士陶貞白、弘景。宋左丞陸農師、佃。待制陸放翁。游。當東州衣冠凋謝，與弟主管官誥院茂孫梅山放情山水，丘園翳跡，垂四十年。越中矜式風範，稱二王先生焉。

陶山者，本得自放翁後，後爲修竹書院。農師少受學王荆公，熙寧中不附新法，名列黨碑，退休兹山，結樓著書，墓在支峰下。自山歸王，而二陸之祀世世勿絶。並禮貞白者，不忘山所自名，報始也。

論曰：古之遺民，莫盛於宋。宋季得人之盛，多出文文山門。夫人才處豐泰，則發而爲政事，爲文章；際屯蒙，則激而爲清風，爲幽節。此可以盛衰、成敗、死生論哉！文山之敗猶成，則臯羽、炎午、所南之生固死也。余據徐天祐《王修竹墓志》，不及宋陵事。天祐，山陰賢者，與修竹同年生，出處明晦亦略同。居元時爲友隱自宜爾。入明，趙子常託張孟兼博訪，疑是修竹，始大奇詫。然其説已早白於黄文獻。乃知果有高節至行〔一〕，宇宙之大自有知者。

〔一〕「至行」，康熙本、祝校本皆如是。徐刊本原作「之行」，據康熙本改。新版祝校本又改爲「之行」。

《元史》不載，此史筆之慎，無可厚非。又二百餘年，季長沙、張諭德爲窮辨，陵事乃得真。後人重修《續綱目》，宜入修竹於唐、林上。因歎千古失傳之事，如斯類者不少也。

嗟呼！六陵之役，與厓山空坑等耳。君臣大倫，根於天性。此庸行，非奇行也，特世人不爲，而修竹等爲之耳。宋恤民養士三百年，未嘗有大無道，而乃至是，豈非天耶！忠志之士不順天，修竹之行是已。

宋遺民所知傳

《易》稱："否剥之際，與時消息。"天不能違，而況人乎！剥盡而坤固，"天地閉，賢人隱"之時也。然"黄中通理，美在其中"，風流百世，人亦有自爲時者焉。是以逢萌、梅福鴻冥於前，申屠、管、邴龍蟄於後。或遭再造，而蒙當代之褒榮；或際末流，而作前朝之遺獻。是人也，不求名而名不可磨滅焉。所恃者人心，非必其天道也。

兩漢而下，忠義之士至南宋之季盛矣。配之以《易》：方王安石之驟用，姤也。吕惠卿、章惇等相繼進，遯也。二帝之北轅，否也。建炎嘗立，猶有傾否之喜焉。南宋立國一百六十年，於義爲觀。比蒙古克襄陽，下臨安，斯剥膚之會。當其時，文天祥以一書生，提市井新合不宿戰之旅，崎嶇嶺嶠，百死不回，而竟授命，象爲碩果不食。更百有餘年，劉基、方孝孺等並以勳節自奮。復之一陽，其即剥之上陽乎？天祥之世，仁人烈士雲蒸霞蔚，是爲相遇之萃。

萃而不升，其上者蹈白刃，赴水火，次乃亡形江海，隱跡深林，終身肥遯，晦明正志，不見是而無悶，範不陳於新主，心甘剖於明廷。此則天運，非人力可及焉。是以遷洛之頑，經三紀而不變；輔横之客，群一死以如飴。六七王之澤不可忘，赤帝子之炎莫能逼也。

《宋史・忠義傳》有劉子俊、趙時賞、杜滸、鄒鳳數十人，而從之燕市如張千載，生祭丞相如王炎午等，未登姓字，豈避諱固多，載筆者有不得伸其志與？至宋濂傳謝翱，而不列之《元史》，則又何説？《元史》無贊論，此從來史體所未見。若《五代史》之立《唐六臣傳》、《宋史》之作《周三臣傳》，雖揚貶各殊，其例固可倣也。抑綱目載管寧卒於魏，晉徵士陶潛卒雖易代，後猶特書之。余故頗輯軼事見於他書者，自翱以下得八人，爲《宋遺民所知傳》而闕所不知者，補宋、元二史之未備。惜其人終始考究弗竟，亦可以想見其大致矣。

於乎！以翱等之情才操行，不得與嚴光、高鳳同爲盛世之逸民，而乃以遺民著，豈其志也夫？然亦豈非其猶幸也夫？

謝翱，字皋羽，福之長溪人。後徙建之浦城。父鑰不仕，性至孝，通《春秋》。翱世其學。試進士不中，落魄漳、泉二州，倜儻有大節。

會丞相文天祥開府延平，長揖軍門，署咨事參軍。天祥轉戰潮陽，被執，翱匿民家，流離久之。聞天祥死，悲不能禁。隻影行浙水東，逢山川、池榭、雲嵐、草木與天祥所别處及其時號相類，則徘徊顧盼，失聲哭。嚴有子陵臺，孤絶千丈。時天涼風急，翱挾酒登，設天祥主荒亭隅，再拜跪伏。酹畢，號而慟者三。復再拜起，以竹如意擊石，作楚歌招之曰：「魂朝往兮何極？莫來歸兮關水黑，化爲朱鳥兮有咮焉食！」歌闋，竹石俱碎，聞者傷之。

然其志汗漫超越，視世事無足當意，獨嗜佳山水。雁山、鼎湖、蛟門、候濤、沃川、天姥、埜霞、碧雞、四明、金華洞天，搜幽窮秘，所至造游録，持以誇人。游倦輒憩浦陽江源及睦之白雲邨，尋隱者方鳳韶卿、吴思齊子善，晝夜吟嘯。其詩直溯盛唐而上，不作近代語。文尤嶄拔峭勍，雷電恍惚，出入風雨中。當其執筆時，瞑目遐思，身與天地俱忘。每語人曰：「用志不分，鬼神將避之。」其苦索多類此。婺、睦人士翕然從其學。

前至元甲午，世祖三十一年。去家武林西湖上。宋氏遺老尚多存者，咸詫見晚。乙未，成宗元貞元年。以肺疾作而死，年四十七。瀕死。屬其妻劉曰：「吾去鄉千里，交遊唯方韶卿、吴子善最親。必以吾骨及文授之。」已而鳳等果至，與方幼學、方熹、馮桂芳、翁登、翁衡葬翱子陵臺南，以文藁殉。表曰「粤謝翱墓」。始翱以朋友道喪，盡吴越無掛劍者，思合同志氏名，作《許劍録》，勒石未就。復爲建許劍亭於墓右，以卒翱志。翱無子，其徒吴貴祀之月泉書院云。

翱好修姱〔一〕，慕屈平，託遠遊，自號晞髮子。初抵會稽，與故將作監簿王英孫交，望哭宋諸陵。及唐珏、林景熙等收遺蜕，音退。翱爲之畫策。故有《冬青引》贈珏，曰：「冬青樹，山南陲，九日靈禽居上枝。知君種年星在尾，根到九泉護龍髓。恒星晝隕夜不見，七度山南與鬼戰。願君此心無所移，此樹終有開花時，山南金粟見離離。白衣人拜樹下起，靈禽啄粟枝上

〔一〕「修姱」，徐刊本、康熙本皆作「修袴」。屈原《離騷》：「余雖好修姱以鞿羈兮，謇朝誶而夕替。」今據改。

飛。」英孫、景熙等和而歌之。遂結社稽山，名其會所云汐社，取晚而信也。所著《唐補傳》一卷，《南史補帝紀贊》一卷，《楚辭芳草圖譜》一卷，宋《鐃歌》、《鼓吹曲》各一卷，《睦州山水人物古迹記》一卷，《浦陽先民傳》一卷，《天地間集》五卷，《東坡夜雨句圖》一卷，《浙東西遊録》九卷。餘倣《秦楚之際月表》作《獨行傳》及《左氏傳續辨》，並未完。其詩文殉墓，有副傳於時。

宋濂贊曰：「翱，一布衣耳，未嘗有爵位於朝。徒以被天祥之知，麻衣繩履，章皇山澤間，若無所容其身。使其都重禄、受社稷人民之寄，肯負國哉！翱，蓋天下之士也。昔田横不降漢，從死者五百人；若翱之志，其有類横之客者非耶？」

先是，作文速天祥死者有王炎午。王炎午，廬陵人。太學生。其生祭天祥文，略曰：

於乎！大丞相可死矣。鞠躬盡瘁，則諸葛矣；保捍閩、廣，則田單即墨矣；倡義勇出，則顔平原、申包胥矣。雖舉事卒無成，而大節亦無愧，所欠一死耳。奈何再執，涉月踰時，就義寂寥，聞者驚惜。豈丞相尚欲脱去耶？尚欲有所爲耶？

昔東南全盛不能解襄圍，今以亡國一夫而欲抗天下。況趙孤蹈海，楚懷入關，商非前日之頑，周無未獻之地。南北之勢既合，天人之際可知。彼齊廢齊興、楚亡楚復，皆兩國相當之勢，而其君大臣固無恙耳。臣子之於君父，臨大難，仗大節，當以杲卿、張巡爲上。李陵降矣而曰欲有爲，且思刎頸以見志。其言誠僞既不可知，況形拘勢禁，不及爲者十八九。丞相之不爲陵，不待智者而信，奈何慷慨遲回、日久月積？丞相不死，當有死丞相者矣。

丞相何所俟乎？以舊主尚在，未忍棄捐耶？李昪篡楊行密之業〔一〕，遣其家於廣陵，嚴兵守之，至子孫自爲匹耦，然猶得不死。周世宗征淮南，下詔撫安楊氏子孫，李景驚疑，盡殺其族。夫撫安本以爲德，乃反爲禍。蜀王衍既歸唐，莊宗發三辰之誓，全其宗族。未幾，從伶人景進，衍族盡誅。幾微之倚伏，可不懼哉！今舊主正坐危疑，羈臣猶事骯髒。聲氣所逼，猜嫌必生，豈無李景之疑、景進之計？則丞相於舊主不足爲忠，而反爲害矣。

炎午，丞相鄉之晚進也，前成均之弟子員。進而父没，退而國亡。生雖愧陳東報汴之忠，死不效陸機入洛之恥。丞相起兵次鄉國時，有少年狂子，持斐牘，叫軍門。丞相察其憂憤而進之，憐其親老而退之，非僕也耶？痛惟千載之事既負於前，一得之愚敢默於後。進薄昭之素服，先元亮之挽歌，願與丞相商之。

盧陵非丞相父母邦乎？昔太祖語孟昶母曰：「勿戚戚，行遣汝歸蜀。」昶母曰：「妾太原人。願歸太原，不願歸蜀。」契丹遷晉，出帝及李太后、安太妃於建州。太后疾亟，謂帝曰：「我死，焚其骨送范陽僧寺，無使我爲此地鬼也。」太妃臨卒亦曰：「當焚我爲灰，

〔一〕「李昪」，徐刊本、康熙本皆誤作「李昪」。祝校本改作「昪」。按：南唐烈祖爲李昪，非李昪。「篡」，徐刊本誤作「纂」，康熙本作「簒」，據改。

向南暘之，庶遺魂得返中國也。」彼婦人，彼國后，一死一生，尚眷眷故鄉，不肯飄棄仇讐外國，況忠臣義士乎！人七日不穀則斃〔一〕。自梅嶺以出，縱不得留漢廄而從田横，亦當吐周粟而友孤竹，至父母邦而首丘焉。廬陵盛矣，科目尊矣，宰相忠烈，合爲一傳矣。舊主故老死於降邸，宋亡而趙不絶矣。

不然，或拘囚而不死；或秋暑冬寒，五日不汗，瓜蒂噴鼻而死；溺死，畏死，排牆死，盜賊、毒蛇、猛虎死。輕一死於鴻毛，虧一簣於太山，而或遺舊主憂。縱不斷趙盾之弑君，亦將悔伯仁之「由我」。則鑄錯已無鐵，噬臍寧有口乎！於乎！四忠一節，待公而六。爲位其間，聞訃則哭。

及天祥死，哭曰：

於乎！扶顛持危，文山、諸葛。相國雖同，而公死節。倡義舉勇，文山、張巡。殺身不異，而公秉鈞。名相烈士，合爲一傳。三千年間，人不兩見。事繆身執，義當勇決。祭公速公，童子易簀。何知天意，佑忠憐才。留公一死，易水金臺。乘氣捐軀，壯士其或。久而不易，霜雪松柏。

〔一〕「人七日不穀則斃」，徐刊本、康熙本和祝校本皆作「人不七日穀則斃」，誤。王炎午《吾汶稿》卷四《生祭文丞相》作「人七日不穀則斃」，據改。

嗟哉文山，山高水深。難回者天，不負者心。常山之舌，侍中之血。日月韜光，山河改色。生爲名臣，死爲列星。不然勁氣，爲風爲霆。干將莫邪，或寄良冶。出世則神，入土不化。今夕何夕，斗轉河斜。中有光芒，非公也耶？

炎午竟固初志，以遺民終。

張千載，字毅父，廬陵人。文天祥故人也。天祥貴用時，屢以官辟，不就。及國亡，天祥由廣還，過吉州來見，請偕行。既至燕，寓於囚所旁舍，日具美饌餽，竟三年。且潛製一櫝，以藏天祥之元。復訪求其妻歐陽氏於俘中，俾出焚屍。遂負遺骨與所函首櫝南歸，付天祥家葬之。

時有鄧光薦，亦廬陵人，從蹕厓山，爲禮部侍郎。宋亡，以義行著。賦《鷓鴣詩》曰：「行不得也哥哥，瘦妻弱子羸牸馱。天長地闊多網羅，南音漸少北語多。肉飛不起可奈何，行不得也哥哥。」贊天祥像曰：「目煌煌兮疏星曉寒，氣英英兮晴雷殷山。頭碎柱而璧完，血化碧而心丹。於乎，誰謂斯人不在世間！」陸秀夫在海上，記二王事爲一書甚悉，授光薦曰：「君後死，幸傳之。」光薦以其書還廬陵。光薦卒，遂失傳。父老言廬陵竟元世無仕者。光薦一名剡，字中齋。

鄭思肖，字所南，初名某，福州連江人。宋太學上舍，應博學宏辭科。剛介有志操。元兵南下，伏闕上疏犯新禁，衆争目之，由是變今名。

宋亡，隱處吴中。坐必南向，伏臘望南野哭，再拜乃返，誓不交朔客，或廣坐，見語音異，輒令引去。人亦諒其狷狹，弗怪也。工畫墨蘭。邑宰請之不得，聞其有田三十畝，欲以賦役脅取。怒曰：「頭可斫，蘭不可畫。」嘗自寫一幅，長丈餘，題曰：「畫君子也，無一小人。深山之中，以天爲春。」又書塾版：「但除君父外，不受一人恩。」晚年，究竟性命之學，以壽終。

明崇禎間，吴人濬井，得鐵匣。外漸，陳漆甚固。發之，則思肖書，名曰《心史》，紀德祐、景炎、祥興五年事，爲二卷。内辨文天祥無黄冠故鄉語，乃留夢炎等誣之耳。又自作《字名説》。思肖，故思趙，以南爲所。見者莫不憐其意焉。是時，瘞宋陵骨者，王英孫、唐珏、林景熙、鄭宗仁四人。

王英孫，字才翁。號修竹，山陰人。父克謙，宋端明殿學士。英孫博通經史，少樹忠勁節〔一〕。以父任，歷官將作監簿。賈似道治第越城，將益宫於王氏，啗以利禄，不爲奪。德祐二年春，知時事去，與弟主管官誥院茂孫同月解官歸，會郡大饑，傾囷全賑，爲衣冠避亂者所宗。閩人謝翺，東甌林景熙、鄭宗仁皆主其家，共結汐社。同里唐珏與焉。

及楊璉真伽發宋諸陵，英孫痛憤，出白金，屬珏等結少年入山收遺蜕。造石函六，刻紀年

〔一〕「勁節」，康熙本作「劲節」。

一字爲號。使景熙收高、孝二陵，珏及諸人收餘四陵。或背竹籮爲丐者，或持草囊採藥。夜事幾覺，有踰垣折肱者。竟易真骨以出，瘞之蘭亭山天章寺，植冬青識其上。遇寒食，私祭之。故翱詩曰「白衣人拜樹下起」，指寒食之祭也。

英孫家世隆，定謀時珏及景熙當其咎。事平，名亦歸珏、景熙。退居四十年，脩然遺世，天下仰之若高木扶疏、清風披拂，頑鄙興起焉。卒於仁宗皇慶壬子，元年。年七十五。

茂孫，字景周，號梅山。有經略當世之志。致仕時，年三十二。載酒放歌，恒野服往來湖山。先其兄二十四年卒。浙東稱王氏比太丘兩方，而操尚不慚過之。茂孫後盛，世居郡城；而英孫裔徙四明，遂微。

唐珏，字玉潛，號雷門，會稽人。家貧，聚徒授經養寡母。至元二十二年，楊璉真伽利宋攢宫金玉，上言：「宋陵王氣盛，請發之。」至斷支體，攫珠襦、玉柙，焚其胔，棄骨莽間。珏時年三十二，泣涕賣家具，並行貸，召里中少年數十人，狎坐轟飲。酒酣，少年起，請曰：「君儒者，乃若是，將何爲？」珏慘然告以故，坐皆髮指。中一少年曰：「即收骸，易耳。第彼勢張甚，事露，死不避，奈不得終志何！」珏曰：「吾已籌之矣。今四原多暴骨，取竄以易，誰復知者？」因徧拜，衆皆答拜。珏豫斲文木爲匱，黄紬爲囊，各署曰「某某陵」。乃散遣諸人爲文告諸廟，自思陵以下，隨號收殯。詰旦來集，出餘金酧而酧之，若行賞飲至然。越七日，真伽下令裒陵骨，移杭故宫築塔。杭人仰視悲哀，不知骨之真故存也。真伽既敗，始有籍籍傳珏事者。

明年，珏病，夢黄衣人降揖曰：「謝君掩骸，報以故國公女爲婦，田頃四，子男三。」珏寤，不以屑意，亡何，汴人袁俊爲越治中，招珏授子經。間問曰：「吾渡江，聞有唐氏瘞陵骨，豈君宗耶？」坐有指珏者。俊大愕，納頭下拜。叩知其家貧，惻然憐矜：「唐先生寒，吾當振之。」不數月，向夢所諾事俱愜。人固奇唐而又高袁，曰：「二公真義士！」珏後，子珙爲名儒，累世貴盛。

初，謝翶入會稽，契珏定交。既瘞陵，作《冬青引》贈珏。珏亦自作《冬青詩》記歲月，《續綱》繫於帝昺祥興元年。據翶詩「種年星在尾」，尾在析木之津，寅也。雲溪羅有開始作珏傳，而先有《越中義士傳》，義士與作者並不著名氏。自故相馬廷鸞下，題其後者十數公。至正末，浦江張孟兼注《冬青引》以贈珏，定義士爲珏，而採有開語重傳珏。

明嘉靖初，與林景熙同祀雙義祠，文徵明記之曰：「論者以唐、林二公方豫讓。讓受國士知，而二公曾不霑一命，讓不足以方也。漢、唐易世後，陵寢被發，不知當時亦有高義之士，反藁梩而掩之如二公者乎？蓋有其人而不見記載，直謂之前無古人可也。」及萬曆中，諭德張元忭修郡志云：「珏事固與景熙協謀，而王英孫與知之。」以景熙答翶「夜夢繞勾越，落日冬青枝」之詩證焉。

林景熙，字德暘，號霽山，温州平陽人。宋咸淳中，太學釋褐，除泉州教官，歷禮部架閣，轉從政郎。宋亡不出，與同縣鄭宗仁去客山陰王英孫家〔一〕。會楊璉真伽發宋陵，英孫使客收其棄骨。景熙故爲丐者，背竹籮，手竹夾，道遇物輒以夾夾投籮内，人莫之測。乃鑄銀爲小牌百十，繫腰帶，取賄西番僧奴曰：「願得高冢、孝冢骨〔二〕，他不敢望。」果得兩函，託言佛經，與唐珏所收者合於蘭亭瘞焉。

有《夢中作》詩，一章曰：「一抔未築珠宫土，雙匣親傳竺國經。只有東風知此意，年年杜宇哭冬青。」二章曰：「喬山弓劍未成灰，玉匣珠襦一夜開。猶記去年寒食日，天家一騎捧香來。」三章曰：「空山急雨洗巖花，金粟堆寒起莫鴉。水到蘭亭更嗚咽，不知真帖落誰家。」蓋疑與珏所收先後骨之是否未定也。

當是時，景熙風動江表。每布席王氏園亭，舉酒和歌，聲振林木。圍碁六博，爲金谷之罰。隨作記，言：「英孫父、故少保莊簡公歸憩兹園，後天下而樂。今余與修竹不能挽維世運，登之泰康，徒覥顔偷安山水，是同公之樂，而不能同公之所以樂也。」其刻厲如此。

武宗至大三年庚戌，卒於家，年六十九。所居白石巷，詩六卷曰《白石樵唱》。大抵悽愴故國，與謝翱相表裏。翱詩奇崛，景熙幽宛，並爲宋季名家。遂昌鄭元祐述景熙事，載《輟耕録》。

〔一〕「王英孫」，祝校本如是。康熙本、徐刊本皆誤作「王孫英」，據改。

〔二〕「高冢」、「孝冢」，祝校本如是。康熙本、徐刊本原皆作「高家」、「孝家」，今從祝校本改。

鄭宗仁，字樸翁，平陽人。咸淳中，太學上舍釋褐，福州教授，陞國子學正。宋陵被發，與林景熙同入山。景熙故爲丐者，而宗仁採藥，以草囊拾散骨，各有所得。既而歸隱瓣山瀑中。王英孫延致，教授家塾二十餘年。成宗大德六年壬寅五月，卒於家，年六十三。

始宗仁與謝翶俱以布衣應文天祥辟。天祥没，二人相遇，所至輒哭。其後卒有收骨之舉。故楊維楨詠《冬青詩》曰「文山老客智且勇」，蓋指翶與宗仁也。《温州志》稱：「宗仁、景熙生同里，學同方，老同出處，惓惓故君，精衛填海，爲重可悲。景熙詩文爛然名時，而宗仁質勝，守儒者禮法，以故後人傳道者少。惟英孫許以死友，久要不渝，故世或稱王鄭。」嘉靖二十六年，紹興建雙義祠於攢宫，專祀唐、林而王、鄭未有座。或曰「二人者固逃名士」，或曰「亦要終始，修竹在雷門、霽山上」云。

論曰：殷有三仁，國不亡矣，然猶興王表墓、分珪、式閭之所及也。首陽片石，百世高仰其風。若非太公稱義人於前，孔子嘆仁賢於後，安能聲流不絶彌遠哉！秦、漢而下，如犍爲任永、馮信託爲青盲以拒公孫述，卓卓表奇行。光武詔徵之。會尋病終，其名則已著於本朝矣。他孤忠自完，有若宋之謝翶、唐珏，明之雪庵、補鍋諸人，皆爲當代所不榮。獨志古嗜幽之士，歔欷而考贊之。

方鳳之葬翶西臺，與皋伯通之葬鴻鄰要離墓，何以異哉！張千載之義，後先欒布、朱瑒。王炎午作文生祭，可謂能輔仁矣，抑其知天祥，猶在鄭思肖之後乎！要三人皆與天祥終始者也。

余又感宋陵事。從成化中華亭彭瑋引宋濂書穆陵遺骼，斷其歲爲乙酉，尚有可疑者。理宗陵發以八月，而高、孝諸陵以十一月，相距幾一時，則易而瘞之亦有先後。前者事露，後者益難。不知唐珏、林景熙之役，果同時耶？二時耶？高、孝既稱俱蜕骨，而景熙所收者又何骨耶？豈唐方起謀，林已先得高、孝兩陵骨耶？或林之所得，正唐所易之骨耶？論者止辨年之異同，收之分合，而不惟月之先後，斯案終未可定也。景熙詩「不知真帖落誰家」，則當時同事固已疑之矣。後世祭宋陵仍就攢宮，得《禮經》遺意。杭之白塔殆有舊陵在中，故珏有《雷震白塔》詩，悲哉！

表章修竹始有黄溍，申以孔希普、趙子常，而集成於季彭山。當年主瘞陵而不居名，蓋明哲保身者。唐、林等愛修竹，亦爲之諱，不以居名爲嫌。其處君友之義兩盡如此。羅陵使合與張承業同傳，豈得彼哉外之？特附之陵事始末，俾凡爲臣子感厲而興起焉。

久欲集此傳。丁亥，客都昌，始獲周草窗、陶九成二書。朱君約傳雅有同志。其門人王受禛，修竹弟梅山裔。師生二人徧搜越中書肆，博訪故家，得手抄殘缺十餘頁，合前賢詩詞碑述，惓惓郵寄。因於病餘屬草，名曰《所知傳》。愧聞見陋狹，外此遺漏者固多也。自記。

明遺民所知傳

於乎！明之季年，猶宋之季年也，明之遺民，非猶宋之遺民乎？曰：節固一致，時有不同。宋之季年，如故相馬廷鸞等，悠游巖谷竟十餘年，無强之出者。其强之出而終死，謝枋得而外，未之有聞也。至明之季年，故臣莊士往往避於浮屠，以貞厥志。非是，則有出而仕矣。僧之中多遺民，自明季始也，余所見章格庵、熊魚山、金道隱數人，既逃其跡，旋掩其名。竊喜爲紀述，惜衰年心思零落，所取益不欲奢。人心亦以機僞，名實鮮真。姑録其耳目，得逮可覆稽者，其不爲僧而保初服，吾尤尚之。於乎，「黄冠故鄉」，後人誣文山語耳。若以方外備顧問，管幼安、陶元亮將笑人矣。緇猶黄也，斯言其竟有蹈之者乎？名曰《明遺民所知傳》，言所不知者多。掛漏之罪，吾寧受之也。天下大矣，孰非人子？孰非人臣？天命誠移，人性皆善。忠志之士，未可以吾之所知盡之也。

會稽章正宸，字羽侯，號格庵。崇禎辛未進士。由翰林給事禮科，論王應熊，罷官。再起户科，陞吏科都給事中。因論熒惑之變，彈宦官，攻温體仁，頗回上聽。初出周延儒門。比延儒一再相，始終不肯依附。延儒内憚，未得恣意。以十五年會推閣員，中讒衆言，謫戍。北都陷，從其師劉宗周荷戈浮浙江，赴難金陵，起原官。又與馬士英、阮大鋮忤，解而歸。紹興授吏部侍郎。後行遯爲僧，莫知所終。

格庵先生立身如山岳，當官正色，遇變嶄然遜於僧，而並没其名與地。夫惟乾確，不易乎世，不成乎名，亢而能潛，遯世無悶，可謂全德君子矣。道隱爲名所動，自不如也。

嘉魚熊開元，號魚山。崇禎中，由進士官行人司副。嘗於上前請屏人密奏周延儒過失。上怒其詭私，與姜埰同日下詔獄，廷杖，欲置之死。劉宗周、金光宸等論救，得改刑部。至十七年二月始出獄，戍杭州衛。入閩，爲大學士。時不次擢諸生鎮江錢邦芑御史，争之不得，邦芑論開元。開元引退，受法於靈嵒繼公，號蘗庵和尚。

侯官張利民，字能因。崇禎庚辰進士。知桐城縣。張獻忠攻縣城，引佩刀折矢誓將士，悉力拒賊，黄得功救至乃全。在縣三年，治行推天下第一，入爲户科給事中，晚稱田中和尚。

時遺民爲僧者，不可殫紀。武進薛寀，知開封府，號米堆和尚；永嘉林增志，翰林編修，號法幢和尚；平湖沈中柱，知吉水縣，僧名行燃，號無浄，往來靈隱、金粟間。三人皆進士，著聲迹。

山陰劉汋，字伯繩，都御史宗周子也。宗周歷仕京師，每攜汋自隨，能承其學。及宗周絶粒，汋但伏庭下悲泣，坐卧莪山小樓終二十年。父時門生屬吏有官紹興者餽遺，俱不受。至於講學之會，縉紳禮請，亦辭勿往。教誡四子無應科舉，並能最勗厲。康熙二年卒，同門私謚貞孝先生。

長洲徐枋，字昭法。崇禎壬午舉人，少詹事汧子也。汧死國難，枋僧服隱吴門山。康熙中，巡撫都御史睢州湯斌屏輿從詣山求見，竟拒不納。繞行山廬，嘆息而去。時吴越孝廉多守志，而始終裹足不入城府者，嘉興李天植、巢鳴盛及枋三人，枋没最晚。故名尤重云。

古稱求忠臣必孝子之門，今得孝子於忠臣之門。夫移孝爲忠，時順而易；體忠爲孝，勢逆而難也。二君與王裒、諸葛靚事雖不同，其猶蓼莪之志也夫〔一〕！

萊陽姜垺，字如農。父瀉里，諸生。崇禎十五年，大兵破縣城。抗節死焉。垺由辛未進士累知密雲、儀真縣，陞禮部主事、禮科給事中。言事，廷杖，戍宣城。出獄上道，未四十日而京師陷。垺哭泣不食，有勸之歸里，義不肯。臨没，語其子安節、實節曰：「敬亭，吾戍所也。未聞後命而君亡，吾猶罪人也。死必埋吾戍所。」二子遵教，乃葬宣城。弟垓，字如須，庚辰進士。官行人。入署，見題名碑並載崔呈秀、阮大鋮、魏大中，特疏：

〔一〕「蓼莪」，康熙本、祝校本皆如是。徐刊本誤作「蓼我」。

「大中忠節褒恤之臣，豈宜與奸黨同列？」詔可其議。兄埰下詔獄，號呼扶救，得不死。晚歲流寓天台、吴門，與兄共隱鹿州、鶴市之間，三吴學者翕然從風。卒葬西山竺塢。吴人爲建二姜先生祠於虎丘。

仁和金堡，字道隱。庚辰進士。知臨青州。紹興上書閩中不稱臣，堡力争，被逐。歷事西粤，有强諫聲。與袁彭年、李元胤、劉湘客、蒙正發等並稱「五虎」，幸臣驕將皆側目之。陷梧州獄，杖戍清浪。未之戍，桂林已失，乃爲僧。更字澹歸，自稱清浪戍卒。瞿式耜在桂林獄，堡時與往來，賦詩復和。式耜死，上書定南王，請收葬。會已葬，不果上，海内高其義。隱於韶州丹霞山。康熙中三叛作，堡猶存，後終死平湖。

姜埰之尊君，自稱「宣州老兵」，上之上者也。金堡作《平南王年譜》，君子或譏之。及讀《行都奏議》，指畫天下事如觀火轉圜。西南小朝廷有此大文，其才氣固雄矣哉！

盩厔李顒，字中孚。山居求志，關西學者宗師之。康熙己未，以博學宏詞徵，不赴。後駕西巡入關，諭意督撫欲召見，以篤疾辭，朝廷嘉其意，勿强，賜以御書扁額。有疏陳謝，督撫笑其文詞疏拙，竟以自全。年八十餘，終於家。子孫力耕自給，無習時文應舉者。學者稱二曲先生。

順德縣陳恭尹，字元孝。父邦彦，以諸生起兵，死清遠；恭尹走增城。父友湛粹破千金匿之，更名鞠，事寧乃復名。能隱先痛，終身不出。好古博學，以文章自見。康熙中粤東有大家三，惟恭尹立名爲真。父子忠孝，無隕家世焉。

宜興楊湛露，字燕侯。甲申，年四十，棄諸生教授，已，遂散遺生徒，絶學捐書。或行郊原，則慟哭返。拜先墓必伏地哭失聲。康熙中，府州縣講學，令造請再三，不往。詔賜民年八十以上米帛，首及燕侯，堅辭之。年九十餘，考終。

其鄉人稱：周延儒再相，使所親道意致殷勤，燕侯竟不一詣。楊廷麟以盧象昇喪至，奇燕侯文，欲見，不可。比廷麟死事，則泫然曰：「士重知己，極不忘耳。」爲位而哭盡哀。縣人李三綱赴義湖南，殁於郴，拊其子如子，至成立。其立名節如此。與休寧汪寶皋、同縣史夏隆友善，年並八十餘，風被鄉黨。武進邵長衡作傳〔一〕，稱爲「隱君」。

又舉人謝遴亦宜興人，兵後晦迹，種菜一畦，不入城府。陳維崧寄以詩：「芒鞋一兩千金直，不踏城中二十年。」

會稽余增遠，字謙貞，號若水。崇禎癸未進士。任寶應知縣。以劉澤清開鎮，棄官歸。

〔一〕「邵長衡」，康熙本、徐刊本原皆作「邵衡」，祝校本改作「邵長衡」。邵長衡（一六三七—一七〇四），字子湘，號青門山人，江蘇武進人。當從祝校本。

事越，爲禮部郎中。兄煌死義，增遠避兵山中。事平，聚徒城南，授《三字經》。與老農雜作，衣被百結，糠秕續食，故人希復接面。同年生王天錫爲海道，牽車勤訪，託疾弗爲禮。冬夏皂巾，未嘗科頭，終二十年，遺令勿求文士爲銘狀。越中稱故老者推爲第一。

上虞徐復義，字漢官。亦癸未進士。丙戌後，哭泣失志。所居下管山中，日夕貿貿環山行，竟廢餐寐。投崖落深谷死。鄉閭哀之。

餘姚張廷賓，字客卿。天啓甲子舉人。六上公車，不第，受鄞縣教諭。南都除望江令，未之官。丙戌兵亂，姚江書院師弟皆散，惟廷賓兀守數椽。事平稍復來集，學會再舉，廷賓力也。意忽忽不忘故都，乃之四明山雪竇爲僧。東南高蹈之士多歸之。架上雜陳《離騷》、楚些、二十一史、《宗鏡》、《指月録》等書，僧徒莫測其涯際。稱道巖禪師。康熙壬戌卒，年八十八。

餘姚吕章成，字裁之，大學士本曾孫也。博古通文，綜《左》、《國》、秦漢、唐宋諸家，而淳氣獨運，不屑屑規橅。歎曰：「吾先人受三朝隆恩，吾今學成亦無所用矣！」每讀書臨文至三月十九日之事，未嘗不閣筆掩卷，太息流涕也。冬服氈巾，夏或散髮，名其藏書之室「蓼園」，曰：「余集於蓼，孰謂荼苦者？」改輯周興嗣《千文》，紀有明一代，詞核而義嚴，士大夫多誦抄之。早歲契台州陳函輝，函輝殉節，有《告北園文》，比謝翱之哭西臺云。

嘉興施博，號約庵。乙酉後常寓宿東塔寺，終身長服儒冠。以知明處當爲慎獨切要工夫，與餘姚黃宗羲有往復論學書。而心服孫鍾元徵君之爲人，於師承不肯苟附。曰「蕺山吾師乎」？然未嘗親贄蕺山也。暮年講學於放鶴洲、煙雨樓，引接後進，海内稱施先生。

余自康熙癸丑謁施先生，始識龍溪「四無」之近禪。先生之於學勤矣，其故國之意則耿耿也。偶舉成、弘名臣諸奏疏請正，納頭便拜，曰：「樸愚衰老，幸兄厚自愛，爲世道留意，追踪前賢。」噫，今乃有先生乎！

會稽陶復，字克幾。九歲在塾，聞莊烈皇帝殉社稷，即閉户哭泣不能止。母兄私怪問之，對曰：「『普天之下，莫非王土。』復雖幼，君父同也。若之何不痛？」後讀書，器學日進。以時文舉業授徒代食，終不應舉。沈篤廢疾，神明愈厲。竟五十年大布之衣，儒巾方舄，時人嗤笑，中不撓惑。遇事揣勢，動有窾理。卒，友人私謚之貞安。

諸暨陳洪綬，字章侯。工於畫，畫獨有奇氣。崇禎間與北平崔青蚓齊名，號「南陳北崔」。衣面垢膩不澣洗〔一〕，惟筆墨精良。日作大書一紙、楷書一紙。閲《漢書》二頁，即不復閲作。

〔一〕「澣洗」，徐刊本脱「澣」字。今據康熙本改。

午餘飲酒放豪，醉輒駡當事人。第聞劉蕺山先生語音，則縮頸咋舌却步。而先生顧喜與語，謂：「章侯聊復飲乎？」先生既没，朝夕仰禮遺像，題壁云：「但存君父心，得升先生堂。」自題生像云：「浪得虚名，山鬼竊笑。國亡不死，不忠不孝。」晚歲在田雄坐，嘗使酒大駡，雄錯愕而已。喜着僧服，稱老蓮，天下因稱陳老蓮云。

西陽楊正經，通音律，善鼓琴。代父爲宣慰使，崇禎二年入援，立功山海關。宣、欒諸城既復，正經上鐃歌十曲。上嘉其聲詞雄麗，使定郊廟樂章。嘗奏琴便殿，爲太古聲，稱爲「過於師襄」。官以太常，賜之琴二。甲申之變，正經抱賜琴亡匿淮陰，作爲《西方》、《風木》二操寄思君親，吴楚遺士聞而悲之。先是，上有御琴名翔鳳，轉徙兵火中，有濟南李氏購之以歸。正經歲逢先帝忌日，輒從淮泗至李氏，拂拭御琴，設玉座，拜奠如禮。會南海屈大均亦至，請正經鼓琴。正經奉御琴不敢彈，乃陳賜琴伏拜，鼓一再行。敘寫家國破亡之故，變徵哀愴，林葉陡落，驚風颼颼。聽者皆泣下。正經時爲僧，布衲芒屩，踰月别去。大均爲作《御琴記》。

宜興陳貞慧，字定生，都御史于庭子也。性謹孝，無疾言遽容。于庭喪其良子貞貽，不樂，顧貞慧乃復慰。同縣周延儒爲相，修睚眦之怨於于庭遺孤。而貞慧才思豐溢，知不可屈，轉爲好語慰藉。貞慧待之如平常。

先是，温體仁當國，以禁錮東林爲事，薛國觀等祖述之。黄道周在獄，事益急。三吴好奇計者謂不如援彼黨一人，爲兩家騎郵，冀稍紓禍。謀於延儒。延儒心暱阮大鋮，大鋮遂帖囁耳語：「苟得改事諸君，生死肉骨也。」因置酒，張溥、吴昌時以某謀告周鑣，鑣持不可。沈壽民及貞慧、吴應箕等復先後疏揭攻大鋮，大鋮不悛。及延儒再相，猶望汲用，曰：「廢籍馬士英，鋮之化身也。必以鋮不符公論者，請起士英。」士英於是得督鳳陽。南都定策，遂引大鋮用事，首殺鑣，應箕、壽民亡命，貞慧亦被縛至鎮撫。國亡，乃解。貞慧目覩故時山水，所至號悲。埋身土室，不入城市竟十餘年。故人時過陽羨，勞問生死。順治十三年卒，年五十三。其世號定生處士。黄宗羲銘其墓曰：「於乎，是爲弘光黨人之墓。佞臣過之，尚避其風雨。」其推隆如此。子維崧，字其年。

宣城沈壽民，字眉生。性矜孤，少言笑，以文章雄視江左，東鄉艾南英高重之。崇禎九年復保舉，應天巡撫張國維舉壽民。時流寇延横，楊嗣昌奪情爲兵部尚書，任熊文燦主撫，掩匿敗問。壽民詣闕上疏，謂：「綱常正，而後可正風俗。金革無避，漢儒之曲説。即嗣昌迫君命，無安枕京畿理。」又言：「文燦以二十萬衆，食二百八十萬餉。即令賊渠面縛，猶應宣布皇威。寧有按兵講款如兒嬉戲？將來養亂未知胡底？」嗣昌皇恐待罪。然上方倚信，疏遂留中。侍講學士黄道周嘆曰：「此何事？在朝不言而野言之，吾輩愧死矣！」於是給事中何楷試、御史林蘭友、修撰劉同升、編修趙士春各劾嗣昌忘親誤國，道周至與嗣昌詰於上前，皆降調。壽民啓之也。

壽民歸，棄舉子業，偕金壇周鑣仲馭隱茅山，與貴池吴應箕、芑山張自烈、歸德侯方域、宛上梅朗三〔一〕、蕪湖沈崑銅、餘姚黄宗羲、如皋冒辟疆共持清議，裁量公卿。阮大鋮在留都，以新聲高會收召黨與，利天下有事而行其捭闔。壽民劾嗣昌疏尾及之，陳貞慧、顧杲等推壽民之意，出《南都防亂揭》，連海内名士攻之。諸名士舉金陵廣業社，酒酣連席，咀嚼大鋮以爲笑樂。既積隙而京師陷，大鋮南都柄用。聞周鍾降賊草僞詔，乃洋洋喜曰：「彼東林也。鑣、鍾兄弟曩者逆案我，此乃真逆案矣。」遂拘鑣，考死獄中。廣前揭中姓氏，作《蝗蝻録》，以復社名士填之，而壽民、貞慧爲首，下鎮撫。黨禍大作。陳名夏亡命，投止壽民。名夏北走，壽民變姓名入金華山。益入窮山，採藿自給。郡守朱元錫寄十金，置壁中，三年未嘗發視。名夏既相，遺書將薦壽民。壽民對使焚書，寄語：「龔勝、謝枋得非詘於龍丘、所南也，多此物色耳。幸謝故人，無煩相念。」遜遯十載，始返宣城。自稱才疏意廣，而天下高其義。康熙十四年卒，年五十九。

陳、沈二君皆名士。及馬、阮亂南都，而東林、復社之氣盡矣。然則黨議固與國是相終始也。

嘉興巢鳴盛，字端明。崇禎丙子舉人。乙酉後不入城市。時群盜四起，鏐鐵銀鏤之器無得留者。於是遶屋種匏，小大十餘種。杯杓之外，室内所需器皿莫非匏者。遠近傳效，「檇李

〔一〕「梅朗三」，康熙本如是，徐刊本作「梅朗山」。梅朗，字朗三。安徽宣城人。梅鼎祚之孫。今據康熙本改。

匏樽」乃名海内。自爲長歌咏之。時上元王潢元倬亦丙子舉人，著《南陔集》。過江左者必造其廬，推主盟焉。

黄岡王一翥，字子雲。崇禎中舉人。乙酉後遯居武昌縣西寒山寺，時寄寓宿食。寺臨大江，山崖有猴兒洞，人足罕至。每於月明潭澄，獨往洞中大哭。有漁舟過其下，跡之，子雲也。順治間竟天年終。

時同縣志節士有杜詔先、林之華。之華字果存。王師至楚，祝髮爲僧，居於南嶽，晚年而歸。著《鎖鑰易》，韋鍾藻爲之集注。詔先字于皇。崇禎己卯副榜。乙酉，更名濬，往來揚、越間。晚刻《茶村近詩》五律百首，遂號茶村。又作《一盃嘆》以自喻。至興化縣，悦陸廷倫懸圃。二人皆善詩文，于皇好遊而懸圃掉舟不出境，性行不同。于皇卒於康熙某年，葬金陵。

吴江包捷，崇禎壬午舉人。乙酉，避地穹窿山，灌園自給。孫孝廉兆奎死内橋，捷往哭之。進士吴昜屯兵太湖被殺〔一〕，捷往收其屍。吴人以捷爲欒布、朱瑒之節焉。

〔一〕「吴昜」，徐刊本、康熙本、祝校本皆作「吴易」。疑爲「吴昜」之誤。《蘇州府志》卷一〇五《吴昜傳》：「吴昜，字日生，柳胥里人……崇禎末成進士……已而，吴江亦失，遂與同邑孫兆奎、沈自炳、自駉等號召舟師，聚衆數千人，屯長白蕩。」今據改。

仁和邵泰清，字以規。崇禎癸酉舉人。出武進王忠烈公章之門。章死國難，泰清斲木爲主，朔望歲時酹酒再拜，或伏地哭失聲。居常鞅鞅曰：「吾先朝老孝廉，不早從王先生地下。」自甲申後，箬冠布袍，屏跡靈鷲之呼猿洞，不復入城市。或語以時事，默不應。臨没，勅其子無乞志銘。年七十八。所著有《忠孝見聞録》、《雪樵吟》。人比之西臺謝翺。

錢塘汪沨，字魏美。崇禎己卯舉人。乙酉，奉母避兵天台，還居湖上。時湖上有三高士，皆舉人不就公車者，沨爲其一。監司嘗遇之僧舍，問：「汪孝廉何在？」沨應聲曰：「適在此，今去矣。」監司載酒湖船，請以世外相見。其二人幅巾抗禮，沨獨不至。已知在孤山，流船從之，沨竟排牆遁去。所居敗書數帙，或鍵户出不返。然夜觀乾象，晝習壬遁，耿耿者猶未下。黄宗羲過訪，沨送至清波門，矢不入郭。臨没，焚其詩文，無一存者。金堡爲之立傳。

錢塘鄭鉉，字玄子。諸生。崇禎中四方文社最盛，而杭有讀書社，以文章氣節相期，張岐然、江浩、虞宗玫、馮悰及鉉皆與焉。當時稱岐然力學，浩潔清，宗玫孝友，悰深沉，而鉉卓犖。嘗與吴應箕、黄宗羲、宗會、沈壽民等流連西湖，步入深林，久而不出，大叫尋求以爲嘔噱。月下泛小舟，論古今。各持意見不下，鬨聲沸水，蕩舟沾服。浄慈釋三峰亦從之游。王師下浙江，諸社名士皆散，岐然更名濟義，浩更名濟月，逃之僧。鉉謂子淵曰：「漢室之亂，梅福變姓於吴門；厓山之亡，謝翺不返於汐社。梅、謝皆有子而相棄如斷梗，各行其志。吾欲爲梅、謝之事，汝獨不能爲梅、謝之子乎？」遂去，不知所之。久之，淵聞鉉在上柏山中，踪之，莫遇。餘姚韓貞武文，俠士也，嘗蹈海往來上柏。宗羲疑其知鉉所在，私問之，亦未見。或曰，鉉糾烏合，死義也。淵字元澄，因痛父，縱酒而卒。士林哀之。

山陰張岱，字宗子，左諭德元忭曾孫也。性承忠孝，長於史學。丙戌後，屏居卧龍山之仙室。短簷危壁，沉淫於有明一代紀傳，名曰《石匱藏書》，以擬鄭思肖之《鐵函心史》也。至於廢興存亡之際，孤臣貞士之操，未嘗不感慨流連隕涕，三致意也。順治初，豐潤谷應泰提學浙江，修《紀事本末》，以五百金購請其書，慨然曰：「是固當公之。公之谷君，得其人矣。」年七十餘卒。衣冠揖讓，綽有舊人風軌。

海寧談遷，字孺木。自幼讀書，不屑場屋舉子業。獨好觀古今治亂，注意明代典故，以爲「史之所憑者，實録耳。實録見其表，尚不見其裏。況革除之事，楊文貞未免失實；泰陵之盛，焦泌陽又多醜正；神、熹載筆者，皆宦逆奄之舍人。至思陵十七年憂勤，國滅而史亦隨滅，普天心痛」。於是汰十五朝實録，搜崇禎邸報，補其闕遺。書成，名曰《國榷》。時新經喪亂，人士多欲追敘緣因，思竊遷書憑藉爲己有。而遷家徒壁立，不見可欲者。夜有盜入其室，盡發藏稿以去。遷喟然曰：「吾手尚在，寧遂已乎！」從嘉善錢相國士升家借書，復成之。陽城張太宰慎言、膠州高相國弘圖皆以遷爲奇士，折節下之。在南都，虚史館待遷，不果。亡何，二公相繼野死。遷棄諸生走昌平，哭思陵。將西哭慎言於陽城，未至而卒，是歲順治十三年也。

明季稗史雖多，而心思漏脱，體裁未備，不過偶記聞見，罕有全書。惟談遷編年、張岱列傳，兩家俱有本末。谷應泰並採之，以成《紀事》。而遷於君臣朋友間天性篤至，其著書皆徵實覈覈，不矜奇闢文，以作者自居，故爲儒林所宗，追配荀悦《漢紀》焉。

張、談二君宜入《儒林》，而列之《遺民》，以其故國之思厚也。

金壇于穎，字瀛長。崇禎辛未進士。累官工部主事員外郎。知西安府，削籍。起工部郎中，知紹興府。截江之役，陞按察副使，分巡寧紹道。間道歸里，杜門終老。穎在紹興甚有威惠，越人至今思之。

保定王正中，字仲撝，武寧伯之仁從子也。爲人强力，好讀實用之書。登第後游高唐州，會大兵圍州。州守以轉運銀杠出賂大帥，求免一城生靈，正中與其議。事平論死。給事中李靖理出之，知長興。

乙酉，避地紹興，以兵部主事攝餘姚縣事。時兵興，公私掠奪，府縣莫敢問。正中設兵彈壓，各營取餉必使經縣，不者，盜賊論。總兵陳梧敗於嘉興，渡海掠鄉聚，遣兵會鄉聚擊殺之。

張國柱自定海西上，列船江涯，入城牢搜者二千人。徐給資糧，開譬引去。田仰、荆本徹先後過姚，舟檣蔽江，並俯首帖息。於是尚寶卿朱大定、太僕卿陳潛夫、兵部主事吴乃武皆從浙西來受約束。江海得通，正中力也。

事後伏居鑒湖，佃田五畝，醫卜佐食。與史孝咸、黄宗羲、吕章成、邵曾可交好，幅巾寬袖，時時往來。康熙六年卒，年六十九。厝山陰陳常堰。子三捷，亦能守布衣終身。

自少聞義興起事時，符召瀛長以五百人赴西興收北船。倉卒未有軍仗，瀛長即民間，家借棉衣一襲，頃刻得五百棉當甲以扼江。其得民心如此。遭遇廢興，潛居無咎，未可以不死訾議也。仲撝先生，余之所見，常宿家樓，與大父語至夜分。貌侵不及中人，而敢於斷事。雖以武寧群從，得不爲列營所撓，亦其智計有以副之也。播遷之餘而守令咸若是，其亦可倚重與。

魏縣劉永錫，崇禎丙子舉人。以長洲教諭攝崇明縣事，庭無留獄。兵後有大吏强之仕，袒裼疾視曰：「吾中原男子，年二十渡漳河，登大伾，躍馬鳴鞘。兩河豪傑誰不知我？乃欲見辱耶？」取掛劍欲自刎。門下士抱持得解。没時，妻子飢死俱盡，弟子徐晟、陳三島葬之虎丘山塘。

華陰王弘撰，字山史。父兵部侍郎，死難。讀書華陰山。以博學宏詞徵，逃家之江南，八年始歸。年七十五終於家。始山史與李因篤天生同學，趣好甚密。後因篤就徵，遂絶紵問。

關西爲之謡曰：「天卑山高，生沈史標。」

黄岡魏公韓，字小韓。由進士知句容縣，累陞寶坻巡撫。國變，未之官，隱居縣西鄉湖中漁臺，築圃聚宗焉。圃北築問青樓，朔望上樓，北面九拜。年六十餘，髮脱，不除。韋鍾藻有《過問青樓》詩：「青天不答累相問，皓首終隨漢臘歸。」蓋知其志也。

上元張遺，字瑶星。終身孝巾素服。時寓雨花臺之松風閣。徵君鄧元錫嘗著《南史遺》，日夕讀之，或泣或歌，風動江左。

含山張不二，逸其名，王師下含山，諸生群約，哭先師，死泮池。衆環池立，推年之最高者先入。有年七十者奮身而没，衆悉掩面還走。不二怒，大聲云：「若觀張某死法！」遂歸小樓，絶食飲七日，妻使女奉盞父前，跪而牽衣號。取盡之，則參湯也。自是距户，勺水不入口，凡四十日。其友致書欲與同死，復書責以「母老須養」。作詩云：「忒煞便宜兒女輩，不須馬革走沙場。」又云：「人生只有些兒氣，我氣如何者樣長？」和州、含山文俗人俱能述之。死時年三十餘。

山陰朱兆殷，字夏夫。與張蒼水司馬相善。共詣紹興知府于穎，勸穎招募材勇，東南當有反者。未幾，許都果反。東陽郡以有備，得不動。講業駝峰，收船江上，先後與蒼水俱。嘗從至沙埕而還。甲辰，蒼水死會城，葬南屏山。兆殷隻雞絮酒，歲時哭奠。年八十餘，壽終於家。

餘姚朱之璵，字楚嶼。浙東敗，浮海爲黄虎痴記室。虎痴被刺，之嶼之日本乞師。長碕王留客，以書達東京大將軍，許發罪囚三千。之嶼以不發兵而用罪人，身入東京，面陳方略。會已大定，乃留東京。自國王以下咸師奉之。爲建學，設四科，闡良知之教，日本於是始有學。國人稱爲朱夫子。諸王以其遠客，納侍女十二人，竟不一御。在日本四十年，終而葬焉。縣人張五皋如長碕島還傳其事以來，其孫浮海往省，白迎致之意，卒不肯復。康熙十三年後尚在日本。

江西鄧凱，始以烏合散從永明王於雲南。順治己亥入緬，緬人勒從官放仗而入，故人無寸兵。

辛丑七月，過河飲咒水盟，以兵圍而殺之。死者宗臣松滋王、文臣鄧居詔、武臣馬吉翔、内監李國泰以下共四十二人。惟黔國公沐天波出袖中流星錐錐殺數十人而後死，王惟恭小子來安引襪中小刀刺殺一人而死。凱時爲都督同知，先數月爲吉翔所擊傷，足不能渡河，得免。還，入雲南昆明州普照寺爲僧，作《也是録》，述緬時事。

桐城方以智，字密之。崇禎庚辰進士。授翰林院檢討，入粵西。返里，止南京高座寺爲僧，名弘智，字無可，號藥地和尚。與魏禧、侯方域等諸名士交，有盛稱於時，余友劉子志出其祖忠正公所校《北都僞命録》〔一〕，有方密之名。蓋其時不能爲范、李、倪、施諸公之引決，即爲密之耳。雖晚蓋何益，姑附於此，以見人之立身有本末，尚論者當慎於取也。

鄞縣萬斯大，字充宗。父泰，崇禎丙子舉人，丙戌後絶公車徵。斯大承父志，不事科舉之學，精研五經，尤邃《春秋》、三《禮》。其《宗法》八篇師黄梨洲，嘆爲超前軼論。至性質剛，疾惡好義，常如不及。嘗遊陽明書院，見旁廡主列張某，怒，立投之地，舉足折之。大聲顧守者：「官府問誰折此主，可曰四明萬斯大也！」環觀者皆愕。指曰：「此明朝大司馬，賣國爲闖賊官，後爲此間方伯者也。」父友同縣陸符文虎無子，暴棺淺土三十餘年，致書諸故人醵金葬之。張蒼水死會城，藁葬荒山，復醵金，兆南屏，作之封樹。歲上巳、重九日，必裹雞絮酒，拉同志聚哭之。兩兄窮老而鰥，輒對子經欷歔出涕，謂：「我父子饘粥稍充，便當歸里不出，奉此二老，爲楊延壽、司馬伯康矣。」其篤於友愛如此，康熙二十年卒，年五十一。

長洲顧炎武，字寧人。乙酉後高尚其事，乃去大江以南，徙家淮、豫、燕、晉。屯田耕牧，尋訪舊人，哀意至則讀書，讀竟輒哭，或不能竟讀。每年登天壽山，謁諸陵，有《十四陵長歌》。

〔一〕「校」，徐刊本原作「較」，按義當作「校」。

名聞海内，奉爲宗師焉。

遺民風節播遠者無過寧人。蓋其性摯而才足以發之，宜乎後人瞻望而興起也。越人則多沈鬱，亦山川之氣凝聚使然與？

常熟嚴瑋，字伯玉，大學士訥孫也。始爲祁陽王賓客，後入何騰蛟、瞿式耜幕府。事敗，攜家隱僮人洞〔一〕。嘗一覲母還里，竟入僮人洞，不知所終。

山陰葉振名，字介韶。家貧，奉母至孝。嘗娶婦，婦死即不續。居壞室，藉鄰火煨柏葉代茗。僦餅啖客，不廢酒，客不飲則自盡之。外扉粘「心喪」謝客，實無喪也。壁柱率書，大約以死爲樂。擇死之最者首迅雷。行道上穆穆如無人。張蒼水死杭州，振名持隻雞黍酒，獨登越王顛哭祭，爲文六千五百餘言。天下聞其風而高之。又致書姚督緩攻，語多闊迂不可行。年六十八，無子。友人王某爲之殮葬。

寧都魏禧，字叔子。兄曰伯子，弟曰季子，世稱「易堂三魏」。而叔子之風最高，易堂築城

〔一〕「僮人洞」，康熙本、徐刊本皆作「獞人洞」。「獞」，舊時對壯族的蔑稱，後改作「僮」。祝校本改作「僮人洞」。今從祝校本。

西南山，四面壁立百仞，紆縈鳥道，賓友過訪者嘆嗟奇絶。當金王之亂，以此自全。康熙己未，以博學宏詞徵，辭不赴。撫道敦迫，强請入舟，在道竟稱病返。與南昌彭躬庵、林確齋爲松石交。躬庵名士望，確齋本西江宗室，避人更名。二人皆有文章操尚，然莫不推轂叔子。叔子爲文宗尚簡淡，不至摹古家法。能人咀含，尤杜口絶講學，人以此多之。餘姚張五臯游廬山，南至寧都，特過叔子。見若舊識，謂之曰：「凡君所爲，我極喜，顧吾不能爲君所爲耳。」五臯返，痛自折節，許叔子之知我也。

宛平韓位，字參夫。嘗從高攀龍講學，著《道統録》。甲申之難，潛自宣武門出，至陪京。明年，陪京不守，留其二子清凉山麓，遂浮海去。

長子更名田，字耕良；次子更名畕，字石耕。石耕因痛父，四十不娶，從人寄食，與一琴居處。然所善南昌王于一、金陵龔柴丈、關中王築夫亦未聞石耕嘗鼓琴也。辛丑秋，於秀水鍾廣漢坐上送屈大均歸番禺，爲鼓一再行，淒然别去。其冬病卒，耕良乞貸以殮，同志多爲誄詞挽詩哀之。

常熟鄧大臨，字起西。曾祖韍，以母老，不上春官。母没，服除，仍不上，曰：「曩以母在不往，今往，是利母之没也。」時稱真孝廉。

大臨幼孤，從江陰黄介子毓祺學。歲乙酉，江陰城守不下，介子與門人起兵竹塘應之，使大臨募兵崇明。事敗，介子亡命淮南。用官印印所往來書，爲人告變，捕入金陵獄。獄急，以所著《小遊仙詩》、《圜中草》授大臨，坐脱而去。戮其屍。大臨號泣守喪鋒刃中，贖身首縫紉棺殮送歸。有漢陽匡風已爲道士，遍走江湖，從甬東還，達餘姚，訪黄梨洲萬山中雙瀑院。甲辰，梨洲過虞山，大臨導之，訪熊魚山於烏目，李膚公於赤岸。返棹送至城西，涕泗而别。遂不復見，侘傺死。崑山顧景范作《鄧丹丘傳》，屬梨洲銘墓。

定海謝泰臻，字時禋，父渭，四川按察使。泰臻少從父宦蜀與平水、藺。父卒官，將喪歸。知天下將亂，益揣練兵勢，時挾弓矢出郊角射。乙酉之亂，東平侯劉澤清潰兵，航海破定關。得其要領，結納偏裨，以安比落。浙河不守，翻城放劫僵屍，號哭屬路。獨謝氏門宗三百餘口安全，木主不移。其倉卒制變如此。既而故社遂屋，入先師廟伐鼓慟哭，焚巾服於庭，援壁上琴彈之，不成聲。推而起曰：「人琴俱亡矣！」一日忽出，留書几上曰：「兒曹無苦追，我從吾志。」家人跡之天童山，趺坐灌莽中，已剪髮爲頭陀。雪夜赤脚走數十里，偃卧冰上。或囊所著書加項，登深崖絶巘發讀，採烏喙生啖之。如是四五年。庚寅八月，蹈海死，年四十九。後八年，始具衣冠殯葬。

泰階字時符，幼不隨父之蜀，一日，見孤鶴翔塔頂，曼聲天末，不自知淚下。亡何，父訃至。國變，滅影躬耕。松江徐孚遠、張子退避地海濱，就泰階於柴樓，指畫大勢，繼以痛哭。時兵荒交迫，斗米三百錢。流寓頓踣，節縮擔石，公其飢飽，有王英孫主唐、林義士之概焉。

乎遠從亡，泰階亦避山寇，徙郡城。名士萬泰、董守諭等争就結識。丁亥冬，滃師闌入，甬之好事者多死。以計脱執友范兆芝於禍。臨卒，悉焚所著撰，語其子曰：「吾寄身弋釣，無關天壤，紙墨遂多，苟不化爲煙雲，恐作災祥耳。」泰階死在泰臻前數月。明年辛卯，滃洲破。相國張肯堂殉節雪交亭，從死者骸骨撑柱。泰階子歸昌渡海捃拾，聚大甕中埋之。立石，書「張相國墓」，歸告於父祠下。東海稱之。

山陰戴易，字莪仲，號南枝。順治中樂虎丘山水，葺茅僑居。與徐枋昭法過從，爲昭法預營葬地，得水東三畝。昭法罄室中器用賣得二十金，遽卒。遂以爲殮。易思必成其志，乃粥書街衢，隸古一幅博百錢。溽暑揮汗，至五百餘幅，約字五萬餘，完買山之直而止。其年，年七十六也。長於昭法一歲，受寡婦孤孫之託。既失水東，偕太倉王鐘探梅鄧尉。即玄墓。得珍珠塢，遂結券焉。而易自埋骨蓮花峰，距珠丘二十里。曰：「後死可相望地下也。」汪學鏡作《賣字行》贈易，吴門遺士多和之。

吴縣周茂蘭，字子佩，忠介公順昌子也。年十九補諸生，遭忠介之難。烈皇御極，刺血訟冤。

姚希孟指其疏有語忌，又刺舌改書。上爲之斬御史倪文焕，徙巡撫毛一鷺，尚書吕純如賜死。難家皆追封三代，自茂蘭疏發之。家貧，葬三世之喪。畢弟妹八人娶嫁，皆有條度。乙酉避兵倉皇，失其誥軸。越歲，大兵從閩還，有軍人叩門呼「忠臣周氏家」，捧誥軸還之。茂蘭大喜，拜受。問其人姓名，不答，竟去。吴日生之案牽連，殺文相國之子乘，周壻也，茂蘭迎妹、撫孤成立。亡何，弟又涉禍，獄急。會陳名夏當國，爲子求婚茂蘭。茂蘭涕泗曰：「豈惜以一女易一弟乎！」弟乃得出。晚年與學佛徒遊，又遇道人，授養生術，過午不食。年八十二終於家。

天啓璫禍死者，常熟顧大章、子麟生玉書。江陰李應昇、子遜之膚公。餘姚黄尊素，子宗羲太沖、宗炎晦木。及茂蘭皆終身守名節不出〔一〕。惟嘉善魏大中子學濂子一以約唐通兵興復遲死，清議憐之。宗羲自有傳。

贊曰：《易》六十四，陰陽各半。開屯者亨，傾否合渙。迄於剥極，豈能逆算。洛有多士，三紀不亂。似蘭斯馨，如金斯斷。千載同心，我思不遠。

雜傳〔二〕缺

雜録缺

〔一〕疑「及茂蘭」上脱「各人子」三字。

〔二〕徐刊本正文無此標題，據目録補，下同。

思復堂文集卷四

記

重修文雅臺記 乙丑

臺在歸德府治東南，梁孝王建。世傳夫子習禮大樹下即此。萬曆中知府鄭三俊立碑，順治中知府丘正策摹石像祀夫子，今知府胡公國佐、商丘知縣真公申喬重修。

三韓胡公知歸德五年，既修象賢祠祀微子，明年又偕商丘令趙公重修文雅臺而祀先師焉。客有謂其記室邵廷采曰：「是臺之作非爲先師也。按顧況記云『梁客司馬、鄒、枚、嚴忌宴處唱和』，是有文雅之臺，而先師習禮出世俗所傳，圖志莫能紀實。故鄭公立碑，竟未有所營治；至於因臺鐫像，二者並而爲一，則丘公之誤耳。且夫子之道在六經，其苗裔之守在闕里。學宮、文廟之祀接於邊徼，何有於一臺？文雅之役謂當且已乎。」

采曰：「不然。夫祭川者必先河，封山者亦益壤。粵自契爲唐、虞司徒造商，伊尹式商受命，微子再封宋，木金父去宋適魯，六世而孔子習禮於此。億萬世人倫之教，實惟有商啓之。

則學宫之祀孔子也，天下之公也，斯臺之祀孔子也，殷人之私也。《傳》曰：『諸侯宋、魯，於是觀禮。』今雖古烈云微，宋之文獻猶爲天下最。余愛其俗不喜浮屠、老氏教，道宫、梵觀之設頗簡陋，而荒墟野墅，聖賢名迹，往往獲存。如商丘之祀閼伯，穀孰之祀伊尹，郡城之祀微子其尤著者。而范文正公書院則自鄭公再創以來七十年，至於今不廢。又上丁釋奠，一切樂舞、授器、俎豆、籩篚、樽爵、簠簋之屬，亦惟歸獨備。學官從弟子臨祭，升降俯仰，雍容以莊，觀者嘆息。是皆宋之先世，賢士大夫於遺經殘碣中討求掌故，而刺史、守宰又能乘簿書之暇，修舉典禮，以與吏民從事。雖功令所不急，要其有裨於教化者大矣。

且夫文雅之地，實爲一郡名勝。延袤數畝，迤城而南，清池環之，水光接天。殆若聖澤淵遠，藉手孝王以貽後人者。就令大樹遺址傳疑失真，即因藝文之場爲道德之圃，考古者以爲知變，譚禮者以爲合經。丘公之事猶鄭公之志爾，庸爲誤乎？

我胡公來守是邦，吏載其清静，民安其業。次趙公輔之，百里之内，户不夜閉，嘉樹列道，被野桑禾，弦歌四聞。乃增崇是臺，旁治亭榭，以爲高明游息之具。政成事節而民不罷勞，非興制立教之盡善者與？夫章先王之迹以風起人心，並以勸後之良司牧，斯實政體翳賴，又烏可已？」

肅客而退。既落成，因請記兹臺壁，備考郡志者之採擇。

毛西河師曰：夫子哀二年過宋，則在宋地宜有其迹。文具根柢，故枝葉扶蘇，轉見茂實。

金赤蓮曰：言言衛道。比之歐、曾學記，亦其亞也。

重建舜江樓記

舜江樓者，故承宣亭址也，元皇慶間，鄞人州判葉君恒始建樓云。按邑志，亭樓之以舜江名有二：其一曰舜江亭，在治西南五十步平地，負城面江，以迎候客舫，後更名迴瀾亭。其一曰舜江樓，在齊政門東五十步城上，瞰臨通濟橋，望之隆然，爲縣之巽峰，開納文明。方葉君時餘姚爲州，而君至直大火後，乃作譙門，製刻漏，又崇是樓。陶學士安曾爲之歌詩，有曰：「憑欄出樹杪，振衣在天半。諸峰繞城邑，萬室夾江岸。鯨濤息狂沸，龍泉入清玩。」略足盡樓之勝概矣。

有明姚人物甲天下。迨嘉靖之季年，樓毁少替，談者因以是樓覘衰盛。萬曆中，新蔡馬君從龍爲令，復理新之，縣入職方，科目益衰。會康熙初年樓又災，談者益以爲驗。

四十二年秋，通判吴公來攝縣篆，咨政所宜先，遂首重建舜江樓。悉復舊制，置鐘其上，與士大夫集而登焉。周視千山環列烏擔，客星横貫樓中，下長橋狀如伏龍。晨鐘一鳴，萬籟俱起。美哉！前三百年人文之盛，當與此樓俱振，微獨巍科高爵，接武如曩日也。

余惟古名世佐大業者，多出刺史牧相，由乎一方以施天下。凡有興革擘畫，動可爲世法式，數代之間，指不多屈。即如舜江樓之建，僅公繼葉君、馬君而三。葉君名迹見陳旅《海堤記》；而馬君落成是樓，則邑前輩翁大司馬見海公記之。今余文不逮陳、翁而濫承公命，且書詞謙挹，謂「未竟所設施」。度公斯心，欲相厚加福於吾民，豈有量哉！

繼今姚人勿忘先澤，博聞敦善行，以前修自勖，曰相業如文正，理學、勳烈如文成，就義如忠襄、忠烈，古學如文恪，强諫如忠端，銓政如清簡、恭介，餘各以類求其倫，則登斯樓也，有慨然而興，念昔先民，頑廉懦立者矣。若夫朝挹南山之輝，夕覽東海之潮，低昂眄眺，極目千里，騷人詞客或有得於斯樓者，非我公所望於邦人之志也。

公以余言爲是，記而碑之，警姚人焉。

重修三原縣東嶽廟記

三原北城故有東嶽廟。《傳》曰：「山嶽配天。」嶽於帝爲臣，而俗尊嶽或稱帝，蓋若古牧伯各主方嶽然。究以東岱主之，雍以西華主之，西人宜祀華，不宜祀岱。而岱之祀徧天下，即西人無不祀岱者。甚矣，岱之尤尊也。

考舊志，西嶽廟在縣西北留坊里，唐貞觀中建。意其時因衛公靖禱於華神，建封開國，故靈而祀之。而東嶽之祀所始不詳時代。康熙四十二年，原之賢士大夫梁公慨廟貌未稱，特出官禄，率鹺商私錢共八百金，賫自天津，遺書大令李君三山，願假士民錙銖佐之。不讓土壤，卒成岱高。李君屬余爲記。

余惟禮，天子祭天下名山大川，諸候方祀祭境内山川。故周時泰山惟周、魯得祭，雖魯之大夫季氏莫敢僭焉。然《舜典》「歲二月東巡」及七十二君封禪，皆爲壇壝望秩。若今之屋像而家祀，無乃疑於瀆。余推其説而得其所以然。今夫天地、日星、風雷、水火、河嶽之事，亦如日用飲食之在前，不可離也，然其神則人卒弗之見。至於君父衮冕之尊嚴、宗廟百官之美富，蔑弗見焉。聖人因之以教敬曰：「能事人，則能事神矣。」天神、地祇之情狀，與其居處、飲食、嗜樂，殆亦若人矣。禮緣人情，制則屋而像焉，誰曰不宜？且夫祭必備物，其禮至大，今之牽牲酌醴於泰山，特比於村原土穀之祀，非所云祭也。

凡事有行於古而不可沿於今者。古天子廟制七，自是以減，此可行於封建之世耳。後世公卿大夫之子不襲爲公卿大夫，則此五廟、三廟、二廟者，將安所用之？故千丁之家，必爲宗祠以合食，聚數十代之祖宗子姓併入其中。非是，則尊祖睦族衰矣。若此類，聖人復起，皆以爲窮於無可如何，不厭變，而何疑嶽之爲廟乎？

然則東嶽之祀三原也何居？曰：東方物始生，西方成熟，天地之位西爲上。而出入之户，溯震抵兑，正秋之氣，萬物所説。岱之功收於華，是西人祀岱之指也與？

李君曰：「君言是。」遂碑傳之。

酌經準今，可補入《祭統》、《祭法》諸書。弟寧遠識。

重修萊州府文昌閣文[一] 缺

重修湖州德清縣學記 缺

和平縣重修王文成公祠碑記 庚辰

明儒從祀孔子者有四，而新建伯文成王公實集孔、孟以後諸儒之成。公之以兵底定南土也，曰撫贛，曰擒濠，曰征思、田，曰討斷藤。而撫贛之功則平浰頭爲最。其贛時新設之縣有三，曰漳之平和，韶之崇義，惠之和平。而和平處四邑之中，當三省之會，其規模措置爲尤大。文廟之祀公以道，而和邑之祀公以功以恩，道與功與恩同，宜百世祀矣。

自池仲容據和峒、三浰，僭王號，假官屬，江、廣、閩爲不寧者二十餘年。公一旦設方略，羈仲容於帳下，而督兵四面齊進，獸角而草薙之。乃疆乃畝，乃城乃濠，乃集流亡，乃立室家，乃興學校，矜其勞費，舍征弛禁，使狼奔豕突之俗，一變爲敦詩講藝之鄉。後之守者感公斯意，愛吾民如赤子，保護斯土如護元氣。更百數十年，風俗日以益登，雖由循吏之勤、民性之

〔一〕 底本原無此標題，今據徐刊本目録補。下同。

易與爲善，要皆公之遺教有以及之也。

叔祖恕庵先生爲和平宰，初至，即構新文成祠堂而使屬采曰：「此和人所欲。君三世守陽明書，知其政迹，其爲我勒茲碑。」采惟祀典，法施於民，以勞定國，有其舉之，俱莫敢廢。公始設和平，仿古者姝井授廛、移郊興學諸法，爲萬世慮，非秦漢以下苟簡小利苴補之謀。昔箕子封朝鮮，能以文明開絶徼；近世沐氏嗣守滇南，六詔荒陋，浸淫齊於中夏。和平之事，比之昔賢又何多讓？而經生者流不求論公持身經世本末，猥沿桂蕚詖説，訾其學術不已，至並議其事功。夫公之事功，如日月之麗天，容光皆照。和平經歲久遠，野老童豎罔不謳吟思慕文成，歲時奔走祠下，喟然瞻拜，非得旭氣之先者與？夫庶民之心淳古，經生之見雕薄。庶民興，斯邪慝息。處士議横，致有坑儒焚書之禍。吾烏知今日之所流？而以和人士之廟公碑公，正舉世之爲經生者，雖未獲造公斯祠，竊喜爲之記述先人所聞，敢自謂知公之學耶？

先生姓邵，名大成，號恕庵。餘姚人。嘗粤屬旱，聽民鹽米貿遷，須全活。已飭公祠，别爲堂，祀前令有功澤者。和人慕令令君，請並建賢侯書院於祠之右，意以風勸後來，廣公之道於天下。吾知茲地教化蒸蒸日進，將有起而發陽明之學者於是焉。在先生特修斯祠以待其人，非徒爲閭閻申春秋禱祀報賽之義已也。

高則之曰：是論祀典，不是論學術，是和平廟碑，不是他處廟碑。

黄主一曰：南宋以後，學術苦支離。文成倡明易簡，然後人人知有作聖之路，蓋振古重開日月手也。彼訾議之者如蚍蜉撼大樹，豈足與辨乎！允兄深探原本，反覆證議，而詞旨無失和平。使人競心冰釋，粹然儒者之文。

餘姚縣廣濟禪寺碑記〔一〕缺

盱眙縣丞周橋廳壁記 己卯

淮自南陽胎簪經汝、蔡，歷江汭之廬、鳳而下，東至於臨淮，又東北折百二十里，道盱眙，合清河〔二〕、靈壁〔三〕、桃源以與黄河會。清、桃、盱、泗、山陽之間有湖曰洪澤，全淮正道也。以受河衝，反退鬱而爲湖，漫衍數百里。東西一堤，由盱眙蜿蜒而來，至武家墩，北折就河。其堤之同塗而各名，曰高家堰，曰高良澗，曰周家橋，號稱險工。巨石壘築，風濤怒來，木石並去，人馬顛隮，往往而是。春秋潦降，土田不可辨識，猶餘洪澤村廬數十，浮沉於洪濤中。堰

〔一〕徐刊本原無此標題，今據目録補。
〔二〕「清河」，康熙本如是。徐刊本、祝校本誤作「清和」，據改。
〔三〕「靈壁」，諸本皆誤作「靈壁」。當爲「靈璧」。靈璧，縣名，在安徽。

一瀉決，則高、寶、興、鹽、江都、通、泰七屬皆爲巨浸。棄之不可，遷之不能。力以一堤兼障兩瀆，竭海内半賦，官民全力，委之泥沙。有司吏河、淮間者，其佐貳率委其職事，聽長吏勾攝，身奉大府檄，奔走河上，相度緩急修塞。傳呼勞問，不絶道路。或至親負土石，日晏不食。其艱且勞如此。

周橋故有盱眙主簿一人，近詔減去，移丞駐。而山陰施君自西適，承其後。君嘗因余窮《易》義，意趣闊遠，不屑屑爲章句業。既從其先君子走四方，求利病，習吏事，能鞍馬劍弓，馳捕盜偷。其再仕直兹土，則獨跳身堤上，而並孥盱署。己卯冬，余過周橋訪之，見其斬茅爲庭，旁二室，室可容膝，服食寢處與客俱。庭無公座，吏抱牘白階下，立語剖去。庭距堤以遠纔數十武，風水徐泊，聲如球鏜。客旅無事，則二五手譚，或時吟誦其内。而君率昧早跨騎，周巡工築，比晚歸以爲度。余喜其强敏惠下，謂：「真用世人！而困於一堤，不能去。」君斂手曰：「小子將妄言，以是堤爲基始矣。」

夜向午，忽有聲如萬雷從西北來，驚起引衣。詰曉，登堤平望，則湖冰重重山立，狀龍虎豹虯，起伏萬千。風凛不可留，遂書於庭壁，策馬舍之東去。

俞康先曰：以史作記，全力盡注「一堤兼障兩瀆」一段。

史華青曰：留心世事，絶不茍且作文字觀。

邵氏玉田縣莊記

邵氏之有玉田莊自隆慶四年始。按地志，玉田古無終國，屬薊州。而直隸順天府多水田，種稻秄粒長美，上供太官，縣以是得名。而先人遺記云，海州公爲仲子，靖州公北試，因於玉田置二官莊。一區土名窩洛沽，延袤八十頃，恒患潦。而莊户鷙悍，勢力稍詘，輒用莊田投獻勳貴。萬曆十年，海州公卒官，長子欽訓以窩洛沽業歸梅墩公〔一〕。越六年，靖州公登賢書，梅墩公尋卒，窩洛沽復來歸。靖州公乃謀之從叔禹玄公圭。圭親至玉田，揆相形勢，反曰：「地可棄也。勿棄則如攜眷屯牧。君能爲馬伏波初年所爲乎？」應曰：「能。」二十四年，遂偕楊宜人北行，增築塢室，闢萊蕪，正侵占，種秫麥。明年，益置水田。於是玉田城南北五十里並有邵氏莊。

其新莊之地，曰小泉，曰袁家，曰鴻橋，曰白家，曰暖泉。凡經營八年而就。楊宜人卒於玉田，復娶諸宜人。比解靖州，徑往寓家。公之得以淡於宦情，兩歷教職、一任遠州，克承清白，遂初志者，以有玉田業也。

是時承平二十載，神宗倦於政事，久不視朝，遠荒乘怠萌芽。哱拜父子首亂寧夏，日本平

〔一〕「欽訓」，徐刊本「欽」下脱一「訓」字，浙圖康熙本傳節子有「順」字，查《梅墩公傳》，欽順乃梅墩公長子。《五世行略》記海州公長子爲欽訓，今據改。

秀吉攻陷朝鮮，而楊應龍桀驁播州，大將李如松、劉綎、麻貴等東西奔命。臺省館閣，方務紛嘵，益爲恬嬉。公以爲物大必散，致至必危。越中風氣文弱，而燕、趙慷慨，其田足耕易業，意令諸子分處南北，世亂猶有所全。遺書長子慶令盡室北行，繼令易庵公主各莊，皆不果。最後以少子襄爲寄，聘縣中大姓李氏曰：「使就婚，則安土不遷。」然未幾而公没。没之歲，杜松、劉綎死於邊。

天啓初，密雲、玉田等爲牧場，羽書催發，日數至。諸宜人挈襄扶櫬南歸，玉田業遂荒矣。三年，家人廷美尚南來輸租。崇禎七年，襄就婚玉田，各莊稍復安業。不十年，甲申禍作。襄瀕於危，百死一存。順治乙酉，用玉田籍領鄉薦，踰年而卒，因遂埋骨。《傳》曰：「君以此始，必以此終。」可悼也夫！

自襄亡嗣殤，其後餘姚邵氏無復至玉田問津者。或曰：「田入旗軍世屯也。」或曰：「家奴莊户乘亂而分竊。」於乎！五德迭運，六合之宇，時有廢興，況我邵氏一莊？而余徒區區依望而難舍者，以吾先三世歌哭聚族於是，靖州公魂魄猶安樂之。故略次其終始爲記，俾後人有志强力者俟機會而還訪焉。

李氏字培初，縣令。培初之祖官南刑部侍郎，號容齋。順治中，容齋裔孫有持斧衣繡衣巡按南浙者。

叔子異曰：作家園記而原本國事廢興，何等布置！

孫子社廟記

孫子臏，戰國權詐之士也，師事鬼谷，名與吴起先後。而昌之人祀之於社者，何哉？蓋臏常有德於齊百姓矣，能救韓、救趙以立齊。齊國安，則民與受其利。社所以報功，祀之當也。抑臏功在社稷，宜配享，享齊太廟，迨齊亡廟遷，而食於其封邑，竟百世祀。故國之功臣宜祀如臏者多矣，卒與國同廢，臏可謂非幸耶？豈當日有區區之邑，克拊愛子其民，如孟嘗收債於薛之所爲，不竭取於生前，因得以享於身後耶？家之與國勢異，要之民心其本也。田氏之先以此攘人國，而子孫亦以此殖其家。臏少成習見，智顧不及此哉？

雖然，以智自喜者，常限於智之所易足。臏之世，衛鞅方横於秦，而下兵先近攻魏。臏能以救韓、趙者救魏，魏不失西河地，則山東之勢强而秦可圖。惟再勝而喜，足於爲齊而疏於謀天下，此其器之所限也。臏行師非有管仲父之節制也，徒以計力決機兩陣間。自其先十三篇而外，先王軍政概乎無所聞者，豈其有天下之慮？仲以器小，輔齊而不能西略，明識之士早已料之矣，何望於臏？臏差愈鞅，以其未嘗禍齊，身没而人或懷之。若鞅之矯國革俗，是師仲而失其道者。怨叢於身，禍延百姓，至逃死無所，始知爲法之弊也。以此言之，昌之人祀臏社廟，適稱其器，非有過矣。

昌邑領社九十而瓦城。故《春秋》紀鄑邑在治西北三十里，又二十里至海岸，商舶之自天津者皆泊焉。其祀孫子不詳所始。摩舊碑，宋熙寧四年重修。順治十七年，道人孫守德又修之。廟三重塏敞。門廡堂寢皆備。棖左右立鐵馬牛，神相莊梧，旁不設老、佛二氏像，庶幾古没而祀於社之意。

今社人王姓者，復盡賣其口分田，加塈塗，環築，立鐘樓大門東，壯一社之形勝。方召工，有海大魚乘漲入，獲其骨爲窗櫺四。咸謂瑞異。神能威福人，禱無不應，耕斂、疫疴、蝗蝻皆禱。常有人聞見神車音騶從出入，則社内必有慶。堂寢之交有奇槐雙木，東西對樹，怪若虯豹，空幹而茂枝，爲昌境八景之一。或曰槐在建祠前，或曰在其後。

叔虞廷曰：不肯假借古人處，是文家自立處。

姚江書院記 丙子

采少時侍王父魯公先生講學城南，始識所謂姚江書院者。先是正德、嘉靖間，新建伯文成王公倡明正學，高達之士風趨景從，而邑中徐曰仁、錢緒山兩先生實羽翼先後。文成没，弟子所在爲立書院。按陽明書院之在宇内者七十二，而浙中踞其六。餘姚則龍泉有中天閣，故爲緒山講學之所，而書院未有聞者。豈傳之近且真，有其實，固不必事其名與？

崇禎中，沈聘君國模、管徵君宗聖、史隱君孝咸、文學孝復篤志聖學，捐其舉業，從事於此，因雙雁里半霖沈氏宅肇營義學。烝邑中士有志節者，寢食其中，月季小大會，德行、言語、政事、文學俊彦咸在，目擊心喻，直從文成溯洙泗，逮濂洛，朱、陸異同並收，期於躬行有所得力而已。

義學之制，前爲堂，奉先師孔子洎四配；後爲樓，奉文成洎同里親炙私淑諸賢。易像爲主，尊世宗之祀典也。不偏奉先賢先儒，宗其近黨，塾不敢並文廟也。其諸門廡、講舍一切草創，則時與力有不暇，務作人明道而不汲汲於觀美粉飾，用俟後之人增長而光大之。始建歲在己卯，越二十年，丁酉重修，乃額名姚江書院云。

初，郡城蕺山劉子、石梁陶公會講證人社。姚江峙起，往復相和，天下學者稱越中證人祀和靖，姚江祀文成，皆其地講學之祖。推揚餘徽，郡邑人士斐然各有成就。劉子既殉國，而四先生亦守肥遯，隱然金華處士之風。嗚呼，運會有晦明，道之在其人，豈不偉與！四先生没，繼之者韓氏孔當、邵氏元長、俞氏長民、史氏標、韓氏弟子徐君景范。康熙己酉間，韓氏講學城隅，士氣大振，自是少降矣。近年院屋多圮，舊人盡亡，後生希見當年教澤之盛，可嘆也。

歲庚午，安邑康侯來宰餘姚。既大新學宫，復募完葺書院。侯出其禄，修先師堂。月吉，親詣縉紳大夫，濟濟蒸蒸，小子譽髦，歌趨以和，耆人聚觀，莫不愴泣。方迎新主，鳩工度後樓。秋，大潦饑，工輟。會明年侯去知晉州。院弟子請於新令，冀更修之，竟未有緒也。有撓其議者曰：「既作泮宫，書院宜後。」夫書院輔學校，宋以來有之。自帖括義興，學校之設，名隆實微。若夫求論幾深，徵覈日用，動静有養，德藝不遺，其人其學多出書院。書院得人皆學校光。夫成己成物，紹往哲，開來者，不在上則在下，不在父兄先生，在其子弟。當仁不讓，此吾黨責也。況諸先生經始養士之意，其又何可没？因感慨歔欷，爲志其興替如是。

聘君字叔則，徵君字霞標，隱君字子虛，文學字子復，合韓氏孔當、王氏朝式爲六子。會稽董氏瑒作《六子傳》。朝式，山陰人，書院之創有勞焉。出緡多者，蘇方伯萬傑及子元璞；董役者，鄭氏錫玄；輯志略者，韓氏弟子邵廷采。院田屋圖籍載《俞氏徵略》。康侯，庚戌進士，名如璉。

姚江書院後記 壬午

往讀《易》至山風之卦，其彖曰：「終則有始，天行也。」「元亨而天下治。」其象曰：「君子以振民育德。」振取諸風，育取諸山。山風位乖，則取諸蠱。蠱必有事，有事而後可大，故受之以臨、以觀。物大中正，下觀而化，焕然更始，民物一新。雖天行，豈不待其人哉？

康熙辛未，黄岡韋公來宰餘姚。大開義學，延邑中士稽論文藝。月季親詣臨之，簡不率者而登其率者，邑人史孝廉在官、邵孝廉焻、蘇進士滋忭偕同志數十輩進而請曰：「是藝也必求諸道。道成而上，上而爲陽明，爲朱爲程，爲孔、顔、曾、孟。陽明故姚江前哲，特有書院祠焉。其前堂仍奉孔子四配如學宫例，教大居正一統，不得有同異也。沈、管、史諸先生於此擇焉已精，興養作人精神不可埋没。今明府以樂正四術之教迪我人士，盍即並移義學於書院？斯實守先待後，可垂百世。」公曰：「書院在城南濕下旁居人稠處，木朽且折。吾聞『承敝者利用革，幹父者戒用裕』，欲更書院於城中爽塏，何如？」皆應曰：「願如公命。」於是公捐兩歲俸，買角聲苑，出佛像，遷主有日，而公用事解篆去，群議多惜公。已而共慨然曰：「此一事足公不朽矣。」公不以去留易意，手書輒趣院事。

時邵、蘇二子已相繼歿，其子弟及司院者亟董成之。四方來襄役者甚衆，請於新明府楊公曰：「非公，不能成韋公之志。」楊公敦厲多士，嘘姚江之藴火而復燃。遂奉先師神主、至陽明迄於同門私淑肇營前院者，咸入角聲苑，改題角聲苑爲姚江書院。乃大召工，起前庭，廓後樓，旁立學舍。致其故瓦棟椽檻之量可裁用者，而益市買其新者。角聲苑直新城東南門，夾右巽水，比注學宫。地當文明，以儒易墨，嘉運參會，合於先甲三日之義。自此姚江人士既有其地，當講其學，務追千聖一傳，磨砥躬行，無徒剽騰良知口説爲也。夫學者天下爲公，哲愚同歸。自生民以來，未有奇詭，非一邑之事，一先生私授矣。

韋公在杭州聞其事而心怡之，遺書楊公拜成，而命采爲記。是歲壬午康熙四十一年。其遷日，十月乙酉也。

朱約傳曰：用《易》義直起，較前記特開一境。讓善二公，極有體制。至末戒以「無騰良知口説」，鵝湖、鹿洞聚訟紛紜，得此斬斷。

黄忠宣公祠堂記

余少時勤録明事，每一朝輒記其良臣聲迹、所遭際厚薄。見金川殉難則氣塞，哭不能止。比讀至永樂、洪熙紀，慨然太息曰：「方鐵鋤其時，人才無出三楊、蹇夏矣。微若臣，生民其遂盡乎！」成祖之世，吾取其全德無憾者四人：曰太保忠宣黄公福，曰户部尚書夏公原吉，曰少傅大學士楊公溥，曰英國公張公輔。其餘若顧佐、周忱、況鐘、李時勉輩，各能其職。又有數人由前所云有關天地之運者也。

今年，余客昌邑，按圖數典祀，則忠宣公祠首列焉。春秋上丁釋奠之明日，令長、學官及鄉先生率弟子致禮祠下。祠在縣治南千武，門西向，主像南向，右壁勒正統五年皇帝諭祭文。前小碑紀建祠始末，言爲宦者所忌，至成化中始得贈謚。墓在縣西三里，有楊士奇奉勅撰神道碑文，而縣志不載。

余惟治道之盛，莫大於恩澤教化。若懷新附之民，化不教之俗，非仁者不能。遠之箕子之立朝鮮，太伯之邑勾吴；近之西寧侯沐英之鎮雲南：皆是道也。交阯在漢、唐郡縣，宋氏不競，淪於蠻徼。成祖赫然因天平失國，遣兵誅篡逆。帥守得人，三叛而三定之。廟堂謀國無長慮，徵還張輔，又參以馬騏之貪虐，是以不旋軫而亂。迨以陳洽代公而事益變。比因洽請，始命公與柳升同出，升才既不逮輔，而黎利之勢已熾。洽死勇戰，公亦不免魚服。賊黨見公如見父母，流涕伏拜，共護出境。嗟呼！公之及升偕敗，非公之罪；其不與洽偕死，則公之仁也。公在交阯十八年，深恩厚澤，入人之至，至於不忍加害。使輔更出而佐之以公，黎利既平，長鎮交阯，豈不復漢、唐之舊，而公名不與西寧、黔國比烈哉？乃公有箕子、太伯之仁，而交人不獲成朝鮮、勾吴之俗，懷古者所以追憾於公之遇而不遇，爲有關天地之運，非獨公一身之事而已。

吾又感於君臣相與之際，以宣宗誼辟，厭公持正，出之南京。升遐未幾，遂致振豎之禍。使其時有如吕端、韓琦之早斷，承太后怒而誅振，否亦待以遺繼恩、守忠之法，何至馴釀土木？以知惟有重臣持正，然後可植遺腹，朝委裘。三楊之賢，器不到此，惜哉！

公一生忘家憂國，屢上疏陳時務。宣德五年，請於濟寧以北，衛輝、真定以南近河之地，役軍民十萬人，屯田積穀，以省漕運。此其卓卓議可行之大者。身没之日，惟餘橐金三十兩，方長户部，贊南京機務時也。

公壽七十。洪武十七年舉人。以龍江衛經歷言事，超拜兵部侍郎，累陞工、刑、户三部尚書。

陶先生退園記

會稽有望宗曰陶，陶有隱君子曰退園先生者，余外舅子良公六世同祖兄也。其言曰：

「天道虧進而與退。朝也進，則夕也退矣；夕也進，則朝也退矣。使朝夕知進而不知退，則一朝夕焉盡矣。彼朝夕不以其力争其所不能争，而況寄於朝夕之間，瞬息寐寤如斯人者乎！故知朝夕之自有其不盡焉者，知退之爲退矣。斯道也，吾涉世久彌，歷年而得之，將用此老焉。勿以告諸人也。

所居室數堵，横縱地三丈，手植六松、千竹其下，閲三十年。本無園，顔之退園，以爲園則不足，以爲退則有餘。園南墉薄宗祠，先人衣冠典則猶在。終吾生愧焉退焉弗及也，兹退園所以名也。春秋晴暇，杖屐往觀南湖，其西鑪峰、秦望，雲天隱没，咫尺萬變。其東則白塔之梁，如七星貫吾目中。緩步既舒，退而仍入吾園。蘭菊在堦，經籍在几，掩關謝客，一床偃息。當其時，並不知退之爲退也。不工詩，顧喜作詩。竹�花徑，吟咏幾偏，好我者便摇筆展紙贈之。自負能飲，飲不罄一壺。語及祖宗祠墓，輒憤結抗聲，伸張大義。已，還顧客，油油以和。其爲人生平都類此。今年八十，耄矣。於世復何事，姑益治吾退園。

康熙丙戌七月日，姚江邵廷采被命詮次爲記。

先生諱必昌，字禎侯，以退園號。莊敏公諧五世孫〔一〕。自少友恭，同母兄年九十餘猶嚴督過。先生祗受之，或每跪持而泣。宗黨以爲難。晚年交益稀，族弟克幾亡後，偶過從贈詩者，廷采及上虞范子石書蘭。

〔一〕「五世孫」，徐刊本、祝校本皆如是。康熙本作「六世孫」。

蘇賡言歸櫬記 庚辰

同里蘇賡言，第康熙甲戌科進士。庚辰春，除西川眉州丹棱令。蘇氏世聞餘姚，曾祖平觀先生諱萬傑者，以舉人累秩至雲南左布政使。而第進士自賡言始。其得丹稜也，或曰蘇系故眉山，若江之源於岷也。江自蜀走瀨萬里，不能反之蜀。眉山蘇文章氣節震天下，遠宦轉徙，傳宋、元、明迄今更數十世。而子孫無失厥序，復從東瀨之渚，起家進士，筮仕眉山，其除令是其歸也。蘇氏之遺澤長矣。

然賡言給由後渡易水西去，踰太行，將循秦嶺入蜀。始至順德即咳血濺衣及靴，皆朱殷。顧負其盛年，飲啖自如，且觀優於陵川。有勸之姑東歸須後命，不決。六月炎暑，輿疾進。比渡蒲津，抵三原，終於旅舍。

嗟乎！賡言以禄養之急，瀕死不顧，目算手營，料天下事而不能料其身之生死，此余於幽明鬼神之故重有感也。人之身遡祖父及始祖，及始祖之自出，遠數百年或百年，恃其心追祖宗而從之。設賡言得至丹邑，必求遠祖祠墓於荒榛野莽，尋族譜亭，摹其碑記。烏知明允、長公、黄門數君子之靈匪翩然來下？而以姚江之蘇重起眉山，令耆老嘆觀。史氏頌美曰：「江水西注與岷山合，人誠有之，豈不信哉？胡爲歸者卒不得至，流者卒不得返？蘇氏既盛於東，遂不復種美於西，意造物者妬之，而顛倒爲是也。」

賡言既道喪，幾不能殮。其友諸作山從京邸偕行，沿途視其湯藥。卒之日，猶跨馬馳涇陽買葠以救。關西工匠拙，又爲親教之棺制，購工畫者圖其容。道遠陸行是虞，仿大殮禮，用重綿三十兩繞臂指，束骸骨，使無動，皆作山手自爲之。卒以兩騾載其棺，出萬山中，越陝、洛。中途獷僕盜篋走，追獲之襄城。獨與一僮扶櫬歸浙。至杭關，哭曰：「吾爲君，心力竭矣，而不能起君於生。何以見君母若子弟！」見者皆慟。作山非獨義人，乃其才亦不可及也。

舒文陳先生精醫學，識賡言必死，强與俱西，卒偕護其喪以歸。蓋亦古人云。

許子敬先生曰：不獨作記，兼可作傳。深情達識，綿邈動人。

祭忠臺慟哭記 丙子

宋謝皋羽《西臺慟哭記》，讀之嗚咽。彼有不能言者，冀後人之知。余今哭祭忠臺，非敢倣先生也。先生爲天下而哭，有可以釋先生憂者，其責在天下；余哭爲一身一家，既莫解其憂，又慮後人無解余憂。憂雖可言，固難且倍於先生也。於乎，愼思其難，厥惟賢子孫哉！厥惟賢子孫哉！

姚江城環龍泉山，諸名賢以次祠山上，山之巔有石曰祭忠臺，四面俯瞰百里。過客必尋是山，而眺姚江之勝。余僑會稽近二十年，中夜涕泗，每正月祠祀、寒食上塚，一再至故里，獨登祭忠臺而哭。於乎！余之有待以歸也，思安集妻孥，供先人伏臘。今竟二十年而鬢且霜，老矣。

歲丙子冬，攜十五歲息承濂歸，止宗祠。父子抱書擁被讀，讀竟，齧其臂出血而告之曰：「汝知痛乎？知痛則知學矣。學非止痛者也，將有樂焉。吾非無樂乎此，而吾痛轉深，固不暇以樂乎此也。人之生，一本也。天無所之而不覆也，祖無所之而不附也，然其神則有主焉。吾之祖與吾之天，主於姚矣。往漢都關中，魂魄猶樂思沛，作邑以新豐名；朱文公居建陽，故稱新安：一本之誼也。雖野夫弱妾，戀戀悲故鄉，況持書卷論學問者乎？」

冬至烝祭畢，乃登龍泉尋祭忠臺，曰：「濂，爾來前！汝自臺東指三十里而近望之，秀出若架屬勾章而實爲姚江砥柱者，龍山耶？汝五世祖靖州公在焉，汝舊年與弟越嶺拜墓道者也。自玉田返葬玆山，七十餘年矣。汝諦視之！」濂伏地拜。采慟，又前曰：「濂，自龍山迤西稍北二里，背湖面原，神禹棲之並廟。而東不百武，有松翼然覆其穴，汝高祖易庵先生所也。先生年二十四而終，植遺腹以迄於今。微翁太君，有吾與汝耶？今土人耽耽，將毀不可支，若之何？」濂又伏地拜。采慟，起謂濂曰：「海州公前三世及始祖奉化公墓柳嶴者，支庶盛，拜奠成禮，惟余考鶴閒公後微抑。魯公先生、孫孺人在白山之原，地患墊，松楸未樹。余精且消亡，汝兄弟幼。寤寐怛悼，肝腸斷裂，能免余於罪，是吾子也。」濂亦泣下。

於乎！文信國文山有云：「幽明死生，一理也；父子祖孫，一氣也。」斯言非知道哉！人情鮮不愛其子孫。逆而上之，斯孝子，斯仁人矣。無遠乎天，是謂本天；無遠乎親，是謂本祖。此人道之極也，念之，復之。

毛姬潢曰：悲痛之言，不忍卒讀。

章宗之曰：哀音轉楚，字帶血痕，突過謝公《西臺記》。

田居記

仁和蘅圃先生從其父光禄公歷官中外二十餘年，及官駕部，榷關粵海，入爲御史。又二十年歸，而無屋以居，乃尋幽於武林門之左、南湖之上，得曠地焉，名曰「張童園」。張童者，張駝也。嘗種瓜鋤菜於此地，遺忘身世，以全其天。先生得之，則大喜曰：「我幸奉身爲張駝役矣！」

以意畫宫，起楹數椽，不容旋車。曰：「吾承先人之志，事不足也；吾視先人之無居，愧過之矣。」乃名之爲「田居」，而顔其堂曰「學稼」。植園以竹，穿池養魚，課僮種瓜鋤菜如駝時。題其後之卧室曰「逸我居」，謂先人終身勞國事不得逸，而我得逸又踰父兄也，何德處之？右之書室曰「放漁軒」。居於田而放於漁，蓋以放而全其天也。嘗爲詩：「經時靴不着，即景杖頻拖。」先生其有駝之意乎？昔陳太宰有年記「三種齋」曰〔一〕：「種禾以食，種桑以衣，種德以不辱。」余嘗希慕其人，於「田居」亦云。

〔一〕「三種齋」，徐刊本原作「三種菜」。康熙本作「三種齋」，據改。

辛巳移榻始末 辛巳

康熙辛巳，余饑驅將適廣東。已辦裝，病作，卧郡江橋香城僧舍。沈謙三來視，請移館其家，爲親和湯藥。竟五十日，未愈，又欲南走。魯仲賡、安貞、高則之、章泰占、丁淇園皆阻余，陶容士言尤切。吾過矣，離群索居，至是此意乃息也，可愧也夫！

在《易》需、蹇二卦，有險在前，一則「剛健而不陷」，一則「見險而能止」。夫不陷者，内乾也，乾剛健，故不陷；能止者，内艮也，艮篤實，故能止。兼斯兩者，是爲大畜。傳曰：「大畜，剛健篤實輝光，日新其德。」天下事當有險。無善於需，見險能止，蹇乃得解。斯理之必然、數之不爽者。至若進德之途，非日新即日退。余之退未有涯，以質靡而不剛健，名浮而不篤實。消磨剷削，幾至迷復。如隕深淵，則思呼號求助於朋友。剛健者吾不得見，願得篤實者友之，事之。需之上六：「入於穴，有不速之客來，敬之終吉。」蹇之九五亦曰：「大蹇朋來。」此聖人所以轉人事之窮，濟天行之厄，傾否反剥〔一〕，爲生民立命也。由是言之，病在此不在彼。

七月，陶子千將余赴曹山爲榻酬梅閣，曰：「以是間山水藥君。」嘻，山水爲主人耶？余爲客耶？余爲主，山水客耶？遊人去而山自止也，我師不遠矣。遺民高宜卿時釣山頭，年八十，載酒問余，投竿於池，巨魚躍出，病遂愈。

〔一〕「傾否反剥」，徐刊本原作「傾不反剥」。康熙本作「傾否反剥」，據改。

說《易》最精衍。而以山水投竿作結，活潑潑地，可謂善《易》不言《易》。

重建萊州府文昌閣記 代白觀察

萊、登郡城皆瀕海，往往創爲樓閣，鎮以天上之星辰。登東門有閣曰蓬萊〔一〕。海上三山吞吐隱見，而萊東南羅山、神山則起文昌閣與相對峙。朝夕晦明，雲物幻變，離合萬千。登以無爲有，萊以有爲無，並極北海巨觀。按《史記》「文昌六星」載《天官書》，而靈均《九歌》有《少司命》之作。獨《化書》稱神張姓，出道家言。要其福善禍淫，匡扶文教，與聖人之道相經緯。顧聖道無爲泊然，而文昌操利禄冥算之權，風勸天下，則奔走祠祀者衆，有與漢壽像設稱文、武二星者。漢壽，人也，而神道尊之；文昌，神也，而人道親之。洋洋乎鬼神合其吉凶，盛矣哉！

閣昉於萬曆四十年，災於天啓元年，至四年復建。前記述太守龍君文明肇閣後，萊之科名日以益盛，其理固然。今年春，郡司馬咸陽梁君倡謀於余，以舊制未稱，宜加恢廓；又萊人承大歉，士俗積頹，幸春秋兩税比登，流亡歸復，民欣欣有樂生氣，不可無創建以一洗作新之。君諏筮既同，乃徧告七屬，良牧並喜曰：「固闔郡文運所繫也。」畢竭官俸。不三月，工竣。君偕

〔一〕「往創爲樓閣，鎮以天上之星辰。登東門」，此十五字徐刊本原缺，據南圖清康熙本補。

今署守高君復請余文落成。

余惟古先哲之士，率自命以先民憂、後民樂爲憂樂。苟有興作，必關世教；非然，有其廢之，則莫敢舉。粤若本朝開國六十餘載，名臣良相瑰瑋卓特，以迄近司喉舌，遠統戎兵，爲國家安邊靖衆者，大抵多出東州，而萊之屬實當其半。蓋得於岱宗盤鬱之積，鄒魯先澤之遺，樹本既深，而星分故居奎、壁，天地之美萃焉。産是邦者，輔以仙才靈氣，誠易爲力。又六星上將，次將主武事。唐廣明中嘗護乘輿入蜀，而宋咸平、明正德，則兩感神應，討平蜀盜。今值聖人御世，海隅率俾，神無所效其威武，惟以導宣文德相協，舉場銓注爲務。凡所予奪，與人間選舉，賞罰靡不符合。道隆則從而隆，不其然乎！不其然乎！

梁君因屢豐兆謀，動關世教。余幸藉手成事，偕衆君子行禮斯閣，立巽、離兩峰，顧而樂之。其亦後民樂而樂之，見於一端與〔一〕？

兹役也，服人之數若干，爲日若干，良材堅甓之庀、丹漆之用若干，統計錢之緡若干。費皆官給注簿。紳士及秀民間來襄事者聽；不欲，勿强也。

寫文昌身分，是儒者立言本色。弟夏時識。

〔一〕「其亦後民樂而樂之，見於一端與」，康熙本如是。徐刊本原作「其亦後民而樂，樂之見於一端與」。據康熙本改。

思復堂文集卷五

序　壽序

送紹興通判楊侯擢守上思州序　癸亥

侯名彩，字素庵，三韓人。後復補遵義通判，卒於官。

今天子即位之二十二年，三叛既平，天下大定。西南諸宣撫、宣慰、安撫長官，皆頓顙釋壘，遣使請吏。上加意柔懷，謹選守牧，雖僻州下邑，亦必以股肱親賢、勳德之舊處之。於是紹興通判楊侯以廉能報最，擢守粤西之上思。

采按圖志，上思於府爲南寧，道爲左江。其地南接交趾，西通滇地，遠在嶺表數千里外，實西南之衝也。昔在勝國永樂時，英國公張輔三定交趾，執黎季犛父子凱還歸朝，皆由上思取道思明以入。而西寧侯沐晟亦自雲南統兵來會張輔於安南，象郡以寧，交人歌之。則上思爲滇交要害，此明驗矣。

又左江與右江接壤，右江思、恩、田州傜僮雜處〔一〕，最號難馴，從來羈縻弗絶。上思幸無土官、夷人之擾，而民性頑悍，庫貧薄陋，風俗相近，非得賢長吏通經術、明大體者，寬一切之法以待之，其勢不可爲治。周公曰：「平易近人，民必歸之。」諸葛武鄉之處南中，賈刺史之鎮交趾，王文成之平盧蘇、王受，皆是道也。楊侯判紹興七年，平易之政紀有成效，往牧上思，夫豈易此。

今天下苦貧，縉紳家尤甚。一行作吏，百口仰食，隨任轉徙，雖廉吏不能不取資百姓。楊侯不薄上思邊遠，又念是州夷傷新起，民困於征輸者至今未復，乃悉返其孥於北，獨從家僮四五人，登車就道。即其志意，足以究其所設施，上思之人可瀝酒而相慶矣！

金赤蓮先生曰：學歐却大肖昌黎，可以識文字之有源流矣。

黄咸士先生曰：古今利弊較若指掌，如此方是有關世道之文。

送虞廷宗叔令西川序

蜀於虞夏荒服，而嘗佐周秦之興。司馬相如、唐蒙通夜郎、邛筰，南置四郡，攘闢千里。

〔一〕「傜僮」，康熙本、徐刊本皆作「猺獞」，祝校本作「傜僮」。今從祝校本。

漢唐建都長安，則蜀爲内地。唐宰相休沐多節度西川，而宋世知益州亦往往入爲兩省。中朝之視巴蜀特尊異，不與他道等，以其高壤天府，重關峽江，嶺南北之項，人物、土貢並甲天下。故非勳望隆著、才秀絶出者，不輕畀以斯土之任。明永樂初遷北平，蜀之貢道乃與帝都遠，然獻王封國與皇祚相終始。三百年玉燭，休養蕃息，宗藩稱賢，而饒樂者，以蜀爲最。至萬曆、崇禎間而蜀之全盛極矣。平陂盈昃，城復而圮，致有僞西之亂，遂靡孑遺。則今日起塗炭、措衽席，亦唯蜀爲急。其事必與良二千石、賢令長共之，而選人率患兩川空耗。比之唐宋時，嶺外若編置然，迫除目然後行。夫光天之下，本無分土，胡爲獨忍此一方民哉！

族叔虞廷先生以高才妙齡，四試南宫不第，矍然曰：「經術以經世務。余不及年富理民事，久守此佔畢爲！」會新令有舉人除四川邊縣例，即起應之。掣籤者八十人，得四川者十四人，而叔與焉。既陛見，來别其兄昌邑公，執采手曰：「君老矣，余又遠役，其贈余言。」采曰：「無以贈言也。先生以親疾故不靳靳其指，其肯顧愛毛髮，以無恤川蜀之民乎哉！夫親與民，一本也。親，生我者也；而民，我生者也。我生者我之子，我生之視生我者固親之孫。今先生既禄養爾親不逮矣，往顧復爾親之孫焉猶逮親矣。以此指爲志可也。」先生歔欷曰：「吾指尚留七。從君言，請投劑於西土，報我二人。」昌邑公顧筆硯書，第其語之先後而餞之。

末獨入割股一節，唱嘆中具有規諍意，纏綿懇惻。吾師與人交，類如是。弟之旭識。

送兄莪園令儀隴序 乙亥

兄莪園教諭淳安十載，去知儀隴，行萬里。愛兄者皆憚其遠，兄意甚逸，束書册往也。古者王事無易難，東西譯鞮，唯所命之。自世降而人心漓。吏部選授，每一缺出，必竊議彼有善有不善，其能以爲吾民興利除弊望之斯人哉！

且蜀人需循吏，日月以幾矣。自賊獻父子啓殺運，竟千里靡孑遺。而儀隴隸順慶，介兩川，寇之奔逸、軍之征討，並經斯地。今爲朝廷耕土輸賦、供長吏在庭趨走者，多秦、楚新募之人也，土客相雜而蠻苗諸司參處其中。爲長吏者愛其民若拊子，而接蠻苗也，使如立嚴師側，毋敢怨，亦無犯焉，乃各有濟乎？昔錦江侯楊展以嘉定一州綏懷全蜀，通商、惠工、課農、禮士並有謨算，遠近避亂者依之，聲施到今。豈非有功德於民，固不朽者與？

兄往矣，發京口，泝江陵，乘風西上，見瞿塘三峽湍險怪激，良可喜也。過此，入東川矣。踰重慶，逼西充，則兄之治儀邑相距密邇也。儀之部人垂髫黄髮，牽扶東拜舫前，唯兄顧之，謀所以導迎嘉祥，全蜀將觀政於儀。而暇以萬里之行爲遠且憚乎哉？采迫饑病，弗獲偕兄行。顧自念稽古不成，志猶未已。方將讀《蜀都》及《長楊》、《上林》諸賦，近逮升庵、大洲著述，題其高下而揣其世變。俟兄報最還家，與談西土勸來安集之勤，耕桑絃誦之盛，尚思載筆〔一〕，從兄紀之。並搜甲申、乙酉間逸事，詢諸父老傳聞異詞者，以慰山人貪多務得之望，補稗史所未備。兄行固弟行也。兄，知道者也，經世不朽之途出處無異視矣。

陶克幾先生曰：勉以吏治，點入數十年時事風俗，波瀾絶勝。

俞康先先生曰：原本起用「不朽」二字，照應落套，即妙手止得中駟，不如渾然而此意自在，故芟之。

送田濱遇之番禺序 辛巳

粤東，天下之才藪也。田君濱遇將往遊焉。夫以田君之才適粤東，粤東才士宜有悦慕與之交者，然才有真有僞，懼田君之爲名所動，而不審其實也。田君徧交天下士尚以爲未足，思一度大庾，浮珠江，經九真、日南，遇海外之豪雋，以發其文章。即象犀、珠玉、鍾乳、石青、丹砂、楩楠諸物産於粤者，意勿屑也。田君可謂廣矣。僕未嘗粤遊，於其人才無所交好，姑與言曩昔所識知者，正於田君。

屈生名大均者，今代知名士，爲文任俠，吾樂交其人，聞今已没。其立名之真與否，吾未之辨也。士固有聲動四方不可以飾鄉之人，君往爲我咨焉。

〔一〕「尚思載筆」，康熙本如是。徐刊本、祝校本作「上思載筆」。據文意，當從康熙本。

又有明之季陳子壯、張家玉、陳邦彦三人者，粤中之三忠也。善道以死，遭變不貳，與余闕、福壽争光日月，其名之真尚何疑。君往爲我輯其遺文，求其子孫與交，志氣宜益上焉。若更以爲未足，則弘正之際有與新建伯文成王公交，如增城湛原明名若水其人，又有原明之師陳白沙名獻章其人。是一弟一師者，理學之標榜也。其於名且大而宏矣，然蕺山劉子評次諸儒，謂白沙猶激聲名，遜於康齋之醇乎醇。夫白沙非好名，而蕺山無苛論。傳曰：「不易乎世，不成乎名，遯世不見是而無悶。」惟聖者能是，白沙當日固未及此。嗟夫，不成乎名，聖矣哉！

田君知名之累於學，而潛討蕺山之論，持是以覈古今人真僞與其所造，百不失一。番禺、南海間以君爲月旦，争共淬磨，當自此始。昔人稱蘇文忠遊儋耳後，其文飄忽震蕩，益饒奇氣。田君兹行，許遺余香布粤物，重以文章，且多書粤人士名孰爲真、孰爲僞者，以搜余隱伏而起余怠廢。余雖不出户庭，如集古今人與居遊，不啻手鞭鼓棹而同君往也已。

范石書曰：如此乃可謂之贈言。「名」之一字，是古今天下人通病，尤爲時下南浙人錮病。嘗痛勝國之亡，名士與小人分半。就中名士之半，則南浙人居大半矣。讀允翁作，使當受者、側耳者一時悚慄。

陶子千曰：送粤行即用粤人貫串，而歸於無好僞名，用意布格俱加人一等。

送周凱三寧親松潘序

周子凱三寧親松潘，將行，請贈言於余。余曰：「孝弟仁恕之道，君家家法也，無所事余言。衰年懦夫，壯心未歇，輒喜談兵事。」凱三曰：「兵事若何？」曰：

子適川，吾言川。川之内附始秦氏，漢高、昭烈用之，以開一統，扶末造。公孫述、李雄、王建、孟知祥、明玉珍莫不水阻瞿塘，陸閉劍閣，抗衡於天下。興王勘定四方，蜀必後平。西川安富，昔人稱宰相翱翔之地，其錦江春色，沃野天府，足喜也。然自岷山西南，永寧、松茂壤比西域，與大夏、身毒諸國相接。中土有蜀以來，邊寇之患無甚於唐。吐蕃逼其西，蒙氏掣其南，贊普驃信數出驍騎，侵掠西道，而皆從松茂入。當其時，前後守者有高崇文、嚴武、李德裕諸人。而恩信最著，文武並用，惟籌邊長策，莫如德裕。牛僧孺忮德裕〔一〕，縛送悉怛謀，阻從善之心，長寇賊之氣。謀之不臧，迄今猶惜之也。

夫用兵之道，太上以德撫，其次乘機相時，於禦蕃尤亟。僞西之亂，蜀之遺民殺且盡，獨不及松茂，岷山以西完保無恙也。遭值聖神御世，討平畔逆，萬里之間，不驚烽燧。而將軍領方鎮之重，臨之以天子之威命，其勢更順。松潘民彝雜居互市，馴而擾之，則若

〔一〕「孺」，徐刊本原誤作「儒」，據改。

鳥獸；收而懷之，則猶父子。彼雖彝而禀天地之性，蔑不可以德化。間有一二獷悍輕去來者，其亦無能爲也已。

雖然，不可以不嚴也。亂端嘗起於不意，而防患宜制於未然。惟紀律嚴明而車甲素練，遠斥堠，廣屯種，慎封界，急收保，邊隙無自而開。子往觀世父總戎公威略，知處太平爲大將之才局，與決機臨陣頗異。更從尊公昕夕受書史，揣度彝情，蒐諳軍實，務使坐而誦習，可立施行，西邊之形勢明而天下之大勢俱悉。他日勒勳銘績，爲國家安固疆圉，何異人任之有？昔俞大猷受陣圖於趙本學，卒爲儒將。君才足大猷而余慚本學。如霍票姚所云「何至學古陣圖」，則余無以應也。

序其語爲贈。

敘西事千年如見，真留心世道，開諭詳切，無一字粉飾。是先生長者之言。弟向榮識。

贈陶克幾先生序

康熙甲寅，余讀書陶氏之南湖，群從燕集，聞其宗有以哭思陵皇帝爲鄉里所嗤者，心竊異之。亟欲走見，而阻之者多，不果。後二年，過無休董先生，從容謂曰：「陶氏有克幾，寧識之乎？是向爲里人所嗤者也。是文章氣節，足以繼其先人，而石簣、石梁兩夫子後言理學者，獨是人不誣也。陶氏世爲名卿，流風餘教足以漸潤其子孫，則幽憤忠鬱之士生焉。甲申之事，吾師劉先生荷戈而出，躃踴徒跣，責當事以起兵赴難。吾從先生後，一一識之。是時克幾年十一二耳，方從塾師講經義，聞變，頓足曰：『帝后殉難，普天同憤。誰無人理而忍斯痛？』距户哭累月。自是絕意進取，希入城市。雅病，喜專坐。見者苦其寂寞。然博覽典籍，留心當世之務，揣論微中窾會，雖志滿氣矜之夫咸屈服去。余自國變後，同門友或殉義、或散之四方，歸隱故廬，余亦放廢老矣。顧晚交克幾，服食居處，泊然有同。余喜得克幾而堅，克幾亦謂依余以自信其出處之不悖也。夫割憂世之情以伸志節，違宗黨之議以立君親，文足以順取榮譽而不争於名，病易以偃息晏安而不衰於學，其爲人何如也？」

采因董先生言，三往叩焉。既見，退而嘆曰：「明末越中處士知大義者，先生及潘子翔先生二人而已。然儒者之論，猶謂子翔可以無死，而先生之所處，實無過情。在昔永樂時，龔安節以城門一慟，終身不出。先生庶幾無愧歟！」

夫運關興廢之際，雖上聖不能以力争；而生死進退之大閑，則匹夫之志，要自不可以奪。越中風氣近雖不振，然後起之士，猶知重名節而矜忠孝，亦賴諸君子守貞履道以倡之於前。陶氏之有克幾，不可謂非碩果之存也。幸辱先生交，後久而益習，盡得出其所著《治原》、《民本》等數十篇，伏而深思。於乎，宜乎俗之人豈知我先生也！

贈會稽胡謹庵先生序〔一〕

會稽有潛德篤學爲鄉黨師式、待朝廷憲老乞言曰胡先生者，名嶽，字峻宗，號謹庵。其言曰：「峻以謹成，庶幾矜而不争、中立不倚之道乎。『行在中庸，子臣弟友。功惟克己，視聽言動』，吾未之逮也，吾有志焉爾。程朱吾師乎？吾師之言具在，倣而行之。一日十二子相配，朝考夕計，數滿六十，無時暇逸，以迄終身。是爲克家之子，象賢之裔，吾忘富貴貧賤矣。」平居事親孝，承伯兄恭，接子弟以莊，接通家之子弟以誠、以和。歲時朔望，集男女小大揖拜宗祖，用簾帷分内外坐定。命其子廷輔、廷贊等講《禮》，詳説《内則》、《少儀》。鄰人瞻視，傳胡氏軌範焉。性安恬澹，遇婢僕如子女，未嘗輕怒。寒不圍爐，間操笻杖，徜徉山水間，隨意指劃，以當法戒。蓋一舉足、一出言，無非教也。

初，侍太公任曲沃，與謀堂政，多所裨益。甲申春，以隨養在京師。知大勢去，力主南歸。先數日，王茂遠過先生曰：「余進止不能自專，吾兄則惟以二人爲重。尚可俟耶？」先生既内斷於心，乃遂挈舟行。行未二百里而長安不守矣。其資學明達、識權遭變事如是。歸而又傳茂遠之言，清議於是稍恕焉。先生之處朋友之際又何如哉？

自南歸，兩採芹，十應浙闈鄉試，輒報罷。時論蔑不爲先生惜。先生欿然曰：「恨吾學未

〔一〕康熙本無此序。

充。遲速，時也。吾先世之澤當有昌者，其在子孫乎？猶吾受之矣。」延贊以篤學至孝屢試，進上舍。孫國楷年未弱冠，登賢書。時論又蔑不爲先生慶。先生復欿然曰：「恨吾德未充。兹先澤特藉若等爲兆爾，吾及見，有餘媿矣。」蓋先生之一生好學不倦，好禮不怠。耄期稱道不亂，少時顔如玉人，顧目不旁矚。勒「非禮勿動」四字於坐隅，物交無自而乘。廷贊未生，有神錫此嘉名，故字之曰夢錫，以彰先生不邇邪之報也。然其事秘，即戚友莫知，先生燕閒終未嘗偶及也。采辱與夢錫交，比寄家郡城，益近先生。若耶里雖摶土攻木俚俗之夫，莫不欣欣交口誦。夢錫之事親，婉容承侍，今古罕有。此又以見先生之身教也。

歲庚寅，年八十有八，耳目、心思、强飯有加焉。手六藝，不停披，咏歌先王，口授廷贊。著《十三經二十一史明倫録》，要歸以孝、弟、忠、信、仁、義、禮、智爲基本，復以百字聯粘壁，戒曰：「收攝精神，陶涵氣質。分陰務惜，寸陰纔弗怠荒；細行悉矜，萬行方能純粹。」於乎，此特胡氏之家法哉！

論者以萬石家奮建擬先生。夫萬石宗黄、老，而先生祖程、朱，殆未足以方也。意先生之宗，其先有教授蘇、湖，分經義、治事齋者，或可相伯仲乎？延陵周蓉湖中丞有「大年昌後」匾額，府縣及兩庠又有「醇德維風」之額。丁亥冬，遂聘爲鄉飲大賓。越人言鄉飲之典，至先生始不虚云。

贈膠州龔大夫序

杭有有道樸庵龔先生，仕於今，非今之仕人也。其仁心足以招孤山之鶴，而惠政足以起渤海之犢。去年冬，來自膠西，道都昌，與主人揖語畢，即走西齋顧采。采廢放久矣，或遇達官名士，往往頹然不能自攝，至先生不敢。

顧念曩時師友略盡，每支枕太息：「安得有置身千仞、引百丈竿、挽我崖塹而上之？」以此行游南北，竟未一得。豈氣運日漓，士之鍾生者特少耶？抑其前本無師承，雖有才性，伏而不出耶？則又念古人交友，尚賢貴貴，上下統謂之義。宋洛社耆英，主之者文、富兩公，而處士堯夫與焉。當時以爲非得此不光，今去此世非遠也，人猶古也。布衣之徒，求士於布衣，公卿大夫之賢，論交於公卿大夫，而外是輒掉頭去不顧。其何以盡天地生才之境，而罄忠益之途？皆所謂狹也，非僅道德不彰而聲譽不流之謂也。

今布衣之交，采略已歷之矣，不能無意於公卿間，請質之先生，以爲容有其人乎？誠有其人也。彼林宗孺子，常栖栖也。雖無所假援於氣勢，標幟於聲名，猶將束生芻、提墊巾而往焉。或負其崇高，以公禮相格，則有退屏秘圖之石，行歌樵逕之風，與麋豕長逐已耳。夙奉教於先人，違昔賢未同而言之戒，又有所不敢也。

采未測先生知余之淺深，而所獲於先生抑不可謂之淺。今年春自臺兒莊歸，復過都昌，歡言攬余手。是行也，得一登泰山之巔；還適魯，謁仲尼廟堂林墓以爲快。嘻，先生其已盡天下之大觀，無憾乎？能引我摩磴道，盤虛空，叩聖人之宮牆，升堂而入室乎？慮先生無言自芳而其或鮑魚我也。於其去，書以問焉。

以東漢、北宋君子自命，勝退之謁當時諸公書。弟履嘉識。

贈表叔孫晼仙先生序 戊寅

采生六月失恃。兩歲，從曾大母翁太君肩輿由通濟橋入邑城，謁孫氏祖姑東門蔣氏之園。祖姑撫采曰：「兒亡母，良苦。然爾，余母家曾孫也，宜端慧，可爲後命。」表叔晼仙先生取一巵壽外大母，太君歡甚。侵暮乃歸。

山海事寧，祖姑攜家返上林里。太君卒，采方四歲。漸有知識。跪問太母孫孺人，乃知太君二子：長祖姑，次王父。祖姑早寡，而依鞠子居，即先生也。

先生系出蒙泉公。蒙泉公當世宗朝，以彈權者汪鋐受廷杖，聲震天下。其學本陽明，有《燕詒録》，孫氏世守之。先生則敦古禮，崇孝讓，能嗣其家法。先王父魯公夫子亦講陽明之學，用朱子家法理家，笑嚬不假，先生每過，必整容侍立。分雖甥舅而師生道合，性情容止久而益類。先王父没，先君去遊浙河西，采學曠廢。先生見，必動色相戒。嗣後兩家家道喪失，先生外給公賦，内迫艱食，而奉祖姑曲盡孝養。凡定省温清、抑搔扶持、棗栗滫瀡、柔色以温之類，《内則》所載，學士習以爲常談弗行者，先生則躬蹈之。蓋自采生五十一年以來所見儒者，直義温潤，兩美並具，不資榮禄而畢竭親歡，終身孺慕，化感僮婢，小大外内罔不夙莫承志，吾王父魯公夫子而外，獨有先生而已。

祖姑即世，先生負土爲墳。既葬終喪，始出授經禾中。而采值歲試，病禾中，幾殆。念旅次無親黨，遣人刺舟迎先生。先生夢翁太君扶其首曰：「廷采在難，爾往一視！」比覺而迎者至。采病尋起，爲道前夢，乃相顧泣。

先生有二子一孫，皆卒。愛先生者疑天不可問，先生處之怡然。方輯家乘續《孫氏世考録》，撫庶弟，教其三子：「祖德不可變也。」婞直之思，老而益篤。嘗以書抵采曰：「君不培其本，專事文藝，吾舅氏不以文藝重也。君六七歲時，隨入姚江書院，授陽明《客坐私祝》，老師前輩每顧君稱許，寧憶之乎？君今雖嗜古執勤，所讀書多枝葉。交遊朋濫，介節不立，匪金玉是守。而喜怒任情，詒遠近疵厲。鄉舉若行，君必見遺。夫言行樞機，千里違應，榮辱之主，皆不徒然，不可咎人。又君安家會稽，背離祠冢。吾每入邑，過舅氏舊廬而泣，其若之何！」明年春，謁先生於上林，則執手喜曰：「君教子尚持義方，此事足恃。舅氏之澤，不於君身，於君諸子。君必勉之！」采拜起泫然，書前後之語以具志不忘。

姑夫孫德遠先生曰：推揚先美，不遺餘力。所謂非徒温雅，乃别見孝弟之性。

贈宗叔柯亭先生序

古者同姓之盟，周室尤篤。召公姬姓，史不言其自出，要其爲姜嫄、后稷之裔無可疑者。後與周公分陝，並稱周、召。其元子出封燕、魯，而王畿内世有周公、召公。至厲王居彘，宣王未立，賴周公、召公總政共和，周是以不墜，復能中興，則明德懿親之效也。故《旅獒》之訓曰：「分寶玉於伯叔之國，時庸展親。」篤宗盟也。《雅》詩《伐木》之篇則曰「以速諸父」、「以速諸舅」、「兄弟無遠」。周以齊、申二姜爲舅氏，魯、衛、晉、蔡、曹、滕爲叔氏，故《書》曰「王曰，父義和」，《詩》曰「王曰叔父，建爾元子」，《春秋傳》曰「叔父若能光裕大德」。周公、康叔，太姒之子，武王母弟，其稱叔父固當。若成王、唐叔，十二世而至平王、文侯，於族疏矣。乃敬其名從其字，而以尊屬諸父稱之，沿及於襄，以此稱文公。以是知周之親親，前代所不及，故東遷依晉、鄭，首止定世子，雖有外患内憂而國家固於磐石也。卿大夫以往，何獨不然？

三代而下，井田封建壞，民無分土定居。漢遷齊諸田、楚屈、昭、景諸豪族於關中，自是凡建國立都，莫不徙民以實其地。又士大夫以官給養，工商趨利，皆去本土。晉宋渡江，中州之從而南者益多。如吾邵氏之自燕而洛而蜀，究也聚居於姚。有自姚西徙會稽，徙會城，又有籍於順天者。余高祖靖州公北耕玉田，返葬餘姚。幼子六佐公，以玉田籍登順天賢書。是時姚宗先輩有作舟公，以儒俠遊京師，六佐公往來出入與偕，悌好甚篤。余十餘歲時，見六佐公寄大父魯公先生書，言其故始識作舟公，作舟公之子贈公定居都門，余叔父上由先生館於其家，於是又識贈公。贈公今大啓其世，三公並以文學科第著稱〔一〕。

當時其長子柯亭先生，今令昌邑。余自乙卯閲《順天鄉試題名録》，喜識先生。其後宗人自北來南，道先生之懿修雅量，悵未之見。去年，夏五先生因弟坡兼三惠書曰：「吾與君五十年秦越也，今而知君先子固吾兄，吾子乃君弟矣。請以吾子爲託見，握手如舊識，待之無異友生。」余至之明月，先生遣季弟返葬周太君槻於姚之舊阡，作舟公配也，曰：「以終吾先人志，後二十年，吾將南歸老焉。」

性薄嗜好，獨喜爲詩文，車中馬前疾書得意。余戲謂先生曰：「小子姑以文章當政事。叔有政事，奈何欲游神翰墨，如侯執蒲讖孫月峰之所爲乎？」先生則誚余曰：「君不見孫仲謀教吴下阿蒙説耶？吾豈苟治經生業者？且孟德父子在軍中，奮髯横槊而歌吐哺，天下莫當，君亦將止之乎？」一日，余驟病，尚手抄《宋史》。先生過視，有愠容，謂曰：「古所云好學不倦、耄期强力者，止於是耶？」余黯然無以應也。凡先生之與人忠信慈惠類如是。

其居官有大略，吏不束而嚴，民不鈐而肅。當東省大無之後，殫心施賑，窮鄉女户、單丁無不身到均給。比行編審户口，不求增益，使各從其舊而已。人庶蒸蒸，興於禮讓，有武城言游氏之聲化焉。

〔一〕「三公」，徐刊本、祝校本皆如是。康熙本作「三子」。據上下文意，當從康熙本。新版祝校本已改正。

龔朴庵先生曰：温深爾雅，絶不鋪敘，而才情吏績自見。此古人群從中真相知文字。

贈秘湖山人張五皋序 壬戌

采近覽明紀，至史彬等二十二人從亡逸事，未嘗不撫卷太息。以爲六合之大，千載之内，烈丈夫瑰磊奇行，殆愈變而愈出。世俗之士目之曰「奇君子」，曰：「平不有斯人，天地胡立？」因嘆士有負經世之略，不幸如二十二人終其身賫志以没，何可勝道！又嘆此二十二人雖不幸不見用，猶幸而名光天壤，登於竹帛，若雪庵、補鍋者流，後人固有過而弔焉者。或其變之愈甚，則有數之奇如二十二人，風之高如二十二人，心之苦必不欲爲二十二人，而功未必足以幸成，名磨滅而不表於後者，遭遇抑又可悲也。世之人愛之敬之，而至於不敢與之交；知其人，而不敢誦其名與字。出其幽思，時爲詩歌，足與屈之《騷》、陶之《辭》相追。然以其事之不傳，而文亦或不傳者，斷斷如也。豈不惜哉！豈不惜哉！

采少侍祖父至姚江書院，及見長老諸先生，與聞大義。既長讀書，頗以經世自負。久而益困，困復振勵，以爲即未得君而事，亦當求友而交。意欲涉江淮，溯大河，偏觀中原，沿漢東下，庶幾一遇天下奇士。然而斯願又莫之遂。

辛酉春，始遇秘湖山人於會稽之樊江。大喜，謂天下之鉅人當在乎是，且得以偏詢所與游，而知四方之奇士亦不在遠也。雖未盡接其人，一識其面，而幸而得交山人，即已得交其人。於是向之沈鬱幽憂油然以起，曰：「吾雖未得君而事，今已得友而交，徒以有山人也。」退而深念曰：「吾筋力不足以任事，文采不足以耀俗，雅量不足以服物，徒欲抱其區區之意〔一〕，以冀奉教於長者之側，吾何操哉？ 夫藥囊之物，牛溲、馬渤，惟良醫調劑而進退之，無所不可。往者樊江之會，夫子語吾發瓊山、海外諸書，是又欲進牛溲、馬渤而參、苓之。因山人之不鄙遺，予用以自堅，而信山人之才不終爲雪庵、補鍋也。

今年冬，山人將西行。予送之郡城，書斯語爲謝而別，且以廣其思焉。

贈陸卜甌序

昔王半山以《周禮》啓靖康之亂，行堅言辯，士君子莫能與争。其時陸農師先生佃，安石門人也，不阿其師説，入都，極陳新法害患，終列元祐黨碑。山陰之陸以此名聞天下。康熙己丑春，余歸自燕臺，伏痾郡城能仁寺。董生思靖時來問訊，引良友陸卜甌飲余湯劑。詢其宗，則農師苗裔。蓋久病捨去舉子業，寄於醫以養親活人，盛年卓然有立人也。

余竊慨近世百家澆漓，凡所謂文章、義節、理學、事功，下逮農蠶工販、絲麻米粟、楮墨之出，一切苟且牽就，真僞相亂。醫家者流輒以獨子、貞婦、名宰相、苦書生腑臟，姑試其粗明而未成之術。不幸厥疾弗救，雖仁人孝子痛其親之甚，亦罕有尤之者。今卜甌之言曰：「醫之

〔一〕「徒欲」，南圖康熙本作「徒欲」，徐刊本、浙圖康熙本皆作「徒以」。當從南圖康熙本。

道，與理天下通。善醫天下者當護元氣；非然，攻固銷骨，補或導邪。宋之禍基安石，接以呂惠卿、章惇、京、卞。彼有病之家善之，吾祖視其旁而不得一引手下砭焉。迨宣仁相司馬，群邪尚多在側，諸君子或爲調停之説，卒以不勝。則元氣已壞於熙、豐，不可終復也。夫醫之衛人，何以異是！」

余味其言，忽憶壬戌、癸亥、甲子間，吾友黄咸士嘗攜尊酒，登快閣，痛飲放翁先生主前。因共寓宿。明年，余適雪苑，咸士就辟之京師，客死不還。冉冉今二十六載矣。余衰老，猶視息人世，抱書苦吟。喜得放翁賢嗣如卜甌者，護其元氣以延余年，感念曩人又何如也？

贈陳匯萬序

康熙己丑清和，余燕遊南旋，挐舟於濟寧，有南昌劉君德廣字公居者共舟晨夕。公居登辛酉賢書，授珠厓屬令而引見，解職以去者也。有學識，通知古今。爲言西江山水癯削，所出人物率多質行，與江左風華韶秀迥不相侔。風利送帆，不數日已達邗音寒。溝，悵然言别。到家每憶其人，本許作序贈之，未得其會。嘉平之月，遇其鄉陳君匯萬郡城。貌古而恭，言訥訥不出口，若不知人間有機械事，蓋全真歸璞、質行長者也。公居之言驗矣。

君青烏之學盛行，以其不欺李君。天山至比之郭璞。君未必果璞也，而世之爲璞者未逮君之璞也。越人夙稱風華，而乃知重君質行，爲詩壽君，屬余弁言。憶公居維揚臨别時，遣僕復詣余舟道殷勤。夫公居共舟纔六七日，即如今者余之於君，止一再遇耳，而意中戀戀如是。則夫人世父子、兄弟、夫婦之相聚至數十年或百年，其情之藴結又何如也？然彼莊生者流且以爲齊生死、一彭殤，則此六七日及一再遇，固當視之爲百年、數十年之久長，不忍恝也。余故輒以贈陳君者，使歸遇公居道殷勤，不忘維揚臨别之言。即公居與陳君永不相值，而余之戀戀於公居之意固已達也。

贈越掾序

范蠡、大夫種、計然、后庸，古忠智勇傑士並産越。越山澤之秀甲東南，於位爲巽，爲福德，爲文明。禹廟、宛委，藏書在焉。生其土者，類有强直不屈之氣，善觀時變，見機勢。一二人激於不平，則從而解紛難者輒有數千百人。其剛崛之性，並而爲義烈；狙詐之情，奮而爲忠孝。往往扶植綱常之事，不得越之人不能成焉。陳卧子詩曰：「越國山川出霸才。」蓋不虚也。

梁、陳間，王琳、虞寄以奇節著，宋、明，正人輩接，風流日上，至萬曆以後而先澤漸微，乃多雜出於辟書從事之間，豈地脉之升降使然哉？余於此重有感焉。

夫士之生，出與處二道。然拘學抱咫尺之義，久孤於世，如太史公所稱季次、原憲云者，其人亦有真有僞。惟才足度務而淡忘榮利，斯至貴耳。乃如末俗尚機任智，名在儒俠之間，負其藝能，不肯窮老巖穴，當世亦賴其用，固有足多者。昔兩漢之治，敦崇廉善，士大夫强半拔出諸曹掾吏，即近代□□況鍾之賢，光照史册，非一世也。庶人在官，列詔禄之末，掾誠得人，上而公卿、大夫、士皆當其理，而宇内肅清，掾其無自菲薄。又得長六官者正己率僚以風及其吏胥，斯世不被掾之害，而蒙掾之利，又胡可少哉？

抑吾勸越中靈氣之士，以爲掾之才返事於功勳烈義，何所任而不勝？乃蚩蚩徒黯於長安之華衣膏食，棄禮樂，逃《詩》、《書》，盡歸於掾，曰：「吾將爲□□，爲況鍾以晚蓋也。」於乎，其人果況鍾也耶？苟其不然，猶吾所不取也。感某掾之義，書以贈焉。

壽河南巡撫王公序 乙丑　代湯睢州

余撫吴明年春，吾郡歸德太守使來告曰：「惟夏之仲，爲撫軍王公覽揆。四方賢士大夫，數千里走大梁來賀；八郡守土之吏，亦隨屬車揚觶以爲我公壽。顧公明德在豫，衢歌塗誦，溢於河南北，猶未足以愜民謳思。先生爲孫徵君門下，雅志伊、洛之學，洛中父老願得先生一言，其弗可辭。」

余惟古之建大業者，其立身也尚嚴，其御人也尚寬。嚴以致寬，則理達而政成，民畏懷之，然後慶流苗裔而永終天禄。昔叔向稱范武子之德，以爲夫子之家事治，言於晉國無隱情。若是者，其立身可謂嚴矣。至於御人之寬，則因勢順導，與時變化。鄭侯之載其清静，武侯之用法嚴峻，要於成治，各不相襲。

今聖神御世，威德被於八荒，湛恩加乎殊俗。海隅出日，含生蠕動之物，莫不内向思慕。四方既平，眷念中土，建兹明德。屬於我公。豫州固中原四面之會，南臨襄漢，北距太行，東引淮濟，西控關輔。天下之所視以安危，四方觀瞻，以爲禮樂教化之自出。而公蔚焉儒宗，司兩京留守。補敝起廢，興養立學，因其無事，與民休息。去武侯之嚴峻，用鄭侯之清静。豫州之民，農不雜刀劍之佩，兵不聞庚癸之諾，門不施胥吏之席，俗不沿靡曼之曲。士氓安業，官吏樂職。以仰副我皇上分陝保釐之意，右文更化之心。雖古風雅所詠、史傳所贊，何以加兹？夫士不深經術而尚務功名，則擊斷自喜，必有欲速之弊。際公斯時，由公斯道，始中土以播之滇、黔、甌、越，用培清室元和之運於萬斯年，則今日之壽公，固非特卞洛都人士之幸，而實爲邦家之光。是公之願，而天下士亦以此祝於公也。

余前備員史館，濫隨班末，雅悉公立身之嚴。及公來撫兩河，又幸得依大賢宇下，而服公御人之寬。兹余待罪三吴，三吴人士無不樂道公居鄉之德，可效可師。於是益信公之道行於朝廷，達於畿省，而浹於鄉黨、宗族之間又如此。士大夫論華亭人物，「前有存齋，今有我公」，其言良是。使者幸以此語復諸太守，並質之洛中耆老，用以壽公，當不以吾言爲阿所好。

范石書曰：豎得規模起，而詞更淘鍊。

壽萊州署守高公序 代張昌邑

《尚書》東郊之命曰：「道有升降，政由俗革。」《易》稱通變，使民不倦。是以或寬或猛，各隨其世，因時相濟，政乃歸平。

我東省前大無，皇上發帑金，截漕艘，遣大臣親臣，水陸輸賑。又徧詔楚、豫、江、浙諸省，有略賣山東饑民者，聽首實，送守土官發還本土，招徠安集，除其徭賦。行之數歲，穀比有登，於是山東之民得父子夫婦相保如他日。

未幾，民之飽者且醉而嬉，殍而蘇者暴而剛，枹鼓乍鳴，獄訟繁滋。制府趙公曰：「民蚩無知。吾聞一張一弛，文武之道，弛而不張，文武弗爲也。慢則少糾以猛，其在斯時乎？」今年六月，萊府員缺，檄濟南司馬三韓高公來涖郡篆。至之日，竊攘他徙，樗蒲棄投，馬就轡銜，羊無補牢。校序罷士籍，籍傳公之在武鄉申飭劣衿也，而屏不户出矣。訟者質於庭，無匿情，曰：「公神明，前在廣州理事如是，搏擊奸猾，無避豪貴。」曰：「公行之省會二年矣。」公乃進七屬司牧而告之曰：「政如是止，仍濟以寬。且余承乏於兹攝也，攝不可以暫弛。民之事必無怠，而天之職必無曠，藉衆君子襄余有成。其命案留獄之及限者，令速結報〔一〕。徵解以錢法未定，須時爲酌，便利開徵。」又令曰：「前饑時，富人多買僮。僮，故良人子也。上不忍民

〔一〕「結報」，康熙本、祝校本皆如是。徐刊本作「給報」，據改。

之離散流入他省者，尚令護歸；今本土既安，而不思天屬，傷父子恩？」贖而免者近千人。萊人飲食祝曰：「願得公滿歲爲真，萊其厚幸乎！」八月初吉，值公嶽生，請余一言稱觥。

余於公爲年通家，又與公仲、季父同官於朝，故知公文武家世名德最詳。太翁先生總師征楚，勳略紀旂常。仲父諱璜，季父諱琯，皆今上庚戌科賜進士，文章衣被天下，官侍從及吏部。子弟出仕郡縣，並有聲。而公尤熟二十一史，藻義風發，故臨民明決有兼才。當聖天子知人，翕受進用，正未有量。今於萊，其爲兆之一端耳，韜緼未止此也。謹拜手爲序。

切時事，講寬猛。末又補入署篆，移用他處不得。龔培學識。

壽萊州太守陳公序〔一〕缺

壽萊州府司馬梁公序 代

士君子出而以文學政事之具，致用當代，澤加於百姓，聲薦於大賢，上以荷聖天子之寵命，得此三者亦榮矣。

〔一〕徐刊本無此標題，今據目録補。

大夫梁公兩仕於湖之北。初令孝感，值兵氛甫靖，噓瘡痍凋瘵而更生之。迨居内艱，再補公安，公安之百姓戴之如孝感。由是制府郭公上其績於朝，天子喟然曰：「若而臣而才，毋使驟貴。聞古之育才者，必積試諸艱，知民力之勞瘁，然後可濟大用，以福我子孫黎民。其改令吴，往撫朕東南師。」至吴未一年，今冢宰商丘宋公時撫軍江蘇，又以其績上，天子曰：「俞，若汝余嘉。其擢守粤西之上思，内綏左江，外招南交。毋謂一州，余其重寄。」越四年，上思政成，又賜璽書，同簽書東萊郡事。

蓋自癸丑第進士甲科以來，三爲大縣，一守劇州，而今晉山左。凡三奉温旨褒勞，上之遇公不可謂不至。其磨厲在位，使知守令爲親民，吏不敢輕戮外任，仁心及民不可謂不厚也。朝廷有知人之明，督撫大臣有責實之效，然後我公得以其才徜徉設施於齊、楚、吴、粤間。涖之以威嚴，而民不惴惴焉惕；持之以清静，而民亦不沾沾焉喜。蓋惟知戴君恩、求民困，而忘其文之高、學之茂、議論政事之敏且傑。身通籍三十載，猶佐郡於之罘，昭如海瀕也。

昔趙宋全盛時，閬中鮮于子駿起進士，爲利州路轉運判官。見知神宗，用其議以均定役法，右遷京東、西路。進《議河書》，上復嘉納。尋召對，擢知揚州。夫以神宗之知子駿，寵命三錫，而不遽用之兩府三館。至元祐初，再轉運京東，涑水文正公言於朝曰：「以侁之賢，不宜使居外。顧齊魯之區，凋敝已甚，須侁往救之。安得如侁百輩，布列天下乎！」後遂陞太常，晉修撰待制，福星一路者，轉而爲福天下。我公今日之遇，無乃類此？

公之在孝感也，請丈量除去無疇米，蠲百世之累；又建書院於西湖，烝邑髦士講業其中。

及牧上思，憫蠻方罔知禮義，作鐸言申告，俾三老爲行嫁娶，有任延錫光風績。今東土洊饑之後，望思尤切。公至則流亡始復，商舶始來，民有寧居而盜賊他徙，户聞絃誦。半年之内，遂應屢豐。公之所以爲福天下於我萊，不益信哉！

咸陽冠帶甲關内，而公嗣其文武猷略以見諸躬教，子若孫斐然皆發聞於世。區區祝嘏謳誦，何足以壽公，惟是本公之實心雅浹於民以及於天者，遺七屬人士，使藉稱觥以希當公德於萬一，慰萊人之思焉。

叔柯亭先生曰：空中結構，言外皆寓感慨。司馬嘆其澄泓疏古，名爲「天籟」，不虚也。

子志劉先生七十序

子志劉先生，經世人也。筮《易》得遯，以之終身。天下有山，居蕺山之陽，俯瞰越郡。海内士大夫高望其風，無知不知，以慈孫孝子稱之。皆曰：「忠正公之孫、貞孝君之子固難爲也，如先生可無負矣。」

先生當乙酉、丙戌間方六七歲，親見忠正公之正命。遂承貞孝君意，屏去制科文，不以寄目。迄今己丑年七十，處家立事，無背先訓，並可覆驗。獨與伯兄叔季弟，手讐先籍，凡兵屯、馬政、錢糧、天文、輿圖、銓注、河防、邊備之屬，皆有專書。居常太息，以爲天下事得人則理，人不可無學。慮數十年後人才鈍敝，成法盡亡，師古者無所取資，乃窮日夜殫思，籌運當世之務，若有職位任責者然〔一〕。筆禿、楮穿、腕脱，以此爲樂不厭。或西出，往來大江南，求問遺民。稍涉聲氣，則避恐不速。人或謂先生涼，先生自若也。自忠正公時家故貧，迨其身，貧益甚，處之恬如。顧謂諸子：「惟天惟祖父，所以愛玉我者在此。汝曹苟稟先訓，但守吾貧，無或失足乖所之。」巨公名卿卑禮敦迫，則與之接。然酬唱之下，語不及時，亦未嘗對知交偶及其人。以此見先生之志也。

孟冬之吉，值其懸弧。令子與女夫朱君約傳，以余契先生深，請一言爲壽，因拾所見聞得者付之。要之，烏足以盡先生哉！

壽序惟此篇不負。或疑近傳體者，非也。自記。

劉子敬六十序

越中名臣之後，有一門兄弟偕隱、力承先德、不希聞達、海内交推稱者，曰蕺山劉忠正公孫四人。其叔則子敬先生也。

先生杜門著述，非先輩有道，弗與識交。間出其舉子業之文以就後進，輒往往拔於有司，

〔一〕「者然」，康熙本、徐刊本皆作「然者」，祝校本作「者然」。今從祝校本。

浙東學者風趨之。顧獨不出旅試，或怪以爲問，則笑不答。固問之，曰：「吾偶寓意，所好不留此耳。」

采所見名公鉅人賢嗣多矣，顧六十年以來，向之所名爲隱身屠鈞〔一〕、守志不降者，內不能忍其寒餓，外粗矜負其才略，争出而投當世之好。當世所共榮，已則從而榮之；非然，即行由夷、才管葛，亦幾不以自信也。若四人者，陶然簞陋，有以自信，久而不變。而先生舉業之文又足以榮世，而不用以趨時好。是誠不以世之所榮爲榮，而能守其至榮以游於世之外。久之，而世之人雖不能棄其所共榮，亦群知感發寤嘆，以先生之榮爲榮，於以見人性之善、名教之尊。先生之所獲於其先者孰多？而抱此以自樂者，良亦足也。

采又稔先生門內率稱先生推多均乏，因心友悌，天性闊略，不屑米鹽，有五世祖茅山公風行。

其與人平易，不解末世有機變事，則又大類高祖兼峰公。劉氏自遂安孝子以來，積善累仁二百年。及於忠正公，而理學節義世莫與匹。貞孝公養志，事死如存，先生兄弟四人者又承之以隱德。天之所以厚劉氏宜綿綿其未有艾，而況先生之孝友忠信孚於家庭，稱述鄉閭無間言者，又數十年如一日乎！

今年某月日，爲先生六袠初度，郡中縉紳名士謀所以壽先生。先生聞而止之，且泫然曰：「是非某所宜也。某生之歲爲前丙戌，其先一歲爲乙酉，吾祖忠正公實以是年六月終焉。

〔一〕「釣」，原作「鈎」，今據文義改。

迄於今乙酉，六十一年矣。吾不及見吾祖，而全書遺命具緘篋笥。其訓先君子，教以但遵《人譜》，謹身修行。先君子是以奉之終身，罔敢失墜。小子不敏，冉冉云邁，至甲子週，見遺於世久矣。惴惴焉隕越先人之訓是懼，其敢當祝嘏之事以滋戾？」

采聞先生言，既嘉其賢孝，又以愧夫世之忝所生而漫以稱壽爲者〔一〕。即以是言介其長君，使持以侑觴，而系之詩五章。詩曰：

高山仰止，蕺山惟祖。翹余望之，詒謀繩武。

卓哉貞孝，繼體象賢。奉公遺書，窮乃益堅。

四時之氣，備我同父。叔也偕臧，如石斯固。

嗣音思媚，静好齊年。宜爾振振，雲采爛然。

自祖及孫，曰攸好德。以莫不承，來者無極。

仁和王百朋曰：偕隱不出，以繼志事，此之謂真世家。浙東大有人首望在先生一門也。讀此序，使我三嘆。祖自十世遂安公純孝開家，六世茅山公、五世兼峰公承以醇樸古茂之德。高祖妣章太夫人奇節發聞，至曾祖忠正公忠貞。〔二〕

〔一〕「漫」，康熙本如是。徐刊本、祝校本皆誤爲「慢」，據改。

〔二〕徐刊本此處下空二十二字，康熙本不空。

宗晏如六十序

古之爲壽者，或足以壽一鄉，或足以壽一國，或足以壽天下。稱其量之大小，非可誣也。匹夫而化鄉人，往往稱之，然而有説焉。古之人，有名不越閭里，足不跨户庭，而游思天下之大。生嶺嶠者，未歷龍門、積石之險，涉登長河、岱山之高，深以爲憾；而長燕代者，又希得一探禹穴，望閩海以爲奇。人情固然。乃宋景濂有云「端木之歷游，何若顔淵之閉巷」，抑卑之，姑未高論。仰視人世，巨宦者、遠賈者、吏趨走在官者、士從辟書投人幕者，莫不汲汲逐如騖，至於摇精勞形，終吾生無憩時。

而獨某之宗有人焉，作息自得，擊壤含飴。自厥初生迄於今，蓋閱三百六十有甲子矣，而希入城市，未嘗一見郡邑之長，車牛輸税常最諸鄉，有宅有田，饒桑麻畜之業。親戚至則擊鮮烹葵，與寫情話，召子若孫出肅客，少長有禮。客無不喟然歎息動。士之居於鄉而若此，斯爲太平之幸人也哉？視彼歷龍門、下長河、俯岱宗、東觀閩海、搜禹穴、發宛委之勝者，所獲孰多？

夫止於木，不過一枝；飲於河，不過滿腹。生與世相遭，其取之也固已廉矣。廉故嗇，嗇故腴，腴故壽考，自其所也。百年曰期，而有道者以百世爲壽，久暫等耳。寧復區區鄉國天下之衡廣狹乎哉？斯説也經生之常談，然其人不易得也。吾宗之晏如翁是已。翁六十初度，宗之人聚而爲壽，因書其語以進。

思復堂文集卷六

書序

全氏譜序 壬午

有宋外戚世家，山陰全氏爲最。興廢之跡與理、度、恭三帝相終始，歷元、明兩世不仕，而詩書禮樂之澤固有存者。裔孫闇生考其祖系，余索而觀之。

按譜記古姓無全，漢諫大夫王崇子恒德始更全姓。後遂爲錢塘右族，全琮父子知名孫吴之世。迨宋光宗時，全衡自錢塘徙山陰，實山陰始祖。衡孫義積財能散，勇於任恤。季子大節産慈憲夫人，育理宗皇帝於民間。又一傳大中女孫明順皇后，配體度宗，兩世后戚。當是時，全氏之寵貴甲天下，没贈王爵，先享榮禄，群從子弟並出入禁闥，更直宿衛。嗚呼，何其盛也！

余覽《宋史》，感於太祖、太宗之際，授受不得其正，禍延靖康，厥罰彌烈。韓、岳百戰，捧江左之土以奉臨安，卒不克保其似續。皇天陰相佑，啓德芳、德昭之後繼統，各延三世。故全氏以一保長潛毓聖嗣，理宗享國獨久。五主傳祚，共六十年。斯蓋天之所與，承家開國，豈繄人力？無平不陂，春榮之後受以秋落，數理固然，其何足怪！而全氏始居盛隆，已能公勤廉約。同時賈貴妃弟似道恃寵專政，怙侈滅義；獨明順之族不聞以戚畹貴驕稱。本無壯趾之凶，頗達剥牀之戒。是以晚際陵夷，大辱不及，與他宗特異。造物者虧盈益謙之報，固已徵矣。

今其譜凡例曰：「正昭穆，嚴合食，詳葬地，通賀弔。後外姓必告，遷居必録，脱遺者闕之。歷盛衰勿之有改。」是孝弟之道，爲譜之良法也。余嘉闇生之意，異夫世之矜貴胄、羞寒士、矯託傅合以瀆其宗祖者，故爲之序。

闇生名煒，接始祖衡凡十八世。康熙四十一年識之東浦，年七十五矣。

吴洵沖曰：作一譜序而關一代興亡，何等立意。

劉信侯曰：從大處起議論，體氣似東漢人。

全氏譜後序　壬午

全之始姓爲王，舊云周靈王太子王子喬之後。漢諫大夫王崇，字全節，子恒德以避莽禍，因父字改稱。全氏之有全自此始。

後尚書丞全柔遭董卓之亂，歸隱錢塘。其子琮有功於吴，尚大帝公主，封錢塘侯。四子：曰寄，曰懌，曰端，曰尚。並有聲稱。又《吴志》，琮長子緒以東關之役，與丁奉建議破魏軍，封一子亭侯，譜軼不載。又尚子紀奉詔討孫綝，事敗，偕公主家屬徙豫章。全氏起恒德迄琮，祖孫傳漢、三國，並以清亮忠節嗣其家世。

入趙宋，有錢塘全衡始渡浙，家山陰之寶盆。其孫義建望煙樓，好務賑施。三子大節爲保長，女贅宗室希壚，生與莒、與芮。與莒入繼大統，是爲理宗；與芮封福王，福王生度宗，而大節仲兄大中女孫爲度宗皇后，以皇后貴加恩全氏，追封義爲越王，大中爲和王。後父昭孫前死事於淮西，封昌王。理宗立年，封外祖父大節爲太師、越國公，二子官少師、節度。五世三王、兩公、一總管、二節度、三承事、四解元，餘觀察、殿機、督幹、將仕、架閣等不可勝紀，可謂極一時之榮遇。其後伯顏師次皋亭，謝太后遣使奉表納土，明順太后隨其子德祐帝之燕，終於尼寺。社鼎既遷，賢良重禄亦以播離。楊璉真伽南發六陵，理宗且不保其顱骨，丹書盟券，空復何用，哀哉！貴寵之不能久居，體同休戚，人臣有作福作威，玉食害於而家、凶於而國者，可爲明鑒。

全氏再世後族，又能以文章自見，取高科，持盈防溢，凡此皆可書。《西湖志》則言元明宗善嘉國公，取其子爲後，即順帝。故俗傳明順之裔世主沙漠。此事頗涉倨誕，非所宜載，以俟後之通國體、管史局者。

東浦里第賜自理宗朝，元初流散，十二世始復歸浦。一子遺戍括蒼，後爲處州人。與浦分宗者，山陰瑮埭、柘林，别居鄞者曰光溪，居仁和者曰藺橋。紹、寧、杭三郡皆有全氏，而東浦爲大宗。其遺趾府基、鵝池、馬院，今尚存。

王克安曰：與前序參看，詳略俱得史體。

先生故懷感慨，是作更多沉鬱，沉鬱之極，乃爲平淡，非歷古今盛衰，無此識力。弟宣猷識。

孝友堂集序 壬午

《孝友堂集》者，餘姚陳執齋先生及兄寒松君柳津、弟比書君秋湄所爲作也。同父母八人，已分炊飲食，俱共闔門化之。師友取足其家，考疑問奇，融然相樂。順治三年，王師始渡浙江，即以八月集諸生會城，舉鄉試故事。先生願守舊廬，傭田自活。已而吏呼催科急，又數爲無賴侵辱，不能忍，乃起。中辛卯鄉試，由石門教諭歷知祁、齊東、真定府、晉州。

先生之學在詩與古文，惜雜於佛。經義亦峭質，不爲靡細之響，肖其爲人。致政歸，年滿七十。起寅及午，持譯内典。午則受之，以至於昏。手校抄《姚中先正疏奏》，略無寧暇。采以先君世好，子行承間頗言，謝曰：「君當卒成儒者，肩荷名教。吾業放跡，喜釋家言，不復自諱，亦不省僊病也。既愧先生厚，又自顧行業不厲，聽之沾污。」已，出所著文累百篇，使定取之。諸妄點竄，一字不易。其全芟去，應時燒毁。録成，命子昕烈曰：「世父寒松庵、八叔父比書樓當合刻，吾稿誓不獨存。」昕烈跪受教。

寒松君爲文章博而贍，雄諸弟。講貫宗先秦，亦稍旁涉江左。能忘其貧，至老益力。比書君質性雋孤，不阿時，詩文、經義具有法度。中康熙丙午鄉試。早失怙恃，長育配娶，悉先生經紀。没又無嗣，以第三子繼其後。禮不使齊本生，異夫世之爲人後者。二君皆善先君，先君亡，寒松君逢采道中，必爲之泣。先君客石門，嘗酗明倫堂，心痛起去。主人留采還席復飲，先生厲聲曰：「君父疾，忍竟酒？」坐客皆惕，乃罷。先生在時，命采總跋二集〔一〕，久不上。見輒恚索曰：「重君文，用相屬。故慳苦我耶？」今先生奄没八年矣，荒齋伏病，追念曩人。夜半忽憶此事，旦起咄書。雖言之非工，不敢廢先生命也。

先生自顔古處齋，並寒松、比書凡若干篇。昕烈鬻産，走石門，購良工爲梓，留其板。石門來取傭，十年償之猶未足。

末綴《竹香居集》者，同邑管君襄指文。君高節，亦無子。與孝友堂交篤。推其誼，遂爲之刻。名諧琴。父宗賢，伯宗聖，御史見之孫。

〔一〕「二集」，徐刊本、祝校本皆如是。康熙本作「三集」。

毛西河師曰：文以零散見屬續，此是古法。

徠服軒詩集序

《徠服軒集詩》四十一篇，山陰朱固亭先生所焚棄，時其夫人祁私拾之以藏於笥。越四十有六年。嗣子伯孫、約傳二君出而命余爲序。序曰：

萬物有成必有毁，生人有生必有終。而不泯没於天地間者，精神而已。惟精也，故能藏天下之志；惟神也，故能通天下之感。見於文章，爲修辭立誠。

詩之爲道，修辭之大者。今《三百篇》，夫子所删而存，皆立誠之辭。其中一朝不過數人，一人不過數詩。至於小大變《雅》，所稱「怨誹不亂」者，大抵立其朝、憂其時、感其事而作也。若父師《麥秀》之歌，義人《采薇》之句，《風》、《雅》、《頌》概不登。若曰此殷人殷詩，置之存而不論之列可耳。今有哭其夫者於東鄰之室，而實明器於華錦之庭，則人必挺劍而起矣。詩可以怨，而怨非其時，何以異是。家父、凡伯之爲《南山》、《板》，屈平之爲《騷》，皆憂時感事，非所施於易代之後也。陶元亮詩多在易代，故其辭不怨。後之《冬青引》、《西臺記》怨矣，然無一語及時，故能保其身，而禍亦不蔓於世。此善處否遯，立誠而辭有體要者也。

吾又以謂潛之用怨也或深於翱。菊與酒兩者，與人無争，與天無憾也，潛詩每及之，而人以爲樂天。其名潛，在劉氏之代乎？不得乎潛，則爲亢；亢不能，返於淵。固亭先生瀕亢而返於淵矣，其先人之烈與元亮同。知其身可廢而世不可以不保也，故返於淵而復爲潛。在《易》乾之履曰：「君子終日乾乾，夕惕若。」夫能惕則猶龍，以龍之惕履虎尾，轉龍戰之亢，而元吉有慶。吾於先生之焚詩，得惕道焉。今所存四十一篇者，惕之餘也。坤五黄裳而文在中，祁夫人當之矣。

吾又感越中士氣在先生世猶盛，魏伯陽絶於張儉，而祁氏奕喜兄弟爲孔文舉。當諸人結詩社時，天下名士爭集徠服軒。迨伯陽死，奕喜放，曩時同社多出，希當世之聞達，以詩名家。而先生竟儽然窮餓，守先人故廬不去。死者復生，生者不愧乎其言。於乎！其可謂信者與？信以完友，而忠孝以承其家，是則先生精神之不泯没於天地間者也。

探珠集詩序

山陰劉氏多才士，而戒謀自少以詩豪名。唐劉夢得禹錫嘗稱「詩豪」矣，故人别戒謀曰「小詩豪」，豈夢得苗裔邪？抑其後身邪？吾謂戒謀自有其詩豪者，不在乎與夢得爭並驅於千年間也。

國初以來六十餘載，士大夫敦尚古學，詩文之作莫盛於今日。下逮鄉國庠序之内，競相酬和。在紹興，則有詩巢諸子各以其技鳴，皆自成家，雅健清絶可喜。而余所見戒謀之詩獨多。戒謀爲詩不肯依傍門户，於獨出神韻中自與古會。近體效温、李，五言古直追蘇、陸，而骨格間似昌黎。故田子易堂序其詩曰：「笥山擅才，長人具法，戒謀以情勝。」易堂之知戒謀可謂深矣。余非知戒謀者，而猥以詩屬之序。又見其勤思善下，能博取於諸家以成其品也。人之爲學也，喜於變而彌上。戒謀十餘歲見推詩宗，二十餘即有集行世。今三十三歲耳，四方鉅公名士無不知越中詩巢有劉戒謀者。其詩其人，可謂早成。而戒謀方悔詩之遂同魏晉，乃盡燬壞其前所鏤板，特爲今詩，寫其靈緒，猝然得之觴詠，有人之心思所不能造者。雖戒謀亦自疑，以爲神授，非人力也。

戒謀祖樓名探珠，故其詩有《探珠集》。夫「四人探驪龍，子先獲珠」，此非白太傅之見壓夢得而罷唱者乎？然則有劉氏戒謀，夢得爲不孤矣。戒謀曩曾顔其集曰《宛委》，宛委者，禹藏金簡玉書處也。今而名《探珠》，大禹之覆，其待發於戒謀矣乎？

雖然，以戒謀之才情發之宛委者發之蕺山，家有藏珠不可斛計焉，又唯是詩家驪珠之探云爾哉！

金素亭先生曰：觸手靈妙，亦如盤珠。

祁舜可先生曰：戒兄詩辭妙東浙，氣誼亦自今古。先生非苟作者，其爲此序，不獨以其詩也。

章氏宗社詩序

余向不學詩。聞高適五十始學詩，心艷慕之。西河毛先生曰：「人可不學詩，詩不列於經。」會稽章泰占者，年弱冠便爲詩，詩即工。嘗與余論詩，其言曰：「陶淵明清而不麗，陳思工麗而不清，江以西情寡而理繁，江東情勝乎理。兼斯二者，猶苦氣弱不振。即麗與清，且奈何哉！」又言：「山陰朱天南之詩長於言情，未善體物。體物者，心有造化，注手而成，猶畫家之於竹，非葉葉而爲之、節節而累之也。」泰占之説詩，可謂精矣。

康熙壬午正月，偕其宗人十輩爲《道墟十八咏》，而書來使余序。凡五絶一百二十六章，各爲圖，乃以詩綴輞川遺意也。諸君皆有高世之思乎？其誠善於體物乎？

追惟庚戌、辛亥間，余年二十二，讀書章氏，與因培、芬木昆弟遊。因培少余纔一歲，芬木三歲，持弟子禮，祝撰彌謹。余愧退，則謝曰：「齒讓久不立，願先生因而示之。」此時泰占尚未生也。無何，於今三十二年矣。余孑孑同因培、芬木皓首一經無所獲，而泰占年氣方盛，九人者亦多與泰占同時先後生，乃能磨光砥垢，大起古學，於其先人登遊吟嘯之地作爲歌詞，以紀其事。嗚呼，其可感也已！

章氏世居道墟，當偁山之陽，澥水阻其北。所爲《十八咏》者，曰《齋臺》，曰《第一泉》，曰《柴塢》，曰《南陽坂》，曰《鑱》，曰《麻園》，曰《籟適樓》，曰《裡港》，曰《東市》，曰《江山環秀樓》，曰《果園》，曰《杜浦》，曰《黄艸瀝》，曰《櫧木彎》，曰《浴鶴泉》，曰《海崖》，曰《兩山洞天》，曰《宜嘉尖》。《越絶》云：「齋臺，越王齋戒臺也，在稷山。」環秀則西軒御史宅，而籟適爲格庵先生讀書處。其他皆余嘗遊歷，地絶勝。章氏多傑人，余夢依格庵先生，曾爲述傳，以致因培、泰占附登家乘。格庵誠雪庵之亞，流風餘教，興起頑懦。今十君者之詩推揚先業，其傳於後，自可貴重。又寧特如輞川，使人卧遊忘倦而已？

余固非知詩者，而辱以詩示，因爲道其世好，頌其祖宗。知章氏之先犯顔仗節，所以光照東海而啓翼共宗裔者，非一朝夕之積也。然則余之感於是詩也深矣。

莫掌綸曰：低徊頓挫，彷彿廬陵，其骨幹則昌黎也。作詩序却説到禮讓、忠貞諸大節，關係不淺。

陶子清圖書序

鐫篆家之法秦漢也，右古也。古者每事尚質，民風、士行、吏治皆質也，何獨一鐫篆？顧質不可以力造〔一〕，有天焉。吾烏知古人生今日能復返於當日之質耶？後人往往有過前人，乃以巧勝〔二〕，巧勝則法離。神乎法而意與古會，則其天者全：僚之丸、秋之奕、公孫之劍、由

〔一〕「質不可以」，康熙本、祝校本皆如是。徐刊本誤作「曾不可以」，據改。

〔二〕「巧勝」，康熙本如是。徐刊本原作「功勝」。當從康熙本，下句同。

基之射、造父之御、韓王孫之兵、司馬遷之文，皆是也。李廣見石，以爲虎也，射而入之；他日射焉，終不能入矣。何者？前射之天全，而後射之天不全也。文字立而蝌蚪鳥跡興。自李斯刻璽後，若鐘鼎、史籀、秦篆、漢隸，勒之金石。至唐、宋刻朱文，其法大備。然後人悉巧竭法以規摩秦漢，終莫能逮者，豈其天固已遠古，巧勝法密，而意反不足與？

會稽陶子子清工圖書，爲余仲子承明鐫思復堂一章，文理端嚴，腕力勁厲。余就訪焉，乃得飫觀其生平所集刻。知其思深而學博，屏却外好；富於年而能甘貧賤，未嘗以其技干耀於士大夫；授徒養祖母，不爲阿世舉子業。庶幾乎古人之概者。故其天全而心手所遇逼邇秦漢，近代王趙文何未知何如也。

余嘗謂經之以畫用者莫如《易》，而書之以《易》用者莫如圖章。天地、風雷、水火、山澤、龍蛇、蟲獸之怪，鬼神之情狀，盡之矣。李斯説其君以焚六經，獨不焚《易》。斯蓋頗有得於畫之用者，惜其所以治天下之具不以是也。乃知文字之功，聖人之精意存焉，雖經秦之世而莫之敢壞。陶子毋謂一藝哉！與天地比壽可也。

家訓序

家自五世祖鑑水府君至先君子鶴間府君，代以孝友忠厚傳家。鑑水府君洎高祖廓源府君，兩世爲清白吏。曾祖易庵府君蚤卒，而貞懿翁孺人以淑德成就孤子。魯公府君更振之以理學，侃侃著孝義之節。鶴聞府君詩文爾雅，文采耀於前人。生其後者，愧難爲繼也。述《家訓》。

師訓序

自幼九歲，從魯公府君至城南姚江書院。及見求如沈先生，謂曰：「孺子治何經？」對曰：「方受《尚書》。」沈先生摩其頂曰：「孺子識之：在知人，在安民。」府君呼采拜受，至今憶焉。是時並見子虛史先生。史先生卒，從府君往與弔，亦至今憶之。年十七，始受業先師韓夫子之門，講陽明之學，韓夫子所以責望采者甚厚。自夫子没而志益荒，行益隳，然不敢忘也。述《師訓》。

友誼序

一介之士，必有密友。友者，所以磨礪道德、通有無、共生死者也。吾於餘姚得一人焉，曰徐文亦；於會稽得一人焉，曰陶子千；於石門得一人焉，曰陳聲大。嗟乎，難言哉！文亦、聲大並以公義相許；若勸善不倦，施惠不怠，存没可信，以要於成功之路，唯子千而已。族弟開甫執義侃侃，語不他泄，真愛我者而惜也，其已死矣。述《友誼》。

易數序

管輅有言：「善《易》者，不言《易》。」故京房、郭璞，不免殺身。以此思數，數可知矣。然數本乎理，與人子言依於孝，與人臣言依於忠。謀及乃心，謀及卜筮。稽疑之學，君子亦有取焉。桐鄉李氏善推《易》數，予喜其不滯於理，得聖人屢遷之義。述《易》數。

文藝序

予少時不善讀書，喜涉獵。八九歲從王父魯公府君受陽明《客坐私祝》，府君即欲教以聖賢之學，非儒者之書勿使見。是年，始記周、程、張、邵、朱及白沙、陽明、曰仁、緒山、心齋、東郭諸君子姓名。年十一，從府君受先正制義。府君卒，明年，先君鶴間公去之石門，庭訓曠廢，乃從外祖陳蜀庵先生學。蜀庵先生性嗜佛，往往爲談説禪學，然受《左氏春秋》及司馬遷《史記》則自蜀庵先生始。庚子辛丑，學時文，所聞見不進。癸卯，至石門，隨先君讀書。見《皇明通紀》，悦而録之。又明年，在家無師，始私啓先君篋，縱觀古今書籍。然不精專，訖無所得。緣是不能爲古詩文，有媿先人家學焉。述《文藝》。

萬授一先生曰：讀念魯小序，知念魯用心之所存。而祖父師友淵源，亦略見於此矣。

治平略自序

仁和章士裴淇上訂補豫章朱健子强《治平略》爲三十五卷，學該而力勤，於明事尤核。長洲蔡方炳九霞先有是書，然措意止在舉業，而明事不具。余思取章先生書輯之，惜其目緒太繁，文亦少熔鍊，如望滄海，迷三山，漫不得要領〔一〕。乃轉尋己意以貫串古事，半存舊文。手抄三月，得文十二篇，皆時所當先者。不欲仿蘇氏直入議論，仍名之曰略。

蓋政與世移，旬月之間，情勢萬變。吾之所論，未必遂可施行；而今所難行，又未必不可施於後。故每兩存其説，令識時務者會心而自擇取之。不然，書陳陳充棟，如不能用，何益？嗟乎，吾曩者有意天下之事，今老矣。此十二篇中，亦多雷同剿説。然致用豈在高奇，何必黄石之書爲秘，而老生常談爲闊乎？

受業弟之旭及龔生培學請鏤板，省傳鈔。余笑曰：「是又將爲舉業用耶？」之旭曰：「舉業固以經世務，先生無輕量天下士。」次其語簡端，付梓人。

〔一〕「如望滄海，迷三山，漫不得要領」，姚名達《清邵念魯先生廷采年譜》作「如望滄海三山，迷漫不得要領」。

譚氏不賓堂帖敘略〔一〕

先生品孤峻，人莫敢即。丙寅，將出遊，悉舉其詩文稿付雪竇僧天岳藏之。丁卯，卒於揚州。田一峰守一嗜其書法，刻之於石。邵廷采敘略。見光緒《餘姚縣志》卷十六《金石》下。

〔一〕諸本皆無此文，據光緒《餘姚縣志》卷十六《金石》下補。

思復堂文集卷七

書啓

上江蘇宋撫軍書

往者新建伯文成王公撫贛州時，有泰州布衣心齋王艮叩閣求見。文成納之，敘賓主禮。心齋抗論不讓，良久，乃始下階成拜，卒爲高弟。又泰和楊茂口不能言，耳不能聽，而心聆文成爲今之賢聖，雜於稠人觀聽中，進求提示。得文成數語，大快距躍而去。此事也，於今百六七十年矣。

廷采布衣，伏處於越濱海。雅志濂洛之學，得其師於書，尚未得其師於人。行年五十有二，鬚眉皓然，而當世未有知者。所愧不如心齋，以其猶事舉場，不能超然捨去；比之於茂又多其能言能聽。以是側聞先生之爲大賢，不揣賤陋，而亟候見焉。惟先生察其詞，原其志，而進退之。

謝陳執齋先生書 癸酉

頃謁晤先生，如見先君。兩世得附傳志，喜不夜寐。但贊語憐其祖父，而過噓枯其孫子，云「行止一稟先訓。父没二十年，語及輒流涕，至性盎然」者，實非能如此也。直以遭運陵夷，萬斛血淚，遇祖父之執，不覺湧出，非逢人便然。伏念疚愧，僭更「走四方，交當世名賢」八字；亦非自謂其能如此，特意此事較前所云稍易行耳。實亦不顧其學行之薄、才用之陋，而輒爲此言也。重辱大誨，以爲是涉聲氣，崇實黜浮，毫釐千里，呼適粤之北轅而反之南。受讀拜泣，亟繙前贊，定從原本，俾夢寐之下，服膺斯意，要於有終。且令愛采者得執此以嚴稽其過惡，爲畢生息壤左證，皆先生玉我也。

託黎洲先生評語，誠係好名逐外。凡此隱微，咸願洗滌。十餘年前，嘗以《讀史百則》呈正黄先生，後又蒙授《行朝》一編，殷勤提命，難忘是恩。立名真僞，學術異同，海内後賢自有定論，吾黨不任其責。至於隨事得師，虚心廣見，何所不宜？傳曰：「高下在心，瑾瑜匿瑕。」若近梨洲門庭者便謗晚邨，依晚邨門庭者專毁梨洲，且非詆陽明以和之，先生以其人爲何如人也？

癸丑寄讀禾城，獲侍約庵施先生。前後二十載，則侍先師遺韓韓先生。采所師事惟二師耳，今皆即世一二十年矣。道喪文敝，風俗人心，澌滅無餘〔一〕。天下皆奉時文爲經傳，以講學爲聲名，穢污垢鄙，不可祓濯。比年以來，並是兩者，未之或見。矜其捷足，明明奔走於苟得之途。非先生峻厲之氣、真慤之衷，孰能挹而清之、扶而正之？

顧涇陽先生云：「世日尚圓，朱子獨方，方則一毫假借不得；世日尚奇，朱子獨平，平則一毫簸弄不得。」蕺山劉子每舉斯語以示學者。今先生之教，實與顧、劉兩先生後先合符。更若恢弘大度，翕受兼聽，使慕義而來者易知易從，非先生誰望耶？

胡導九曰：是韓、蘇據案咄書文字，却無一字不古雅。

謁毛西河先生書 己卯

廷采敬啓西河先生門下：采生五十有二年矣。五六歲時，稟祖父之訓，教以孝弟忠信、爲人之方。稍長讀書，從入姚江書院，及見沈求如、史子虛二先生。二先生私淑文成王子，遭變，信道不出。而沈先生在當時頗有禪學之目，惟史先生粹然醇儒。姚中人士興起，並知談説濂、洛，推本洙、泗〔二〕，深衣幅巾，峨峨可觀。采祖父及父皆二先生高弟，以是幼年聞見不

〔一〕「澌滅無餘」，康熙本如是。徐刊本、祝校本誤作「澌密無餘」，據改。

〔二〕「推本」，南圖康熙本如是。徐刊本、浙圖康熙本皆作「惟本」。據南圖康熙本改。

惑。先哲既亡，雅有記憶。二十二爲諸生，從事舉業。以爲非向上功夫，此意扞格，久不進。益性喜抄閱明史，然無師指授，空自勞攘。而本性一道，幸侍先師韓子，月季再會，重續沈、史之席。先師怡然退然，中懷無事，大類李延平。及門高弟，則徐文亦景范其最著者。

庚戌歲，先師告逝，皇皇無有依歸。癸丑，遇施約庵先生於嘉興。濫蒙獎許，勉以經世事業。此後意願漸廣，交遊道雜，勇俠輕非之士漫相標重。久乃自悔，先人醇厚之轍豈宜頓易？退與樸茂者居處。十年以來，重理初志，竊欲肆力於史。草茅饑凍，不能自振。一代浩繁，茫無措手，躊躇瞻顧。見馮再來先生隨筆云：「己未，上勅史館，奉有『福、唐、魯、桂四王，許附懷宗紀年』之命。」因遂不揣，輯《西南紀事》一卷。中間抱病，又迫生徒課業，未得一心編録。丁丑戊寅，假榻東池兩水亭，復輯《東南紀事》一卷。手校未竟〔一〕，故疾大作。今年己卯被放，益慨窮達有命，不可力爭。而壯心未衰，不能與古人潛德遯世者同甘淪没，輒欲繕寫是書，呈當世之高賢，以考鏡其是非，推求其心術。

伏惟先生，今世之韓、歐、班、馬也，康熙七年六月初吉，望見光顔於古小學。此時蕺山高弟如張奠夫、徐澤蘊、趙禹功諸先輩咸在講座，而先生抗言高論，出入百子，融貫諸儒。采時雖無所識知，已私心儀而目注之。迨十三年，避寇入郡，始得先生之文集於重山董先生所。伏讀深思，不能名狀，但驚其雄博無涯涘，考核精嚴，諸體具備。歷觀當今作者，本原之大未有過於先生。先生負當代之望，爲名教之主，推崇陽明，排斥異議，後進之士倚一言爲太山、

〔一〕「校」字，徐刊本原作「較」，今據文義改。

北斗。采也不才，忝爲同里子弟，向慕越三十載，未一進謁左右，其爲鄙陋也甚矣。無所私請，不欲託於不知我者之言引重，輒自懷刺，伏叩門下求見。守寓待命。

姜汝高先生曰：祖父師友淵源，歷敘井井，直而不傴，固足感人。

李剛主曰：議論沈鬱，學術精醇，故是南州雅士。

候毛西河先生書

伏惟先生耄期敬學，精神日益加進，凡所著述，皆從身歷中來。廷采濫廁門牆，恨色力早衰，以不適用之身，又迫家人艱食，進退狼狽，不能抉揚微奧，有負師門。

前所責劉傳依託陽明句，竊自恕指言者末流之失，非及文成也。謂借此阿時干進，無此肺腸矣。「致良知」三字，實合致知存心一功。所謂察識於此而擴充之，直是任重道遠，死而後已之事。俗儒認作石火電光，所以曲議橫生，而脚踏兩頭船者又用調停，以爲姑諱此三字。如吾師直標宗旨，即今無第二人。向見潛庵先生答陸稼翁札，與吾師有同契也。

蕺山不沿良知而揭慎獨，謂獨是未發處，不是已發處。功夫專在未發處用，獨體下不得個動字，未發下不得個静字。共睹共聞，自有不睹不聞未發在，而指其微過，一言蔽之曰：

妄，復則不妄矣；不妄，則七情、九容、五倫、百行少有纖過，正如紅爐點雪，隨着隨銷。故曰：「不遠復，無祇悔。苟志於仁，無惡。」蕺山之所謂獨，蓋即良知本體、道心之微，與朱子殊，不與文成殊。特變易旗幟、改换名目，以新號令、作士氣耳。少時入姚江書院，見淺學紛紛讀得「致良知」三字滑，遂成骨董。其賢者罔不高論禪宗。去先賢曾幾何時，流弊若此。文成恐學者支離於學問，蕺山恐學者荒忽於靈明：興衰起墜，同一苦心。其相羽翼於孔、孟之門，後先固一也。

至「干羽兩階」一語，勸君修德，未嘗欲偃兵。蕺山論時務，皆切當世之用。己巳守禦京城，及屬卧子論南遷，非迂闊者。吾師集中有此，尚求酌定。

又宋儒排抑漢、唐，推尊本朝過甚。陳同父謂：「天地常運，而人心常不息。赫日當空，處處光明，閉眼之人開眼即是，不應二千年之間有目皆盲。二三儒者因吾眼之偶開，便以爲得不傳之絶學，盡距一世之人於户外。夫子惟教人爲聖人，子夏分出一門而謂之儒，儒者傳先民成説，守規矩繩墨，而後學有所持循。成人之道，宜未盡於此。故學者當學爲人，不當專學爲儒。天下大物，不是本領宏大，如何擔當開廓得去？漢、唐之賢君，果無一毫氣力，則所謂卓然不泯滅者，果何物哉？」同父持論甚平，非徒「開拓萬古之心胸、推倒一世之豪傑」而已。

至謂宋儒講學者無一死節，亦適不會其時。若程、朱當厓山淪覆，度必爲陸秀夫所爲。而當時定大變，濟實事者，若寇萊公、韓忠獻、李忠定、虞允文、文履善，皆不出於講學之人。

然此數人者，程、朱之門多不稱道。以此疑諸儒將宇宙大事業私占自家門户，而其用處亦每受道理拘縛，鮮所變通，恐其行之或礙。三代而上，獨不用詐謀詭計，至於機權，所以成天下之務，禹、湯、文、武、伊、周，太公皆有之。孔子見南子，欲赴佛肸之召，孟子對「好色」、「好貨」及三宿出晝之濡滯，果有道濟天下之心，似非可以孤立行意者。

又元人修《宋史》，於《儒林》外別立《道學傳》，此後遂爲定名，專家似當去之。吾道一貫，孰非道學中事？而以此立儒家標幟乎？同父所以謂人不當專學爲儒，正爲此也。同父惜未見之行事；使其任事，定當有一番規模。外此，若陳東、歐陽澈之以諸生布衣死諫，洪皓之流遞冷山，若斯之類不可枚舉，豈非真道學？而吕好問涉張邦昌之嫌，顛趾出否以救國事，其本原雖與狄梁公小大不同，均爲聖賢所取。後之論者，滿頌梁公而微彈好問，此亦忽邇貴遠，與耳食無異之一徵矣。充其刻論，至謂陽明私結宦寺，又何怪乎？

嘗讀逸書，吴興老生沈仲固有言：「道學之末流，至寶祐、開慶間幾不可問。見治財賦者則目爲聚斂，開閫者則目爲麄才，讀書作文者則目爲玩物喪志，留心政事者則目爲俗吏。所讀止四書、《近思録》、《通書》、《太極圖》、《東西銘》、《語録》數種，不爲其説，即立身如温國，文章氣節如坡仙，亦置之格外。其在朝，惟以㡌冠衣、端跬步爲事。求如正公之規折枝、文公之斥和議，則無之矣。賈似道利其結舌寒蟬，不致掣己之肘，故用之列布津要，禍不在典午清談下。」

采始詫仲固言，今而不能無疑。蓋崇性命，薄事功，矯揉偏重，其弊乃至於是。由是言之，陽明數傳而後，士喜言覺悟，漸流禪定，使天下以良知爲諱，亦容有固然矣。

天下有千萬人訾謷，不足輕重吾道者，如今世之議陽明及東莞陳建之異幟是也。獨怪顧涇陽東林君子之首而攻排王學，仇王者至今依歸。然以陽明視涇陽，直支子耳。涇陽崇直節，而孔、孟之道不止於直節也。又其於朱子之學未之全見，止以墨守扞邊圉爲衛朱。見有一言之及簡易，則以爲涉於陸，一言之及經綸，則以爲涉於陳。故從而爲之説曰：「今有人兼象山、永康而具之，朱子復起，憂更何如？」於乎，象山豈異端乎？永康豈蘇、張、范、蔡乎？是何異游夏、洛蜀之門人相譏而藉老、佛以卞莊刺虎之會也。故采嘗妄謂學陽明者毋反而議朱，朱之人固泰山喬嶽，而朱之學固曾子、子夏也。至《綱目》一書，則直繼《春秋》而懼亂賊，陽明子所未暇作也。

昔鄭端簡成《吾學編》而尊王；茅鹿門，文士也，知尊王。此兩人皆非專於講學。至涇陽始大興講學，天下之正人相遇類聚矣，而持説乃與陽明貳。然同時如鄒南臯、馮少墟、高景逸，皆不左陽明。劉蕺山雖不言良知，然補偏救弊，陽明之學實得蕺山益彰。本朝大儒如孫徵君、湯潛庵，皆勤勤陽明。至先生而發陽明之學，乃無餘藴。而天下之人，或以微議朱學爲先生病。竊見先生立身處家、細行大德，無悖於朱子家法。特欲揭陽明一原無間之學，以開示後覺。淺識之徒拘於舊而未能入，又佐以時文，盛其焰而助之攻，遂以爲左朱右王者有矣。抑言蕺山之學近朱，攻王者轉而揚蕺山，此亦僅得其廉隅節義千百之大略。至所謂誠意、慎獨之説與朱小異，而純粹以精之至者，曾有所窺及乎？

采受恩深隆，一日未死，尚欲闡崇師説。竊念守先傳後，百世之公；無犯無隱，事師之誼。昔人稱心齋王氏不肯輕服陽明，心向往之。是以不避狂瞽，極思明辨，務於解去生平之惑，使天下後世曉然知聖道昭垂，殊途一致。則王門見知聞知之任，非吾師誰屬？伏惟吾師恤其荒迷而救其没溺，幸甚。

答蠡縣李恕谷書

姚江末學邵廷采頓首，恕谷李兄足下：手教從西河先生所，蒙用學問事，虚心相質，亹亹七百言，並自道其得力，無一巵詞。伏讀數四，不敢空言抵復，遂五六年於今未獲報命，罪甚，罪甚。

足下學問得之趨庭，自幼即有必爲聖賢之志。後又從遊習齋，力驅佛、老，講求兵農、書數、禮律諸務，綜古者小學、大學之教以治其身，體全用具。凡所言行，直本孔、孟。舉後世之所爲程、朱，爲陸、王，紛紛角異如衣敗絮行荆棘中者，概置勿顧。於聖人之道，真有廓清摧陷之功。用工之勇且實，未有過於足下者。若弟因循蹉跎，日復一日，行隳學裂，視足下真愧且畏也。

第有一言從足下就正者。足下之所爲，戒謹恐懼，存養交進，自既明其善而加之存養乎？抑惟堅守其心，篤實其行，不受外物之摇侮，而遂以爲得聖人之精微渺忽乎？

孔子曰：「知及之，仁能守之」、「择乎中庸得一善」。孟子曰：「其中，非爾力。」则聖学固以致知为終始。故《易》曰：「知至至之，可與幾也；知終終之，可與存義也。」以見始之終之，時中之詣，一以知爲鵠而已矣。設聖學不統於知，則孝悌力田皆得與聞一貫，鄉黨謹願躋於狂狷之上矣。胡爲聖門呼唯乃俟其人？抑與彼不與此，又何也？由是言之，陽明致知之教，誠不可議矣。

顧猶有説焉。陽明之所云致知者，攝於約禮之内，始學即審端一貫；朱子之所云致知者，散於博文之中，銖銖而稱，兩兩而積，其後乃豁然貫通焉。此同歸中有殊途之别。世之學者不究其同歸，而喜摘其殊途，所以從朱從陸，杳無定見，去聖愈遠，畢累世而不能相合也。

至蕺山先生專主誠意，以慎獨爲致知歸宿，擇執並至，而不補格致於誠意之前；合一貫之微言，審執中之極則。孔、孟以後，集諸儒大成，無粹於此。特全書未經刊布，世多傳其節義，至其爲承千聖絶學，尚罕有知之者。向讀孫徵君《理學正傳》一編，寫蕺山纔百餘字。弟是以不揣，蒐輯公傳，於誠意慎獨之要，略爲梳櫛，合之黄梨洲、惲仲升兩先生節要行狀，可窺半豹。弟於明儒，心服陽明而外，獨有蕺山。雖使前輩向慕不同，且從所好。至於干羽平賊，不過爲修德來遠之徵，文以足言，似不當毛舉，疵議前哲。觀其徒跣號慟，挺戈赴難，豈欲呼當日之舞師瞽工題干羽兩階者？房琯車戰，後世猶笑其迂，可以此加之蕺山乎？

夫論學當提撕本原，使人知用功下手處。若博聞强記，講求刺刺，窮年勞攘，總歸喪失。昔孟子論井田封建，止述大略，此之謂善於師古，知時務之要。後此，荀淑不爲章句，淵明不求甚解，外期經世，内養性情。兩賢雖未達聖功，要爲窺見體用。弟見今之儒者討論太劇，徵實太多，未免如謝上蔡所云「玩物喪志」之戒。自顧精力既衰，不能搜羅詳核，惟有省心省事，期無悖乎先聖先師之意。早夜之間，惟有存住，如是而已。要之談何容易。程子見後生静坐，便嘆其善學，此意可思。

又湯潛庵先生答陸稼翁有云：「從來講學，未有如今日之直以肆口嫚罵爲能事者。」蓋其人置身功過之外也久矣，言之不怍，則爲之難。有二三作俑，以爲逢世捷徑，後生渺無知識，奉其譏評，用當經傳，四十年來，遂成風氣，牢不可破。乳臭者能闢陽明，自詡沾沾，並爲聖人之徒也。是故攻王以衛朱，朱不受；斥朱以附王，王亦不受。足下南宫三試，策問有議及陽明從祀之語，不對而出，卓然傑者。如此舉動，古今之内復有幾人？弟已增入此事於前序中，無論世之以我爲狂、不以我爲狂也。

夫學術各有沿流，固非作者之過。陽明之後，惟錢緒山、鄒東廓〔一〕、歐陽南野能守師傳，再傳彌失。如李贄之狂僻，亦自附於王學。而斯時密雲、湛然，宗教熾行，高明罔知裁正，輒混儒、佛爲一，託於「四無」宗旨。以故蕺山先生承其後，不肯稱説良知，是實因衰激極、補偏起廢之道，正可謂之王門功臣，未嘗相左。故愚於《蕺山傳》端有「嘉靖中葉以後，禪學毒天下，大旨依託陽明」三語，謂是當時實録。西河師頗不然其言。吾兄寬中精學，敢以爲商。取鄙述姚江書院傳記推崇陽明者，前後覆勘，意旨殊絶否？弟於師門無所阿好，惟慮用心稍

〔一〕「鄒東廓」，浙圖康熙本如是。徐刊本、南圖康熙本、祝校本皆誤作「鄒東郭」，據改。

疏，出語有謬，開罪先正，實所不敢。他如西河五經諸解，尤服《春秋傳》魯不僭郊禘，以一陽來復十一月爲春，皆先儒所未發。仲尼尊王，無臣子改本朝正朔之理，亦不當有此曲筆。而郊禘非禮，《禮經》多出傅會。禘爲吉禘，郊爲祈穀，此傳出可正從前繆戾矣。太極先天本於釋老，則不敢臆爲之説。《河圖》、《洛書》，孔子明舉之，而歐陽公乃稱其妄，是皆未可據，故於原舛、遺議尚有疑焉。

夫經學與心性之學本出一原，聖人作經，皆以發揮心性。《易》道陰陽易簡，《書》記政事，《詩》別勸懲好惡，《禮》順秩敘，《樂》滌邪穢而蕩渣滓，《春秋》辨是非。今於經學之外別有心性，則道無統紀，而不得聖人之心。於是乎逐事物，溯源流，求同異，解愈繁而經愈晦。譏朱子末流之弊，其弊乃甚於朱子也。故先賢不可苟訾，必歸之心得。訾朱子與訾陽明，其失也均。

豈惟不可苟訾，誠欒先賢之道而體先賢之心，並不可過爲之護。訾先賢者固非，即過於護先賢者亦非。故習齋先生謂學術至宋儒而歧，誠闢論，非苛論也。何也？宋儒謂静觀未發氣象，人生而静以上不容説，是中體落於偏枯，混入佛、老而不自知矣。而所云問學，又止於誦讀訓詁；凡禮樂兵屯、經世實用，一切蔑略，動而輒括。故終宋之世，競議論而罕成功，當南北横裂，未有出一技以相加遺者。其已見之行事爲兆者，前韓、范、富、歐陽，後則李綱、宗澤，而皆不列之儒者之林。伊川有一蘇長公不能容，而晦庵亦力排陳永康爲功利之學。且多推本朝人物，而卑抑漢以下諸賢〔一〕，謂自孟子没，宋儒出而始接其統，千年架漏。百世聖

〔一〕「以」，徐刊本原作「亦」，今據文義改。

人復起，未知以斯語爲何如也。若孟子之論則不然，曰：「伯夷，聖之清者也；伊尹，聖之任者也；柳下惠，聖之和者也。」雖不得與集大成之聖同科，乃儼然相提並論。然則孟子而在今日，則諸葛忠武、嚴光、徐穉、郭汾陽、韓、范、李、宗、岳鵬舉必得與於夷、尹、惠之倫矣。夫設一格以名儒者，距千百世之英傑於理學心性之外，道之所以不行不明蓋爲此也。若此類豈敢爲宋儒諱，又何獨爲陽明護乎？

夫諸葛忠武、嚴光諸人，處身經世未始不合中庸之道。所以遜乎時中者，正以其知之未至耳。足下云中庸之道不可能，一語已盡千聖學脉。而又加以戒謹恐懼之功，知及之，仁必能守之。海宇雖乏人，得如兄，足以幸聖學之有承矣。

弟非能承聖學者，今所述答，半騰塗説，語次不倫，自知狂惑，終無長進。又年齒衰落，白髮盈首，多爲家道薄俗所汨。程子所云「不學則老而衰」，今親歷之。夙慕岱宗、闕里，鄒、魯遺躅，思一履躡其地，此願十年竟未之逮。無簞瓢之儲，而不能樂其所樂。我生長途，未知胡底。惟道兄篤切匡之，救之。不宣。

王維四先生曰：折衷孔孟立説，平心審理，故無一言阿媚先賢。

光、相一别，荏苒三年。時從左璧、咸士、亹侯詢候近履，知長兄久滞吴中。二三故人，零落如昔，而人情猶復依戀。去年先大母即世，本意負紲相從，以滌煩穢。其秋八月，歸德胡明府書幣至，家人嗷嗷待哺，遂於冬十一月合葬，反虞赴宋。其日迂舟，過左兄齋頭，邀之入城，江橋話别。先一日，平明，躡霜出水偏門，得小舟渡塹。至跨湖橋，起咸兄於寢，告以將行。會亹兄亦至，言其尊大人之恙，黯然神變，不遑早食，遂與俱起。自後南北聲息絶不相聞。十二日人定後，過閶門，乘月移泊虎丘。夜半，急棹西上，咫尺不得相見。今在宋署委蛇混俗，非僕好也。

東平故人惠寄二書，僕意學道之士，入山唯恐不深；不爾，遊覽山川，發抒志氣，亦古人窮愁著書一助。若左圖右史，雍容養高，慮非所以自廣，前過徐州，遥望山東，躊躇佇立。今縻睢陽，距彼六日，竟多牽制，不能渡河。乃知千里負笈，脱然高舉，良未易也。

閒暇無事，輒與陶子千俯仰憑弔，從左璧、咸士徧搜長兄詩文讀之。竊謂詩品、人品自當與陶徵士並傳，陶詩已傳而長兄之詩猶有所待命也，如何！咸士頗號知人，頃謂長兄疏於接物，恐長兄不負人，人負長兄。方在論交，此非細故，願兄採納其言。

西湖風景，聞車駕東幸，桃柳徧栽，佳麗匹於其舊。僕恨不且往一遊，而遽北走。久事筆

宋中遺吴門友人書 乙丑

硯，倦於章句。又不能就幕，爲當代名公鉅卿掌書記。有遨遊之志，而不能如兄擺落家計。意欲附吴中勝友，選刻制義，冀少有酬，以爲小兒齏糲之資。既不受生徒籠絡，則得以其暇擺脱，從四方長者游，益近大賢，斯僕所願。此事爲名，則不可，明爲衣食之慮，固亦無害。古人博徒賣漿，何所不爲？顧其用心何如耳。

朋友相保永終實難〔一〕，咸士、亹侯曾以公義微不相服。比吴歸後，坦懷無間。此由長兄雅量，調護包容。不如是，何以使吾黨負氣之士傾倒歸義？廬山絶頂，足以位置，亹侯難與攀躋。至於辭受取與之際，應有由然，斯管仲所以致嘆於鮑叔也。

往在姚中，憶有厭薄道學之説。長兄真道學人，能爲此語，然自是關氣運衰盛。由漢而下，治不復古，皆因苟就功利，逢迎時務，鄭侯、留侯將無應受其責？凡事極盛，自難爲繼。六經既明，而有《美新》；四書既出，而有訓詁；經義制科，而有講章；道學實繁，而有名士。今之修飾邊幅、號主講席者，皆名士也。若並惡道學，則不可矣。區區曲見，誠不敢阿所好，知有當於權度否也。

僕於癸亥九月客病，幾死嘉禾，髭髮咸白。不意近者渡淮以北，反覺精力可用。間亦試之鞍騎，與北方之果蓏黍麥猶足相勝。唯恨氣質未清，神采匆暢，不足以稱其胸中之意。必若去其固陋，録其悃款，自非大賢，其孰能勿遺之？

〔一〕「實」，徐刊本原作「食」，音近而誤，據文義改。

家世行略，伏求大加削正〔一〕。僕自度未能立身揚名，恐先人遺訓將遂湮没，又晚得弱息，徼天之幸，萬一得遂長育，且不及記祖宗之事。病餘支枕，稍爲撰述，亦以見僕之早遘凶閔，罔極之報，私恨無窮也。握手無日，幸惟自愛。

黄梨洲先生曰：逐段零星，文氣自貫。章法從《楚昭王復國》篇來。

姜公縞曰〔二〕：此先生痛心之友，故無賸言隱情。

答陶聖水書 甲戌

來書漫以史事見推，且欲執贄梨洲，求師天下，自周、秦、漢、宋、明古文源流正變，一一詳詢，無以塞其惠問之意。誠哉，學然後知不足也！

廷采頓首，聖水陶君足下：君志古進取，不安於時，欲從當世之賢人君子遊，意甚厚。言必稱父師，仁孝之情，邑邑何已。僕求友於里中豪俊有志行者，而難其人也。今乃得之，則何

〔一〕「家世行略，伏求大加削正」，康熙本如是。徐刊本、祝校本作「家世行略狀，求大加削正」。用「伏」文意更通順，今從康熙本。

〔二〕「姜公縞」，徐刊本、祝校本皆如是。康熙本作「鎬」。

敢匿其蒭蕘之千慮，不一出以求正？

僕少違父祖教訓，學問未加，氣質卒難磨礱。兼以遭際迍邅，乍進乍退，奄忽四十七載，迄以無就。至於文章一道，夙罕專宗，老師、宿儒羅布天下，不克負笈往事。即如梨洲先生，託處同邑，亦未執贄。年來益復放廢，知交零落，無所切劘，得過日多。自分永棄鄉黨，不意辱承惠問，過相推重。私心疑足下之誑我，何獨背流俗之所謂清議，而有取於此？抑氣類所感，取舍自持？僕内愧雖非其人，不敢不因吾子之望，勉進於善。吾子之賜於僕，豈淺鮮哉！

僕十六歲從先君讀書禦兒，即私取馬氏《通紀》，戲爲編次，立中山、開平、曹國諸傳。先君覘視微哂，若爲弗知而不之責。後遂貪閲《綱目》、《史記》，暨《吾學》、《從信》、《憲章》等書，自覺性與史近。十八、十九兩歲，抄録明史無晝夜。顧牽俗儒聞見，牴牾應試，蔑以自堅。先君即世後，學業益廢。辛亥，在倘山，倣《史》、《漢》論贊，著《讀史百則》。友人見而戲曰：「未作紀傳而先論贊，才方古人遠矣！」僕重爲慚恧，歸正遺韓先師，忽又萎没，同門徐文亦夢先師曰：「允斯文理，全未全未，且教之讀《易》。」旦日發遺書，得采所業編，咸大驚詫。遂自閣筆，以至於今。

夫文章有本有原，況於史事尤非易。至才如馬、班，亦賴家有賜書，禄賜充斥，交遊豪俊，到處逢迎，繕書之手，賓從滿座；且猶父子再世，弟姊繼出，僅乃卒業。今或不自度量，取此自程，學識未充，形勢又逆，雖勤奚濟？唐、宋大家，惟歐陽公嘗爲史，韓吏部《順宗實録》外，未見有作，論者以年壽之不永傷之。然韓公他文，已自起衰絶俗，蔚爲唐、宋諸儒首。誠以其左右六經，本原甚大，故從祀兩廡，天下宗師。若蘇氏父子以文爲道，舉孟氏所云「浩然之氣」者專歸之文，不免從横權術之雜。惟其心術忠讜，治體通達，與從横家相去千萬，是以後先輝映，光照藝林。近世錢虞山、侯商丘行己既已可疑，矢口下筆，故多旁皇瞻顧。文雖成家，無得於身，味旨淺薄。立言之難，從古如此。梨洲尚有《文案》一編，爲四方所傳寫，於文字之正變、源流蓋已略備。近傳江蘇宋撫軍先生聘毘陵邵君子湘輯《有明三百年文録》，訪遺鉤萃，便可告成。此君大江以南人望，必能精於取舍，可垂法式。不須如僕寡聞渺見，掛一漏萬，捉筆碌碌爲此也。

足下既志古，不安於時，務追古之立言者，體則根於道學，用則擬諸世務。雖未即實見之行事，亦必能口誦而心運之，然後發之於文，精微而弘博，剴切而開明。今來教所云「高自位置」及「强作解事」者，其人大抵厭薄道學、簡遺世務者也，氣運之不復，久矣！四十年以來，後生不獲接先民矩矱，恥爲淳樸，競爲輕剽。佛、老之後，將復繼以申、商之禍，蕺山劉子嘗言之流涕，歷今益驗。其一二老成尚在者，倦於荒耄，轉習圓熟，以取容時俊。倣摹無自，議論俱空，舉世皆然，何獨一鄉一邑？有志之士以憫憂世道爲意，不足屑屑與之較量。但使舊人遺老摻尺寸之柄，示以趨尚，十年之内，此習又將自變。且吾越中自文成王子倡明絶學，横山、緒山、龍谿、彭山講述兹土，洎於劉子集諸儒之成，流風餘思，至今未歇。以故後生稍有知識，尚多激發。孟子稱「私淑諸人」，其人不必過於後人，要其綿綿延延，尋已墜之緒於千百之什一，不可謂之無功。而天未喪文，應有傑者起當斯任，庸可高自位置、不急引進？事固有前不必承之祖父、受之師，後不能私之子若孫，出而求之弟子。若一人而前後之責交迫，則其樂誠大焉。然古人於此，不以爲樂而方以爲憂。憂夫吾之行未成，德未立，終其身煢煢若無所歸，無與副前後之望，而以傳之師者發之弟子也。是二樂者，兩遇兩失之，其可乎？

足下能自得師，無以求師之篤而漫於執贄。顔子陶然陋巷，與太史公周行天下，所得孰多？古人晚而著書，非關世道，決不苟作。故凡内之不足而假於外，道之不勤而争於文，此在先哲有以爲恥者，不可與文士言也。僕欲足下不以文士自限，又懼無以答足下之意，故敬述向之聞於師者爲足下告。要之，於僕之身固無所得，足下得無笑其言之失實已乎！

開闔甚大，如長河巨江，滔滔混混而來。弟咸甫識。

倪載屏曰：八家之文。

與人索米書 甲戌

僕幸附邑里，行微能薄，以誦讀爲耕農，無少休舍。家無四壁，寄孥戚黨，歲入不足以贍朝夕。少遭凶閔，未艾而衰。四子皆幼，正在就傅。自顧頗與世俗不相宜，而心希古人，好效韞其著述。坐是日益困落，計其家貲，豐年猶長歉也。比又爲先塋凌削，赴控代慈水者一年，不克訟而歸逋，含羞祖宗。姚中諸賢皆以此事爲僕恨。

伏惟某君仁心爲質，引義忼慨。雖潛居里門，實能佐當事者推惠窮困。姚中兩歲大水，稻蟹不遺。賴前郡侯李公呼號拯救，古汲長孺之義何以加兹？公之於越也，不啻父生而師教也；其於吾姚也，緊起死人肉白骨也。俗薄風澆，不樂道人之善，當事者愛養如此，猶或愛憎各立。而清議在天下，私恩在姚與越之民，豈有誣焉？

當此時，君曾捐千金通糴，與邑之貧者。其於李公不可謂無助，而於姚民不可謂無德，古人之所難而君能之。去冬，又聞遣紀綱航海至甌買米，遇風，漂没數百石。則君之汲汲於賙貧恤饑，真不倦者。

僕神宇未暢，言論、風采不足以動人，然胸中頗含蓄留意古今之事。擬之於先民，誠不足比數，若猶自近時而論，此亦姚中所希矣。而使之饑餓不能出門户，執「可貧不可賤」之説，而不以告情於賢豪長者之前，亦見其果於自賊，薄於與人，諒而不可爲也。

古之童子，尚有滅釁更炊，因熱爲恥，僕豈不明斯義？顧維天生才常困於所限，如僕者有營當世之志，而内不能贍其一身一家，大爲侏儒所笑。士屈於不知己而伸於知己，君誠未嘗知僕，僕不可不謂之知君，則亦知己之一道矣。

昔曹丘生嘗謂季布，以爲「『得黄金百，不如得布一諾』，僕與足下皆楚人，令游揚足下之名於天下，顧不美乎？何距僕之深也！布喜延人，厚禮之」。今君之賢不過季布，而僕之才不如曹丘。惟是大節所關，不苟依附。至於推揚義問，三年之内寤寐跂佇，未之有忘。若必三及門而不通，嚴於見距，道路之口必有疑足下好義第爲豪舉名高，而簡遺朴諒之士，未免爲大德之一累，豈不惜哉！

古者設取予然諾，急人之厄。乃至魏其、灌仲孺之徒皆争禮士，士在己之左，愈貧賤，愈益加敬。雖非聖賢至中之軌，要與當世之齪齪安飽自足者相去千萬。足下虚心高識，宜何所取舍也？

陶穎叔曰：烹經鍊史，出其胸中，可聚米爲山，乃不免索米耶？滿釜泉清游魚，勿笑。

屈彊排奡處，不讓韓公。弟越先。

與門人書

小道可觀，致遠恐泥；好行小慧，終累大德。是以朝廷之上，左史記言，右史記動。下逮寒士，何獨不然。况足下天性本自沉厚，江村同堂二載，私心歎羡，以爲吾所不如，期許過望。此時邈乎其容，觸之不動，雖復鶴立雞群，微有執滯之病。三載以來，文藝大加於舊，器識稍減於前，病又似不在執滯，而在游移矣。吾所爲欲亟進一言者，此也。

夫沉疴久則藥石莫前，習氣深則忠良難進。立談之頃，未可責人以正言；泛應之時，亦當力求其有主。謂宜亟返初服，豫養公輔之威儀；日近端人，復就聖賢之規矩。一切馳馬、試劍、六博、蹴踘等事，雖係游藝之末，終非吾黨所宜。勿或與世浮沈、從流忘反。留碩果之實，開風會之先，深山窮谷之中自有聲應氣求之侶。大開着眼，緊立脚步，一言一動必以尊公爲師，失之自鮮矣。

又飲酒温克，昔人所難；口角輕颺，最易敗德。《賓筵》、《抑戒》之詩，一日之中不可不什伯思也。末俗奢靡，裘馬之麗，無復加勝。後生習見，以爲當然；老儒驟驚，自覺慚赧。不知饑饉流離，田廬漂没，寡婦泣墓，孤子號天。日者自揚之徐，七百餘里道路之間大略如是。加以催科鞭扑，一部鼓吹之下，百姓何求不得。平時弗知稼穡艱難，異日何以驟居民上？此誠立身成敗之本，家運淳薄之基，不可不審也。

復友人書

病寢寧神，生死事大，功夫覺有進處。而兄俗情喃喃，滿紙難了，適亂人意，非益我也。《劉傳》教正出於虛公，然事關學術，不得不辨。

天下最患是非黑白喜從蒙混。以致人心不正，世道不平。如近世之三教、紹聖之調停、南宋之和議，中於心術，而治亂從之。陽明之學，爲二溪、周、陶，相沿多弊，佛氏遂入而鼓其幟。今之攻陽明者無得於中，專藉先賢標榜取勝，固非天下真學人。乃餘人猶沿流守舊，妄以心、意、知、物、「四無」爲宗主，而所爲真陽明者失矣。足下之好陽明，得無葉公之畫龍矣乎？

蕺山之世，教衰學微，雖其門人亦罕獨信。天下或以陽明爲佛氏，或以佛氏爲陽明。故如蕺山忠憤正直，而於深辨學術處，則獨承之以謙、守之以平，使其義明。其旨不失，而我無過於先賢，斯已矣。要之，明儒雖衆，必推王、劉爲一代程、朱。王近明道，劉近晦庵，而功勳節義過之。朱、王之學，得劉而流弊始清，精微乃見。

兄不見蕺山全書，未識其學之醇乎醇而集大成者，是以極言而公辨之。

復龔侍御書〔一〕

伏讀手教，奬借過情。小兒又蒙施禮，鄙人何以克安？自分衰慵，永絶人世；今遇先生，勃勃復有生氣。感能以道義成我也。

《遺民傳》尚未刻，新正又續寄六篇歸，皆非酬應者。大約後刻先完，而前刻仍須自出資耳。脱忘米桶爲此騃事，知友皆笑狂愚，獨先生不然。内省病根，衹緣壯心未已，名心未除，是一生痼疾。昔宗中先輩曾下頂門針云：「凡有好高立異之念，皆自生障礙。究竟成一好名

〔一〕康熙本無此篇。

之士，於真正學問，全然不得力。」此話迄三十年，不能出其範圍。陽明後身爲包姓，省會盛傳，較當年應自削薄多矣。吾生六十載，尚遥遥千萬重；況陽明距今百六七十年，其間情好汩没，人事遷流，求如當日之光明澄徹，豈可得乎？

此雖近二氏家言，然從古聖賢，憂勤惕厲，正自爲此，可勝悼慄。無本之文明知當棄，未能超然捨去，亦差愈於市廛白望諸人耳。正恐彼營實利，此騖浮名，相誚還無已也。雖然，金銀銅鐵總出山隈，要在良冶分别而均鎔之，則鐵猶金也，今日爲采良冶者，非先生其誰？

小敘奉贈，愧不成文。取其不作世情語，節之又節，欲更增入一二事不可得。博高齋一哂存之。竹垞先生書露函藉覽，即祈封致。是祝。

請建蕺山書院公啓

伏見郡城蕺山劉先生者，性成忠孝，學述孔、曾；立朝則犯顏直諫，臨難則伏節死義；真清真介，乃狷乃狂。洎乎晚年，詣力精邃，揭慎獨之旨，養未發之中。刷理不爽秋毫，論事必根誠意。固晦庵之嫡嗣，亦新建之功臣。若其正命而終，尤見全歸之善。死非傷勇，何從容慷慨真易難；道集大成，總玉振金聲俱條貫。海内稱之曰子，來者仰之如山。特其全書藏在子孫，未經刊布，知其學者絶少，撮其語者無多。若不大爲表彰，何以罄兹微奥？

又越中人才蔚起，皆藉先賢講學之功。宋時和靖、新安，先後昌明斯地。自有明一朝而論，始則天泉之倡和，卒有蕺山之信從。洛閩以來，於斯爲盛。後生口喙，時復津津，餘韻猶存，流風未泯。前郡侯李公鐸，曾重修五雲陽明書院，奉安朱、王二賢神主，而蕺山未有專祠。且古小學舊爲證人講所，今堂宇圮壞，學會不舉，豪强占侵，人心伊鬱。

恭遇某公，潛心聖學，緬想曩賢，引見遺裔，徵求卷籍，俯仰憑眺，綽有餘情。議毁淫祠，更建書院，誠千秋之盛業，闔郡之崇觀。於功令所不講之條，急教化所必先之務，按之典禮，咸謂允宜。敬請諏日召工，經始營度，俾夷、齊片石，特表西山；叔子高蹤，並碑峴首。即落成之日，啓講學之期，大振儒風，弘獎來學，豈特文翁治蜀、辟陋改觀，安定教湖、弟子日進已哉！

代歸德胡明府徵文啓

蓋聞洛水流符，爰錫龜文之寶；汾河效鼎，重修虎觀之書。聚五星於奎躔〔一〕，知非人力；發二酉之秘笈，驚奉天章。文運必百年而興，人才匪異代之借。故夜光寶氣，雖什襲以作名山之藏；而天女支機，亦乘槎而達人間之市。

維兹宋郡，舊號平臺。上應心分，大火焕文明之象；西鄰嵩嶽，降神生王國之禎。玄鳥

〔一〕「奎躔」，康熙本、徐刊本原作「奎纏」，祝校本改作「奎躔」，「躔」指日月等星辰在黄道上運行。當從祝校本。

至而天乙長祥，六鷁飛而兹父啓瑞。旗回熒惑，舞徹桑林。傳考父之銘，孔氏之斯文弗替；讀相如之賦，孝王之遺獻猶存。爛然經術之林，邈矣諸家之學。桓少傅之尚書章句，世乎焉、典、鸞、郴；丁將軍之大易微言，授之梁、邱、施、孟。十三而得□□之瑞〔一〕，江郎藻六代之花；四歲而知神氣之殊，蔡子命興宗之□〔二〕。於今爲盛，振古如斯。

某承乏守臣，得交國士。掇梁園之秀，敢私桃李於公門；萃洛下之英，慮曬芝蘭於芳渚。歷七年之課試，既彈琴而見高山；知平日之揣摩，益引商而雜流徵。倒黄河之水，足斷韓潮；挹芒碭之雲，皆成龍采。凡兹高等，共啓巾箱。藉手校讐，媿比汝南之月旦；賞心剞劂，貪看冀北之騏騮〔三〕。懸諸國門，期一字之不易；上諸天禄，定三載以爲期。謹啓。

張夢符先生曰：典核難移，陳言務去。

前上慈谿方明府啓 癸酉 公諱允猷，福建舉人。

竊采世貫姚江，先人葬慈，家繫紹郡，寄籍桐邑。在泮二十五年矣，足未登長吏之庭。日

〔一〕「十三而得□□之瑞」，徐刊本、康熙本均缺二字，疑當作「夢筆」。

〔二〕「蔡子命興宗之□」，徐刊本、康熙本均缺一字，據《南史·蔡興宗傳》，疑當作「名」。

〔三〕「冀北」，康熙本、徐刊本原皆作「冀兆」。祝校本作「冀北」，據文意當從祝校本。

記數千百言，口囁嚅當事之問。上無寸椽，下無塊土，窮年坐讀。曾祖以下，僅有同祀兩弟，今去其一。四世一身，貧而兼病，零丁不堪。妻孥旅棲會稽，先人時祀未有所屬，憂心如焚，寤寐涕泗。食口十餘，獨藉硯田，一日卧病，十口無依。所葬治下太平湖陽，係采曾祖，年二十四早殁；曾祖母翁毁形壞面，植遺腹以迄於成立。祖父及祖母刲股活親，節孝並烈，炳載邑乘。山共六畝，四契；田共二畝，二契。祖、父兩世，渾厚素封，烝豚而祭，拜奠成禮。洎於采身，流離遷播，不獲時至墓下。清明日，遣弟以一盂麥飯泣洒墓碣，隻雞勺酒〔一〕，尚不能具。以是積爲鄉人所欺，眈眈而視，冀呑穴道。

庚午冬，某等伺采試不利，肆伐墳西巨蔭二百餘株。值前賈師臺去任，未經讞結。某等復抗法慘掘，山崗盡赤。子父男女，舉家劇病，迭起迭卧，卒殞弟命。今年癸酉，某等瞯采試又不利，稔采怯懦，竟用妻棺盜厝，率衆大砟墳東蔭木，直至圍牆。驚拜墓下，咽淚呑聲，行道傷嗟，鬼神號慟。爲人孫子誰無祖宗，而至斯極？用是去謀生之路，決萬死之途，冒雨戴星，躬負襆被，搏顙奔控。師臺一視同仁，憐其先人而澤及朽骨。采自今以往，至死之年，皆出師臺之賜也。

若曰「功令，歲終例宜停訟，此不過田土細事耳」〔二〕，則奸宄之徒將乘寬政而益横。采死

〔一〕「隻雞」，徐刊本、祝校本皆作「雙雞」，康熙本作「隻雞」，當從康熙本。「隻雞」，一隻雞，常指菲薄的祭品。《後漢書・橋玄傳》云：「又承從容約誓之言：『徂没之後，路有經由，不以斗酒隻雞過相沃酹，車過三步，腹痛勿怨。』」

〔二〕「田土細事」，康熙本如是。徐刊本、祝校本作「田上細事」，據康熙本改。

本不足惜，其如九原之下，魂魄何依？師臺，衆人之母也，寧忍使赤子離母之懷，而訴其哀楚於祖父母哉！到慈來，會使節在郡，伏候至今，斧資告竭。欲返姚肆業，上無以對祖宗；欲羈守臺前，下無以活妻孥。伏祈師臺俯念哀情，嚴拘立讞。如非孚室，義甘反坐。得於旬日賜勘，使先塋獲保〔一〕，藐孤息肩，不勝幸甚。

萬授一曰：立髮摧肝，有聲有淚。

後上慈谿方明府啓 甲戌

去年月日，以盜葬盜蔭事，具控某等到臺。上爲百年遺骨，下關一家生命，情窮理極，呼天呼父，萬不得已。顧此柔靡，豈能健訟？重蒙師臺培造，諭以尚宜讀書，感激涕泣，血與淚並。星夜負擔，往來寧、紹二郡，凡四閱月。進無懷資之利，退有焚次之危。所有左右墳鄰、禹廟僧道及管山人，悉某等三姓宗戚，處心積慮，非朝伊夕。姚越親朋爲采涕泣，宗族爲采飲恨。然皆以郡界懸遠，未能裹糧跋涉，就親師臺台座下，爲采一言。師臺至廉且平，仁聲冠於浙東。寒廬下士敬守功令，無論力所不能，斷不欲以左右之先容、縉紳之箋牘，上塵大賢之聽，下隳一身之守。是以惡勢紛紜，譸張爲幻，日甚一日。雖效包胥之哭，卒無同袍之師。

〔一〕「先塋獲保」，康熙本如是。徐刊本、祝校本作「先塋護保」。當從康熙本。

某月日，大庭質對，某手出僞契，捏造鍾文魁鬼名，在順治十三年賣出。采曾祖墳塋原契，係鍾繼陞賣出，在天啓七年。前後越三十載，何緣墳西蔭木，與穴上者合抱無異？某向前盜蔭，已將木本盡掘，冀滅其迹，寧無青山一片可驗？況原賣與邵氏者爲鍾，爲邵氏管山者亦鍾，僞契私相授受者亦鍾。一姓串挽，線索在手，指亂塊以爲埋石，飾土穴以爲留墳，熒惑道路，動摇清議。而某某凶狡尤甚，指揮決勝，不可億逞。幸蒙師臺面諭即勘，誠哉冤慘，非勘不明。

但采孑身到慈，妻孥在越，並無昆弟親戚賫糧相餉。臨審之夕，即與首證張朱振泝流西上，意欲呼號稱貸，以爲登山騶從之犒。蹇遭奇歉，百無一應。病妻弱子，牽衣涕泣，告以待哺。滿目蒼涼，流離載道。當事急長孺之義，里老倦黔敖之呼。內顧家人，潸焉涕下，憂愁卧病。相知就視，或謂仇不戴天，裹創復戰，雖死不休；或謂量力揆時，知難而退，左次無咎。呻吟涕泣，伏枕而思，祖墓自此告辭，家門因之遂壞。

采半生苦吟，未曾聞達。年四十七，鬚髮盡白，駭人聞見，人情貴少賤老，雖抱區區樸誠，豈能自達？長子十三始學制義，其餘幼小，益未可待。回望姚江桑梓，已爲客寓；先塚遠在甬中，魂氣若無不之，祇餘夢寐可接。伏卧淹久，未能赴勘，惡黨高枕稱快，必有以坐誣懼罪、歸逋自竄爲言者。所恃師臺作主，天地父母，矜其孤弱，恤其疲病，使奸宄之徒少知斂戢，不敢平毁墓道。采身雖死，亦可以告先人於九原。倘惠邀大德，不即殞命，得埋頭經史，以延書香一綫，令頭童齒豁者眉揚氣吐，少收桑榆之效，以蓋東隅之失；十年之内，留此面目，復上先人丘墓，與左右墳鄰歡然相見，世世子孫保守無害，必不以睚眦相加。皇天后土，可爲明鑒。若其邵宗遂殄，天道後還，淚泗碧松，入土不化，死爲厲鬼，亦當殺賊。

昔郭汾陽身兼將相，功在社稷，尚不能保其先塋；至如采者又何足道？顧士庶人之孝，與有土卿相不同。彼其所係有重於祖宗者，忘身忘親，反經合道。若未膺一命，則由身以推本，所生豈容怠忽。古者仇有輕重，成敗利鈍雖不可料，要之匪躬盡瘁，必以死繼；或不報於身，則於子孫。故齊侯復九世之仇，《春秋》義之。今采雖内苦煢獨，外迫饑饉，加以未老而病，然尚有子可教，先人口澤未亡，潛德猶在。所葬曾祖母翁固大司馬見海公之孫，存孤亮節，與程嬰、杵臼爲伍者也。天苟欲存節孝，雖其曾孫不類，當或扶持而安全之。某等能洩地脉，豈能遂逆天意哉！

采幼遭不造，坎坷未遇。然生平自命，不肯後人，尚思專意爲古文詞，遠窺班、馬之堂，近探韓、歐之室。師臺不以葑菲，擯之門牆之外，使得隨陪間讌，翻卷卧聽，未必不少有裨益。倘更關邦家興廢，典禮考究，亦欲虚心諏度，集成一編，以附稗史之末。血氣稍平，匍匐就勘，又值農忙停訟，不敢固請。惟冀師臺無忘教以讀書之訓，始終培溉，召見内署，少解大庭威嚴，使采得盡向隅之泣，斯實厚幸。若以形迹爲嫌，師生道隔，則乞於呈詞内票，秋成勘審。起死肉骨，銜感無極。如使百年遺殖發於采身，穴胸斷頭，死不足贖。此後子孫不敢到山，更無見天之日。臨啓無任戰慄待命之至。

王子如曰：鄒陽辨謗、李密《陳情》，堪與並讀。

復韋明府啓　諱鍾藻，黄岡人。丁巳舉人。

伏以天開聖學，循良隆文教之修；地近賢關，黨塾佐上庠之養。事不妨於分任，道有貴於振興。佇沐弦歌，想聞風采。

恭惟師臺門下，鳳翔麟步，玉粹金剛。傾江漢之洪波，流清蕙水；移赤岡之明月，照映秘圖。武傳合肥之威，文有元成之器。自賁臨於姚邑，乃方值乎無年。如慈母以哺流離，更神君而懲盜賊。德刑兼用，時應和風；養教並施，心儀前哲。經義治事，遠宗安定之齋；理學功名，今溯陽明之室。風流被於新典，館餐爰訪舊人。

廷采頋屢違時，才難稱志。自謂迂疏其甚，未登謁於公庭；名讀聖賢之書，常有慚於獨寐。惟是近居接世，耳食《天泉》、《傳習》諸編；寐寢興餐，思復姚江書院之地。顧教化之行自上，如風草之相迎；而道學之盛有時，想濂伊之當日。不謂大賢之至，遽崇作聖之功。舉梗楠杞梓之在門，悉棫樸薪槱之近澤。學以講重，宜復季會、月會之期；性待少成，兼循小學、大學之日。總之師惟希聖，何紛紛朱、陸之異同；道在證人，詎僅僅文章之工拙？經、史、子、集，淹貫惟今；喪、祭、冠、婚，典型由古。凡士習民風之大，並人心天理之微。要歸當事之施行，寧止書生之空論。

愧一得無芻蕘之獻，深負門牆；而先容非左右之人，難忘知遇。自砥所學，指衾影以爲期；共觀厥成，如蘭芝之俱化。

思復堂文集卷八

論

正統論一 天人〔一〕

寧都魏叔子著《正統論》，以歐陽、蘇、鄭三家者言皆近理而有蔽。其過歐曰：「天下不可一日無君，故正統有時絶，而統無絶。絶其統，則彼天下得誰屬乎？而其與西晉而不與東晉，等後唐、後漢於朱梁、石晉。此歐陽氏之蔽也。」過蘇曰：「生於纂君之子孫，親爲其臣子而謂之君，猶舅以妾爲妻，而親爲其子婦謂之姑，可也。至後世之公論，則是人以妾爲妻，而國人則妾之耳。使當時之名一定而後不可更，則公議無權。亂臣賊子不畏身後之誅，以爲吾固可與二帝三王儼然而並列也，孔子之《春秋》可無作矣。故其進曹魏、朱梁，以爲無其實而得其名，聖人亦以名予之。此蘇氏之蔽也。」過鄭曰：「所南身當宋亡，發憤於《心史》，雖元魏之修禮樂，興制度，亦所不取。其尊宋之極，至於黜唐，夫以爲不正而得國。宋篡，實也；唐

〔一〕按：以下四篇《正統論》浙圖康熙本無。

禪，名也。唐有救民除暴之功，安得以其名之禪而没之？此鄭氏之蔽也。」

叔子之論辨而正，吾因其説，而益以二言曰：有天行之統，有人心之統，是兩者萬世而不亡。叔子所謂「正統絶而歸之偏統，偏統絶而歸之竊統」者，天之所在，人不能違也，《綱目》既以甲子紀之矣。吾則謂存竊統而終不使附偏統，存偏統而終不與於正統者，人之所在，天亦不能違也。孔子曰：「其義則丘有罪焉爾。」故爲正統之説者，一衷於《春秋》、《綱目》而定，餘紛紛可無議也。

蘇子生朱子之前，不知尊蜀漢；所南尊蜀漢，故知景炎、祥興之統不可亡，而其激也乃至於黜唐。君子之持論無取激，激則必拂乎天人。拂乎天，天無心，容可違；拂乎人，將有受其責者。即一家之似續、一國之世及不可以輕，而況乎正統之大乎？

正統論二 漢唐明秦隋

三代而下，以兵取天下爲正，而假受禪之名不與焉。其開地大而享國長久，守之以仁義，吾取漢、唐及明而已。

昔者商鞅變法，謀弱六國，天下血戰二百年，卒併於强虎狼之秦。當是時，先王遺法盡，而生民亦盡矣。蓋乾坤肇造，至此遂屯否也。漢興，復其見天地之心乎？以高祖之寬大，平暴亂；文景之恭儉，幾刑措；武帝之雄才，疆四荒而修六經。至風俗之美、士節之厲，未有越於東漢。四百餘載，英誼之君六七作。是以大漢之名，到於今中外稱之。雖治體雜王霸之問，規模氣象遠矣。此漢繼周後，斷然居正統之首也。自新莽始篡，因仍千百年，及於趙宋。唐除隋暴，天下歸心，即不立侑，豈不遂定長安，取群雄哉？而見小速成，拘牽積俗，忽自蹈於不義，蓋非太宗本謀。亦起晉陽時，憑藉父資，寢門之諫，不能奪裴寂等之庸陋。後之君子讀書至唐之受禪，特累歎而深原之。以爲隋惡稔矣，篡臣賊子萃於一家，苟有正而聲其罪，即蕭銑、建德，皆可與也。而況以太宗之賢，一統致治如此之盛乎？夫得之者逆，則取之者爲非逆。所南之言既有定論，奈何尊宋而反非唐？非唐則無以爲宋地。唐之所以不及於漢，正以其多此一禪也。

明起草澤取天下，秉天地之義氣，以嚴立國。迨其亡也，有殉社稷之君。一代之名教比於漢、唐，殆超過之。於乎！吾於三代而下，取其足當正統者，僅有漢、唐及明。而唐又以可已而不已之禪，使吾餘憾於千年以上。天爲之，人爲之耶？

秦、隋之統一天下也，天心厭亂，適會其時。分之久必暫合，合而不於其所則必復分，然後求有德者而歸焉。漢、唐之德不如三代之什一也，以其承太無道之後，民饑渴之易飲食，孟子所云「事半而功倍」也。自古國家喪亡之日，必有忠臣義士，赴其難而同死之。後之稽古懷道之士，或相與太息而追憐之。世未有憐秦、隋者，以是知人心之不與也。夫不與，是其天之正也。叔子歸竊統於秦、隋，與吾天人之説有相合也。

正統論三 晉宋

世稱漢、唐、宋久矣，今乃夷宋於晉，何也？其取之不以正也。何言乎取之不以正？周世宗，三代以後之賢君也。世宗不死，天下歸周，其氣運當什倍於宋。不幸享國不永，餘教遺法固可以翼後嗣。使宋祖無二心，則范質、王溥、李筠、符彦卿輩猶足内外夾輔。賢世宗不得不重罪宋，所謂取之不以正也。

或曰：宋歷三百年，五星聚奎〔一〕，賢人君子盛矣。三代而下，忠厚罕有如宋者，晉烏得比之？而烏得不進之？

曰：不然。宋之君，如仁宗之爲仁，孝宗之爲孝，誠足以培裕國基。然譬之家人，子孫賢孝，爲量減其祖父之罪可耳。舉而盡捐之，是厲王可以宣王而改謚，瞽、鯀可以舜、禹而易名，彼無罪者其誰肯服？孔子作《春秋》，不以公子鮑之賢、昭公之無道，而不書「宋弑其君」；不以宣孟之忠，不書「趙盾弑其君」。彼其人身爲惡而前後有善，則並録其善，以不没其實，示天下之勸而已。是《春秋》之斷例也。不然，藝祖亦三代以後之賢君也，其仁心爲質而愛民禮賢，容有過於漢、唐之太宗者，而吾於宋乎何深尤之？夫是非出於宋人之言六百餘載矣，其時爲君親諱，理固宜然。今易世而猶錮於成説，曰：「宋之代周，天與也，非晉比也。」於乎，是

〔一〕「五星」，徐刊本原作「五里」，祝校本改作「五星」。今從祝校本改。

爲書愚而已矣！

或曰：叔子與東晉而不與西晉，排北宋而顧與南宋，其故何也？

曰：此繼世之説。天之之待繼世寬矣，人心亦猶是也。君臣分定，親爲其臣子而父祖被其澤，不得不戴之爲本朝。使王裒、諸葛靚之裔執司馬師、昭之罪以讐簡文，韓通之子孫追討太祖、太宗而逮於真、仁、英、哲，天下群起而賊之矣。楚平王殺蔓成然，其子乘昭王之敗將復之。其兄止之曰：「君命，天也。父死君命，將誰仇？」其後昭王復國而行賞，子西曰：「請舍懷也。」王曰：「大德滅小怨，道也。」知此，可以明東晉、南宋之爲正統矣。故有「不以子孫之善，貸其祖宗之不善者，西晉、北宋非正統」之説也；有「不以祖宗之不善，累其子孫之善者，東晉、南宋皆正統」之説也。君子於正統之説，仁之至、義之盡也。

然則當日之修晉、宋史也，宜何如？曰：是非隔世然後明。唐修《晉書》繼《漢書》，不以己之承隋，尊北統而黜晉，此萬世之公也。《宋史》修於至正，諸君子力持公論，然降宋於史而後遼、金，容有未易處者。惟時會稽楊維楨以正統未有所歸，作辨上之。大要謂元承宋統，不承遼、金；厓山舟覆之年，乃皇元正統之始。會三史已成，未及納用。陶九成見而嘆曰：「此百世定論，後之續《通鑑綱目》者必以是爲本。」其後彭時、商輅等果用其説。立言之功大矣哉！然或者推維楨之意，遂欲改修宋書，而以遼、金爲載紀，則於理未安也。何也？遼傳七主，二百一十有五年；金傳九主，一百一十有七年。設官養民，創制立度，迨於其亡，有忠義之士與之同斃。其規模曆數非偶然者，安得以其史爲載紀，而夷於十六國？十六國爲載紀而附《晉書》，晉未嘗書幣稱臣於劉、石、苻、姚、慕容、元氏也。然則若何爲正？曰：修宋書而附遼、金史於末爲正。使宋之遇遼、金如遇元魏、北齊、後周氏焉，則安矣。元魏、北齊、後周氏比肩於宋、齊、梁、陳南國，而遼、金不使比肩於宋，如是而宋之爲正統之義明。

正統論四 南北五代

南北之所以爲南北，其劉裕之罪乎？然吾何敢罪劉裕？裕之不能致天下於一統，亦天也。君子尚論不原其世之終始，而徒以事後觀成敗。古人可作，其誰吾服？

裕之時，拓跋方盛，雖守關中必不能兼河北。河北不兼，則關中不能守，其地勢然也。又有劉勃勃之猛鷙隨伺吾後，逆計裕之必歸，安有關中？裕積苦百戰，而精已消亡。劉穆之死，内事無託，倉皇解而東出。雖其子不能顧，又望其整旆更西，以圖復長安公家墳墓乎？裕不享年則無與抗拓跋，而南北之形成。加之魏孝文修禮紀政，改姓遷都，中國之氣胥聚於北而南無人矣。天無常歸，歸於有德。其不以先北於南，君子之不得已也，人心爲之也，逆天者也。夫逆天者，亦天之正也。

唐末之亂，朱温篡逆有甚於前之南北者矣。修史者以五代名而歸紀年於北，則以其時吴越、荆、潭争修職貢奉正朔，而北因得苟竊其名。然歷年彌促，豈足言帝王之統得之不義？又無論已。周世宗其傑然者，而天不佑以年。

於乎！晉統亡而乃有南北，唐統絶而乃有梁、唐、晉、漢、周。世遞降而至是，果天爲之，人爲之耶？《易》曰：「物不可窮也，故受之以未濟。」知未濟，而後知統之有時絶；知統之有時絶，而後可與論統矣。

學校論上

古之學者必有學。自家而黨而州，至於天子、諸侯之國都，莫不廣其教之地，使之朝夕進德、習業於其中。古之學者必有師。延鄉大夫之賢而老者，坐閭門，教鄉之子弟。其法領於司徒，遞升其秀，以上於學。而又爲之小胥、大胥、小學正、大學正，以分掌四時之教。其教之之具，則禮有抑讓、仰俯之容，洒掃、進退、唯諾之節，以固其筋骸，安其坐作；《詩》有諷誦、反覆之音，以發其情志，而平其剛柔緩急；樂有宫商、清濁、六律之奏，八風之舞，以聰明其耳目，和平其血氣。所以教之之備如此。故其時，天子、公卿、大夫、士之材，無不出於學；爲國家天下之理，無不由於學之中。故道德茂而俗化成，天下之政教會於一。

周衰，先王之法廢，學校首壞矣，老、莊、申、韓、公孫龍、鄒衍之言潰決四出。下及秦，儀、起、臏、鞅、斯以詐力勇戰，生民肝腦塗地。聖賢以爲其故在學校之壞，而庶人處士激溢横議，故從爲之説曰：「謹庠序之教。」言乎春秋戰國之際，庠序猶故存，而所以教之者不謹也。教之非其人與非其具：爲之師者莊、荀，而爲之具者《陰府》、《韜》、《略》。人欲熾而邪説恣，縱其洸洋遊談於天地之間而莫之遏。是以庠序雖存，猶之無庠序也。由漢以後，黄、老、莊、佛、神仙、道家之教與孔子更盛衰，上之所以治，士之所以學，舉不由學校，又非獨其具亡而已。宋熙寧初，王安石欲變科舉，興學校。蘇軾議以爲：「時有可否，物有廢興。方其既厭，雖聖人不能復。慶曆固嘗立學矣，至於今日，唯有空名僅存。今將變今之禮、易今之俗，又當發民力以治宫室，斂民財以食游士。百里之内，置官立師，獄訟聽於是，軍旅謀於是，又簡不率教者屏之遠方。是徒爲紛亂以患苦天下也。」其持論如是，安石迄不能有所施爲。

夫孔子論三代之禮，有因、有損益；孟子述井田封建，止曰大略。然則今日之學校，亦惟因仍近制，使先王之舊物不廢於吾世。而獨其修身正心，爲天下國家之道，則必得其人以講明而振興之。若今之學校，則止爲爲科目之徑而已。以科目爲學校病，已非一世，而又有甚者。學術至孔、孟、程、朱，無以復尚，而不意人心之僞，即流伏於孔、孟、程、朱之中。其平居則言與行相背；及入仕而臨政，自養與用相違。舉夫言語、政事、德行、文學，罔不歧爲二。數十年以來。士風靡濁，有馬吊、游湖、混江諸戲。賢愚耆幼，百唱千群。視晉、宋、六朝清談、麈尾、唾壺之習，其高下豈直相懸萬萬而已〔一〕。

更有甚者，苦争學術以樹身名，幾與甘陵南北部黨人踵繼。彼漢、唐、宋、明四代之朋黨，一時同事，近而不相得，猶有説也；若朱之去今已五百餘歲，王之去今亦百有六七十歲，兩人傑然，各爲一代功宗，今之議之，則何爲也？

〔一〕「相」，徐刊本原誤作「想」，今據改。

故愚謂學校之敝，未有如今日之甚；而今日學校之敝，未有如講學之甚。士息講學而務返其本於孝、弟、忠、信，則人心漸醇，浮言虛譽無所用而流競消，天下方有實行真品，而治化可興，聖道可明矣。昔柳公綽爲山南東道節度使，行縣過鄧。有二吏，一犯贓，一舞文，衆謂必殺犯贓者。公綽判曰：「贓吏犯法，法在；奸吏犯法，法亡。」竟誅舞文者。於乎！今日講學而學亡，其誅猶在馬吊、游湖、混江之上者也。

學校論下

或曰：夫子憂學之不講，而子爲是言，無乃戾於名教乎？曰：吾以扶名教也。夫古之所爲講學者，有爲己之心，講去其非而明其是，以致其瞬有養、息有存之功臣於己耳。今本無是心也，無是功也。譬則溉木者，不培其根而理枝葉，異於的然而日亡者幾希矣。

且先儒有云：天下將治，則人必尚行；將亂，則人必尚言。漢自昭、宣以前皆尚行，故治理清明；元、成後則尚言矣。匡衡、谷永、杜欽之徒出，極於王莽，誦六藝以文奸言，卒成新篡。宋真、仁、英時皆尚行，至安石行堅言辨，馴致徽、欽之禍。將亂而尚言，二代者其明徵也。

道不可一日不明。而夫子曰：「民可使由之，不可使知之。」豈惟凡民，雖士亦然。所謂不可使知者，乃上焉性與天道之事。非謂日用行習之中，第使之貿貿以由，而可安於不知也。

苟其不知，則亦何所爲由哉？學者循循下學〔一〕，每事精察力行。若驟進夫人而語之所以然，則自堯、舜至湯，湯至文王，至孔子，五百年之内，見知聞知，間得數人耳。子以四教：文、行、忠、信。皆使人由之之事，非使人知之之事。其教顔、曾，中人以上，亦不外此，非有上之可語也。顔子深體斯教，故喟然見道也。

唯老、佛之爲教也必語上。故不立語言、文字，則文可去矣；去君臣，逃父子，蔑朋友、兄弟、夫婦之倫，則行怪矣。蕩焉泯焉，守其空無以爲忠、信，傅奕、韓愈、歐陽修諸人嘗出力以排之，而卒不勝也。程、朱深探其本，欲窮其彌近理而大亂真之窟，故説之不得不精，語之不得不詳。既精且詳，則人多馳入於幽深惝怳之途，而老、佛之黠，或反用吾之軍號旌旆，以逼吾之中壘。於是高明之士，争務於知而憚苦於由。始也以儒攻佛，既也以儒攻儒，而朱陸、朱王之辨嘵嘵以迄於今，不可解矣。

前此蘇軾嘗憂焉，謂性與天道，自子貢不得聞。而今之學者恥不言性命，讀其文，浩然無當而不可窮；觀其貌，超然無着而不可挹。此豈真能然哉？蓋中人之性，安於放而樂於誕耳。黄道周亦教學者先讀孔門言論，求之躬行；毋早讀宋儒書，啓助長揠苗之病。是即引而不發、無輕語上之意也。

今之講學者，患在喜於語上，而所以由之者疏，故吾欲以夫子之四教糾而正之。自宋以後語録諸書，一切且束勿觀，而惟從事於六經，孔、顔、曾、孟之教。行之二十年，而故習漸忘，

〔一〕「循循」，徐刊本原只有一個循字，據文義補。

上風寖厚。然後參用漢世取士法，復方正、賢良、力田、孝秀、徵辟、舉察諸科，期於實行實用。確然有得，即唐虞、三代之俗，其漸可致乎？

於乎！吾説而得行，尤我者必以爲道之不明自不講學始也。夫文中子之意，非欲焚經者也，然與夫斷斷於朱陸之間，紛挐於石渠、天禄之論者，孰爲去名而實存也哉？

史論 歷年

開闢以來，起江南，取北方，統一天下，自明太祖始。天地無常勢，聖人無常用。鬼神無常主。唯能養民致賢、修德以俟天命，則九州之内夫地而可王也，豈必關中、河内哉！蓋自太祖稱吴國公，傳十二世十六主，六服中外，罔不臣貢。其後寄命强臣，民懷其舊，未忍離叛，尚十有餘年。德澤之結人心如此。是以漢之亡也以巴蜀，宋之亡也以閩粤，明之亡也以滇黔。天命所在，荒陬殊域莫不竭忠殫節，俗化之厚，同於鄒魯。要其創業垂統，則居可見已。

故有天下者務教化以道民，不以刑罰；深仁以澤民，不以小惠；衽席以安民，不以兵革。太祖始承元敝，用重典以悚息天下，齊同風俗，使民知三綱五常。行之三十年然後父子有親，君臣有義，夫婦有别，長幼朋友有讓。於是始革荒陋之俗，復先王之教，久之因而不改。當時謀國大臣深思長慮者〔一〕，皆以爲疑，然惟其立法之本，則一於愛民而嚴於核吏，吏知畏死，故

〔一〕「當時」，康熙本、祝校本皆如是。徐刊本誤作「當是」，據改。

不敢貪墨。

嗣主遵會典，守成律，三百年間際天地之休運，輕徭薄賦，與民休息，未嘗勤大兵。士有廩，官有廕，民有業。下及鰥寡孤獨廢疾，驛站有養。民輸糧者，卒以八分得免〔一〕，無隔年之征，其里長無笞撻之辱。士大夫重廉恥，家居冠帛冠，衣大布；有致仕買田地至數百畝者，鄉黨以爲羞。民生其間，熙熙然安於樂生送死，不知外事。是以懷禮義之心，崇退讓之行，識上下之節，明貞邪之分，篤父母髮膚之愛。

當崇禎崩陷，帝后升遐，君臣夫婦，同死社稷。至賊敗西走，小民多撤户扉、連車衝塞道，發瓦石以驅賊。雖禍形於墮武，而德洽於崇文。「政以義成，帝王之世如秋夏。」豈非太祖之謂哉！

萬授一先生曰：摹寫盛隆之化，十未得一，然已若神農、虞、夏矣。

史論 開國

昔周之至德，三分有二，猶服事殷。武王克商，釋箕子囚，封比干墓〔二〕，式商容閭。重民

〔一〕「卒以八分得免」，徐刊本、祝校本皆如是。康熙本作「率以八分得免」。

〔二〕「比干」，徐刊本原誤作「此干」，據文義改。

喪祭，賓及三恪，天下歸仁。

明興，雖以征伐定天下，然任德不貳，服人以信，懷人以義，褒善容慝，顯忠遂良。迹其起自濠濱，總師江左，始奉滁陽以勠力〔一〕，後尊龍鳳以終身。可謂法堯、舜之公心，行湯、文之盛節者矣。

洎乎初下金陵，禮葬福壽；繼得安慶，廟祀余闕。危素有和州之謫，劉炳受勿賀之命。是以一時士習蒸蒸興起。吴漢方强，成敗未定，然且莫不守君臣之分，重去就之職。韓成烈於紀信，汪河比於洪皓，花雲勇於秀實，永安久於真卿。其餘致命遂志之士，張子明、于光、王禕之徒，不可勝紀。自三代以來新造之國，忠臣義士未有若斯之衆者也。

至其禮遇降者，恩澤尤厚。歸德歸義，並全宗族。伯昇、思齊，禄廩終年。君弼未至，則歸其母以開誠；國珍請降，亦還其孥以示信。斯則宣昭義問，廣布德心，過於漢、唐之祖遠矣。他若元都歆至，特免獻俘，崇禮有封，海西進爵。聖人御世，一視同仁，豈尋常因利乘便、雄略之辟可及乎？

壽佳峰曰：太祖重闢乾坤，上天篤生，誠非漢、唐之祖所及。跡其行事，皆有指實，非故阿所好也。

〔一〕「勠力」，徐刊本原誤作「戮力」，據文義改。

史論

功臣

漢、明二祖，皆以天授之略，際秦、元之末，整旅東南，不階尺土而有天下。旁求俊乂，與之立功。維時用人，擇將爲急。韓彭、徐常，並起隴畝，得遭運會，奉天明命，建不世之勳，成一統之尊。偉哉，非宋、唐之所及也！然而漢業垂成，功臣菹醢；明威已立，勳舊咸封。揆厥由來，見於用兵之始已。

秦載其暴，豪傑並力，海内同仇，獨夫受誅。西楚肆虐，空國而鬪，成敗爲速。非得信、越略不世出之士，不能出奇制勝，轉戰千里，收成功於五載之間。故漢興用人不次，予奪自我，天下已定而異姓俱起，高帝日不暇給矣。

元制區夏，兵德兼用。百年之間，民未愁怨。政衰盜起，久而後亡。將無章邯之能，敵非項羽之强。太祖守江南，布德修政，養民後用。得寸則寸，以次攻取。一時名將莫非純臣，而跅馳詐力之士希焉。是以徐、常循循卒伍，積勞累日，始爲上將。雍容弔伐，式遵成筭，師克在和，功成而安，洵千載一時哉！

理富詞清，而一種渾穆之氣，非承祚諸人所能到。婿蔣申謹識。

史論 名臣

鄭曉稱高帝武功創業，顧喜接耆儒。既入太平，始得陶安。兵行所至，息馬論道。陳遇聘於應天，秦從龍起於鎮江，戎簡來自句容。至金華，開郡學，延經術之士，與相討議，一時賢士彬彬至矣。浙東人才，於是爲盛。帝夢想賢傑，徵書四出。大將胡、李，加意名德，折節交薦。謀略則劉基、章溢；文學則宋濂、詹同；循吏則方克勤、吳履；死事則許瑗、葉琛；奉使則王褘、吳雲；議禮則陶凱；協律則冷謙。至洪武之末，而方孝孺以學行進，葉伯巨、鄭士利以直言顯。其他若鮑恂、余銓力辭王命，黄某、鄭湜惇行家庭。察其由來，所漸摩者漸矣。

孟子曰：「五百年必有王者興，其間必有名世者。」自宋受命洎於明興凡四百載，中國之氣，萃於東南。宋氏雖亡，餘教未替。二三遺老守濂、洛、關、閩之緒，相與講授，高踪嘉遯，終身不仕。方將紹明禮樂，推德三代，著一王之符，明聖統之尊。應時而出，生此王國，王、戴、吳、宋並出金華。隋有河、汾，元有金、許，皆儲才於易世之後而收其用，豈非天所以資大一統之君者乎？

沈謙三曰：人才自古爲難。上帝生之，太祖成之，遂開一代之盛。中指出金、許諸君子講授之功，更爲特識。但俯仰今昔，繼者何人？不能不於此三歎。

史論 兵略

成祖用兵如風雷迅忽，人不可測。其出援永平也，非爲永平也，以誘景隆而疲之城下也；其略大同也，非爲大同也，以誘景隆而疲之道路也。欲取滄州，則陽言攻遼東，敵不知所備也；欲致吴傑，則下令散軍士，敵不知所趨也。縱南軍之降者使還，或潛九地，攻心爲上也。遣輕騎掠濟沛，焚軍糧，而南京大震，或動九天，彭越反梁地也。直趨南京，使鐵鉉等無所用其守也。一出一入之間，已成奇正分合之勢。故其言曰：「兵出在外，奇變隨用。」又曰：「野戰易，攻城難。百里之外，勢不相及。」蓋其驍捷似唐太宗，而屢敗不挫，漢高帝以下不及也。夫善戰者之握兵，猶蛟龍之得雲雨，騰躍變化，不可方物。敵逸能勞之，而已常逸；敵合能分之，而已常合。形之敵必從之，與之敵必取之。所謂「決機兩陣之間，致人而不致於人」者，成祖之謂也。

然則成祖之用兵，與太祖同乎？曰：太祖用正者也，成祖用奇者也。其才不同，其勢亦不同：太祖之時，群雄角立，當深根固本以圖進取，其勢不得不正；成祖以親王素有威望，起事易而名爲逆，知人心之不與也，幸於速勝，其勢不得不奇。蓋善戰之才過其父，而規模不及遠矣。即位以後，三征漠北，所任者特一將之事，而經國大業委之太子。雖有萬里戰勝之威，而近棄大寧，固不如高皇之設險善守也。迨安南之役，不思善後，三遣張輔而三召，卒棄交趾。視沐英之留鎮雲南，處置得宜，竟何如也？吾故曰：成祖決機兩陣之間，是爲雄耳；若夫天下大計，謀國經久之猷，不及太祖遠矣。

孫南屏曰：取材於《武子》十三篇，而以之論成祖，確而當。轉入太祖，用駘宕筆，如無縫天衣。較才度勢，抉出所以用正、用奇之故。前揚後抑，非特論體當然，而所短實有鑿鑿可指，非苛論也。

史論 伏節

嘗讀《遜國臣記》，未嘗不太息流涕也。曰：嗟乎，秦政坑儒而後，士君子之禍未有烈於此時者也。古之取國者，或鄰敵，或藩鎮，或盜賊，猶能褒録忠義，爲百年自樹之計；成祖起自親王，未至易姓，而斬刈殺伐，殆徧天下，禍延十族，戮及祖宗。舉太祖所不行於勝國者加之宗國，三十年殺運，何爲至此極也？噫，有以知明運之不競矣。

明之亡於崇禎十七年，天也。蓋承太祖開國之烈，繼以仁、宣。不然，成祖而歿，必有揭竿而起者矣。然自是以後，主威過亢，廠衛、詔獄、廷杖行。爲臣子者亦遂不自愛其名節，而士氣幾盡。由成祖之作法涼也。當王振之用事，人未有不爲王文者也，幸而間有爲劉球者，必死矣；嚴嵩之獨相，人未有不爲懋卿、文華者也，幸而間有爲沈鍊、楊繼盛者，必死矣；魏忠賢之亂政，人未有不爲廣微、呈秀者也，幸而間有爲楊漣、左光斗者，必死矣。

夫人才者，生之自天，養之自朝廷，曠世而一盛者也。明興，興養立教，在三十年來，名臣良士幾復兩宋之舊。一旦猝經内難，並能臨大節而不挫。使成祖念太祖作人之非易，慰存矜恤，以唐太宗之待王、魏者待諸臣；其不爲王、魏者，聽其安於田野，不强之仕。如是，則保全元氣者多，而永樂二十年間之所用，且取之不盡矣。甚矣，其不思也！

漢黨禁、唐清流、宋同文之獄，大抵多在末造，未有開代之始，空善類而絶其本根若斯之酷者。後之人何恃守國，庇我孫子黎民？且身爲天子，與諸臣逞一日之忿争而忘大計，豈帝王之度耶？宜一代之國勢、人才，遠不古若。而其後迭有哲王，則天地之氣運所留，不拘於系類，而輕奪繼世，亦於此驗也。

史論 從亡

史彬等二十二人有程嬰之才，而不能爲程嬰之事，天耶？人耶？曰：天人之際，程濟知之矣。當燕師未起，濟即上奏，不死而囚。必欲與天争功，仁者不爲也。且古有以一成一旅中興者，惠宗非其人也。社稷有奉，生民有主。主宗廟者猶太祖之後，則守吾義、奉吾君而已。

且方孝孺諸人亦非有必死之志，特迫於不得不死之勢而死，非傷勇也。以天下之大義言之，惠宗可以無國，二十二人可以無家，而天地之間必不可以無君臣。既不欲從方孝孺等而死，又不欲從楊士奇等而生，而節愈高，心愈明，道愈坦矣。骸骨可歸，不必拔鐵鉉之鼎也；婦節可完，不必入象奴之室也；鄉黨宗族可幸無累，不必極瓜蔓之抄也。彼一門之内，自極兵威，聚天下之正士而殲之。而若臣仍製衣履，攜方物，躡蹻擔囊於荒煙魑魅之鄉，出入萬里，更閱三世，卒致其君還大内，返西山，優游以善生藏死。可謂非人所爲，可謂非天所爲哉？

余嘗慨有明氏之天與前代異者有二：惠宗之遜荒也，英宗之復國也，前此未之有也。此其天亦可謂奇矣，二君者豈逆知之？故奪門之役，石亨、楊善貪天功者也。順天而不貪功，斯二十二人而已矣。

朱用輝曰：天地有一日，此文存一日。余生平極服此二十二人，曾爲之歌詞。

陶及甫曰：二十二人之中，謹侍左右者三人，往來道路、給辦資糧者六人，其餘或散或亡。總之君爾忘身則一也。必欲究其不能匡主中興，持論未嘗不正，然惠宗非其人也。一句已斷定二十二人心事。餘波作結，持論正而筆有微詞。

或有力駁此事之誣，並無程濟其人，不知何據。惜不得起亡者訂正。今依《吾學編》信史存此論。自记。

史論

列傳一

帝王要道莫先至明。知人則哲，帝堯猶難之，信哉！太祖以信義撫方夏，功伐巍然。繼於三代。三十年之間，作禮樂，定律例，興學校，易服色，正官制，卓然垂一代之良法。然足己自用，闇於任人。定爵則先李善長而後劉基；御將則厚藍玉而薄傅友德；命相則用汪廣洋、胡惟庸；求言則繫葉伯巨，輸鄭士利，受遺用齊泰、黄子澄，此其所短也。

昔在漢時，高平諸吕，實遺平、勃；文克七國，乃留亞夫。孝武屬霍光而燕、蓋誅，昭烈相諸葛而吴、魏讋。託孤之際，得人尤不易哉！

仁宗，三代之賢君也，其天資之美過於漢文、宋仁。誠得儒者之相，開陳聖學以成其德，治業所就當越漢、唐遠矣。惜斯時大臣皆不知學術，立朝議事，隨世苟就。建文之後，氣節之士已盡，況儒者乎！於乎，聖學不明而求王道之行，吾未之前聞也。以仁宗之賢而不遇王佐，天復奪以年，豈非斯民之不幸哉！

宣宗英武明決，博通治道，有唐太宗之風。而守法平恕，本於實心，不事紛更，則仁宗之令子也。先儒論貞觀之治，以爲無雎麟之意，故不若三代。宣宗承二祖積威之後，講武休兵，慎選守令，省官節用，專務養民，吏多得人。明治之盛，稱仁、宣焉。又能收養人才。易世之後，遺教未墜，賢能爲用，是以遭國大變，猶得蒙業而安。父子僅以十年，未覩厥成，百世而下尚有餘憾。蓋古治日常少，信哉！

馬晉允言：楊暄、馬士權皆義士也，而暄之智勝。使得任御史給事，必能直言極諫，爲國名臣。聖人立賢無方，豈必遺一漆工哉？若英宗待袁彬，反薄於王振，沙漠一載，南宫七年，行事猶舊，可謂迷復。天順之際，恃有李賢，方成朝廷，而譴責屢加，未稱明良。君子以是知英宗之不英也。

史論 列傳二

明自太祖誕膺成命，三十餘年，旋經遜國之禍。又四十年，潰師土木，而中外奠安，以仁、宣之澤在人。而委任賢能，消患非常，則景帝功也。景泰、天順、成化三世，與民休息，閭閻寧樂。

至於孝宗，邊陲無事，號稱全盛。帝以恭儉慈孝之德體承列聖，力行三年之喪，論道親儒，不邇聲色。優接臣下，致其歡欣。萬安、劉吉既去，前所擯逐無不登用，中正滿朝，直言遜容。其時腹心股肱如劉大夏、戴珊等造膝密陳，惟以軍民多不獲所、天下未即太平爲念。仁心發於至誠，非有所希倣古昔而然。比於漢之文景、唐之貞觀，治象似遠過之。惜歷年不永，儲宮沖逸，豫教未成。升遐之後，遭劉瑾、宸濠、江彬諸變，而海内不摇。諡爲敬皇，固可以遠紹唐、虞、三代之心法乎！

明室之盛至神宗而極，而亂亡之本實基之，此其當漢元成、唐開元時乎？自英、憲、孝、武以來，外攘内救，日不暇給。世宗時，倭人屢犯東南，俺答、吉囊大爲邊患。至王崇古封貢之説行，而單于保塞。加以戚繼光、李成梁禦侮多才，九邊之間數十年無事，中原殷富，盜賊不起。

神宗適承其運，西平寧夏，南置遵義，兵威所及，不勞餘力。遂志衰氣惰，高拱深居，貪吏作於下而君不知，直言陳於下而上不覺。政權壅蔽，武備日弛，自古未有。罷朝三十餘年，君臣隔絶如此者也。於是耄期黷貨，礦使四出，所在紛擾。民心愁怨，甚於青苗、公田之害。朝無正臣，東林諸君子爭勵名節，憤而爲激。漢之亡也，黨禁烈而張角之亂興；明之亡也，三案爭而徐鴻儒、王好賢之妖術乘之以起。禍本相尋，古今一轍，崇極而圮，固神宗蓄成之哉！

光宗居東宫，夙有令聞，善處父子兄弟之間。觀其即位以後，不怨鄭妃，蓋孝友天性然也。顧以質稟孱弱，講學日淺，未明於帝王大節。當外寇方張，内憂彌痛，不能枕戈泣血，衰墨從戎，而内寵蠱惑。竟在諒諳之際，遂隕厥命。嗣主沖齡，太阿下移。雖天下之亡明，亦帝有以自取之矣。

思陵沈毅有斷，不邇聲色。當魏忠賢謀移國祚，幾不免禍。帝以潛德，克處其間。踐位之日，恭默而平大憝，天下稱明焉。遭值神、熹離涣之後，國氣未復，天災人害，於斯迭作。卒死社稷，得古今之正。漢、唐以來，未有憂勤亡國若斯之不幸也。然性頗褊忌，賢奸雜進，無所倚向。直言忤聽，主勢日孤。練兵榷食，處置乖舛，迄無成效。及大盜已逼，唯令内侍分守九門。諸臣盡亡國之臣，其如不能奪宦官之信，何哉？嘗覽李自成移檄，未嘗不爲之酸鼻。傳曰：「無於水鑑，當於人鑑。」有天下者，取鑑於敵，其得失亦較然矣。

李天山曰：上下兩篇，徵實發揮，其筆似班孟堅。

史論 列傳三

王褘「忠厚寬大，祈天永命」之論，其明興一人乎？三百年國祚基於此矣。觀《詩》、《書》，三代之際，大臣告誡，未嘗不以享國長久、奉天道、順人心爲言。褘推見至隱，欲太祖遠法周、漢，省刑薄賦，可爲愛君之至，所見者大。方帝新立，虛懷聽受，雖未能盡用褘言，固嘉納之。踐位日久，浸違其初矣。葉居昇所奏猶夫褘也，然竟以得罪，悲哉！

論者方武寧於韓信。夫信，奇才耳；武寧，王者之將也。信之用兵以奇勝。歷下之戰，使漢負不義名於天下。武寧全師所至，義聲先路。自破鎮江，入蘇州，平大都，民皆不知有兵。仁人無敵，雖湯、武之師何加焉。陳建言：「三代以後，唯漢、明得天下爲正。」然漢未得全爲順者，非獨二祖譎正不同，亦由所任之人，忠信詐力異也。武寧首建屯田，不極兵力，深得大臣爲國之體。又軍中械送德濟，明爲人臣不敢專誅。雖天性忠謹，亦其學道之力有過人者。「勞謙，君子有終」，武寧當之無媿矣。

常遇春、傅友德膽略絶世，稱「二虎將」。志不苟用，委身真主，其器識深矣。世稱遇春，率多其勇悍善戰。夫遇春表薦任亮，善釋尹堅，樂於聽謀，有國士之風。功業未終，天奪之速，惜哉！

何真保衆東莞，起事以正，信明義立，遂雄粵東。遭值明漢之争，江南多事。真不效任囂教尉佗之策，顧從竇融歸漢之誠，列爵盟府，身名俱榮，可謂智士。歸國之後，胡、藍黨獄，功臣危矣。然真且雍容朝右二十一年，敬共明威。於乎，賢哉！

正統之末，于謙治内，郭登治外。景帝不惑群議，委任二人。天下之不亡，誰之力哉？栲栳山之戰，登以少擊衆，倉卒不懾，有尹繼倫之風。故能以孤軍力守危疆，爲國長城。其所施設、論奏，終明之世，前後諸將未有能過之者。才大任小，竟不得盡其志，固時爲之也。

薛公處天順初，其勢不容不去。不去，則岳季方之禍必移於公矣。自金履祥、許謙以後七十餘載，聖學失傳。公奮起三晉，守官守道，確乎不易，以出處去就實其所知。所以河東之學傳之二百年，不滋諸儒口實。則爲一代從祀之首，宜哉！此則係臨終前一日改正。

馬文升稱明家賢相，商公第一，楊士奇、李賢皆不及焉。噫，使公少委蛇於汪、萬之間，如李東陽得留不去，於國家豈不陰有所補哉！而公不以彼易此者，此可以見其去就矣。觀其對懷恩之言，義勇奮發，諸奏疏侃侃有大節。「以道事君，不可則止。」商公當之矣。

劉大夏以經國之才，濟忠貞之節，納約自牖，不喜功名，美哉！夏、商之名宰相也，雖不以相，實有相業。當劉健、李東陽、謝遷備員論道，號稱明良，然皆庸庸未有奇勳，而大夏之名爛焉。戴珊清慎，卒死此官。彼其依日月之光，結主知不啻家人，豈不以忠哉？使二人而受遺輔武宗，雖韓魏公、歐陽修之風，何有加焉。

梁儲力扶亂主，依依不去，因勢合變，犯君之顔，幾死者數矣。然卒以見聽，社稷危而復安。當此時，儲豈知有身哉！以嚴嵩之得君擅威權，而徐階以不卑不亢之身隱處其間，卒扼其吭而仆之，消患於頃刻。應機默斷，斯足多矣。在世宗時用其愚，在穆宗時用其智，賴以克濟，得老氏之精。其天資詳審沈密，蓋有過人者與？

楊漣以一給事〔一〕，有安國功。明世受遺定策，未有如漣之可觀者。使得假生殺之權，兼治宫府，宦官不足慮也。惜光宗識漣於衆人之中，而不能重用；漣感先帝之一顧，義無引避。值忠賢倡狂，危及社稷，其勢不得不力争。漣既死，而國亦從之矣。夫定國是者，唯才與忠，乃克有濟。漣之才節並於于謙，毋與庸碌者流同類而輕議之也。

諸卓山曰：其節短，其致曲，其氣疏以蒼。神司馬而非貌司馬。

瞍論

「舜之天下，堯與之乎？」曰：「非堯與之。」「天與之乎？」曰：「非天與之。」「然則孰與之？」曰：「瞽瞍與之也。」「曷言乎瞽瞍與之？」曰：「非瞽瞍不能與之。」「有説乎？」曰：「有。孟子稱：『匹夫而有天下者，德必若舜、禹。』然禹非匹夫也，世爲崇伯矣。鯀則殛死，禹乃嗣興。鯀之罪在方命圮族，陻洪水，逆其性而已。九載績用弗成，可謂之無成，不可謂之無勞於天下也。《國語》曰：『禹能以德修鯀之功。』禹之父非瞍比也。故邁迹自身，起側微，受天下，獨有舜。舜之德無以加於孝，而成舜之孝者，瞍也。」

〔一〕「楊漣」，徐刊本原作「楊連」，康熙本作「璉」，皆誤。此楊漣爲明末人，非元初之楊璉。今從祝校本作「漣」。本段以下各「漣」字同，不一一出校記。

十二州之内，其爲孝子亦多矣。遽以孝子而畀天下，則人之心有所不服。惟舜則爲法天下，可傳後世，四岳、九官、十二牧交口稱道，無異詞。以及朝覲、訟獄、謳歌之歸，咸曰：「國有大孝，真吾君矣。」堯，孝者也。克明俊德，以親九族，百姓昭明，萬邦協和，是其孝之光四表、格上下也。故倦勤之日，亟欲得孝子而受，終禪天下焉。舜生知之聖，由仁義行。凡其自升聞後，陟位總師，竟五十載，極於地平天成、鳳凰儀舞之化，非有所爲而致，獨以不順於父母不可爲人爲己憂耳。至盡事親之道而瞍厎豫，瞍厎豫而天下化，而天下之爲父子者定。則和氣充塞，四方風動，三苗分比矣。其敷文德而來有苗也，由瞍之允若始也。觀益贊於禹而曰「至誠感神，矧茲有苗」，則知瞍之允若有難於格苗者。惟天下之人群以苗視舜父，而舜則以聖視其父。《小弁》之詩曰：「何辜於天，我罪伊何？」其即舜於田號泣之心乎？

天下未有無父之人可以君天下者。周之東遷，復四五百年，如綫不絶，賴宜臼傳一詩爲之定其位而延其祚。舜至孝，而非瞍天下莫由見其孝；文王至忠，而非受天下莫由見其忠。聖人之忠孝，豈因所值加損？然而天下群見之者，則不幸有以成之也。昌黎之操曰：「臣罪當誅兮，天王聖明。」舜之於瞍也亦若是已矣。

抑余又有説焉。《春秋傳》曰：「自幕至於瞽瞍，無違命。」即四岳之薦，止稱「父頑」。頑者，冥頑不靈，凝滯於物。非色養如舜，難以得其歡心耳。所謂「無違命」，前史當有據而云然，則盛德必百世祀，固舜與瞍共之也。象之傲，亦止狎於不順，習與性成，非必有忍殺其兄之大惡。後封有庳而君國子民，與朱之虞賓在位，同在帝舜光天之下。則二人之傲，固非有播惡於朝野如共工、驩兜爲者。不然，使象不安其兄而與朱協意，或出於後世禄父、管、蔡之悖，則舜詎不能以義割恩，而第云明德懿親，負文祖、神宗付託之重哉？

後世以孝而得天下鮮矣，以不孝而失天下往往是焉，漢昌邑、宋光宗之廢是也。知不孝之所以失，則知孝之所以得。而大孝受命，不舜若者，無瞍之父子以成之也。故非瞍不能以天下與舜，吾説果不誣也。

李園殺黄歇論上

黄歇之死禍由己作。歇爲楚相，而以有娠之妾進王，則欺君也。嗟哉！君則雖欺，未知天之不可欺，而歇之得禍在此矣。

當日李園使其妹説於歇前曰：「王老而又乏嗣，妾則有娠而人莫知。若以妾進於王，幸而生子，則君之子爲王矣。」園言至此，歇則邪心頓起而貪子之爲王，未知子爲王而刃乃及於身矣。園恐歇言之不謹而致事露，頓立梟心，刺殺歇於棘門之下，而盡滅其家。嗟嗟！亡楚國者園也，滅黄歇者亦園也，斷以三尺法，寸磔以謝楚之先王，亦不爲過。

至黄歇受人託孤寄命，爲國重臣，早能裁以大義，雖百李園鼠輩何足爲患？歇既包藏禍心，傾移國祚，則其罪百倍於園。不死國法而即死園手，天固巧於報之以泄其毒。萬世清議歸獄於歇，園又不足論也。

李園殺黄歇論下

黄歇之被死於李園，孽由自作。蓋歇爲重臣，知王老而無嗣，不廣選良家女，備嬪嫱以求嗣續，而以己妾進王，固已瀆矣；況又知其妊身而故進之乎〔一〕？當園之使妹説歇，園自爲富貴計，非爲歇計也。迨園之富貴成而計遂，則於歇之身家乎何有？園何險而歇何愚也！夫身居相位，託孤寄命，大節不奪，軍國重事，一切皆裁之以義，園之陰謀焉能至於我前哉？惟歇向包藏禍心，欲篡楚國，此意早爲小人女子所窺，故妾之言得至歇前，正合歇夙心耳。嗟嗟，歇欲盡得楚國，乃至反失其身，盡赤其族，實有鬼神指使其間。被殺棘門，固天之巧於報亂臣。若歇之大義正，則園之逆謀不行。然則園又何足論哉？

交趾議

交趾之議孰爲是〔二〕？曰：張輔之議爲是。交阯自漢、唐以來，世爲郡縣，皆有名臣治之。非如雲南，至元始入中國。其不可棄者一也。宋氏不競，始封安南，特因其舊，非已得而復棄。今設

〔一〕「妊身」，徐刊本原作「任身」，音近而誤，逕改。

〔二〕「趾」，徐刊本正文原作「阯」，今據標題改。

官分牧垂二十年，棄之適足損威，不足示德。其不可棄者二也。楚莊王討夏徵舒，復封陳，是時罪在徵舒，陳自有後。今陳氏子孫已盡，因交人之情，復郡縣之制，原非利其土地。若云興滅繼絕，不應封植黎利以自欺。其不可棄者三也。小醜陸梁，兵連不解，非兵不足用而賊不可滅也，咎在將非其人。張輔三平交阯，已有明效。及黎利之起，則不遣輔而用他將，所以屢敗。柳升既死，輔固在朝，非無將也。使輔復出，則必能辦黎利。其不可棄者四也。勞三朝二十年之經營，廢於一旦，王者舉事，爲而無成，何以示後？其不可棄者五也。堂堂天朝，喪師失將，而甘爲城下之盟，貽笑蠻方。其不可棄者六也。楊士奇、楊榮之言曰：「交阯，唐、虞、三代皆在荒服之外。」此尤爲不知變者。必若遡而論之，則太伯始立勾吴，兩粤、甌、閩至漢武時乃闢。自有天地，風氣漸開，聖王教化何爲獨遺此一方民？其不可棄者七也。光武謝西域，亦謂不開邊隙，非隳已成之功。漢棄珠厓，唐棄維州，皆末世事，不足爲法。其不可棄者八也。

噫！交阯初定之日，張輔良將而黄福良吏也。使輔得世守交阯，輔死於正統十四年。而佐以福，漢、唐之盛可復也。若之何輔既不用，福亦召還？成祖既失之於初，宣宗復成之於後，棄中國士大夫於異域，而君臣自鳴盛德，則二楊諸人之過矣。

萬授一曰：俱有處分，非空空論理之詞。

金赤蓮曰：似漢人議馮奉世諸篇。

思復堂文集卷九

略

田賦略

粟米之征出於田，力役之征從乎人。井田不可復久矣，但準什一之意以取賦，酌公旬之法以徵役，今猶古也。

租、庸、調，三代以後之良法也。楊炎變爲兩税，其救弊非不善。會朱泚之亂，貨輕錢重，賦不加而民增困。或以咎炎，天下所以無任事之人也。

賦、役，二也，合而征之，民不堪。今南北異，宜丁並於田，北弗便也，南胥便之，然而田之累滋矣。

漢武之不爲秦皇也，以霍光承其後也。霍光，師文、景者也。

唐之分崩離析也，由宇文融括羨田逃户始也。至以正田爲羨，編户爲客，民安所措手足乎？會昌、大中間，買賣田不移户，州縣不敢徭役，而征税皆出下貧。至依富户爲奴客，於是逃亡日衆。咸通中，所在盜起，半屬逃户。黄巢、王仙芝煽之以傾中原，而唐遂亡矣。

奪富人之田輸官與貧民，父不能以得諸子，君安能以令諸民乎？使民與吏通財，而欲無鞭笞掊克，難矣。故王莽之「王田」、王安石之「青苗」，不可行也。

重農之外無生財，其本在節。《易》卦六十四有師、節焉。水入土中則田腴，匯爲澤則不溢。節自上先，不傷財，不害民，貧國可富，弱國可强。雖楊行密之於淮南也，嘗用之矣。

將亡之國必更制，賈似道之「公田」是也。注意財者恒失民，身於何有？而況財乎？度其後也自悔之，悔之何嗟及矣！

天地之不能安於質也，究貢織文，青貢松、石，徐貢蠙珠，揚貢包柚，君人者安坐而有之，易樂也。堯、舜五采作服，天下文明，允執其中，如水之流而得節。成湯接之，不邇不殖，亦以建中於民。故夏、商之治，號爲忠質。歷戰國，至漢而敝，化奢麗以蕩陵德。其時董仲舒請損周文致用夏忠。夫用忠，師禹之克儉。儉，節道也。能節，則天地之氣留，然後可以賦民役民而非厲。痛乎，蘇軾之言曰：「臣至村落訪問，父老云：豐年不如凶年。凶年縮衣節食，猶可以生；豐年舉催積欠，求死不得。每以夏麥既熟，流民不敢歸鄉。爲人上者可不念此乎？」

明初有魚鱗圖、黄册。圖以田爲主，遣使者集耆民，履畝丈量，圖其田之方圓曲直，書主名、四至，如魚鱗相比爲之經，而土田之訟質焉。册以户爲主，田各歸其户，而詳其舊管、新收、開除、實在之數爲之緯，而賦役之法從焉。又掄殷户糧丁多者爲糧長，部運至京，往往得召見，對稱旨，或擢用。其恤民寬課深厚之意如此。然憤張士誠久不下，遷怒吴民，籍豪族田没官，而按其家私簿爲税額，遂爲三百年遺厲。

嘉靖中，歐陽鐸撫南畿，督十郡糧儲，曰：「吾獨虞蘇、松、常。蘇賦當天下半，即不充，如國計何？」既而曰：「昔周文襄忱據田以行法，吾當權法以補田。」乃計畝均徵，比其輕重殊絶者，稍以秏損益推移之。諸推收田者，從圩不從户，田爲母，人爲子。令民歲以田出繒錢雇役，裁省郵置濫費，名「徵一法」。於是糧雖不減而得均。於乎！法，井也，人，牧也。舍牧而去，井故在爾。安得長留如忱、如鐸爲蘇撫，隨方澄汲，王明並受其福也哉？苟有聖君賢相，奮然除去重課，俾數郡之民與他省均被覆載，豈惟上感天心，亦明高廟神靈所亟悔，而待其人補救者也。

萬曆七年，張居正請蠲免帶徵錢糧，報可。八年，又行丈量法，大均天下之田。詔曰：「所爲均賦者，用蘇民瘼。非盡地利，求增税也。」時府州縣以丈量殿最，清强忠愛之吏竭心奉職，諸方田法令明具，人習步算而畝税均。而貪墨罷軟假手吏胥，苟以報完爲事亦不少。又養交沽譽，多饒貴勢，苛貧弱。山谷、湖蕩之田歲收下下，概以一則均之。求其能奉明旨、導恩意者，什不一二焉。

迄崇禎末，兵革困棘，驟加三餉，民逃亡爲盗賊。東南財力既盡，而山東西、河南北之地雖欲征，無可征者。憂時忠國之士蒿目言之，而上不寤也。長國家者鑒於唐與明之亡，其亦惕然知天命人心所依，無事聚斂以剥民，自取剥牀之害也哉！

户役略

古者井田之世，死徙不出鄉，是以風俗淳樸，上下親安。自井田制壞，始無定居。六國既滅，海内悉爲郡縣，民由此大遷。秦戍長城，漢徙豪傑實關中。其後水旱踣流，盗賊寇鈔，元元囂然喪其所依。惟刺史縣令賢，則户口倍增。故曰：民猶水也，得土則安。君爲之土，民不移矣。

其使之也有道。《春秋》，非時而作，必書。《周禮》，使民任老事，食壯食。公旬豐年無過三日。父母待養，復其子孫。蓋於用民之際慎矣哉！

漢制，算、更二賦及口錢。武帝時，役民歲三日，受役者年不出五十，雖征伐四荒，猶爲輕平。自長安王莽、赤眉之禍，重以涼州董卓、傕、汜，天下分崩，民生其間無所鳩屬。三國甫定，迄於典午而大亂。

晉元遷國，江表民之從而南者謂之僑人，並取舊壤之名，僑立州縣。往往散居，無有土著，多爲王公貴人左右佃客，率無課役。桓温秉政，以人無定本，傷理爲甚。乃以二月庚戌大閱户口，令所在土斷，謂之庚戌制。時役使無節，牽曳離遷，人人易處。方鎮去官，皆割兵仗爲送，多者至千餘家。力入私門，復資官廪布。兵役既竭，枉抑良人以相充補。故以十六爲全丁，十三爲半丁，咸備成人之役。後義熙中，劉裕亦表依界土斷，流寓多被並省。元嘉時，至課米人六十斛。及蕭齊初，民避力役，生不長髮，便謂道人。抱子並居，竟不編户，公違土斷，流亡不歸。永明北伐頻仍〔一〕，揚、徐皆丁三取二，遠州悉令上米準行，人五十斛，而就役如故。民生之困未有甚於六朝者。

唐制，民年二十爲丁，十六爲中，六十爲老。太宗生聚，至永徽垂三十年，户口纔三百八

〔一〕「頻仍」，徐刊本誤作「瀕仍」，據改。

十萬。又百年天寶，始如隋氏之數。元和遂止户百四十四萬，什失其八。又自開元政玩死邊戍者，貫籍不除。王鉷以其隱課按籍，責三十年租庸。至德後，富人丁多者多方規避，獨貧人丁在。是以天下殘瘁，蕩爲浮人，地著者百不四五。楊炎併租、庸、調爲兩税，庸錢已在税中。至宣宗大中九年，復立差役簿，是既税之，又役之。民挺走險，其何足怪？

宋制，以衙前主官物，里正督租賦。或輦運官物，往往破産。治平中，京東有父子二丁將爲衙前役者，其父告其子曰：「吾當求死，使汝曹免寒餓。」遂自縊而死。又江南有嫁其祖母、與母析居避役者，又有粥田減户等者。神宗閲内藏庫奏，有衙前越千里輸金七錢，庫吏邀求，踰年不得歸。重傷之。

王安石倡議：「古者斂民賦以禄在田，民不苦役，而官得人爲用。漢世宰相之子然且戍邊，故苦樂齊而役均，今鄉户憚差，不願保田畝，一夫執役，舉家失業，品官家皆得賜復，而細民重困。宜總州縣應用雇直多少之數，隨人户貲産高下，以差次出錢，雇充役者在官，名『免役錢』。其坊郭及未成丁、單丁、女户、寺觀、品官之家，舊無役而出錢者，名『助役錢』。取足用雇直，而頗寬其數，增三分，爲水旱缺乏備，名『免役寬剩錢』。如此，則官有錢以雇役，而民輸錢訖即弛然退，自力於爲生。吏無所施其巧舞，其法便。」詔行之。令下之日，開封罷遣衙前數百人，民皆相慶。第不正用雇直爲額，而展斂三分，備吏禄、水旱之用，有司乘此掊克，群臣每以爲言。

元祐初，司馬光爲相，欲罷其法。蘇軾言於光曰：「差役、免役，各有利害。免役之害，聚斂於上，而下有錢荒之患；差役之害，民不得力農，而吏胥緣爲奸。三代之法，兵農爲一，至秦始分爲二，及唐中葉，盡變府兵爲長征卒。自是農出穀帛以養兵，兵出性命以衛農，天下便之。雖聖人復起，不能易也。今免役之法，實大類此。公欲驟罷免役而復差役，正如罷長征而復民兵，蓋未易也。」光以農民出錢難於出力，著令定差，不願身充者聽自雇代。而衙前重難如舊。尅期五日，而免役之法竟罷。

迨章惇作相，復行免役。馴至南渡，差雇雜用，役愈不均。

乾道中，金華松陽民汪灌等首倡義，度其時里正一歲之役，長短相覆，費可三十萬。自實其貲三等，差定役籍，衆割田公之，以其粟佐當役者。役先後視籍，田多寡視等，他日户升降，則告於衆而進退之。歲三月，衆畢會，擊羊釃酒，舊里正以授新里正，名之曰「義役」。約成，頗爲有司所持，灌任以爲必可行。竟三十年，俗大歡洽。時葉適爲令，愧之曰：「民誠義。吾有司之不義，甚矣。」自是所在推行，而御史謝諤言「當從民便，不願者差役如故」。朱熹亦謂義役固善，恐踵之者不能皆善人，則豪强把權，役户反不得以安其業矣。然則法無全善，存乎其人，即户役一事可見也。

明初，人户以籍爲定。户三等，曰民，曰軍，曰匠。民兄弟出分及贅壻、養子歸宗，聽異籍。惟軍、匠有清勾，以異籍爲規避。年十六曰成丁，丁成而役，六十而免。婦女若不成丁，不役。役三等：以户計曰里甲，以丁計曰均徭，上命非時徭曰雜泛。凡役法以一里百户分十户，各值一歲，承徭役。又五年，充里長、甲首。其明年爲經催，後遂用爲糧長，皆起於役，與田賦不相及。祗應、禁子、弓兵等，俱以市民僉充，不役富人。凡額外科率錢一文，擅役夫一名，則上罪配流。

已而法中弛，專論丁糧，通計差役難易輕重之適，自極大至極小，造鼠尾册。按丁糧多寡以次填編，不論里而單下户得寬。其後公私百費，官不能辦。乃復計直年里甲户丁，分爲十二總，按月祗應，曰值月。府州縣官下至簿尉，各以坊長值其衙。凡官司外出、賓旅經由、夫馬供帳飲食，畢取給百姓，於是里甲與十甲均病矣。其均徭，部解上供金銀庫，倉户收支，皆有留難，本境有驛站、水夫、馬匹，而均徭病矣。糧長兑糧，本色有斛面，折色有火耗。初值役，有拜見；初出江，有銅鑼花鼓；既部運，有馬匹鋪張。餘吏胥需索不在是。而糧長又病矣。

於是議行一條鞭法，以爲輪甲十年一差，出多易困，不如條鞭每年續辦，出少易輸，均輕重，通苦樂。於一縣十甲中，民如限輸錢訖，諸部運上金銀庫，倉户斗給，糧長秤頭斛面。凡百役所供及諸遞運夫馬俱官自支辦，略仿宋免役意。嘉靖末，都御史龐尚鵬奏革天下郡邑庫子。而都御史周如斗撫江西，力主條鞭議以上，制可之。乃通計里甲、均徭、驛傳、民兵，以隆慶初盡六年爲率總合，用銀派之，名四差。輸銀於官，官給銀募人。

法初行，民釋重負。行之十餘年而法又弊。前所役坊里長、糧長，獨其名罷，其籍故在。

里長之值年經催之部運，實有不可已者。其初法嚴令具時，上下約嗇，精神振勵，後稍怠矣。銀錢入官，非篤廉之吏不無消蝕。卒有部派軍興，必且陰陽其術，别爲名項。又山谷之民畏官憚事，雖條鞭行，坊里祇應如異時，獨易十二總稱八班，改值月爲值日爾。

萬曆十年後，里甲廢業，與嘉靖中葉無異。益以礦使四出，閭里騷然，西北窮民，依食驛站。崇禎初裁之，以致盜起，節小費而釀大患。雖禍敗之原不盡由是，然涓涓不絶，流爲江河。其始也節所不當節，其究也自增所不當增。事勢各殊，而歸於斂財悖入之意同〔一〕，以知通達國體難矣。固諸臣謀國之不詳，亦不能爲賢主諱也。

國計略

漢初接秦之敝，丈夫從軍旅，老弱轉糧餉，作業劇而財匱，自天子不能具鈞駟，而將相或乘牛車，齊民無蓋藏。高祖於是量吏禄、度官用。以賦於民，田租十五税一。漕轉山東粟以給中都官，歲不過數十萬石。

孝文在位二十三年，宫室苑囿、車騎服御無所增益，屢赦天下田租，三十税一。武帝患幣之輕，始鑄白金，造皮幣。患商賈之重而算舟車，告緡錢費用無制。

昭帝詔郡國舉賢良文學，問民所疾苦。皆對願罷鹽鐵酒榷均輸官。桑弘羊難，以爲此國

〔一〕「意同」，康熙本、祝校本皆如是。徐刊本誤作「章同」，據改。

家大業，所以安邊足用之本，不可廢。於是乃僅罷榷酤。

元帝用貢禹言，詔太僕減食穀馬，水衡減食肉獸，省宜春下苑予貧民，罷角抵諸戲。量減宫衛，以寬徭役。免諸官奴婢，廪食乘塞，代關東戍卒。

成帝時，天下亡兵革之事，然俗靡侈，不以蓄聚爲意。至於哀、平，百姓貲富雖不及文、景，户口滋盛矣。

光武有見於昆陽之勝，故兵以少而精；有鑒於武帝之奢，故官以簡而當；有徵於新莽之碎，故賦以薄而贍。當軍興艱費之後，而身致富庶。

明帝即位，民無横徭。於時東方既明，百官詣闕，戚里侯家自相馳騖，車如流水，馬如飛龍。章、和惠養相仍，壤土日闢。

及至桓、靈，營作盛於内，西羌畔於外，阿母常侍，賞賜不貲。遂開西邸賣官〔一〕，每郡國貢獻，先輸中府，名爲「導行費」。又作列肆於後宫，使采女販賣，帝親着商賈服〔二〕，從宴飲爲樂。

昭烈入蜀，約事定，府庫百物，悉與士衆。及拔成都，軍用不足，劉巴請鑄大錢，令吏爲官市。數月之間，府庫充實。

晉武不節，物流倉庫，女德無厭，服玩相輝，於是王武子、石崇等役財夸尚。物盛則衰，固

〔一〕「賣官」，康熙本如是。徐刊本、祝校本誤作「賣宫」，據改。

〔二〕「着商賈服」，浙圖康熙本、祝校本皆如是，南圖康熙本作「著商賈服」。徐刊本誤作「養商賈服」，據改。

其宜也。永寧初，蜀中尚有錦四百萬匹、寶珠金銀百餘斛。蕩陰返駕，寒桃在御，隻雞以獻。用布衾兩幅，囊錢三千，以爲車駕之資。

元帝渡江，兵難屢作。蘇峻既平，庫中惟有練數千端，粥之不售，王導患之。乃與朝賢俱製練帛中單〔一〕，人士競服，練遂頓貴。令主者出賣，端至一金。其乏空如此。

宋、齊、梁、陳開國，皆務省嗇。隋文供御，有故敝者隨令補用，更不改作。江南初定，給復十年。又均田土，立義倉。海内皆饒於財。楊廣反之，民乃重困，盜賊雲起，然所在倉庫猶大充仞。吏懼法，莫肯出賑。李密食洛口之粟以圍東都，而長安、永豐適爲唐興。鉅橋之散在德厚薄，不在貧富，如隋者可以鑒矣。

唐之授田以口分、世業，取之以租庸調之法，至近古也。自太宗力行仁義，至開元始政清明，海内富安，行千里不齎糧、持尺兵。其后妃御承恩，賞賜無限，視金帛如糞壤。命姚思藝檢校進食，一飱珍羞，費中人十家之産。由是禄山首畔，京室空矣。

肅宗行率貸，籍富商右族，十取其一。諸道亦税商賈贍軍。第五琦請於江淮置租庸使，凡吴鹽、蜀麻、銅冶皆有税市，輕貨由江陵、襄陽上津路轉至鳳翔。裴冕建議給空名告身，召人納錢。兩京平，又於關輔諸州納錢，度道士僧尼萬人，詔能賑貧乏者寵爵秩。故事，財賦歸左藏，而是時京師豪將，假取不可禁。琦爲度支，請皆歸大盈庫，主以中官。自是天下之財爲

〔一〕「俱製」，康熙本、祝校本皆如是。徐刊本誤作「俱裂」，據改。

人主私藏，有司不得程量多少。

德宗時，天下户口什亡七八，所在宿重兵費廣，悉倚辦劉晏。晏有精力，多機智，變通有無，曲盡其妙。常以厚直募善走者，置遞相望，覘報四方物價，不數日皆達。食貨輕重之權，悉制掌握，國家獲利，而天下無甚貴甚賤之憂。晏以爲辦集衆務，在得人，必擇通敏廉善之器司之。具檢簿書，出納錢穀，事雖至細，必委之士類。吏惟書符牒，不得出一言。其官屬雖數千里外，奉教令如在前，無敢嬉紿。又以爲丁口多則賦税自廣，故其理財常以養民爲先。諸道各置知院官，每旬雨雪豐歉之狀以告，豐則貴糴，歉則賤糶。或以穀易雜貨供官用，而於豐處賣之。知院官端見不稔，先申至某月須若干蠲助，及期，晏不俟州縣申請，即奏行之。由是人户蕃息。始爲轉運使時，天下見户不過一百萬，季年乃三百餘萬；初財賦歲入不過四百萬緡，季年乃千餘萬緡。及楊炎變立兩税法，民力未及寬，而朱滔、田悦等叛，用益不給。借商茶算之令出，晏亦爲炎所譖害，議者冤焉。德宗初年厲精，楊炎請出大盈内庫歸有司，即日下詔從之。生日不受四方貢獻，李正己、田悦各獻縑三萬疋，悉歸之度支，天下欣然，迨後轉務吝刻。涇原兵反倉卒，幸奉天，猶於行宫廡下貯諸道貢物，榜曰瓊林、大盈庫。陸贄請盡出賜有功，散小儲而成大儲，不能用也。及朱泚既平，益屬意聚斂，竟進裴延齡退贄，末年至爲宫市置白望。終唐之世，民窮斂繁，馴至亡國。

宋祖懲方鎮私擅財賦，詔諸州金帛送闕下，以文臣通判州事，益置諸路轉運使，利歸公上。然聚兵京師，外州無留財，天下支用悉出三司。初承吴、蜀、江南、南漢平附，因其蓄藏，守以恭儉，用度給足。後户口歲增，兵吏倍多，百姓亦稍縱侈，上下始困於財。祥符天書一出，宫觀賞賚無厭，宋政於是少怠。

仁宗明恕，節道家之奉，省土木之役，約己以先天下。西邊兵起，議裁冗費，首自掖庭。減皇后及宗婦郊祀半賜，罷左藏月進一千二百緡。會元昊稱臣，屈意撫納，歲賜繒、茶，及增契丹歲遺，共至八十萬。乃稍徙邊兵還内地，命包拯行河北，汰軍士之不任役者。范鎮上言：「古冢宰制國用，今中書主民，樞密主兵，三司主財，各不相知，是以天下事卒不可爲。願令中書、樞密通知兵、民、財利大計，與三司量其出入。」有司不能承上意。卒無所建明。神宗嗣位，執政以河朔旱傷，乞南郊勿賜金帛。司馬光言：「救災節用，當始貴近，可從。」王安石引常衮辭堂饌折之，以爲「國用不足，未得善理財者耳。善理財者，不加賦而國用足。周置泉府之官，以均變天下之財，後世惟桑羊、劉晏粗合此意。今欲理財，當修泉府之法，以收利權」。帝納其説，立制置三司條例司，而農田、水利、青苗、均輸、保甲、免役、市易、保馬、方田諸役並作，號爲新法。古陂廢堰，悉務修復。又令民封狀，增價以買坊場，增茶鹽之額。設措置河北便糴司，多積糧穀於臨流州縣，以備饋運。天下騷然。而安石持冢宰掌邦計之説，一以《周禮》行新法，與三司分權。凡歲賦常貢，方歸三司；其摘山、煎海、坑冶、榷貨、户絶没入之財，皆歸朝廷。外則分建二司：民間常賦酒税，以歸轉運；而免役、坊場、河渡、禁軍缺額、地利之資，悉歸常平，别號朝廷封樁〔一〕。運入京師，更立庫貯之，三司不得與焉。於是天下

〔一〕「封椿」，康熙本、徐刊本作「封椿」，皆誤，應爲「封樁」。

之財始分爲二。建炎軍興，東南歲入不滿千萬。吕頤浩始創經制錢，孟庾又創總製錢，朱勝非增月椿錢〔一〕，又有板帳錢。紹興末年，合茶鹽、酒算、坑冶、榷貨、糴本、和買之入，凡六千餘萬緡，半歸内藏。而於時兩浙、福建苦板帳，江、湖苦月椿。葉適條奏痛言其弊，迄於宋亡曾莫之改。於乎！鹽鐵取之山澤，酒酤、均輸，舟車取之商賈。稍奪以助經賦，亦貴農摧末遺意。後世既各設名額取之，是紛紛者復何爲哉？然則安石之法，固桑羊、劉晏所不道；而月椿、經制，又安石所不道。使剥民奉君，污吏利其便己也，而不去其籍，曰「吾有所受之也」，是誰階厲也？

有明宗禄、養兵、蔭子之費最鉅，至郊賚歲幣，視宋省矣。洪武初，山西惟晉府一王禄米萬石，嘉靖中至八十萬石，他藩可知也。初時天下武職二萬八千餘員，成化中至八萬一千餘，錦衣衛官八倍之。文職又可知也。

昔太祖閲内藏，慨然謂侍臣曰：「此皆民力所供。蓄積爲天下用，國家無事，封賞之外，宜儉約以省浮費。」

成祖、仁、宣躬慎儉德，國用有餘。至英宗，邊患漸興，用兵南方，疲耗中國，内帑故儲金十窖爲邊備。景泰頗事浮浪，以金荳、金錢擲賜近侍，取其閧笑。英宗居南内，聞之，嘆曰：

〔一〕「月椿錢」，康熙本、徐刊本皆作「月椿錢」，皆誤，應爲「月樁錢」。「月樁錢」是南宋爲支應軍餉而加徵的税款名目。本段以下三處皆同，不一一作校記。

「累朝之積，其盡乎！」甫復位往觀，則金具存，唯缺一角，旋節他費補之。及成化中，太監梁芳、韋興用事，十窖俱罄。上以責二豎，已而不悦，起曰：「吾不與汝計，後之人必有與汝計者。」蓋指東宫言也。

孝宗初立，馬文升首疏，言愛民節用必自内廷始，請罷營造，裁冗食，革濫賜，以蘇民困。上躬親庶務，勤於講學，優接下之禮。户部尚書韓文悉心釐畫，湔除成化敝政。是時天下十三布政司、兩直隸府州縣實在官民田土，共四百二十二萬八千頃有奇，户九百一十一萬有奇，丁口五千三百三十三萬有奇，實征夏税、秋糧二千六百六十九萬有奇，自古罕盛焉。

正德逆瑾用事，政由賄成。其後佞幸益雜，增造軍器，加織蘇綺。豹房、僧寺、鎮國、延壽、凝翠、太素之飾，窮極工麗。又徧置皇莊，跨州連邑。於是中原盜起，村落丘墟。自出師，賞犒費太倉銀二百餘萬。而上巡游無度，不以國事爲意，户口、賦税由此減耗，孝宗之業衰矣。

世宗繼統，天下拭目觀新政。然喜崇道教，宫觀、齋醮，費出無經。重以北備俺答，南拒倭人，時宰貪揞，虚凋日甚。

穆宗即位，問户部：「京帑貯金幾何？足備幾何年？」尚書馬森奏：「太倉見存銀以今數抵算，僅足三月，見存糧支二年。請崇儉約。」復奏：「祖宗舊制，河、淮以南以四百萬供京師，以北八百萬供邊境。一歲之入，可供一歲用。後因邊庭多事，一變有客兵年例，再變有士兵年例，累增至二百三十餘萬。屯田十虧七八，鹽法十折四五，民運十逋二三，悉以年例補之。在各邊，則士馬不加昔，而所費幾倍於先；在太倉，則輸納不益前，而所出幾倍於舊。邊境安得不告急？京師安得不告匱？請乘朝覲廣集衆思，條議經久之策。」報可，乃遣御史分行直省清查糧課。御史亦無所施爲，惟將各省官儲，悉行催解，致天下庫藏空竭，荒饑無備，徒滋搜擾。大學士張居正疏曰：「是國用未充，而元氣已先耗矣。昔漢昭承奢敝之後，與民休息，行之數年，國用遂足。然則與其設法征求，索之於有限之數以病民，孰若加意省節，取之於自足之中以厚下乎？伏望敦崇儉樸爲天下先，勑吏部慎選守令，牧養小民。以守身端潔、實心愛民者爲考成最，才能幹局爲中，而殿其貪污暴著者，追贓發邊使自行輸。非獨懲貪，亦實邊之一助也。又天下官民服舍俱無限制，外之豪强兼併，賦役虐民；内之宫府造作，侵欺冒破，各部寺在官錢糧漫無稽考。凡此皆耗財病民之大者，亟期釐正。所遣御史，宜令回京。屯鹽之務，但責成撫按。以後唯務清心省事，安静不擾，庶民生可遂而邦本獲寧也。」自居正没後，政歸叢脞。礦税之使四出，風俗日益靡壞，邊兵額增，驕惰不任戰。於是初加遼餉，又加練餉，上下困敝。崇禎末年，爲户部者束手無策，以至於敗。

農政略

甚貧之國可使富，甚奢之俗可使儉，甚貪之夫可使廉。貴五穀而賤金玉，則三者均得之。有君天下之權，在於示天下以意。貴粟之道，在以粟爲賞罰，則人知上意矣。

秦之强也，以耕戰也；隋之富也，以倉庾也。未聞金玉可以富者，梁臺城之餓可鑒已。故五穀能致金玉，金玉不能致五穀也。

文、景之富以勸農蠲租，庶王政之遺意乎？孝武之大略，其於恭儉非不能也，多欲累之也。汲黯二言決之矣。迨其悔也，封丞相爲富民侯，則人知上意矣，彼秦、隋者瞠乎後矣。

趙過爲搜粟都尉，令民爲代田，一晦三甽。歲代其處，得穀常多其旁田晦一斛以上。其耕耘下種田器，皆有便巧，二千石遣令長、三老、力田從受之。又教民無牛者以人輓犁。自後邊城起居延，至河東、弘農、三輔皆便代田，用力少而致穀多。任延得其意，教民牛耕，以開九真之田。

龔遂爲渤海，黄霸爲潁川〔一〕，召信臣、杜詩守南陽，皆治陂田，課耕牧，養雞豚，種樹韭，鰥寡貧窮獨孤皆有養葬。此士君子之道行於一國者也。王丹者家居，好施與，周人之急。歲時察其强力多收者，攜酒殽從勞之。其惰者恥不能致丹〔二〕，無不力耕。此行於一鄉者也。

建安初，關中流入荊州者十餘萬家。及聞本土全寧，企望思歸，無以自業。衛覬議以

〔一〕「潁川」，徐刊本原誤作「頴川」，據改。後面有類似情形的，逕改，不出校記。

〔二〕「其惰者」，康熙本、祝校本皆如是。徐刊本誤作「其隋者」，據改。

爲：「鹽者，國之大寶，喪亂以來放散。今宜如舊，置使者監賣，以其直益市犁牛，給歸者勤耕積穀。」於是關中豐實。黄初中，京兆太守顔斐以民無車牛，令閒月取車材，轉相教匠，養猪投貴，賣以買牛。後皇甫隆爲敦煌，俗不作樓犁，及不知用水，隆乃教之。歲終率計，所省庸力過半，得穀加五。西方以豐。

江南多水田，宜秔稻也；江北多高田，宜菽、麥、粟也。五種之入，各有土矣。宋太宗詔民雜殖以防水旱，爲利周矣。

置農師，襄農事，本務也。苟非其人，徒滋擾矣，宇文融亦勸農使也。

旱稻之種來自占城，宋祥符四年始也。穗長而無芒，粒差小，而不擇地而生。今其利且偏於荆、揚，與日本之木棉同爲萬世賴，真宗愛民之心所致與？

仁宗詔諸州旬上雨雪；民流亡十年者，其田聽人耕，三年而後收，減舊額之半；自復亦如之。後世朝耕尺籍，募籍催科，則愚者不來矣。嘉祐中，欲廢唐州爲縣。州守趙尚寬力争，言土曠可闢，民稀可招，而州不可廢。得召信臣陂跡修復之，溉田數萬頃，盡爲膏腴，假牛犁種食以勞來。歲餘，流民自歸。時患守令數易，察有實課者增秩再任，尚寬應詔爲天下倡。高斌繼之，亦以能勸課，留再任焉。

南宋立國百五十年，高、孝之澤也。紹興招集農民歸業，除其租。立「守令墾田殿最格」，縣具歸業民數、墾田多寡，月上之州，州季上轉運，轉運歲上户部，户部置籍以考之。孝宗尤加意勸農蠲課。光、寧以後衰矣。

明享國三百年，高、成、仁、宣重農寬賦功也。仁皇后之恤民，女中堯、舜未是有矣。自成化中置皇莊，至正德而極，則中官、勳戚之爲也。皇有莊，示天下私也。天子藏富於民者也，孝宗抑私情而不予壽寧侯河間田，有令名也夫！

太祖設營田司，下令田五畝至十畝者栽桑、麻、木棉各半畝，多者倍之。洪武二年春，躬祀先農，遂耕籍田於南郊，皇后率内外命婦蠶北郊，自是歲以爲常。三年夏，久不雨，素服草履，請山川壇禱。晝暴於日，夜卧於地，皇太子捧榼進農家食。凡三日，大雨沾足。四年，興廣西水利，修馬援所築興安故渠，溉田萬頃。又命工部遣官往廣東買耕牛，給中原屯種之民；有司考課必書農桑學校之績。用古者狹鄉得遷寬鄉意，詔山西澤、潞無田民，就耕河北荒田；杭、湖、台、温、蘇、松諸郡無田民，就耕淮南北、滁、和閑田。皆蠲科繇，給鈔備農具。二十七年，課百姓種桑棗，每里百户種秧二畝，三燒三耕乃種。初年課二百株，次年四百株，三年六百株，違者謫戍邊。以湖廣辰、永、寶、衡之地宜桑而種者少，命於淮、徐取桑種二十石給其民。大修天下農田水利，陂塘湖堰可蓄泄者悉修治，亦毋得妄興工役疲民。二十八年，命天下鄉置鼓。遇農月，晨擊鼓，衆皆會，及時服田，月旦，召京師父老，諭以孝弟敦行。其勤政如此。

仁宗監國時，屢發官粟賑民。及即位，詔州縣水旱缺食，即檢實蠲濟。其流離田荒者爲豁除，召別佃。衛所屯田軍士不許擅差，妨其農務。時四方奏報雨澤疏故貯通政司，司官有欲送科者，上曰：「祖宗所以令奏雨澤，欲前知水旱，以施恤民之政爾。今貯科中，是欲上之人終不知也。如此，則徒勞州縣，何益哉！自今其亟封進，資朕親覽。」嘗誦聶夷中「鋤田日當午」詩以教宣宗。

宣德五年，張太后謁陵，民老稚滿車下。太后顧謂上曰：「國家宜輕徭薄賦，以存恤爲務。自古帝王保有天下，傳之子孫者，惟能安民爾。」過道旁民家，召老婦問所業安否，應對質樸如家人，喜賜之鈔帛。有進蔬食酒漿者，親嘗之，以示帝曰：「此農家食也，當知之。」既還自陵，道見耕者，帝以數騎往視，從容咨稼穡事。因取所執耒三推，顧謂左右：「朕三舉已不勝勞，況常事此耶？」耕者初不知爲帝，既而驚怍，羅拜呼萬歲。命從至營，人賜鈔六十錠。又念農民得所在賢守令，諭吏部謹擇。

嘉靖初用科臣夏言奏，皇莊稅均例畝納銀三分，解部類進。皇親、功臣赴闕關領，禁中官宦僕毋得私出收受。於是前弊盡革。九年，建先蠶壇於北郊。十年，行祈穀禮於大祀殿，召學士翟鸞等，觀西苑收穫。特建無逸殿，書周公《無逸》篇於壁。

神宗十三年春，久不雨，屏輦詣郊壇躬禱，諭輔臣曰：「亢旱爲災，雖朕不德，亦以天下有司多貪暴爲民害，上干天和耳。自今慎選無忽。」復步還宮。浹旬，大雨。蓋萬曆初政，勤民省己，尚有可觀焉。

屯之名，自晁錯議募民屯田徙塞下始也。天下有不耕之田而始有屯。趙充國之屯金城也，以屯爲戰者也；棗祗、任峻之屯許下也，以屯供戰者也。充國其近於王乎？王者不言戰，伯國不慮貧。

敵有人焉，未可以戰，則且屯守以俟時，鄧艾、羊祜之於吴、蜀也。自是而後，籌軍食者無不講屯政矣。民屯須授之以力，既而奪其田，不可也；兵屯須授之以時，亟而呼之戰，不可也。商屯，善之善者也，以其時與力來而田常在官，明開中之法具矣。葉淇，庸士也，變爲改折，豈屯之意乎？屯者貴得粟，不貴得金。漕東南之粟以餉西北，不終日之計也。一夫橫於江、淮，斯大勢去矣，商屯不可恃。經遠謀國，莫如兵、民屯。

倉貯略

管子曰："守國者守穀。"計然曰："歲在金，穰；水，毁；木，饑；火，旱。六歲穰，六歲旱，十二歲大饑。"聖人知天地之反，先爲之備。《周禮》三十年之通制用，常有十年之蓄。天子、諸侯，春秋補助；下至公卿有禄，咸取陳食，農人不待饑而後糴賑。自巡狩、述職廢，井田壞，天下之民聽其自生自死，有田者不自墾，而能墾者非其田。雖蠲租賜復，而貧弱不與。有心者無運世之柄，第可隨時補救，則是積貯爲急。

平糴之法起李悝。糴甚貴傷民，甚賤傷農。使民無傷而農益勸，莫如平糴，所謂任地力是也。

常平倉之法由耿壽昌。漢宣帝時，穀石五錢，農人少利。壽昌白令邊郡皆築倉，穀賤則增價而糴，以利農；貴則減價而糶，以利民，名曰常平。後世用之。

義倉之法自長孫平。隋開皇中，平奏令諸州百姓，當社共立義倉。秋成，量上中下户勸輸粟麥，委社司收支，歲饑以給社人。取之民薄，給之民近。有常平以平價，而又有義倉以行賑。唐貞觀中，戴胄亦請行之。

廣惠倉之法始於宋嘉祐二年。樞密使韓琦詣無粥没入户絶田，而募人耕，收其租，别爲倉貯之，給州縣郭内之老幼貧疾不能自存者。王安石用事，以常平、廣惠之糴本爲青苗錢。蘇轍争之，司馬光以爲散青苗錢之害猶小，而壞常平倉之害尤大，安石皆不聽。

社倉之法詳於宋乾道四年。時建安饑，浙東提舉朱熹請於府，得常平米六百石賑貸。每年斂散，取十二之息。積十四年，以六百石還府，得息米三千六百石，以爲社倉，不復受息。嘉定末，真德秀帥長沙亦行之。

明洪武元年，詔天下府州縣立預備倉。永樂、宣德中，南直巡撫周忱置濟農倉，蘇、松、常各貯米三十萬石。會是年夏旱，盡出以賑猶不足，忱與蘇州知府況鍾等謀曰：「三府故運糧百萬石貯南京倉，給北京軍職月俸，率六斗致一石，獨不可使彼受於此乎？若來此給之，既免勞民，且節費六十萬石以入濟農倉，農無患矣。」具聞於朝，從之。明年又旱，大發濟農米賑貸，忱之力也。

弘治中，都御史林俊請募民輸貲入粟，補散官贖罪，爲常平本，又募民各以私立義倉、義學、義塚，爲「三義」。詔州縣儲粟，三年必周一年之餘，計里積穀，吏以其事最殿。

嘉靖中，以州縣積穀無濟實用，有欲罷之者。或以不可輕議變法爲辭，乃詔減其額。然州縣大者猶數萬石，小者數千石，所在取盈，有司作威生事，反失濟民初意。又斂散失時，多至紅朽，及當行賑，非奏請不敢擅發。隆慶初，户部奏免積穀不如額葭州知州尹際可等三十六人，吏部以非正賦，宜差别輕重，持之甚力。於是官民並以積穀爲厲，而積貯之政不可爲矣。

靳學顔，深計士也。隆慶五年巡撫山西，上疏曰：「國家建都於燕，北極窮邊更無郡縣。守在强鄰，雖有東齊西秦，勢不相及。自京師南至江、淮，無名山大澤之限，强藩與國之資，所恃爲股肱腹心者，惟河南、山東、江北、畿内八府之人心耳。其人率鷙悍而輕生，易動而難戢，游食而寡積者也。一不如意則輕去其鄉，一有所激則視死如歸。八府遇荒則走山東，山東遇荒則走江北。一夫作難，千人嚮應，往事蓋屢驗之。然弭之術無他，不過曰恤農以繫其家，足食以繫其身，聚骨肉以繫其心而已。自古中原空虚〔一〕，未有如今日者也。漢以前有敖倉，唐以前有洛口諸倉，唐有義倉，宋有常平倉，隨地貯穀，不專在京師。今徐、臨、德州雖有官倉，止爲寄囤，原無存積。唐義倉，王公以下皆有入，是以其積獨多，所謂法令之行自貴近始也。宋則準正税額二十分取一以爲社，中歉賑極貧，以次及中户、富室，所謂恩澤之加自無告始也。請下各省，以唐、宋斂穀之法爲則，在官倉者，時其豐歉而斂散之，利歸於官，民有大饑則以賑之；在民倉者，利歸於民，雖官有大役，亦不許借。藏富於民，即藏富於官。上所爲南面

〔一〕「自古」，康熙本如是。徐刊本、祝校本誤作「自故」，據改。

而恃以無恐者，根本在此。今之計者，不憂穀不足，而憂銀不足。夫銀實生亂，穀實弭亂。銀不足而泉貨代之，穀不足，則孰可以代者哉？時不能用，論者惜焉。

水利略

天地之物，能生人者皆能殺人。穀，生人者也，能殺人者也。過飽，斯殺人矣。玉，生人者也，能殺人者也。粥於市，斯殺人矣。火，生人者也，田而焚焉則殺。木，生人者也，折而崩焉則殺。由是言之，天下之全利少矣。禹之行水也歸之海，而天下永寧。禹行所無事也，去其害則利興，有其功則患作。

井可廢也，田不可廢，水利之事詳焉。水利湮患不獨及於田，田先受之。有天下者，天下爲利；有一國者，一國爲利。記曰「無曲防」，則天子之禁也。

導山導川，並於西北，用之一方也亦然。決九川距海，濬畎澮距川，天地之氣脉通矣。聖人之於水也，臂指使之耳。

是以齊桓用管子，請除五害，先置水官。西門不仁，不引漳水以灌鄴旁。秦鑿涇渠，關中富强。白公繼之，首起谷口，尾入櫟陽。召信臣之守南陽也，立均水約，溉田至二萬頃。鄧晨守汝南，用許揚爲都水掾，築塘四百餘里，累歲大登。至若王景之在廬江修芍陂，馬臻之爲會稽開鏡湖，百世賴之。漢之興水利者，猶近古也。

自古言陂之利者有矣，未有言陂之害者也。晉咸寧三年，大霖雨，潁川、襄城特甚。杜預上疏，以爲：「民食不贍，當恃魚菜螺蚌。宜大壞兖、豫州東界諸陂，隨其所歸而宣導之。令饑者盡得水産之饒，不出境内而旦暮野食，此近益也。水去後，填淤之田，畝收數種，又明年益也。往東南草創人稀，故得水田之利。自頃户口日增，陂堨歲決，良田變生蒲葦，人居沮澤，水陸失宜，樹木立枯，皆陂之害。陂多則土薄水淺，潦不下潤，水雨横流，延及陸田。言者不思其故，因云此土不可陸種。臣計漢之户口，以驗今之陂處，皆陸業也。人心所見不同，願勿撓群議，敕刺史二千石，其漢氏舊陂舊堨及山谷私家小陂，皆修繕積水。自魏氏以來造立，盡決瀝之。比湅涸當補塞者，皆尋求微跡，如漢故事，豫爲部分列上，須冬東南休兵交代，各留一月以佐其功。」朝廷從之。及平吴後，預在荆州修召信臣遺址，激用滍、淯諸水以浸原田萬餘頃〔一〕，分疆刊石，使有定分，公私同利。號曰「杜父」。又開楊口，起夏水，達巴陵。千餘里内瀉長江之險，外通零桂之漕，控南北之全勢焉。

〔一〕「滍、淯」，祝校本如是。徐刊本、康熙本皆誤作「濁渭」。《晉书・杜預傳》作「滍、淯」，當從祝校本。

杭，東南大都會也。瀕海水鹹不可食，自唐以前，居人鮮少。李泌、白居易嗣爲刺史，穿六井以引西湖之水入城中，南築江堤，拒錢塘之潮，民乃輻輳，群飲湖水矣。蘇軾守杭，又募民種菱於湖以去葑，湖流益泓，六井之源不竭。乃再築長堤，開架六橋，栽柳桃堤上，延亘三十里。望之如畫圖，人耽其樂而忘其勞。軾之風流嘉政爾也。水，生人者也，非殺人者也。淮堰之壞，聲聞數百里，則以水殺人矣，梁惠王之不仁也。

鹽法略

錢，取之山者也。鹽，取之澤者也。山、澤通氣，錢、鹽表裏，故齊桓有官府之利，漢帝置鹽鐵之官。

天一生水，潤下作鹹，而鹽出矣。鹽生於水而能生物，一日不食鹽則不下實。其成之也以火。有曝鹽焉，日火之尤烈者也。水溢則患無鹽，母之壯者子不蓄。銅，金也；其母，土也。坤爲土，寄於艮，是生金。故銅多在山，母不妬與。不得火不成，鎔而後成質，天地之美具焉。是物也，饑不可以爲食，然而化居通貨，利溥矣。

聖人制爲鹽以佐民之食，而用在焉；制爲錢以佐民之用，而食亦在焉。其佐之者也，非主之者也。主之者曰穀，得五行之尅而生，食之，則仁壽而康寧。

聖人無事不惠民也，曷有鹽鐵之禁〔一〕？利不可散在下也。散在下，則民争；轄在上，則民寧。聖人之治鹽鐵也，非私其利於己也，以寧民而衣食之也。

善鹽者，其劉晏乎？商受鹽，任其所之而不問也，悉奏罷諸道榷鹽錢。去鹽鄉遠者，轉官鹽於所在貯之；值商之絶，減價以糶，利歸官而民不知貴，名曰常平鹽。晏之初年，鹽利歲四十萬緡，季年乃六百餘萬緡，世不以聚斂之名尤晏。其智優也，有恤民之心。

鹽院之設，第五琦始也。禁粥私鹽也，東郭咸陽、孔僅始也。自賢良文學數十人對策，不能奪御史大夫之議，而鹽禁遂與古今終始矣。雖以孝昭、霍光爲主臣，與民休息，而不改父之臣與父之政也，勢也。

鹽之品有四：刮於地而得，其味苦，謂之苦鹽；熬其波而出，其質散，謂之散鹽；風其水而成，其味甘，謂之飴鹽；有積鹵而結形似虎，築於人，謂之形鹽。祭祀之加用苦鹽，賓客之

〔一〕「鹽鐵」，康熙本、徐刊本皆作「錢鐵」，祝校本作「鹽鐵」，據義當作「鹽鐵」。

加用形鹽，王后、世子之膳羞用飴鹽。形鹽與菖歜同用，其用尊矣。

鹽之有開中也，邊政之大者也。以鹽爲穀矣，屯於邊而輸穀，民不能也，而商又樂之。商之大者耦數百人，小亦數十人，車、馬、牛、器械稱是，皆足以資戰守也。其扞邊也，扞其身家。千商之在邊，率數萬人不費糧，爲天子守禦焉。葉淇變爲改折，是鹽而已矣，明成化中始也。葉淇，長户部者也。

牢盆之制有二：一曰鐵盆，一曰竹盆。鐵盆之鹽常不及竹盆，甘苦異焉。木曲直作酸〔一〕，酸之轉也爲甘；金從革作辛，辛之轉也爲苦。其要歸於鹹，水不變也。

利不可使不在商，利不可使獨在商。私販横，則利不在商，引之阻也上受之，故禁强徒，不禁老少。老少，天民之無告者也，恣其所取而力微，弛以惠焉。若是者，不可使獨在商。

以鹽課均入兩税中，輸官而弛禁，周世宗之仁也。河北之人請之，世宗許之，故宋初河北不榷鹽。慶曆中，張方平引其事以告仁宗也。時余靖亦言：「臣嘗痛幽、薊之地，入契丹幾百年，而民無南顧心者，以契丹之法簡易，鹽麴俱賤，科條不煩故也。今榷之，鹽必騾騰，民怨

〔一〕「木曲直」，康熙本、祝校本皆如是。徐刊本誤作「本曲直」，據改。

矣。」其後章惇領三司而榷鹽，遂爲河北患。蘇軾争之不得也。

蘇軾言：「臣在餘杭時，見兩浙以鹽獲罪者，歲至萬七千人。盜販以兵仗護送，率數百人爲群，吏士不敢近。今東北之人悍於淮、浙，一旦榷鹽，恐禍未涯。然則强徒亦何可强禁乎？」

解州有二池，廣袤數十里，得南風水化而鹽熟，名曰顆鹽，《周官》所謂鹽鹽也。宋世，令商人運解鹽於陝西沿邊，而禁民食蕃部青鹽，重邊防也。商運則價廉，青鹽之禁行，小人知其一也。請改爲官粥，民冒法與蕃市矣，徒使青鹽得行而以爲彼利也，防自此弛矣。

皇親、王府及内臣奏討之弊，未有如明世者也，憲、孝、武三朝其甚者也。奏討莊田，而民病矣；奏討鹽窩，而商病矣。鹽窩者，一名賈窩，中商處之以屯於邊。招遊民，墾荒土，築墩臺，立保伍，皆商財也。其令甲始於永樂，迄天順、成化間，三邊粟石直銀纔二錢，邊儲大盈。自勳戚權倖占窩，商人藉手中納，費多而利分，屯之氣怠矣。葉淇，乘怠氣者也，壞法則貴近始也。

孝宗納李東陽之説，禁占窩，勅巡撫、糧儲官毋阿徇。正德改元，遂大放决。

有貧竈之困，有商人之困。有小商之困，有食户之困。有竈户之餘鹽，有總催之私鹽。

隆冬汲海，酷暑熬盆，墨面灰頭，人形盡變，窮窑半菽，無復生氣。此貧竈之困也。

洪武中每引納銀八分。永樂中，每引輸邊粟二斗五升。自罷邊屯，每引納銀三錢五分，累增至八錢五分，並餘費約用銀二兩有奇。法一引鹽二百五十觔，賄場官，私加至三百觔。其後納銀於官，聽買竈户餘鹽，通五百五十觔。嘉靖末，復嚴夾帶、割没之令，歲上割没課銀，多至百萬。此商人之困也。

商力不能徧致，小賈買引代行，至批驗所，鹽院不以時掣，必俟商舟齊至，有守半年不得掣者。輕重不如册，以盜販夾帶論。此小商之困也。

初年，命運司以掣下餘鹽，分給州縣人户，計口納鈔。其後鹽不復給，鈔仍不蠲。又行鹽之方，去鹽鄉或千百里水陸回遠，勢不能待官鹽後食。而官司所在徼察，必責食其遠而價重者，不聽食其近而價輕者。山谷貧敝之區，有數月無鹽以爲常。此食户之困也。

竈，田於鹽者也。給之鹵地與草場，猶口分、世業也。令甲以官鈔收餘鹽，比之農夫辛苦餘粒，今禁其餘鹽使不得賣，則有窮而死爾。總催之氣力足以役諸竈，諸竈，總催之家傭而已矣。場蕩歸其兼併，鹽課爲其乾没，總催饒厚，甚有羅窮竈之餘鹽爲己鹽而罔利。故近場私鹽，多出總催。窮竈之餘鹽，乃以私鹽抑之；總催之私鹽，公與官鹽賣之。非恤貧弱、鋤豪姦義也。必弛竈户餘鹽之禁，嚴總催私鹽之禁，則出鹽之地清矣。

至若商人之私鹽，其弊也何？商中鹽者也，販私鹽者即商也。自鹽院、自運司以至於場官，皆督鹽官也，縱私鹽者即官也。官之取於商者厚，則商不得不販私鹽；上之責於官者以羨餘，則官不得不縱私鹽。官與商交，以私寵受，而法不得行矣。故峻法不如省官，省官不如省心。

省官則省吏矣，省心則省利矣，省利則天下之利出矣。故曰：利之權不可不在上也，利之心不可或在上也。

嚴私鹽之罰，自富商始；救窮商之敝，亦自禁富商私鹽始。蓋富商與窮商，其勢常相低昂。富商行賂場官，鹽多溢額。入江又買私鹽而行，所過輒賂關津，不照引截角，往復再三，以前引影射。私鹽行，則額鹽愈壅，而窮商困。此所謂商人之私鹽也。

弘治初，鹽法阻壞，勅刑部郎彭韶往兩淮清理。還奏，繪瀕海窮民淋煎、負戴、折閱、朋償之苦，各爲圖詩以獻。時祭酒章懋亦疏鹽弊五端，末言：「游手無賴，什伍爲群，以小舟載私鹽，多置篙楫，沿江上下而强賣之。伺間椎劫，跳身疾掉，瞬息不可跡。唐末之王仙芝、黄巢，元末之張士誠皆出鹽徒，願勅巡江，嚴固江防。」嘉靖初，尚書梁材、詹事霍韜、主事李夢陽等具言：「兩淮鹽課，歲辦小引七十萬有奇。除正額外，産鹽猶餘三百萬有奇。今正額不得多取，餘鹽又不得私賣，則此三百萬鹽將安所洩？此爲官自蔽其耳目，徒令私鹽横溢而國恩不下逮也。且淮鹽之行，西達荆、湖、鄖、鄧，東盡海壖。地方數千里，丁口億百萬，獨仰給七十萬引之鹽，果足食乎？法愈嚴則利愈大，民見利不見法。淮安豪猾數千室，並海負險，多招亡命，專販私鹽。良兵勁弩，高檣大舶，千萬爲伍。行則鳥飛，至則狼踞。官司熟視，莫敢誰何。此横不除，必貽大患。今淮安官兵受利而護之出境矣，山東官兵且就之丐鹽充食矣。形兆既萌，可不爲寒心哉？」按有明諸臣之言，通國體，究時變，本爲鹽發，不止於鹽，即以當賈、董之疏對可也。

錢幣略

《洪範》八政，一曰食，二曰貨。貨以懋遷有無，而錢爲重。穀猶可以升斗離也，布不可以寸尺而裂也，故言專用布穀者，闊矣。井田封建之世，民不遠徙，農人可用布穀。若商旅，必變輕貨，是以九府圜法不可廢也。

錢之爲制也，外圓函方，文鐫年號，其兼天、地、君三者之道乎？然常有壅而不行：輕重失宜，司市不爲平物價，壅一矣。錢自上流，不能反歸於上，民以此輸課，官弗收也，壅二矣。方行而銅匱，寶源、寶泉之出不可繼，以乏而輒成壅，三矣。上收私鑄，京局之制錢，不能即布，小民朝夕望食，則以私鑄錢三，當京錢一，尚不肯受，而食貨交壅，四矣。

有古人權以濟時不可式者，昭烈之直百錢是也。六朝之荇葉、鵝眼、綖環。薄小濫惡，隨出隨壞，此衰運亡足論矣。若夫吴濞之即山鑄錢，是天子與諸侯共操柄也。鄧通以鑄錢財過王公，與嬖臣共操柄也。錢，無用器也，而可以易富貴。故人主之操柄不可共，漢二賈之言至矣。

其出銅也當奈何？禹鑄歷山、湯鑄莊山之金，皆自山出之者也。顧獨不見葉宗留之事乎？齊太公、桓公煮海鑄山，豪民大俠，私曬中貴，莫敢與焉。明萬曆之礦使，生厲階也。

聚數萬人於空山而出銅，可虞也；聚數萬人於海壖而作鹽，可虞也；聚數十萬人於河、淮之衝而築堤，可虞也。利百而害一，明者不爲。

聖主知其然也，故陶匏以爲器，不用金銀銅飾，則民無敢僭矣。從薄葬，不以錢幣納壙，民無敢濫矣。屏棄老、佛之教，更像爲主，或斲木、摶土、去金，民不以無用毀有用矣。三者非爲錢謀也，錢之源裕於此矣。

後世巧僞滋萌也。諸鈔關以銅觔解京者，就京採買省運，京師遂有銷錢爲銅規利者。本欲益錢，反以耗錢。誠責督撫驗明起解，而五城巡坊，察銷錢之奸民，痛其罰，使銅必自外省輸京師，而銅裕十五矣。

劉秩言，銅以爲兵，不如鐵，以爲器，不如漆，宜令民間銅器一切禁絶，悉送舊器應毁者詣官，稍厚其直收之，銅裕十八矣。周世宗言：「銅像豈所謂佛，無以毁佛爲疑。」此亦裕銅之一端也。

其鑄之也不惜銅，不愛工，仿漢五銖、唐「開元通寶」之制，則輕重均而可久行。

其致遠也實難。唐憲宗時，商賈至京師，委錢諸路進奏院及諸軍使家，而輕裝走四方，合券取償，名曰「飛錢」。宋時，蜀人患鐵錢重，不便遠齎，私爲券貿易〔一〕，謂之「交子」。後貲衰不能償負，蜀以多訟。官爲交子務，私造者禁，而交楮始屬官，即唐飛錢之制。然非積錢爲

〔一〕「私爲券貿易」，康熙本如是。徐刊本、祝校本皆誤作「使爲券貿易」，據改。

本，固不能以自行也。紹興初造關子，召商入中以給軍。而商人執關子詣榷貨務請錢，止日輸三分之一，道路嗟怨。至元人用鈔而法愈敝，此錢之窮也。錢爲母、鈔爲子則行，鈔爲母、錢爲子則不行。

錢尚有窮，而況鈔乎！明洪武初用鈔，鈔爲主而佐以錢，收受艱滯，終廢不行。而天下皆用白金，國家經賦獨受花文銀，並錢法亦且輕矣。銀，實也；鈔，虚也。質虚不如質實。銀，約也；錢，奢也。操約易於操奢。至於銀錢並用，上下遠近齊同，以致百物，以並輕任，聖人復起不能易矣。

錢銀各有得失，略相等焉。銅性融液，月鑠歲化，此錢之失也。鑱白金而用之，易耗而難復，銷白金而鎔之，易淆而難行，此銀之失也。二者散之則流通，藏之皆無用。梁臺城之圍，以銀錢易布穀，不得矣；隋東都之圍，至以布易穀，亦不得矣。聖人去食而存信，則本計也。

隆慶初，侍郎譚綸陳言：「足國富民，必重布帛菽粟而賤銀；必行錢法以濟銀之不及，夫錢，泉也，謂其流行而不息。今惟欲布之下，而不聽輸之上，故其權在市井而不在朝廷。又識以紀年，亦有壅而不通之患。請歲出工銀一百二十萬發兩京，各省開局設官，專督其事。所鑄錢，即以備明年官軍俸糧兼支折色之用。每制錢十文直銀一分，俱以國號通寶爲識，期可行萬世。從前制錢及先代錢，悉從民便。新錢盛行，舊錢自止。又令民得以錢輸官，如稅糧起運折色，文銀六，錢四。存留折色，及官軍俸糧、罪贖紙錢，俱從中半取錢。如此，則百姓皆以錢爲便，雖欲强其用銀，不可矣。」從之。萬曆初行天下直省，一體開局鼓鑄，與所在舊錢兼行。且嚴私鑄之禁，頒錢式，每百文重十有三兩，每文錢有三分。擇銅必精，選工必良，輪廓周正，文字深明，使私鑄者無利，不禁而自止。於是民間鼓舞争用錢，銀入錢出，銀出錢入，銀錢互相子母，上下交爲灌輸。明世錢政之善，萬曆稱最焉。

漢武帝始鑄白金。時征伐四出，工作煩浩，議更錢幣以贍用，而禁苑有白鹿，少府多銀錫。於是有司言：「古者皮幣，諸侯以聘享。而金有三等，黄金爲上，白金爲中，赤金爲下。今半兩錢法重四銖，而姦或盜磨錢裏取鎔，錢轉薄而物貴，遠方用幣煩費不省。請以白鹿皮方尺，緣以藻繢，爲皮幣，直四十萬。王侯宗室朝覲，必以皮幣薦璧。」又造銀錫爲白金。以爲天用莫如龍，地用莫如馬，人用莫如龜，故白金三品：一曰白選，重八兩，圜之，其文龍，直三千；二曰重差小，方之，其文馬，直五百；三曰復小，撱音妥。之，其文龜，直三百。令縣官銷半兩錢，更鑄三銖錢。盜鑄諸金錢罪皆死，而盜鑄白金者不可勝數。又以三銖輕，易姦詐，乃更鑄五銖錢，周郭其下，令不可磨取鎔焉。自造白金五銖錢後五歲，赦吏民之坐盜鑄金錢死者數十萬人。

議革鼓鑄錢法始自貢禹。元帝時，禹言：「古者不以金錢爲幣。今漢鑄錢，及諸鐵官攻山取銅鐵，一歲功十萬人。以上中農食七人計之，是七十萬人常受其饑也。鑿地數百丈，銷陰氣之精，地藏空虛，不能含氣出雲，水旱之災未必不由此。自五銖錢起以來，民坐盜鑄被刑者衆，而富人積錢滿室，猶無厭足。商賈各用巧智，東西南北，冀什二之利，而不出租税。農人捽草把土，已奉穀租，又出豪税。故民棄本逐末，雖賜之田猶賤賣以賈，窮則起爲盜賊。何者？末利深而惑於錢也。宜罷採珠玉金銀鑄錢之官，亡復以爲幣，勿販賣。租税禄賜，皆用布帛穀，使百姓一意於農桑便。」議者以爲，交易待錢後通，禹雖志古近本，然膠而難行。魏黄初二年，採禹議，罷五銖，以穀帛爲市。至明帝時錢廢，而民競濕穀以充貨，作薄絹以抵貴，嚴刑不能禁。本重穀帛，適以輕之，乃更立五銖。漢之五銖，晉世猶用之也。

關市略〔一〕

使天下無甚貧甚富之民者，井地之均也；使天下無甚貴甚賤之貨者，關市之平也。自井制湮，民去一富矣；關市苛，民又去一富矣。迨富民盡，而貧民亦並盡，天下事尚忍言哉？夫自有生民，其不能不趨於兼併者，勢也。雖以聖人爲之君相，無可如何。在上者封建併於郡縣，在下者八家之世業併於豪强，雖皆上之失道致然，然而此固自然之理也。故封建

〔一〕此篇浙圖康熙本無。

非聖人意，當此之時，其勢不得不分。郡縣亦豈秦意？當此之時，其勢不得不合。孟子曰：「天下定於一。」此時封建未盡亡，已知天下之不歸於郡縣而不止矣。然郡縣之利，不能復公之爲列國；豪强之利，有時還散之於貧民。以其地近體親，緩急資賴。故明王常養富民有餘之力以及貧民，此政之平也。

《易》曰：「重門擊柝，以待暴客。」古之爲關者如是止耳。聚天下之民，致天下之貨，交易而退，古之爲市者如是止耳。固未嘗設一格以困商也。或稍示抑末之權，則如漢初禁市井子孫無得仕宦爲吏。迨其末世，禁網愈煩，征商彌甚，而所謂抑末之意則無矣。自開西邸賣官，沿而行之，謂之事例。爲吏者多市井子孫，以故富商驕侈，氣陵公卿。非平日果周於德，鮮不爲邪世所亂。而稽古考文之下，亦遂沾沾焉轉有市心，是朝而市、士而商也，庸獨咎商人兼併農人乎？

夫取民秕政，莫刻於元封之告緡，莫陋於貞元之白望。若事例之開，則避告緡之名，用告緡之實。直令天下斗粟尺帛，皆聚於人主之内府；驅一世農民學士，群習爲商賈之行。吾見貧民賤而富商皆貴，貧商空而富商亦空。欲民之不窮而盜，人心稍知有恥而不爲者，決無此也。是以氣節盡，則荀彧、賈詡之徒出矣；風俗狂，則夷甫、平叔之誕崇矣。此古今升降之機，雖不盡由關市，而關市亦揚波餔糟之一端也。

昔唐天后時，鳳閣舍人崔融有言：「税市則人散，税關則暴興。關市不安，天下之人心摇。故以秦政之雄圖，舍而不用；漢武之伯略，棄而勿取。」彼誠審於大勢，不欲禁末流、規細利也。然則今之制關市而資國課，使貨無甚貴甚賤之憂則奈何？曰：師古者懋遷有無，而參以唐劉晏之術，周知四方物價，而制食貨輕重之權，無多設官峻法，以滋紛擾，庶幾猶三代養民遺意也哉！夫晏之才非軌於道，要亦救時之良吏也。若乃賤買貴賣，人主自爲商賈而牟利；放錢收息，人主自爲豪强以貧民：是武帝之所悔，而章惇、蔡京之争於護法，以取靖康之禍者也。奈何而不鑒於此也！

刑律略

用刑之意，《尚書・舜典》、《皋陶謨》盡之矣〔一〕。其法之不與世輕重者，曰「象以典刑」。典刑，五刑也。五刑，肉刑也。象之云者，所謂明罰勑法。禁於未然之謂豫，若天之垂象示人，俾人人仰見之而不犯也。至於昏愚頑暴，禁之不可而故犯，則有不得已而用刑者矣。然聖人猶進刑官，咨嗟告誡，致其欽恤。在《易》，中孚之象曰：「君子以議獄緩死。」言用刑不可不誠也。心誠於好生，雖有當死之獄，而議緩其死也。賁、旅之象曰：「以明庶政，無敢折獄。」「明慎用刑，而不留獄。」言用刑貴於明，明不及遠，則無敢折獄；及遠而得情，乃可不留獄，然猶用之以慎。以此見明之不可恃也。文王大聖，「罔攸兼於庶言，庶獄庶慎」。又曰：

〔一〕「皋陶謨」，徐刊本、康熙本皆作「禹皋謨」，祝校本作「皋陶謨」。今從祝校本。

「庶獄庶慎，文王罔敢知於兹。」此即唐虞欽恤之心也。

至於刑，有一定之法，有法外之意。漢宥五刑，法外意也。五刑之疑者，則從輕而流宥之，故民得以紓其死，而並生於聖世。《記》曰：「刑者，侀也。一成而不可變，故君子盡心焉。」欽恤而矜疑，盡心之事乎？若夫鞭朴，官府學校之刑，則在肉刑之外，皆輕刑也。漢去肉刑加笞，廢五刑而專用鞭朴，死者益多，名雖輕而實重。金作贖刑，止贖鞭朴，而五刑無贖。穆王移之以贖五刑，法之變自此始。此固其耄荒之一徵也。由此以觀，穆王之於肉刑用金贖，漢文之除肉刑從加笞，皆以輕壞，不以重壞。聖人之象刑，其可廢乎？

自是以後，開國之主並惓惓矜恤。如唐宗禁鞭背，宋祖歎網密，皆垂有成律斷獄。惟元不倣古制，取一時所行之事爲條格，吏胥上下滋弊。明太祖吴元年，臺察既立，按察司將巡歷郡縣，乃命李善長、楊憲、傅瓛、劉基、陶安等詳定律令，諭之曰：「立法貴在簡當，使人易曉。若條緒繁多，或一事而兩端，可輕可重，貪吏得藉手爲奸，則以禁殘暴者適以賊良善，非良法也。夫網密則水無大魚，法密則國無全民。卿等宜盡心參究，凡刑名條目，吾與卿面議斟酌之，庶可爲久遠之法。」已而律令成，太祖親閲視，爲減去煩重，頒行。死罪二，曰斬，曰絞。斬者殊死，絞死而不殊。流罪三，自二千里至二千五百里、三千里。徒罪五，自一年至一年半、二年、二年半、三年。杖罪五，自六十遞加十，至一百。笞罪五，五十以外無加焉。參用金贖，不以及死罪。而本《周官》八議，原父子之親，立君臣之義以權之，可謂至平且慎矣。

以今之五刑擬昔之五刑，其笞杖即鞭朴，徒流即流宥，而死罪絞、斬、大辟，則肉刑固在其中。盜有墨刺，但去劓、剕、宫三刑耳。今欲全復肉刑，則行之已久，人情必驚。惟貴體「刑期無刑」之心，以致其中孚、明慎於五者之中，無深文苛鍊，附致重典，則幾於與聖人不悖矣。漢之于、張，唐之徐、杜，皋陶之徒也；漢之寧郅，唐之來周，三苗之派也。又有患者，律之外有所爲例，其初亦本「議親」、「議貴」、「罪疑惟輕」之説，而後乃遂夤緣上下其間。是例本輔律，而反因之析律，開奸吏亂法之漸，固亦聖人之所禁也。

孝宗時例繁，刑官奏言：「律條前世相承，損益無幾，勅令則世自爲格。宋人勅重於律，斷獄用勅，勅中所無方用律，昔賢病之。國初，定《大明律》，後又申明《大誥》。列聖因時推廣而有例，例雖非律所該，實不大遠於律。自巧法吏引便己意，律寢格不用。」於是命尚書白昂會九卿大臣，刪定畫一，班示中外。世宗時屢興大獄，刑部尚書鄭曉以其職與嚴嵩争，嵩不能奪，然曉由是去位。訖於熹宗，經撫之獄訌於外，三案之訟聚於内。烈皇繼統，首清大憝，諸條次黨人輕重，法稱倫要矣。然性嚴威，法司多比附重例。時倪元璐侍經筵，講《孟子》「臣始至於境」畢，進曰：「皇上好生洽民，惟刑之恤。近又恭承恩詔，釋理冤滯，薄海歡呼。然臣見向者所司不循正律，每有比例加等之議，臣心竊有未安。雖律無正條，何以但聞比重，不聞比輕？若云法可意變，何又但聞加等，不聞減等？三代之制，夏曰夏臺，商曰羑里，周曰囹圄，獄一而已。今兩獄並設，俱各填積，愁怨之氣，上干天和。伏望聖慈深加軫念，撤除詔獄，則自無冤民；矜原詿誤，則自無滯獄。」時不能用。

蓋太祖初年，立刑部、都察院、大理寺三法司於鍾山之陰，命曰貫城，言當如貫索之中虚。

然重贓吏之罪，作《大誥》申誡，命國子生讀律令。見《老子》書言「民不畏死，奈何以死懼之」，惻然霽威，焚錦衣衛非法刑具〔一〕，是時天下講誦《大誥》，師生來朝者凡十九萬三千四百餘人，並賜鈔遣還之。嘗行郊壇，皇太子從，指道旁荆楚曰：「古用此爲朴刑，取能去風，雖傷不害，蓋恩念深矣。」靖難初，多殺忠義，方孝孺等至滅十族。於是始立東廠，用内官刺小大事情。成化中，復設西廠刺事，而錦衣衛，東西廠並爲詔獄。是三法司外，天子有私獄也。

自古人君欲其法之必行，始用重刑以束之；有所疑畏，則任酷吏以詗察之。人臣竊權而志於簒君移國，於是作爲威福，必用重刑。始皇、李斯，欲其法之必行者也，故參夷之禍烈焉；唐武曌〔二〕、明成祖，有所疑畏者也，故周興、來俊臣、紀綱用焉；曹節、王甫、魏忠賢、劉瑾，竊權而志於簒君移國者也〔三〕，故北寺、廠衛、詔獄崇焉。國瀕亡，法之敝者不肯易。阮大鋮在南都，猶用詔獄以陷陳貞慧、吴應箕諸名士，其後徙倚西南者亦莫之寤也。故省刑薄斂，天命人心之所繫。前事不遠，此賈誼、賈山、路温舒之論所爲惋憤而太息也。

漢建安初，百姓刓弊，生刑不足以懲惡。自名儒大才鄭玄、陳紀之徒，咸以爲宜復古肉刑。少府孔融議，以爲：「古者淳龐，善否區別，吏端刑清，政無過失。百姓有罪，皆其自取，

〔一〕「焚錦衣衛非法刑具」，徐刊本原作「聞錦衣衛非法刑具」，康熙本作「焚錦衣衛非法刑具」，今據改。

〔二〕「武曌」，徐刊本誤作「武曌」，康熙本作「武曌」，今據改。

〔三〕「篡」，徐刊本誤作「簒」，康熙本作「篡」，今據改。

故肉刑行焉。末世陵遲，風化壞亂，政撓其俗，法害其人。欲繩之以古刑，投之以殘棄，非所謂與時消息者也。昔紂斮朝涉之脛，謂爲無道。夫九牧之地，千八百君，君各刖一人，是下常有千八百紂也。且被刑之人，慮不念生，趨惡之徒，莫復歸正。夙沙亂齊，伊戾禍宋，趙高、英布，爲世大患。雖行肉刑，不能止人遂爲非，適足絶人還爲善耳。」後，曹操以問紀子群，群復申父議。惟鍾繇與群同，餘皆以爲未可復，竟罷議。

《曲禮》：「父之仇，弗與共戴天；兄弟之仇，不反兵，交遊之仇，不同國。」《檀弓》：「子夏問於孔子曰：『居父母之仇如之何？』曰：『寢苫枕干、不仕，弗與共天下也。遇諸市朝，不反兵而鬭。』『兄弟之仇如之何？』曰：『仕弗與共國，銜君命而使，雖遇之不鬭。』『從父昆弟之仇如之何？』曰：『不爲魁。主人能，則執兵而陪其後。』」《公羊傳》曰：「父不受誅，子復仇可也；父受誅，子復仇，推刃之道也。」

唐天后時，同州下邽人徐元慶父爲縣尉趙師韞所殺〔一〕，殺師韞而束身歸罪。陳子昂建

〔一〕「趙師韞」，徐刊本、南圖康熙本原皆作「趙師韜」，浙圖康熙本亦作「趙師韜」，傅節子朱筆改爲「趙師韞」。今據傅節子朱批改。《舊唐書·陳子昂傳》云：「時有同州下邽人徐元慶父爲縣尉趙師韞所殺，後師韞爲御史，元慶變姓名於驛家，傭力候師韞手刃殺之，議者以元慶孝烈欲捨其罪。子昂建議：以爲國法專殺者死，元慶宜正國法，然後旌其閭墓以褒其孝義可也。當時議者咸以子昂爲是。」本段以下皆如是，不再一一出校記。

議誅之而旌其閭，著爲令。後柳宗元駁之，以爲：「旌與誅，不得並。若元慶之父，不陷公罪，師韞獨以私怨奮吏氣，州牧不加罪，刑官不知問，上下蒙冒，籲號不聞。而元慶能以戴天爲大恥，枕戈爲得禮，處心積慮以衝仇胸，介然自克，即死無憾，是守禮而行義也。執事者宜有慚色，將謝之不暇，而又何誅焉？其或元慶之父，不免於罪，師韞之誅，不愆於法，是非死於吏也，死於法也。法其可讐乎？讐天子之法，而戕奉法之吏，是悖驁而凌上也。執而誅之，所以正邦典，而又何旌焉？今元慶不忘讐，不逃刑，服孝死義，是必達理而聞道者，豈其以王法爲敵讐哉！請下臣議，凡斷斯獄者，不宜以前令從事。」

憲宗元和六年，富平人梁悦報父仇，殺秦果，自詣縣請罪。勑：「復仇據《禮經》則義不同天，徵法令則殺人者死，宜令都省集議聞奏。」韓愈議曰：「律無復仇之條，非闕文也。蓋不許，則傷孝子之心，而乖先王之訓；許之，則人將倚法專殺，而無以禁止其端。故聖人丁寧其義於經，而深没其文於律，意將使法吏一斷於法，而經術之士得引經而議也。臣愚以爲復仇之名雖同，而其事各異：或百姓相讐，如《周官》所稱，可議於今者；或爲官所誅，如《公羊》所稱，不可行於今者。又《周官》所稱『將復仇先告於士』，則無罪者若孤稚羸弱，抱微志而伺敵人之便，恐不能自言於官，未可以爲斷於今也。然則殺之與赦，不可一例，宜定其制曰：『凡復父仇者，事發，具申尚書省集議奏聞，酌其宜而處之。』則經、律無失其旨矣。」於是杖悦一百，流循州。

明弘治十一年，蕭山知縣鄒魯以湘湖事誣前御史何舜賓在戍所逃，簒取重囚二罪〔一〕，杖之四十，解赴原戍廣西慶遠衛查理，在道置之死，圍捕家屬。舜賓子競逃匿父友常熟王鼎家，枕匏卧棘，寢未嘗寐。妻虞有身，生子。踰年，魯遷山西按察僉事。已禪印，競返匿族父何寧家。伏競而飲故人酒，言及舜賓，皆流涕。競躍出再拜，願復父仇，衆從之。魯詣省取憑，競手鐵尺伺道，掀魯仆輿。衆二十人杖齊下，矐魯目，剔其髮須。競拔佩刀斫其左股，與魯並項鏁，預令何澤二赴闕訟冤。鎮監御史會質，不得決。獨布政使楊峻具由，謂：「律例，部民毆本屬長官，杖且徒，傷而後流，折傷而後絞。若毆非本管，則五品以上官，減之減矣。今鄒魯已禪印，非本管也。何競與母各出詞守巡所，兩造而已，非平人毆五品以上官也。所争者，讐不讐耳。」上遣郎中李時、給事中李舉會巡按雜治，擬魯故屏人服食至死，競部民毆本屬長官篤疾，俱絞。競不服，其母朱赴鼓院撾鼓。復命大理寺寺正曹廉會巡按覆治，同本縣知縣就楬櫝驗。競號呼，嚙指血瀝骨，驗其真，觀者皆哭。解人任觀慷慨吐實，出舜賓臨命所付血書。於是衆伏左驗無異，改擬魯造意謀殺人，斬；競毆傷五品以上官，加凡人二等，徒三年；其助魯爲惡，當充軍、擺站、贖徒、贖杖有差。刑部尚書閔珪議：「魯罪當，獨競宜倣唐孝子梁悦例充軍。」於是辟魯，戍競福建福寧衛。正德改元，赦歸，服衰終其身。

〔一〕「簒取重囚二罪」，「簒」，徐刊本原作「纂」，康熙本作「簒」，今據康熙本改。「二罪」，徐刊本、南圖康熙本原皆作「一罪」，浙圖康熙本作「二罪」，今據浙圖康熙本改。

萬曆九年，武義孝子王世名復父仇。世名年十七時，父良爲族姪俊以争屋毆死。恐殘父屍，不忍就理，乃佯聽其輸田議和。凡田所入，輒易價封識，俊有餽亦佯受之，錙銖無不登記。私繪父像，自帶刀侍，懸密室，朝夕泣拜，購一劍，銘之「報讐」字，母妻不知也。服闋，遊邑庠，不事事舉子業。已而生子，甫數月，撫之，謂母妻曰：「吾已有後，可以死矣。」母妻亦不知所謂。俊飲於鄰，醉歸，乃迎而揮其所購刃，立碎其首。遂出向所封識租價餽直，赴邑請死。邑令欲白上官曲宥以全孝子，世名曰：「此非法也。非法無君，何以生爲？」遂不食而死。死之日，雲霧昏慘，烈風迅雷，大雨如注。迎屍歸，始開霽焉，遠近赴弔者載道。

弭盜略

豐歲無盜者，其食用充也；治國無盜者，其紀綱立也；善人之鄉無盜者，其教化漸也。豐歲不時得，善人不恒有，弭盜之略不如立紀綱。子産之治鄭，義也；子太叔一不忍，而萑苻之辟愈煩。人之才分若是其不可及與？凡開國之初，境内少盜，以其時知恤民而飭刑。迨其衰也，鮮不以弛，民寒饑而莫之問，則適以資賢者爲驅除難，秦、隋、元之末路是已。

有散兵不用而盜解者。龔遂遣還渤海郡兵，下教持鉏鉤田器者爲良民，吏無得問，持兵者乃爲盜賊，遂單車獨行至府，盜賊皆罷。於是選吏牧民，課之耕斂，郡内完富，獄訟衰息。

有明設賞格而盜止者。張敞爲膠東相，開群盜令相捕斬除罪。吏追有功，上名尚書補縣令，國中遂平。

有置五、正長，不得舍游民而盜清者。韓延壽行之潁川，而奸人莫敢入界。閭里阡陌有非常，吏輒聞知。其始若煩，後吏無追捕之苦，民無箠楚之憂，皆便安之。

有赦盜不誅，還使察盜者。建武二年，車駕西征隗囂，潁川盜起，郟縣賊延褒攻圍縣舍。令馮魴力戰，矢盡城陷，乃去。上還，按行魴向鬭處，曰：「此健令。所當討擊，勿拘州郡。」褒等自詣上請死，詔以還魴。魴釋不殺，聽各反農業，爲令作耳目。後每有盜賊，並爲褒等所發。

有設三科募壯士以平盜者。虞詡爲朝歌長，令掾史各舉所知，攻剽者爲上，傷人偷盜者次之，不事家業爲下。收得百餘人，悉貰其罪，使入賊中，誘令劫掠，伏兵待之，遂殺數百人。又潛遣貧人能縫者，傭作賊衣，以采綖縫其裾爲識。出市里者，吏輒擒之。賊由是駭散。咸稱神明。

漢世，太守統郡兵，令長皆得自督盜賊，無所牽束。而吏士習技擊，盜發但遣郡兵，不遠調客戍。是以一方有警，天下不摇，此其節制之近古也。王莽苛細，民愁嘯聚山澤，州郡不得擅發兵，賊由是不可制。時田況上言：「盜賊所發，咎在長吏不爲意。縣欺其郡，郡欺朝廷，實百言十，實千言百，遂至延蔓。今宜固守，招之必降。若多出將帥，郡縣苦之，反甚於賊。」莽不聽，遣廉丹、王匡討赤眉而敗，卒如況言。其後靈帝時，黄巾大亂，賴皇甫嵩、朱儁爲將，不一年而蕩定。漢之得以不亡於黄巾，嵩、儁之功；而敗於董卓，則嵩、儁之惰也。

自漢以後，綱紀益隳，軍政不修，郡縣之任輕，而武臣貪功養寇。廟堂不務恤民，惟務徵兵；不務練兵，惟務搜餉。民窮無控，盡起爲盜。迨翟讓歸於李密，仙芝合於黄巢，羅汝才並於李自成，而後知圍東都、入長安者即民也。秦二世諱東方之叛，則其臣皆以鼠竊爲言；隋楊廣顧多人而詑〔一〕，則其後益以斬刈爲事。亂亡之形，古今一轍，悲夫！

至若盜之變而爲流，始自唐乾符而極於明。明以盜亡，始終招撫誤之，然正德之宜亡而不亡，以主雖荒而民不疲也。崇禎之徒存而致亡，以主雖勤而民則疲也。勤主御疲民且猶不存，而况荒主乎？漢之季年，郡國皆有兵，大將用兵以制，故盜賊破散，皆不旋踵。惟常侍擅命，奸雄乘隙，傾移國祚，其亡自上不自下。明之季年，府州縣無兵，諸督鎮之兵雖多，不能用之以制。將無英雄之才，唯知跋扈。至於國命愈蹙，征斂愈繁，閭閻之間俱鳥獸散，其亡自下不自上。故曰：「撫我則後，虐我則仇」，祈天永命，以民嚴爲本也〔二〕。

宋建炎、紹興之際亦多盜矣，而不以盜亡，則有韓、岳爲將，先靖内氛而禦外侮。盜之來降，轉爲精兵；而其桀驁如李成、孔彦舟者，則北走而歸金。歸於金斯不爲盜，以金之紀綱立也。至正之末，方國珍首亂而不能討，益以爵禄縻之，於張士誠亦猶爾也。故明祖謂元之失馭以縱非以寬，得之矣。

〔一〕「隋」，徐刊本誤作「惰」，康熙本作「隋」，今據改。

〔二〕「民嚴」，祝校本如是。徐刊本、康熙本原作「民岩」。據《詩·商頌·殷武》：「天命降監，下民有嚴。」當從祝校本。

凡弭盜，有弭盜於未發之先，有弭盜於既發之後，散穀賑饑其要領也。

宋富弼知青州，河朔大水，民流就食，勸所部民出粟，益以官廩，得公私廬舍十餘萬區，散處其人以便薪水。官吏自前資、待缺、寄居者，皆賦以禄，使即民所聚，選老弱病瘠者廩之，仍書其勞，約他日爲奏請受賞。率五日，輒遣人持酒肉飯糗，慰藉出於至誠，人人爲盡力。山林陂澤之利可資以生者，聽流民擅取。死者爲大冢葬之，目曰「叢冢」。明年，麥大熟，民各以遠近受糧歸，凡活五十餘萬人，募爲兵者萬計，前此救災者，皆聚民城郭中，爲粥食之，蒸爲疾疫，反相蹈藉，或待哺數日，不得粥而仆，名爲救之，而實殺之。自弼立法，簡便周盡，天下傳以爲式。王則反，齊州禁兵欲應之，或詣弼告。齊非弼所部，恐事泄變生。適中貴人張從訓銜命至青，弼度其可用，密付以事，使馳至齊，發吏卒取之，無得脱者。即自劾顓擅之罪。此弭盜於未發之先者也。

唐懿宗時，浙東賊裘甫破象山，入剡中。以王式爲浙東觀察使討之。時兵穀少，而式所至輒開倉廩以賑，用吐蕃、回紇配管内者數百人爲騎兵，遂以平賊。諸將請曰：「始軍食方急而遽散之，何也？」曰：「賊聚穀以誘饑人，我給之食，則彼不爲盜耳。且諸縣無守兵，賊至，倉穀適足資之耳。」「不置烽燧，何也？」曰：「烽燧所以趣救兵也。今兵盡行，無以繼之，徒驚士民，使自潰亂耳。」「使懦卒爲候騎而少給兵，何也？」曰：「彼勇卒操利兵，遇敵且不量力而鬭死，則賊至不知矣。」皆拜曰：「非所及也！」此弭盜於既發之後者也。

有除土盜之略，有除流盜之略。除土盜之略，絶其往來道路，使不得合外寇；平其險阻窟穴，使不得復嘯聚。馬文升、項忠之擒滿四而毁石城是也。

除流盗之略，遏而防之，使不得越度；蹙而圍之，使不得逸出。若李自成之脱車廂，張獻忠之跳開、歸，則主兵者之無謀而不以律也。老、佛之教，流爲盗賊，大方、五斗、紅巾、聞香，何代無之，故律有禁止師巫邪術、妄言禍福，以防盗也。流民不可不急懷撫也，秦苻姚氏之盛〔一〕，以流民歸之者多也。數萬人流亡，而有李特兄弟雄桀者在焉，則閉劍閣而紀元建國，與中朝爲敵矣。

明祖之失慮也，命鄧愈討定鄖陽，不立州縣而空其地，禁流民不得入。後饑民徙入不可禁，卒釀寇患。白圭、項忠前後剗剿，致多殺人。時祭酒周洪謨著《流民説》，以爲：「東晉時，廬、松之民流至荆州，乃僑置松滋縣於荆江之南；雍州之民流聚襄陽，僑置南雍州於襄西之側。其後松滋遂隸於荆州，南雍遂併於襄陽。今誠聽流民於附近州縣著籍，遠者加設州縣撫之，置官吏，編里甲，寬傜役，令安生理，則流民皆齊民也。」北城兵馬吏目文會亦言：「荆襄古用武地。自劉千斤、石和尚、李鬍子繼亂，大臣處置失宜，終未寧輯〔二〕。今河南歲荒，入山就食，勢不可止，能保無後日之患？謹條上三事：一曰荆襄土地肥饒，皆可畊種，遠年入籍流民，可給還田土，新附籍者領田土力畊，量存恤之，其願回籍者聽。二曰流民潛處，出没無常，乞選良有司爲之撫綏，軍衛官爲之守禦。三曰荆、襄上流，下通吴、楚，必於總隘之地，加設

〔一〕「秦苻」，徐刊本、康熙本皆作「秦符」，祝校本作「秦苻」，據改。

〔二〕「終未寧輯」，康熙本、祝校本皆如是。徐刊本作「終未寧缉」，據改。

府、衛、州、縣，立爲保甲，通貨賄以足其衣食，立學校以厚其風俗，其民自趨於善。」上均採二人言。成化十二年十一月，始開設湖廣鄖陽府。割湖廣、河南、陝西交屬地，分置七縣，使僑寓土著錯居，立都司衛於鄖陽以保控之。都御史原傑涖其事，深山窮谷，無不親至，宣布德意，問民苦樂，父老皆欣然願附版籍。籍流民，得户十三萬三千餘。府、州、縣並選比境循吏習知其事者爲之。薦御史吴道宏代己，兼制三省，撫治八郡。傑勞勤成疾，還卒驛舍。

其後正德中，新建伯王守仁討平南、贛之盜，亦奏設安遠、和平二縣，以爲：「縣治立，則民依守令以安，獷悍者不得穴其中矣。是綏懷久遠之道也。」其用兵一以節制。請無調狼達兵虐百姓，即於諸縣弩手、打手、機快中，縣選驍勇千人，厚餼精練，以次拔長部隊。原額官軍汰三之一，專守城隘；用所募新兵分奇正進戰。即以知府伍文定、邢珣、徐璉、戴德孺等爲將帥，權以濟事，其實經也。蓋古者兵民不分，文武固合，主兵者盡如陽明，天下之亂何從而起乎！

若夫遠斥候，謹烽燧，晝郊圻，固封守，前人行事，所見殆略同矣。元魏李崇爲兖州刺史，命村置一樓，樓皆懸鼓，盜發之處，亂擊之。旁村始聞者以一擊爲節〔一〕，次二，次三。俄頃之間，聲布百里，皆發人守險要，由是盜無不獲。諸州皆效之。明正德中，許逵知樂陵縣。時流賊横行河北，逵修城濬隍，使民家築牆，高踰屋簷，開牆如圭，僅容一人俯入。家令一壯丁俟於竇，餘就伍，聽視鼓旗號令。乃設伏巷中，洞開城門。賊至，旗舉伏發〔二〕。賊火無所施，兵

〔一〕「旁村」，康熙本如是。徐刊本、祝校本皆誤爲「旁者」，據改。

〔二〕「旗舉」，康熙本、祝校本皆如是。徐刊本誤作「齊舉」，據改。

無所加，盡擒斬之。自是不敢近樂陵。

康熙十三年，閩難作，紹興群盜四起，諸暨、嵊縣之寇直薄郡城。知府許公弘勳練鄉勇出禦，四日夜不解甲，賊乃退。時傳有内應，城中洶懼。公令户燃膏炬，當衢一力士執刀斧守門，達旦市販如故，内應者不得發。又令殷户各即本坊行賑，民乃大安。二十九年大水，餘姚尤甚。裂山谷，破塚墓，漂没千餘家，城不没者二版。知府李公鐸率知縣康公如璉慟於撫軍之前〔一〕，請具題蠲正賦。徧勸郡中紳士富室，出見糧及買温州米以賑，有至千金者，設賑法，佐貳教職官分詣各鄉親給，民無遠哺，吏無中漁。行賑官皆自炊，不沾里長半菽。凡三賑，人受米一石五斗，轉徙者沿道爲粥以餉之，民乃全寧。是歲也，人以爲微公悉心安集，群走大嵐山爲盜矣。大嵐西連會稽，當紹、寧二郡上岡。公之救荒，人知之；而公之弭盜，人隱受其福而未必知也。以越人稱越事，此其可紀者也。

河防略

周太子晉曰：「天地成而聚於高，歸物於下。疏爲川谷，以導其氣；陂塘污庳，以鍾其美。」是以水不可遏也，古之善策河未有主遏者。

〔一〕「璉」，康熙本如是，祝校本從之。徐刊本誤作「連」，據改。

漢賈讓謂：「治土而防其川，猶止兒啼而塞其口，非不遽止，死可立待。故欲徙冀州當水衝之民，決黎陽遮害亭，放河使北入海。河西薄太行，東薄金堤，勢不能遠，有泛溢，期月自定。此功一立，千載無患，謂之上策。多穿漕渠於冀州地，使民得溉田，分殺水勢，東西列張水門，興利除害，支數百歲，猶爲中策。若乃歲完故堤，增卑倍薄，勞費無已，而數逢其害，則下策也。」

宋歐陽修謂：「河本泥沙，無不淤之理，而其淤常先下流。下流淤高，水行不速，必自上流低處而決，此其常也。夫避高就下，水之本性，故河流已棄之道，復之實難。決河非不能力塞，故道非不能力復，然不久必決，由故道淤高，水不能行故也。智者舉事，擇其利多害少者爲之。惟因水所在，增治堤防，疏其下流，濬以入海〔一〕，則所謂害之少者，是智者之所擇也。」

明丘濬著論，言：

周以前河之勢自西而東；五代、北漢後，自西而北而東；宋迄今則自西而東，又之南矣。《禮》曰：「四瀆視諸侯。」瀆言獨，以其獨入於海也。今以一淮受大黄河之全，是合二瀆爲一，並河州縣其何以支？況清口又合沁、泗、沂三水同歸於淮也哉！元人雖排河入淮，而東北入海之道猶微有存者。今則一淮受衆水歸，無涓滴之漏。且漕東南粟入幽、燕，必由博〔二〕、濟之境，則河決不可使之東行。一決而東，漕渠乾涸，害非獨在民生，

〔一〕「濬以入海」，康熙本如是，祝校本從之。徐刊本誤作「後以入海」，據改。

〔二〕「必由」，康熙本如是。徐刊本、祝校本誤作「不由」，據改。

且移之國計矣。

古今治水，要當以大禹爲法。禹之導河，既分一爲九，以殺其洶湧之勢；復合九爲一，以會其奔放之衝，此其準則也。賈讓三策甚備，然歷代所用不出其下策，往往違水性而與水争利，非徒無益，反取其害，顧又不如聽其自然而不治之爲愈也。前代止治河，今兼治淮；前代止欲除其害，今且兼資其用。朱子有云：「禹之治水，止從低處下手，下水盡殺，則上水漸淺。」因朱氏之言而求夫禹之故，益信賈讓上、中二策爲可行。

國家誠奮然不惜棄地，不愛勤民，舍小以成其大，棄少以就夫多，使重臣沿河流，相地形，於下流迤東，條爲數河，以分水勢；又於所條支河旁地堪種稻者，依江南法創爲圩田，多作水門，引水以資灌溉，河既分疏，水勢自減。然後從下流而上，於河身之中去其淤沙，使河身益深，足以容水。如是，則中有所受，不至溢出，而河之波不及於陸；下有所納，不至束隘，而河之委易達於海。又委任得人，因時制法，積以歲月，隨見長智，則害漸除而利日興，河南、淮右之民庶其有瘳乎？

右三人皆博古識時君子也，從其近今，則丘氏之論尤可用焉。余草茅匙見，以爲欲河之平，當使河自歸河，淮自歸淮，是即大禹疏瀹、賈讓多穿渠作水門之意也。當使河自爲河，漕自爲漕，是即《禹貢》「踰於洛，至於南河」之迹也。夫以一河奔流，兖、冀不能當，而況益之以淮？是故必欲離之也。以一河南北之奔突不可制，而況累之以漕？是故必欲歧之也。夫引河而漕，比之引狼兵以除内寇。嘉靖中，都御史劉天和嘗言之：「故寧其瀦汶，不敢引河，其次則寧引沁之爲愈。若築斷清口，置倉場南北岸，以車牛輂輦而過，則黄流淤沙，不至日積於淮、揚兩郡之地矣。河流既北，淮流漸平，如是而稍通周家橋、高家堰故道以分淮勢，而使全淮下於安東、海州，回徐、邳之河稍北讓淮，淮寧而河不得淮之助，引入衛河，以達於臨清、天津。行賈讓之中策，於滄、景、德、棣、東昌、兖州、曹、沛諸地多穿渠，列水門，以時蓄洩，務與河相距二三十里，使水來紓餘游漫，不至迫溢，細則引之溉田，大則放之入河。又令民間增修畝澮，仿古溝洫之制，合萬夫之力各治己田，愈於集十萬之夫叢治河堤。夫河流無常勢，惟下之趨。所以日徙而南者，趨下也。第令北方之人咸願盡力溝洫，北藉水之利，而南去水之害，安知其徙而南者不還徙而北乎？故謂故道必不可復，亦非通論，在順水勢之所趨，排而出之而已。」

明世治河奏績者，徐有貞、劉大夏、潘季馴。然有貞之治張秋也主於分，季馴之治淮、揚也主於合。有貞作治水閘、疏水渠，起張秋、金堤西數百里，至澶淵接河、沁。凡河流旁有不順者堰之，架濤栅木，實之石而鍵以鐵，曰：「合土、木、火、金，平水性也。」又作放水閘於東昌，水盈過丈則洩，皆通古河入海，得賈讓上、中二策遺意。季馴當萬曆初，河決崔鎮，奪淮入海，遂決高家堰。議者謂諸決口當毋塞，惟開支河殺水，濬海口以通之。季馴以爲：「海口潮汐往來，隨濬隨淤。惟導河歸之海，則以水去水，導河即以濬海也。河未易以人力導，惟善固隄防，使不分決，水入地益深，力强而赴海疾，則治防即以導河也。」其立意如是。然堤堰雖堅，而疏濬無法，流沙日壅，清口日淤。實基泗、陵水患。賈讓所謂勞費無已而數逢其害者，此策是也。

今世治河，大抵宗季馴而不敢師有貞，是以無數年之安。人情憚於謀始，一顧漕，二惜地，三苦於清口，數十里陸運、漕丁、商旅均以爲不便。然欲建數百年之長策，斷而行之，宜有大功。而吾更有不忍言者。《易》曰：「山澤通氣。」古者庖犧氏畫圖時，已位艮於西北，位兑於東南矣。以今河、淮合流之勢觀之，數百年之後，恐人力不勝，天行將有不至，并入於江而不止者。是四瀆爲一，雖神禹復生，當亦無如之何也。於乎！不知者以吾爲老生之私憂過計〔一〕，而吾固亦未之見者也。

史略 治體

建武重名節，建隆崇儒術，庶乎離遠功利之習。明太祖承元後，參用刑辟，以輔德禮。其時，文學諸臣進以忠厚寬大、祈天永命之論，上稽首受昌言曰：「吾以救世也，内斷於心。」持之三十年，然後人紀肇修，彝倫攸敘。歷世相沿，遂成治體。成祖、世宗師其遺意，用壹威權。萬曆初年，張居正作相，天下清明，邊陲乂安，由其力修實政，屏却空文，以嚴爲治。前後相業未有能越之者。

〔一〕「過計」，康熙本、祝校本皆如是。徐刊本誤作「故計」，據改。

自後朝綱叢隳，委任貂璫，遂養光、熹之禍。思陵謀振之以英勵，而絀於知人之明，所用非養。大君孤立，賢親無輔，遂以隕祚。此後王不能率由之過，非作法之有失也。然則秦人之與明人，用心殊而收效大異者，一主於德禮，一極夫刑名也。明祖，鑄刑書之子産也，然而猶有遺愛也。斯意也，孔子表之矣。

史略 兵制

三代寓兵於農，故文武不分。兵取諸八家之民，將取諸公田之卿、大夫、士。凡封建學校、財賦役法、兵車器用，無一不於井田取之。民生八歲入小學，即教以射御。上自天子之子，下及民之俊秀，皆可爲將。是當時教法未嘗分文武也。又春秋田獵講武，三年大閱，選造之法，以次升於司馬。是當時未嘗有武科也。所以戢戈櫜矢之後，勿復用兵，天下未嘗無武備。洎乎春秋，齊作内政寄軍令，晉用六卿爲將佐，斯則兵農合一之明效。

及至後代，廢井田，開召募，田與兵二，一日不給餉而天下遂無兵。文臣不擅軍功，學校不兼射御，學與武二，一日不選練而天下遂無將。故古之兵可去，今之兵不可去。使不能善兵制，蓄將才，而徒慕先王之偃武，是晉武、唐穆之失策，非明於天下之勢者也。

明初定天下，州縣邊鎮，各設衛所，屯戰兼修，府兵遺意。在京師者有五軍都督府，在宫中者有錦衣衛，川、湖、雲、貴、廣西則置安撫、宣慰、宣撫、長官諸司以統之。承平既久，不以兵革爲意，衛所將士日即弛惰，而軍復爲民矣。

自成祖用錦衣衛，詗察内外，專捕機密，其後每有大臣獲罪，輒遣緹騎四出，而錦衣將吏僅代一獄卒矣。漢、唐有事，南軍、神策軍嘗出平外難，而明錦衣衛皆勳貴子弟，肉食紈袴，驕不可用，未聞出城一當敵。唯都督府改十二團營，自于謙以後多重臣、功臣提督，項忠、趙輔嘗將之以平蠻寇。至京軍惰而邊卒始横，江彬等四外家幾致大變。於是大同殺主帥，遼東逐巡撫，跋扈極於仇鸞，而邊卒又壞，俺答入京師，莫之能禁矣。京軍、衛所皆不足用，乃召狼兵，召川兵，召土兵。小醜猝發，徬徨四顧。戚繼光始用南兵於北，而《紀效》、《練兵》，盛難爲繼。

魏忠賢内操，震驚宫闕，外患内寇，乘虚馳突。而兵柄且握於宦官之手，武夫悍將，拱手環視而莫之救，此不重將權之過。將無威以令其三軍，雖有奇傑異能，銷沮就盡。一進士授爲御史出邊，則坐統數十萬人之雄鎮，俯首以聽其尚方之及。總兵、參副，平時稱走狗於督撫、經略之前，而臨事緩急，又安復有將之可恃也哉！

史略 宗藩

自古同姓之封，周制爲善，漢、晉失之過，而唐、宋、明則不及焉。周之封建，地不過百里，兵不過三萬，諸侯得自治其國，而征伐之權出之天子。雖有四夷犬牙相制，勢不得入。漢高懲秦孤立，割千里以王吳、楚，終召七國之亂。及主父偃推恩之令行，而同姓又患太弱。然漢之所以復興者，以子孫散在四方，不專食禄於宗人也。故至東漢之末，劉虞在幽，劉表在荆，劉焉在益，猶能分據方面，而先主卒賴其資，以延四十年未灰之燼。自周以來，獲同姓之助者，唯漢耳。唐太宗忌建成之黨，宋太宗因德昭之事，刻爲禁防，宗室遂弱。

明興，太祖分王諸子，秦、晉、齊、燕、周、寧、楚、蜀，皆據要害。論者徒見靖難之禍，遂謂封建太過。不知王府之國，天子使吏代治，財賦軍民俱不得擅，三護衛僅足自守，不足當周、漢什一。惠宗優柔，遇燕王百戰之鋭，與崛起者比。自是以後，諸侯帖息。高煦之叛，嬰城坐縛；寧王招集群盜，謀之十年，然後起事，不兩月而滅。皆非以分地太過之故。諸宗人但許食禄，不得立朝任事。比於異姓，雖有才略，無所自效。是以養成驕闇，終不可用。

至崇禎之末，秦、晉、福、楚皆據形勝之地，擁百萬之貲，閉門束手，揖讓而延大盜。使宗藩苟有智勇，收召豪傑，以忠義自奮，秦王守潼關，蜀王閉劍閣，晉王塞臨晉，襄王扼江、漢，百萬之衆可立募於帳下。或朝廷遣一介之使，明詔諸王自開幕府，徵辟僚佐，相與合從討伐，納襄王於周邸，起元帝於江東，天下事或可爲也。處積輕之勢，不能自振，奈之何哉！

竊謂諸藩食禄於宗人府者，當令習騎射，諳韜略，通經術，親民事。才可爲郡守、大將者，即以舉之。其願爲諸生，則就試於其省，聽與異姓同應科目。在國家可以省秩禄之煩，而又無弱而不振之患，庶於帝王親親之誼，强幹之形，兩得之矣。

史　略

宦侍

自古宦官用事，未有不亡人國者。然國亡而身亦不免焉，如漢、唐之季是已。蘇氏論宦官不可擊。余謂擊亦亡，不擊亦亡。擊之，或早滅於國亡之前；不擊，則國亡而宦者獨不與其禍。

太祖《祖訓》首嚴内侍之戒，慮患獨深。自成祖遣鄭和下西洋，而開英宗委任兵柄之漸；馬騏鎮交趾，而開神宗委任方面之漸。大臣無人，以宦官攻宦官，而其類終不可絶。張永擊之而勝，瑾死，宦官居其功；王安擊之而不勝，安死，而魏忠賢之勢遂熾，竟以亡國。及王師迫都城，李自成入畿輔，當盡誅宦官以謝天下，而竟莫起而擊之者。内無袁紹之强，外無全忠之逼。宦官安坐而肆其害，有漢、唐之横而不受漢、唐之僇。於乎，烈矣！

思陵既誅忠賢，謂廢置自我，恃其駕馭，遂輕朝士。於是專任左右，用固維城。然而市主者皆腹心之臣，清宮者號知命之士。向之所用，適以爲賊間而速自斃。躬蹈覆轍，殆又甚焉。成祖以此始，思陵以此終。有國家者，禍豈在大也哉？

史略　海防

天下之事多故矣。昔之邊備西北，今之邊兼備東南，倭患之烈，近古未嘗有焉。從來待日本者策二：漢、唐、宋不通貢使，得上策；我太祖置市舶司制其出入，得中策；元傾中國以事海外，單舸不返，爲無策矣。

明既通貢，邊民熟海，倭使來廷，山川土俗益習，東南之患自此始也。自世宗輕變祖法，罷市舶司，而倭患始亟。殺朱紈，弛海禁，而倭患再亟，地連數省，召土司狼兵以番戍，而西南騷動。當是時，西北邊方困於兵，東南之兵數十年而不解，延及於萬曆。

自倭事起，將才一變。征蠻乘障之士，皆不足以備東南，於是俞大猷、戚繼光、劉顯之徒奮其材力，因事以見。才之升降，亦運會然歟？

史略　太學州郡

三代以後，太學之制唯東漢、兩宋爲得。太學諸生，争厲名節，國家有失，則上書言事，李固、劉陶、陳東其最著者。當理宗之末，丁大全逐董槐，陳宜中等六人劾全，皆謫遠州，天下號爲六君子，亦可見當時教法之善矣。明之國子監多任子廕補，士之廢業不録於州郡者，輒輸金爲監生，故太學人才最劣。當姦相擅權，宦官亂政，世宗、神宗大禮大争，未聞有監生上言以抒公憤者。至熹宗時，而請祠魏忠賢於太學者有之矣。以化民成俗之地，爲賣恩藏垢之區，宜乎士風日以壞也。

漢唐時，太守領郡兵，郡中偏裨皆隸太守麾下。猝有盜賊，郡兵足以制之，李固所謂「發將無益，州郡可任」是也。安禄山反，顔真卿以平原、許遠以睢陽、張巡以真源令，皆能起兵討賊。宋自南渡，知府亦當方面之任。

明專以知府理民事，郡縣之兵遂弱。崇禎之末，大盜長驅，未聞有知府將兵入衛勤王者。郡縣兵皆不足自守，於是設兵備，設提督，总總督。官愈多，民愈煩，權愈分，而事愈不辦。致亂之由，實基於此。郡縣兵權，誠不可不重也。

思復堂文集卷十

墓碣　墓表　墓志　行略　傳　雜

明保定府通判丹冶陳公墓碣

公諱本鎔，字君陶，號丹冶，姓陳氏。其先弋陽人。宋建炎初，左僕射康伯從駕道餘姚之馬渚，聞鐘聲，樂之，命次子祥家焉。三傳至寶一，徙今壩頭。又數傳巨理，以孝聞。生右副都御史克宅，號省齋。學於章楓山懋，嘗巡撫松潘。

省齋公四子：長有勳，光禄寺正；次有濟，諸生；次有孚，衡州府通判；次有年，吏部尚書，贈太子太保，謚恭介。而有孚二子，長啓和，公父也。公兄弟三人，伯兄本欽以舉人知定南縣，而公屢試不上第，最後貢試順天，又不售。

天啓四年，通判成都，監松潘軍餉。松潘羌地，洪武初御史大夫丁玉討平建衛，環山密箐，爲西徼要害，仰餉他府。是時以奢崇明之變，餉久不至，奸弁陳閏等因煽亂，一軍脱巾，聲言將屠城，城中人死鬭，斬閏，餘黨尚洶洶，兩月未定。公至，召軍頭，責以大義：「朝廷飽餉若等非一日，今饑暫耳。若觀富强如播、跳梁如奢，有在者乎？且我來決不令若等獨死，我獨生。」聞者感公至誠，已見未滅其黨，但遣戍，乃大安。布政司迫軍興，終不時給，公憂甚，曰：「川事堪再壞耶？此豈可久空言縻？」則以剌集四省商，謂曰：「軍皆有宿負在爾。今且死，誰爾償者？盍更貸諸軍？軍生亦商利。」商如教。自後餉詘，頗以此法酌紓之。先是官此土者，出入張軍容，盛騶從，動行軍法。公雅儉單，隸圉或不能具炊，至傭食。行縣無持蓋，亦不以屑意。由是邊人和輯，番漢懷服。

其年冬，東路者多番遮道行剽，主者議姑集熟番以調馭之，公獨立議主剿。夜擣巢，焚其積儲者。多出不意，大困，縛首亂以降。或欲乘勝遂攻甘、燕、爬城番，公曰：「彼有備，未能窮討也。然業小創，宜就約。」數日果來，喜不加兵，則競相埋奴。埋奴者，番法以殺人之人，生埋其處，土壓肩，使自殪，示悔罪。松人知公長兵略，愈益畏讋。縉紳追憶省齋公整飭松潘時殲橫梁威伐，嘖嘖公繼先業，乃建二陳公祠紀世勳焉。

公司獄平，不以生殺徇情面，上官憎其强項，巡撫朱公燮元特心重之。

明年，外艱歸。崇禎元年，補保定通判，復司懷來衛軍餉。釐剔宿弊，苞苴却絶。總督王象乾、巡按葉成章有疑事，咸就取決。方欲舉卓異，會得疾，卒。

居常修肅，牀第無私語。訓諸子以「立身承家，惟在力孝弟，培元氣」。又言：「我行迹遠不逮先人，幸清白家聲無墮耳。汝曹當念我此意。」

元配倪孺人，生一女，適徐宏業；繼配葛孺人，生一女，適邵邦梓。男子四：正行、正衎、正衙、正衢。年六十七，葬上虞竹橋之塔園山。

外大父陳蜀庵先生墓碣

采生八歲，始從僕負攜，至外大父陳蜀庵先生之家。時采母即世已八年矣。外大母撫余流涕曰：「是外孫也生而哀。」越日，直太夫人諸葛八十。置宴設鐘鼓，先生與兄儀一先生捧觴上壽，跪拜之數，甚恭以久。諸父肅進，宗人、外家以次致敬畢，太夫人登坐，命工歌奏梁太素故事。越旬，又直丹冶公諱日，則兄弟皆白衣冠，孺子泣而臨祭。卒事，童稚不譁。采時方爭啖棗栗，見外大父家門如此，亦垂泣知念母氏。後四年，從先生學經義，遂受《左》、《國》、《馬》、《班》文。康熙辛亥，先生年六十四〔一〕，自石門授經吴氏歸，疾終於家。竟無嗣。於乎，可悼也夫！

按行實曰：

余負黍之裔，漢廣陵郡公準，余遠祖也。宋魯國文正公康伯，余始祖也。國朝副都御史省齋公克宅，余高祖也。文正從高祖南渡，攜其次子祥節公過姚墟，遂家焉。請於朝而作譜，始自廣陵公。自廣陵公至於余，五十四世矣。文正公至於余，一十七世矣。省齋公至於余，五世矣。省齋公生郡丞安愚公、治中龍邨公、冢宰心穀公。龍邨公者，余曾王父也，生庠士致

〔一〕「年六十四」，徐刊本、祝校本皆如是。康熙本作「年六十三」。

庵公。致庵公者，余王父也，生别駕丹治公。丹治公者，余父也。伯考曰邑宰曙空公，叔考曰庠生鑑空公。丹治公有子四人，女二人。伯姊適徐子六超，倪安人出也。安人，編修小野公宗正孫女也。仲姊適邵子文燦，及正行、正衎、正衜、正衢，皆諸葛安人出也。安人，御史東軒公戢孫女也。

衎爲仲子，字嘉仲。性好梵夾，喜禪，悦閒涉書史，自號曰止止山人；家在菁江之曲，曰菁江笠翁；蕙水之陽，曰蕙水愚翁。其曰「勾山男子」，隸於姚也；「東海布衣」，濱於海也；「東野逸人」，遯於野也。姚治之東有客星山者，亦曰陳山。陳山，漢嚴子陵先生故址也。昔司馬氏慕相如而以相如名，員凝之慕伍員而以伍員姓。余本陳人，欣慕先生，遂自稱陳山人〔一〕。

陳山人云：陳山人之爲人也，千慮而無一得。其涉世也，百拙而無一能。故又曰抱一子、拙益子。嘗東出普陀，西瞻曲阜，量黄河之大，測滄海之深，浮汶、泗，涉江、淮，回望金陵，登北固，陟虎丘，窮武林諸峰之勝，探禹穴之奇，遊樵風之徑，泛若耶之溪，弔稚川之磯。往來羅巖、白石、東山煙水間，自呼曰：「止爾，忘止止乎！」自是百慮頓息，惝然若有所會心。

生平私淑者，念臺劉先生、石梁陶先生、四明施先生、霞標管先生、金如王先生也。親炙者，求如沈先生、子虚史先生、晴瀫黄夫子、瀛槎吴夫子也。又與天童山峰、雪竇石奇、雲巖空林爲方外遊。若邵子安元、蘇子玄度、韓子仁父、鄭子奠維、吴子斐臣，則所稱道義交也。周

〔一〕「自稱」，徐刊本、祝校本皆如是。康熙本作「自稱爲」。

子伯維、秦子汝翼、徐子漢官、吕子裁之、邵子長庚，則所稱文字知也。至積之邵翁以及孫子卿雲、邵子魯公、朱子孝若，兄曰含真，弟曰在子，侄曰玉嗣，僧曰破愚，則婣盟也，宗誼也，師弟賓主之情也。

配諸葛氏，母氏兄子也。舅曰宇黄先生。諸葛氏有三女二男，女長適邵立夫，仲適邵筠卿，季適徐子振，壻皆名家子。而外孫邵廷采，長女出也。大兒曰章，三歲見飛且鳴於天者，而歌所受詩，聞者器焉。次兒曰愷，日授魏、晉詩三四章，亦輒成誦。並以痘殤。昔人謂「天乎無罪」，余何敢擬此？

於乎！天地萬物，皆有盡也；壽夭達窮，一歸也。自今以往，吾其無意人間事矣。昔陶淵明作輓歌，而程大中自志其墓，余皆不若之。顧念守先人口澤，寤寐不忘先朝與師友之傳習，冀有知者或鑒余衷。先生之自撰云爾。

居常大德，在家庭侍伯兄如侍丹冶公。行己直方，能面折人過，亦殷受規諍。爲文好孫月峰《今文選》，獨宗周、漢，以百鍊句字爲工。痛飲説曩時遺事，輒潸焉涕下。衣冠漢儀，至五十餘假服釋氏巾。其時文舉業，大有原本。門人經指授，多用取進士上第。潛心性命之學，然於諸儒堂室未有入也。晚號蜀庵，因無嗣，亦合於慎獨、止止、「艮背，不獲其身」之義云。

外大母諸葛氏後先生十六年卒，合葬丹冶公墓側。

承德郎江南寧國府通判前兵部職方清吏司主事及庵陶公墓表 壬午

《論語》稱：孔氏之門，厥有四科。雖未盡接聞一貫之微言，要莫不深明大義。七十子之徒並守四者，尊聞行知，理身經世，卓卓可紀述，嗣是以降，中行益罕，才性各流，傳循吏者不必風雅，揚文苑者别於儒林。惟統以德行，則四者齊同。蓋仲尼時聖教昌行，四科之傑本出於一。戰國後百家殊方，取舍異趣，則違德行而争名實，言語、政事、文學並起而爲患天下，蘇、張、申、商，《南華》、《參同》，此其明戒。是故四者並具，學術純美，生心施政，並受其福。嘻乎，艱哉！

陶公及庵先生，德行人也，不在言語之科，文學、政事亦略遇用於世。《春秋》經義爲東浙所推。嘗論《春秋》曰：「雋不疑斷方遂之獄，其引經非也，其用經之法是也。」董江都「正次王，王次春」，以後刑尚忠之意，指明更化，合乎體元居正，道之大原。如《繁露》諸篇，濫觴災異，下及子政《洪範》「五行」，雖亦六經支流，去聖人本指遠矣。其生平誦説，一本程、朱。其自樞密官屬出判寧國，值海氛内侵、逼據郡邑之後，反側内疑，人情悸驚，談笑而麾定之，訖以無虞。引老致政。兀洒窗几，炷香專坐，怡然退然，不假足於外，詠歌彈琴，有以自娱。年八十，識其楹曰：「衛武九十五好學，日警國人『無以老耄舍我，今幸更假我紀半之工』，是我師矣。」然則先生之一生，殆可謂不變不倦、稱道不亂，厪有存者。

余向怪俗儒銘志，動言吏治曰龔、黄、召、杜，文藝曰馬、班、向、歆。彼其人於斗室陋巷間，精神瞬息不能自攝，何取談天拔地，不可稽詰之頌爲哉！孔子稱好學曰「不遷怒，不貳過」、「不改其樂」，是以操簞與瓢，聲出金石，蔚爲四配之首。官不必蒲、莒，文不必游、夏，彼安然群爲之下，而信其有以兼之。更若文饒性度，太丘道廣，所在聲迹並以德行從化。觀於先生，古人居可知矣。

先生諱秉禮，字在魯，及庵其號。會稽人。由崇禎己卯科舉人，歷順治己丑，就嘉興府嘉興縣學教諭，遷國子監助教。己亥，轉兵部職方清吏司主事。以明年調外，得江南寧國府通判，視事凡八年。康熙三年甲辰，解官歸。十四年乙卯，年八十三，考終於家。其孫鈺生、鉉生。以采辱從女孫夫，屬表墓道。

采惟古之布衣遺士，類嘗表賢人達官之墓，況於先生我姻我師。至其承家孝友之勤，居官臨政之實，編摩紀注之盛，似續裕後之隆，已入家傳銘狀者，鄉邦久稱聞之，故不復綴。

倪元功先生曰：議論自行，不填實事，大旨歸於好學不倦。詞味醇腴，兼有兩漢氣調。

陳執齋先生墓表 丁丑

於乎，出處之際，難矣！士不幸遭革命之運，迫於事會，不獲守其初服，惟有愛民循職，苟可以免清議。若没没貴富，入而不返，更數十年面目俱易，則君子羞之。

明亡，遯荒之盛，超軼前代。如方密之、熊魚山諸君子，皆託於浮屠；至於章格庵之徒，既逃其跡，旋掩其名。下逮繩樞甕牖，抱遺經不試，窮老無悶者，所在多有。而老親在堂，門户爲重，遭俗蜩沸，寇攘肆横，不得已紆節以應新朝遴辟〔一〕。洎乎服官臨政，和平愷悌，使遺黎得蒙更生之澤，當塗猶見儒者之功。因時順流，爲福匪細。詎謂金仁山、謝皋羽外，遂無正人端士聲流於後哉？

執齋陳先生以孝友諒直之性，挺然介立。丙戌後，割棄舉業，專精古詩文。已而有所迫，出應試，輒爲羅者所得。人賀之，則愀然曰：「家有老母，慚負初志耳。」教諭石門十載，擢知祁陽，遷齊東，知晉州，皆有循吏聲實。卒以墨敗。天下士不以此爲先生冤，先生亦不以自愧。怡然解官歸，修先人之廬而擁書其中，朝夕一編，吟批詮録，曰：「吾故書生耳。」得同志者，願虚衷焉。」

故人之子邵廷采執其業請益，語及祖父，流涕。先生凝眸久之，曰：「邵氏有嗣矣！」教之曰：「君於古文詞能爲大家必傳之業。慎勿近名，近名者名亡。」邑有宿儒嘗從受史料，先生遺書曰：「某君文藝，位當高置。而足下律律道譽，似不僅服膺其文者，吾所不取。足下着筆宜爲將來徵信，而是非倒置，可怪也。」其持論如是，先生豈今之人哉！先生自分不能爲皋羽、仁山，而世之摹仁山、摹皋羽者，先生固亦弗之屑也。

〔一〕「紆節」，徐刊本、康熙本皆如此，祝校本改作「紓節」。

乙亥七月，廷采走謁先生。爲道三世之交，且恤其貧病，以爲力不能振，嘆曰：「吾晚而知子，恐旦暮先入地，則子誰可與語者！」甫一月而先生告終矣。采赴哭，伏地不能起。仲子昕烈請桐鄉朱聲始先生爲墓志，而屬余書碣後。

於乎，先生之恩澤被於州邑，文采載於詩文，孝義浹於鄉黨，名德信於交遊，志已詳之矣。特爲原其出處，舉其持論，以見先生之不苟同於俗，古人無愧。有心者自知先生，先生不求人知也。夫不求人知，兹其所以爲先生也與？兹其所以爲先生也與？

馬籛侯曰：以「出處持論」四字關鎖，不苟下一語，是真知先生者。

陳芹溪曰：命意慨惻，詞旨和平，有儒家氣象。

蔣節婦童孺人墓誌銘

蔣節婦童孺人，以康熙四十八年己丑十一月告終於内寢，距生崇禎十三年庚辰，年七十矣。彌留，命其子申曰：「吾爲汝家婦，未能勸夫勗子以揚先烈，惟是未亡人三十年之内，茹荼紡緯，無廢烝嘗禴祠者，乃道之庸，汝其無乞志銘，貽泉壤羞。」申頓首受命。既三月，將葬，哀號請於余曰：「惟申母之幽光潛德，不爲希名；惟先生之秉道立言，不爲諛墓。雖遵治命，庸得已乎？」余悲申之意，重嘉孺人之賢，乃爲之志。曰：

孺人姓童氏，餘姚人。考諱可成，字集生，起家國學，同知廬州府事。孺人自居童即以孝聞；迨歸於蔣，而先姑已没，晨夜悲思。既廟見成婦，舅虚受公舉管鑰授孺人。孺人視其倉米不盈斛，怡然承之，無怯容。小大内外具有綱紀，琴瑟静好，雝雝肅肅。此一時也，孺人之象爲春，其氣安以和。

洎虚受公喪，必誠必信。既成婚九年，而旋哭其夫屺孫公。屺孫公倚孺人之助，曾不問家人生産事。公没，而家道益荒，孺人獨撫六歲子申、四歲子坤、三歲女寧，以養以教，用十指縫紉紅作代食，而盡遣謝故僕夫婦之執爨操井者。此一時也，孺人之象爲夏，其氣舒以莊。

蔣氏自太常公再傳贈參政公，三世獨子，至虚受公乃生二子：其長諱煜，字屺孫，即孺人夫子也；屺孫之弟期孫，悦於禪而不娶。屺孫生申與坤，坤未聘卒；故虚受公之子及孫亦以獨子傳。申娶邵氏，七年而失厥配。中間鰥處者又七年。孺人輒撫申而號曰：「四世之傳在汝。吾年踰六十，尚未抱孫，天乎？人乎？」此一時也，孺人之象爲秋，其氣悄以肅。

丙戌之秋，申繼室於潘，孺人始有婦矣。越一年，生女孫，且弄孫矣。又二年，舉長孫，申始有子。孺人顧之，喜可知也。申夫婦能事母姑，俞諾婉娩敬從，家雖貧而和致祥。此一時也，孺人之象爲冬，其氣專以翕。

於乎！天有四時，孺人之氣俱備矣。盈虚消息，七十年之内皆身歷之，天且不違，而況人乎！此孺人所以於垂革之日，自信其後之必有昌，而誡申等以益勉進其前業也。

孺人生二子，其存者獨申。申前妻，余女也。後娶潘君聖，生女，女嫁太學生張燦，皆同縣。孺人以康熙某年登邑乘，中憲李公題其匾額曰「苦節可嘉」。今考終而事益定，三黨咸服，奉爲禮宗。雖申等未有聞達，而守身事親能體先人之志。有子考無咎，其亦可以安於地下矣。某年月月，葬某山原。銘曰：

孺人之孝，五世而遥。孺人之貞，三紀風高。兀然而立者，明山之秀。隆然而伏者，姚江之坳。窀穸定兹，於千萬年奉其春秋俎豆於不祧。

叔父母合葬壙志 庚辰

女巫有駕鬼者，喉間噤唶，彷彿人語，遠數十年、近數年召死者無不至，響應聲如面譚，自名鬼僊，吴越間尤祟此術云。

叔父上由先生以康熙癸亥之江西，蓋山陰商姓者爲小吏於饒之樂平，識先生京師，先生擔囊往焉。去半年，問不至，家之人遣信附賈人貿磁者寄饒。踰年春，大母終。垂革，叫先生再四，家之人又以爲古人嚙指心動，饒去姚纔十數日許，宜有夢怪，自必歸。至冬十月，得樂平來函，開視，則商君札：「遲先生一年不至，忽接邵氏家報；若其人在敝署然者。大爲詫愕，謹將原書致還。」閲罷，長嗣弟廷英、季弟廷俊慟絶仆地。嗚呼，先生死矣！死何日？死何所？死何狀？痛哉！

且大母以其年正月終，先生以前年七月往，往一年而商君問至，則先生之死在大母前決矣。死者與死者宜有知，不以告，豈没寧固然，不關生人哀樂事乎？然猶日望先生歸。戚黨爲好語相慰，曰：「是必他往。」援某某往事證。余亦姑因慰叔母曰：「叔誠他往，歸有日。」痛之而不能言。

入十二年甲戌，叔母孫病故，叔母省女石堰，卒於女家。與先生殊近遠，皆客死。在古人達生者曰：「魂氣無不之，骨肉歸復，唯所在可也。」然是絶可痛也。而廷俊又先叔母一年卒於莒。叔母痛廷俊，且心知先生死，内嗚咽，終未忍發哀，以故病不起。

余向讀鹿門茅君《趙氏客遊述》，輒爲酸鼻。趙氏雲南人，萬里出滇，二十年不返。其子徒跣傳乞於路，榜背尋親。神感其意，遇之江南。及傳奇雜説，如斯類孝子不可勝紀。今廷英獨子，才弱，不能爲古人所爲，百死莫償。余小子廷采，猶子也，又限於勢力，末由探先生死期消息，是則絶可痛也。然宗人有適江西者，曾屬之踪跡，起西陵，沿富春，掠淳安，泝徽江而上，至於祁門，緣饒抵樂平。舟輿旅舍例有日記注簿，偏覽無先生姓字。而叔母厝石堰兩山之峽，風車輪轉寒侵骨，七年於兹矣。廷英每念遷厝，且招先生魂合葬。

庚辰九月，有巫作先生言，呼英名，號曰：「英，余與爾母同在中樓久矣。前年爾爲余主，里人還越，始附以歸。余死所，江西新淦也。因上船頭小遺，隕水而逝，滔滔之流，我能盡乎？余生之日即余死日，汝其記之！」已，叔母又號曰：「吾苦風，風凜不可禦也。然汝知，無力出我矣！」聲訖而去，巫自言不知所云。英以斯言告於采而號，采曰：「是巫也？非巫也？抑巫女也？又烏知新淦者？父母告爾矣，且微巫言，爾不將終葬乎？」遂以其冬十二月二日庚申，啓叔母厝至四明石洞。英刺血斬石，具先生諱字生卒，合葬於石孝子碑下。銘曰：「是我叔父之室。魄雖不存，魂其來合。於斯萬年，如縷無絶。」

新淦者，臨江屬邑，隸湖西道，距樂平西南又六七百里，云先生卒所，莫解何由。意他往者，其説近是。巫之術，吾所不道，以志極痛，附於偕卜筮、審物變之一義云爾。

吴逸茉曰：借巫言寫沉痛，通篇波瀾起伏在此。末只一語掃去，曰：「巫之術，吾所不道。」是占地步處。

陶母章孺人墓誌銘[一]　戊辰

志人之墓而期於信而有徵，雖古人以爲難也。有其不信者，且並疑其所信。夫揚人之善於身殁之後，而不能信其文以及於可傳，見之者束勿覽，而立言者亦自以爲酬用之作，不足留集中，藁甫成而輒削之。然則近世之所爲銘狀如此，不亦舉可廢與？

余之志陶母章孺人不然。孺人之夫子於余爲執友，其二子嘗授經義，而余之妻於孺人又爲侄，兩家欣戚與共。余之知孺人也宜悉，而爲我友志其内也，宜不敢以即於欺。丙寅冬，余

[一] 此篇浙圖康熙本無。

客雪苑，陶子寓書曰：「吾妻亡，吾入而閨門之内失一友焉。惟吾子志之。」余嘉孺人之名德，又陶子所以交余者，孺人之輔爲多，其何忍以不文辭？

孺人姓章氏，考諱綿祚，諸生。世爲會稽人。孺人少温慎，動止有則，事父母以孝聞。比歸陶，能相其姑主内政。迄於今孺人亡之年，門以内之事陶子不知也。陶子曰：「吾今而然後知吾妻也。」孺人奉舅姑孝，與娣姒和，撫僕御有恩，宗黨稱之無閒言。自甲寅陶子館余於家，始至入門，堦除洒掃拭如也。登其庭，器具咸備，以次列進。詣二子之席，則執經穆然坐，雖垂髫，容如宿儒。已而授餐，饌飲畢精以旨。餚核尊簋自陶子家者率絶出其族人，爾時竊嘆異曰：「此豈陶子自爲？蓋所得於室家之遇者，固已盛矣！」是年南中方用兵革，陶子慷忼談功名，與余聯榻卧，稀入内問家事。事無細巨，悉陶子之父太公總成於上，而孺人受之以代終。陶子時泛南湖，招友論今古而已。然余館其家六七歲，未嘗聞孺人言語聲息。既婚於陶，以甥禮請見，孺人守禮，終不出。陶子好客，客望風千里至者，皆孺人手調羹具無倦容。客安之，以陶子之家爲家。

丁卯，余自雪苑歸，詣陶子，則孺人之櫬儽然在寢矣。陶子爲垂涕，執余手而言曰：「吾今而然後知吾妻也。吾事父母，節目疏闊，賴吾妻彌逢其間，今節益闊矣。吾性卞急，妻嘗佐之以寛，俾小大咸不我怨，今怨矣。吾於交友雖至篤好，易見人過，或致嫌隙，吾妻必擇人之善者稱之，短者覆之，俾吾朋友相保以無忘始終。今即不致隙，過日見矣。吾教子孫無序，吾妻慈惠而栗然，出入必稽必面，今離塾師之側，無嚴者矣。吾與子契好二十年，不爲不久矣。

然子好我而已，未悉我之短也；見我之外而已，未覩我之隱也。若吾妻者，可謂知我者也。噫，此我之所以悲也。」余聞其言而黯然。

孺人生於明崇禎某年月日，卒於今康熙某年月日，年四十七。子二：長文焕，娶王氏，生四子一女；次峒，娶沈氏，生二子。居喪能準古禮，見者感動。以某年月日葬孺人某所。銘曰：

坤之爲道，惟順與貞。孺人具之，漠不聞聲。克寬克勤，以相夫子。溘焉云亡，永錫令嗣。

任左璧曰：章法似空同《左氏墓志》。

陶式南曰：志婦德從夫子口中敘出，是永叔家法。

五世行略上

維邵之先出姬姓康穆召康公、穆公。之後，功在周室，紀於《甘棠》。及漢，青州守休加邑爲邵，代有名字，世邈難譜。宋河南新安伯康節先生以樂天知《易》，齊德周、程。孫徽猷閣待制溥扈蹕南渡，家臨安。溥玄孫新昌令淳自臨安徙會稽，淳曾孫揚州都巡忠，復自會稽遷餘姚通德門之清風里，於是餘姚始有邵氏。邵氏之在餘姚，不能與孫、王、謝三姓齒〔一〕，而科甲之目獨盛於明，浙東明經取高第者以邵氏爲最。邵氏文章勳節不甚傳而吏多清白，子孫慎守經術，以儉爲師，雖累世貴宦而族無富室，此其家風之可稱述者也。徵邇闕遠，自仁率親，起禰、祖、曾、高，逆數五世自海州公，作《五世行略》。

海州公諱遠，更諱甄，字世昭，號鑑水。父曰東野公德聰，東野公父曰寅八公文誼，寅八公父曰奎六公珷。溯珷始奉化公七世：奉化公氏亞六生昌一公浩棠，浩棠生道一公德懋，德懋生宗一公宗周，宗周生福一公復生，復生生傳二公悌思。悌思四子：伯珍、仲琝、叔珷、季珂。琝生文達，文達生德容、德久，並登科第。德容任刑部主事，德久知邵武府。德久子陛官刑部左侍郎。而珷之後三世海州公，始以嘉靖壬子舉孝廉，由汝寧、光州、固始縣知縣陞知海州，卒於官。

海州公之學出兄苣泉公。苣泉公諱培，字世德。以《禮記》爲經生師。江以南言《禮記》者推餘姚邵氏，而苣泉公經義傾縣。自江南滇道昆輩，皆千里脩贄。門人用其業起家十數，顧獨苣泉公不得第。海州公與南溟同齒，師事苣泉公，不以家人母弟假借師弟禮。既登賢書，講業金陵、廣陵間，奇氣素豪。八上公車不利，益縱詩酒，任俠天放。南溟見而規之，遂斂

〔一〕「齒」，康熙本、祝校本皆作「齒」，徐刊本原作「次」，據改。

息，博覽典故，習通政事。

萬曆二年，南溟佐邦政公猶試南宫，勸公就選，得固始。淮西之俗，民性鷙悍。公涖政，威惠兼著。在縣七年，境無奸盜，百廢修舉。稍遷海州，太息曰：「吾將以儒術興，業勤而功半，儒術猶夫人也；吾將以吏治興，事勤而功半，吏治猶夫人也。安吾義，命奈之何哉！」州城壞，吏白圈牛取土，公曰：「不可。是奪民耕也。」捐俸市牛，使贖鍰更受版築。會饑，饑民群就築食。不踰月，城完，全活復萬人。故令歲運必由海入河，患盜出没。又有牧馬，累潦則牧場盡萑葦，異産輒死。公創折馬價，輸太僕，糧價輸户部。更開水利，業民屯種，多儲常平積穀。諸興除參用古法，人以爲便。再越歲，方有成緒而公卒，時十年七月七日。州人哀思之。

待郎陛狀公儒則閎儒，吏則循吏，而行己本孝友。丁外艱，家人計出後叔氏可應試，公頓足曰：「誰非人子，而作此語！」芑泉公死杭州，自金陵來奔，時倭人内犯，沿道充塞，兼程徑進無所避。育三孤若己子，人言質行似齊魯諸儒。此其較著者也。

公没七年，仲子靖州公舉應天。又三年，請南溟爲墓志，葬縣東北十里柳家山。配孺人項，恭儉淳德，後公十年卒。五子：長欽訓；次靖州公，項孺人出；次欽詔、欽試、欽調，金孺人出。

靖州公諱欽諭，更諱伯棠，字克良，號廓原。高才睿思，默通大意，爲文砉然冰解。海州公任固始，出《禮記》一編留授曰：「經學之傳當在汝。」由是宗黨間知名。萬曆十六年，舉應天，五上計偕，不第。三十二年，始就安肅教諭。越七年，陞國子助教。明年，出知靖州。又三年而罷官。

性薄世資，善處豐約之際。其在安肅常乏食，遺家人書曰：「吾今啜小米粥，有餘飽；被疏布衣，有餘温；迎送棲止，有餘適。真見人生事事分定，無入而不自得，方爲居易俟命之君子也。」三十五年復應公車徵，卷屬同縣都諫廉厓陳公房，既雋，以避形嫌割去。陳素嚴介，同試咸爲嘆惜，公殊不攖情。助教北雍，同官或歲滿當遷，代之出外，乃得靖州。

州交貴州、廣西界，民瑶錯居〔一〕，不可純以禮義法度制説。公屏去察政，專用清静，緩税均徭，弛禁蠲贖，羈獷皆樂業。治無能名。巡按御史廉其迹，將上最，而公雅闊彌縫，有譖者，遂落職。洒然曰：「吾故不諧俗，於一官何有？將歸隱玉田之莊老焉。」玉田莊者，海州公所置，其田延袤八十頃，直窩洛沽。海州公没，嘗挈家耕玉田八年。

及解靖州，徑往玉田，不之家。益種秫麥，且屯且牧，穿池養魚，以自周贍。

晚好老子，閉精藏息。又知天下將亂，欲令諸子分處南北，冀圖遺種。四十七年，年六十四，竟終玉田。遺令：「勿作佛事、請銘狀，便埋北方，延陵季子、梁伯鸞事可法也。」諸子終不忍，奉喪還南，葬慈谿二十都龍山。

元配宜人楊生三子：洪慶、洪褒、洪化。繼配宜人諸生一子洪襄。並稱孝弟，恭讓長者。

采聞之宗黨曰：公少時，走馬宗中道上，猝遇宗老，不及下。旁無賴輒假宗老意，手擊

〔一〕「民瑶」，康熙本、徐刊本原皆作「民猺」，祝校本改作「民瑶」，今從祝校本改。

公，公端立謝父兄教。感奮力學，讀漢疏《禮》、《書》，常至夜分。一老持鶩羹漿飯夜詣讀所餉，曰：「無廢先業，聊用相問。」拜飲，盡歡去。生平禮數安簡，不修苛節。几窗明，暇與知交薄飲清談，友孝篤誠，不以俗情長幼倫次，離隔恩愛，家事稟受伯兄。母孺人積歲病攣，抑搔扶持，靡有衰倦。竟，享年七十二。又樂施務義，人有請乞，略無難色。嘗言：「吾力有限而心無窮。」其天性仁恕明達，類然也。兩任教職，一試遠州，恥爲俗吏，唯勤治稼穡，託於非力不食之義。遺書諸子：「三載守靖，未嘗輕擬一辟，念留不盡以遺汝曹。勉之！」孫少保鑛稱：「公用世有本，處家有紀，寡欲自足，生死失得之際，絕塵而奔。天下人才如公湮廢者，當復不少，幸備員公卿，司用人權，以此爲恨。」陳太宰有年亦雅相禮敬云。

易庵公諱洪化，字品生，靖州公第三子也。九歲從之玉田，習樂北方，性行慷慨。靖州公奇愛之，以爲類己，遂與玉田莊田，勸令務學，曰：「幸登第，則出若田供王父祀事。」萬曆三十六年夏，上府應學使試，大雨，試廠皆飛。感疾，尋卒，時年二十四。知交無不悼惋者。

配孺人翁氏亦二十四，任身方七月，躃踊決身殉，曰：「吾惟之，節弗如烈久矣。況舅姑在北，弱寡婦何恃能守？」宗老殿鳴公使告之曰：「歸烈婦無子死可也；新婦見有身，關嗣續。至期生非子，死不後。」至期，生魯公公，乃不死。魯公公幼多病，百端調護。伯仲念其寡孤，令無均值宗祠，則執議曰：「先夫固有子，不可。」霞標管先生，孺人祖尚書見海公外孫也。有學德，禮之於塾，教孤飲食、言語、居止悉規視先生。以故魯公公少成而莊，德性深厚，弱冠即具儒者家法。顧孺人亦多病，魯公公方藥周篤，旁及醫學。稍起復病，病劇輒愈，亦若有鬼神陰相之。竟至六十七歲而卒。卒之歲，孺人有曾孫四年矣。

明農黄先生葆素謚之曰「貞懿」，而拙修史先生孝咸志其墓。

明農謂：「邵母一日之年，皆其子一日之所留。不然，將以烈聞，不以貞聞已。忠孝節義不同，同歸於善。善者，人之長而世之師也，能邁越世數而特立，不爲流俗污世所沈没。倘以光遠而彌有耀，其未可知而可知之者也。」拙修謂：「烈者一朝，貞者終身。下宫無程，趙孤誰存？千鈞之系，一髮之微。考績要歸，公孫則易。」會稽吾隱子謝無可孔淵，以鄒汝功持狀爲傳，則曰：「孺人撫教其孤以不負其夫，四十餘年如一日，誠賢有才者。今日士大夫棄故君脱屣，或死而無救禍敗，視孺人踔厲風發，完孤全節，寧不定傾持運烈丈夫也哉？」陳孝廉祖則傳曰：「邵氏之黨，群稱孺人禀性剛棱，忠亮明著，推天誠以待人。或挾詐來，則矜憐曰：『當非本心，出不得已耳。』遇僕婢爲小偷，輒先引避，恐驚之。追遠奉先，時久愈殷。忌辰月，正面靖州公及楊宜人像而嗚哀焉。諸宜人病，叩神乞身代。殿嗚公配張氏同齒，奉之如姑，曰：『吾不逮事先姑，敢忘先姑之姒乎？』自稱未亡，斷葷長齋，念《楞嚴》『究竟堅固』四字，未嘗近精廬女冠也。時召尋夫宗賢節，窮無歸告，均給衣食，風示閨範焉。」

魯公公，諱邦琳，字林玉，更諱曾可，字子唯，號魯公。傷易庵公之既没而始生也。每展墓悲嗚，攀樹號曰：「靈何往乎？」哀動行路。

事翁孺人，作嬰兒啼笑以娱樂焉。用母意周惠三黨，賑遺饑困，没身不廢。一姊早寡，奉如奉母。配孺人孫氏亦時時迎姊所欲，以順適姑意。姊歸寧，好談説古今閨範異烈事，旁及内典，常夜向午。孫孺人共伏持聽，雖甚倦，不敢先即寢。其家法如此。

孫孺人來歸，年十五〔一〕。明年，姑病，衣不解帶、不入私室者竟兩歲。姑性喜與邵宗嫠媪相對飲食，爲設牀褥延致，燕坐常數人。每歲穀登有所施散，一唯姑命從聽。事太姑諸宜人恩孝隆至，太姑喜，姑亦喜，曰：「吾兒後不衰矣。」然公終不以内賢明洛預家政。

其學出沈、管、史三先生，故牀笫之際無私言，出語朋友無隱情。伯叔兄弟推多均少之外，無餘財。及南都多故，從沈、史兩師避隱三溪石浪。出，與世父積之公賣田積穀，以供軍興。既而浙東潰，奉翁孺人入居甘溪山中，事寧返家。翁孺人後六年終，公於是感慨歔欷，謂二子曰：「吾生而無父，四十餘年微吾母，豈至今日？不圖經遇家國之變，視息此世，又何求哉！承吾志者，古今寬廣，可自得師，勿徒作沾沾舉業爲也。」

公卒，在順治十五年，年五十一。同人祭以文，稱其：「不服闇，不登危，如臨如履，守身爲大。人無長幼，罔敢或慢；事無大小，罔或弗虔。」至於好學之篤，前無所承，皭然不摇流俗訾議，尤難及云。

鶴間公，諱貞顯，字立夫，魯公公長子也。少讀書姚江書院，師友皆宿學名德長者，講求

〔一〕「年十五」，康熙本如是。徐刊本、祝校本誤作「年十三」，據改。

古嘉言懿行、忠孝大節。公輒向往，神志超上，日益詣進，諸老先生咸器之。乙酉元年，始冠，有《哭劉忠正公百韻》，遂絶舉場，一意爲古詩文。詩祖空同、信陽，文祖鹿門、震川，尤好王晉江。爲人直義，效忠敦質，務存大體。屏去機利之事，唯篤孝行，奉母孫孺人先意承慈。弟欲異居，不忍割炊，每對嗚咽。既弗能止，終不及財産腴瘠多寡。嘗謂廷采曰：「孝，吾家本也。利不可近，近利則商賈心。世家降爲氓隸，其故在此。吾猶及崇禎時，士人重廉恥，羞諱爭細，今三歲童子知務侵牟，若等必以爲戒。」

幼患胃疾，體貌枯侵，鬚髪先白。康熙九年，年四十五而卒。臨没，執廷采手曰：「先人經學不可廢。吾遭亂離，舊業未卒，所録宋明諸儒、王文成書、魯公先生遺教，行業具矣。餘先正古文、《詩》、《左》、《國》、《史記評節》、月峰《今文選》等抄，出自吾意，雖亦學之支流，要當存之，毋用覆瓿。若更自求向上，非吾所及也。」廷采涕泣，跪牀下拜受。

元配陳氏，舉廷采；繼配章氏，舉行正。廷采六月失恃，及長，弗能狀母之形容也。哭而問諸父，父謂之曰：「汝母奉姑孝。雞初鳴，盥沐立寢門外，敬問安否，日中視膳如之；昏定又如之。其容笑言面，無以出於中人；而温恭淑順之氣，承舅姑而宜室家者，竊以爲雖古賢哲，不必過也。」

大母則告采曰：「丙戌夏，西陵失守，吾家避兵山中。翁孺人匍匐，吾與汝母兩掖之以行。抵一舍，始得肩輿，吾二人徒從。道遇親戚輒面之哭，不能止。三日，乃達蔣嶴。盜晝剽掠，時顛連流寓，困躓萬狀，能不失婦姑内外之禮。吾以是知汝母之賢也。然遂用憊病，致隕其孕。又二年生汝，轉劇。汝之所以不克育乃兄、與依乃母，則職丙戌之由。」又曰：「汝母之彌留也，瞪目視我者三，曰：『新婦不能事姑矣！』欲絶，已凝眸，還顧若有所囑。余意領，召保母立汝於前，翹首曰：『以累姑。』言終而卒，年二十一耳。吾之撫爾以至於今未有成，則汝母之哀不忍没也。汝繼母之歸，汝甫三歲。繼母之奉吾如汝母，其撫汝也如吾。及汝弟舉，而汝父之愛汝不衰。服食居處雖出自吾，汝常得豐。汝母亦曰：『吾子何敢與陳氏姊子比！』家人翕然賢之。汝繼母之亡，亦止二十七歲。汝時十一歲，汝弟三歲耳。汝當已有知識，或能憶之；汝弟不復憶也。」於乎！二母之行事，彷彿得於大母之告廷采者如此。

自廷采生六月，而先母陳孺人卒。越三年，先君繼娶室於章。又八年，章孺人卒。卒之明日，先祖魯公府君卒。又明日，啓殯祖載，致檻於舅。又八年，行正以痘殤。又四年，先君告終。自先君之亡至於今年甲子又十五年，而大母孫孺人卒，祖父母、父母、兄弟無一人在者。

大母之亡，撫柩躃踊，形影單孑，回念二人，手澤猶新。曼卿之喪未歸，瀧岡之阡難表。日月如馳，冉冉將暮。傷如之何？寤寐無爲，斯以知談性命爲虚誣，而慕功名爲夸誕。大本不立，志節奚伸？故《蓼莪》有鮮民之痛，《小宛》抱所生之恨。以古況今，其悲殆一。恐後生無聞，故略敘先人行事，著其内痛之自，具於篇。

朱約傳曰：合觀後篇，家學世德略具。無休董先生評云：「非徒温雅，乃別見孝弟之性。」誠然。

劉序思曰：第五章一手注寫，血淚從腕中迸出，真不讓《瀧岡阡表》。

五世行略下

易庵公同母兄二人：庠賓公、文學公；後母弟一人：孝廉公。

庠賓公諱洪慶，字積之。志存仁儉，約己利物。靖州公、楊宜人之玉田，公與仲弟褒守家，偕妻顧入四明山。結廬石洞，力耕積穀，手植竹果，數年成林。既有儲蓄，特置高、曾以下祀田，三黨鰥寡獨孤、喪婚嫁讀皆有助，先世舊業則頗推諸叔從弟，曰：「吾父意本爾。」又善於勸勞，歲出陳贍，耕人感其至誠，咸不欺負。軍興徵發，率先急義。上自有司，下及田父樵牧，皆道其賢。順治十一年，年八十一，卒。子邦粹、邦華、邦泰並先没，有繼孫三治喪。

文學公諱洪褒，字迓衡。承伯兄意，撫孤姪有恩。後母宜人諸從玉田歸，齒少於公十餘歲，公與伯兄蒲伏拜謁，歲時伏臘、慶賀宴享皆拜，宜人坐而受之，見者以爲難。季弟襄初年奢麗，近狎客，公順母志，勿苦禁。宜人卒，襄在京師。公親視其筐篋，就加封識，一無所取，俟襄歸完付。其資性恭愛如此。崇禎十年，年六十三，卒。配陳端毅守禮，生三子：邦鑑、超群、兆昌。

孝廉公諱洪襄，字六佐。九歲而孤。才性旁溢，諸度曲、鐫金石、投壺、調琴，彌不精工。已就婚李氏於玉田，常往來京師，益遘亂離。嘗悉情僞，畢改少時浮華之習。遺魯公公書曰：「今東西用兵，當枕戈待旦，以效同仇。君父猶從事帖括〔一〕，非男子也。」又書曰：「北方洊饑，三餉並斂，天下事可知。」至甲申國變，如公言。順治三年，舉順天鄉試。未幾卒，葬玉田。十六年，從弟洪庚官濟寧同知，迎李氏至濟寧。一子，尋卒，無嗣。附靖州公祠祭。

邵氏海州公之宗，皆重廉恥，謹取與然諾，有萬石醇厚家風。而從事講學，則自魯公公始。翁孺人禮聘霞標管先生，因引見求如沈先生、子虛、子復二史先生爲發濂、洛、關、建、姚江諸子之學。由是志識開廣，操詣日新。族人嘉孺人貞德，咸曰：「易庵公宜有後。後之嗣者，能每事不忘孺人與魯公公，毋致蹉跌，使宗族鄉黨間稱孝稱弟，則何必通籍乃爲立身行道哉！」

采六月失恃，育於大母孫孺人，十易保母乃得乳。比長，教之甚嚴，故不識俗語及詈人。十三四時曾一蹴鞠，孺人召之泣曰：「若祖父能薄，不任蹴鞠，若今才過祖父矣。」采頓首出血謝。

孺人五世祖爲忠烈公燧，高祖文恪公陞，曾祖宗伯公鋌。父文學君應楫，字維舟，犖昌同知，如洭仲子也。少警慧，能悉其家世，嘗舉以教子及孫曰：「孫氏立朝大節，吾婦人也，何能言！然吾嘗習孫氏之家法矣，吾曾祖與伯兄清簡公，韓出也；太僕卿、大司馬，楊出也。楊夫人率其二子受業於二兄，稱弟子。二兄之奉後母也，朝夕立寢門外，定省拜跪，出反必告面

〔一〕「君父」句，徐刊本、康熙本和祝校本皆如是，疑有脱文。

如禮。楊夫人朝後宫，皇后及妃主以下，咸欽女範取則焉。自吾歸汝家，見吾姑翁孺人之教亦然，吾僅能守此以無忘遺訓也。采乎！立身貴早，要於孝；喜怒必以類，要於和且平。留意保身，以承先祀，勗哉！」

孺人性明肅，夫婦居室，相對如畏友。朞功以内，無不嚴服。細及女紅、中饋之事，嘉旨精妙，人人自以爲不如。初于歸，即以孝聞。大父止一女兄，歸孫公應奎之曾孫藉洵，親敬亞於事姑。子字其子，爲之聘婦。采妻父龔公，邵出，從甥也，待之如孫氏甥。故龔公指廷采而言曰：「舅母賢而惠我，而教孫也有義方。是兒率謹，必能成立。」甫六歲，即以女字焉〔一〕。龔氏亡，遺一女，又撫之。采贅陶氏於會稽，不能歸，念之至没。丁卯秋，陶氏歸，孺人亡四年。痛先人之不逮事，而家法無所禀式也，乃垂淚而書其概。

先君奉大父教甚謹，晨夕動定，每事禀承。嘗泣謂孤采曰：「吾父訓子嚴。若汝父之訓汝，不逮遠矣。吾嘗自愧不盡子道，今視汝之事吾，又不逮吾事吾父也。顧吾家世以孝謹相遺，汝父德薄，汝宜效汝祖，勿效汝父。」塾課首重經義，曰：「此起家之本。當念先人九原相待，無泛迂稽誤時日。若立身揚名，光大前業，更有進於此者。」每閲大父書，嘆曰：「汝質本厚，可與向學。惜汝祖早世，所以至此。」又謂：「汝近日非不能作道學語，止欠一誠字耳。」采或稱説偶當，喜曰：「吾亦知汝持論頗正，但踐履不可不實。」

〔一〕「即以女字焉」，康熙本、祝校本皆如是。「字」，徐刊本原作「氏」，據改。

從先君出旱門觀潮，僕婦自江北渡南岸，舟蕩婦懼，采援之上。先君怒曰：「雖僕婦，固女子也，而執其手以登乎？」

陳執齋先生，先君執友也。與兄柳津、弟友上、秋湄在石門唱和，友上云：「某出制義，質尊公委備分別，封識完固擲還。竟二年，無偶泄者。於此服尊公厚德，而知其他立心待物，無不然也。」執齋亦嘆息先君忠厚：「爾不及尊公多矣。」自惟輕薄，悼喪生平，泫然書之。

外祖陳蜀庵先生與兄儀一先生性行忠孝。每宴集，説崇禎甲申事，輒俯首，涙岑岑下，一坐爲罷酒。朔望詣家廟申飭宗法，舉子弟非孝者罪。祭祀、齊衰行禮，終身不改故時衣冠。兄弟燕見，蜀庵先生必拱手侍，命之坐乃坐。或遭督過，則斂容立聽。父丹冶公，川撫省齋公曾孫也。仕通判，歸舊廬，纔蔽風雨而已，唯藏書數簏以教子孫。采過母家，時時見儀一先生親手讐校，嘆息曰：「先世自松潘以來所遺盡是。今老矣，遭世亂離，以耕代食，又擁此書，不爲不足矣。但未知子孫能明吾志否耳。」言已，又輒泣。蜀庵先生先卒，無子。儀一先生命其子養叔母終年，即采外祖母也。外祖母諸葛氏，上虞人。

采少年失爲人兄之理。正弟三歲喪母，半依外祖母於甘谿。七八歲時即令獨宿，老僕王五妻爲持被周蓋乃去。然早識孝弟，爲道母氏，輒慘然變色。余失意，私過越城，弟徧走兩城求余。暮歸，告叔母曰：「阿兄出門未嘗持金，此時不知泊何所矣！」因泣下。稍長，曉世務。從甘谿來，泣謂余：「舅氏怒我，嘗持鐵椎椎我，以我他姓子也。」余持之而泣。弟没，先君自石門歸，責采：「爾弟將死而爾不知，是爾性不至也。」因述：「蜀漢車騎將軍張飛爲帳下所殺，持其首奔吴。帝聞飛營都督有表，即頓足曰：『噫，飛死矣！』古人天性篤至，誠自生明。今爾不知爾弟之死，必平生孝友之意衰也。」采無詞以對。後有兄弟者當以我爲戒。

零零碎碎，有類雜俎。而詞氣温淳，真覺言不盡意，使人不能急讀。弟元榮識。

祖姑孫孺人傳略〔一〕癸未

表叔孫畹仙先生奉其母祖姑孺人之行實，而命采爲傳。越十年，掩關於語溪沈氏之南雅堂，出而卒讀，泫然曰：「忘此，是忘余先祖也。」

孺人姓邵氏，曾王父易庵公女，貞懿翁太君出。太君年二十四而寡，孺人方三歲。又三月而王父魯公先生生。孺人幼閑貞淑，及長，歸孫公縱葦，親黨咸嘆息曰：「庶見禮宗繄太君賴。」孫氏自蒙泉都御史以來，家世饒盛。孺人侍兒盈十，顧事其姑太君，奉匜沃膳，不以藉手。磬躬承睫，弗敢遂專。尋而姑没，夫亦傷逝。孺人時年三十，與伯姒各撫一孤，恪持門

〔一〕浙圖康熙本題作「孫祖姑孺人傳略」。

户，内外罔有間言。其教孤不忍叱笞，有不率則潸焉淚下，不語終日。孤痛跪謝，乃復飲食。洎兩孤婚娶各畢，始就分異，諭其孤曰：「慎無懷私小傷大本，自求成立。」故田取磽者，廬敝者，僮癃者，器窳朽者，薛包故事在，汝則也。」學於佛，識《華嚴壇經》之秘。自孫公亡後，洗粧疏布，没齒素食。曰：「未亡人宜爾，敢踰儒家女誡乎！」子婦姜亦賢孝，克盡色養，閨閣之内不聞聲語〔一〕，以故孺人於家事一無所問。卒於康熙十八年二月十日，年七十四，垂革，悉屏醫藥，曰：「吾得正命，安以草木之滋爲哉！」但起薰盥，端坐而逝。

二子：長先棻，即畹仙；次先椉，幐出。棻三子，並早世。椉二子。采叔母孫，祖姑女也。漸母教，事大母孫孺人禮孝恭謹，俞諾、進退、定省、操作舉以法。嗚呼，繼之者難矣。

叔父天章先生曰：節孝相傳，家法具備，可入《小學》外篇。人家後生知得如此一二分，方能受益。

擬曾祖母翁太君入紹興府志貞節傳

明餘姚邵洪化妻翁氏，南京兵部尚書翁大立孫女也。年二十四而寡，孝事後姑，撫孤成立，一日病篤，遺男曾可與婦孫氏同日刲臂。宗黨咸謂「節孝萃一門」云。

〔一〕「閨閣」，原作「閨閤」，古刻本「閣」、「閤」常混用，今據文義改。後面有類似情況逕改，不出校記。

擬外母王太孺人入紹興府志貞節傳

清會稽王氏，庠生陶儒彦妻，明節婦吴氏兒婦也。年二十九，夫殁。無子，氏欲以身殉，其姑勸止。奉姑曲盡孝敬，甘貧苦節六十年，壽八十有八。人羨「一門雙貞」云。

丁母章太孺人傳 壬午

余與丁子淇園若蘭忘齒交，閲四年，得聞其大母太孺人之行節，而屬余爲傳。太孺人姓章氏，會稽道墟里人。幼有亮志。叔父午垣公奇愛之，請於父爾範公而子畜之。許字於丁，未歸。及午垣公爲天津遊擊將軍，迎壻昏焉。丁君幼孤宿疾，太孺人娠三月而君病不起，毁不欲生。公强劫之曰：「爾欲斬丁後邪？姑忍死待。」其年九月，嗣君生，太孺人乃不死。

公改職令歷城，從之官。崇禎十七年，流寇圍歷城，城將陷。嗣君方三歲，太孺人度不免，乃紉兒所著内衣，納以金錢乾糒，教之姓名、父母、年歲、里居，令成誦，曰：「記此，告免爾者。」頃之，庭中驚亂，太孺人挾嗣君走，前至井，顧泣曰：「母死，此兒自免。」嗣君方牽衣號，有老人急呼曰：「無爲徒死，賊退久矣！」賊果退，不死。時猶未解嚴，乃率僮婦求得廒後枯井，更鑿爲閟匿計。賊進攻城下，匿井中三日夜。糧盡，嗣君啼饑聲徹聞，益惶急。已而賊竟去。章皇帝定鼎京師，南下三齊，公去官歸市廛，僕御散走。山東連歲饑，人相食，米石錢萬。太孺人食糠覈竟十餘年，傭針黹養父母及嗣君。率漏四鼓，猶事刀尺，十指血殷。

比嗣君從師文藝成，能走京師，乃迎太孺人就養，太孺人於是有衣食矣。公夫妻流寓山東，月致米肉，千里餉之，迄於其亡，恩孝不怠。嘗謂子孫曰：「本歸丁氏，無家，依父母居。夫子早即世，中更亂危。吾之餘年有子及孫，念不到此。宗人在南，當不知乃公有後。若等幸思我苦辛，追昔先人。」

壽七十三，康熙二十八年終於天津。以嗣君當受官，例贈爲太孺人。嗣君尋亦亡。越四年而孫若蘭遵其父遺令，負遺書，返會稽。娶於郡城，因遂家焉。若蘭泣而告其宗人曰：「太孺人始有家也。」

贊曰：余曾祖母翁太君，尚書公大立孫，歸曾祖易庵先生。娠三月而先生終，忍百死以立邵孤，延及於今四世矣。幾得以如綫不絕，太君澤也。今淇園所載太孺人事，一何相類！太孺人不即死，以二老待養，幼孤待長。卒幸違險阻、就安和，非天主之，人主之矣。范氏《後漢書》存孝女三，其已嫁者，犍爲叔先雄，酒泉龐娥，餘並以節烈聞。自有父子夫婦以來，此義也未之改也，於太孺人何異。以淇園爲人純質，不苟阿好，是以信而登之。夫匹夫之紀述與朝廷之表閭封墓，權義均也。

余文附太孺人以傳，其兩不朽矣哉！

每用淡筆着意，是先生長技。贊語自占極高，使人知立言之不苟，小儒望而咋舌。陶德燾識。

劉雍言配王孺人傳〔一〕壬午

山陰劉雍言配王孺人者，陝西榆林人也。榆林勇義甲天下，而王氏世爲總戎。孺人父官介休令，而雍言父知陽曲，兩家比郡寅好，因結婚焉。

歸時年十七，識古今孝烈事。善女紅，奉姑章手竭針黹，曰：「此何足展婦職，盡我敬心耳。」姑於諸婦中加愛曰：「是識度類我，必興我宗。」顧謙厚，未嘗以賢智先伯叔姒，尤不喜聞人過。有道長短於前者，正色辭之，乃至竟日兀對無一言。化行閨闈，下迄僮御，靡不雝肅。又勇於施義。夫之知友假貸與貧不舉殮葬者，輒勸賙之。獨不佞老、佛之徒，以爲錢財當用之窮急，何事空奉巫祝。又才性高秀，中饋餘暇，手談清茗，超然有遺出塵俗意。謂富貴、貧賤、殀壽一切若駒過隙，惟士厲學，女厲行，乃人生實事。

念尊章在都，勸夫寧親，曰：「立身須早。況數千里外，省定久缺，何心懷安？」以故雍言北行而孺人病卒於家，不及視含襚。前數日，豫知死期，力疾起謝姑，上環瑱管鑰，以不得終

〔一〕康熙本無此篇。

婦道爲罪。見者皆泣下，孺人容色自若。宗黨咸歎異焉。二子：均、堪。

論曰：古之傳列女不專一操，或以節表，或以才揚。苟取之不慎，則載筆者爲後世嗤矣。然《雞鳴》士女名逸，而其詩猶列之《國風》，況姓氏之章章者與！夫家之思賢妻與國之思良相，感於事後則益愴以深，昔人所以多悼亡之作也。余之傳王孺人以此。

呂遠思曰：敘閨閣略無脂粉氣，酷似范蔚宗史筆。

書會稽宋陵始末

元以西僧楊連真伽有軍功，命總統江南釋教，遂播惡江浙，與丞相桑哥表裏爲奸。至元二十一年甲申，使僧嗣占妙高上言，請毁宋會稽諸陵。明年乙酉正月，桑哥矯制可其奏，於是盡發陵之在紹興者，及大臣塚墓凡一百一所，將裒陵骨，築浮屠於杭。故宋將作監薄山陰王英孫，出家財，具羊豕，使客唐珏、林景熙、鄭宗仁等以己意召會豪少，謂之曰：「吾輩皆宋人，不忍陵蜕之暴露，當取他骨易歸。此千載惋痛事，書儒不足謀，非君等義烈士不可。」衆感諾，遂分路入山，夜收遺骨，葬蘭亭山天章寺，植冬青樹爲識。惟理宗頭不得，先爲真伽取去，截其頂爲飲器矣。後數日，真伽取散骨渡江，即宋故宮築白塔，雜牛馬枯骼共穴，名曰「鎮南」。

杭人悲咽，不忍仰視。其後，塔三經雷震，焚其金裹瓠壺。蓋諸人易骨時倉皇，零佚有仍入塔中者，所以能動天若此。

二十五年，從桑哥、真伽奏，毁宋故宮殿、郊壇、太廟，悉爲佛寺。又患宋宗室居江南者百姓敬憐，欲徙之京師，既而不果。二十八年，桑哥敗，真伽下獄，籍其家。飲器遂入於官，以賜帝師。尋出真伽，還所籍。三十年，復用其子暗普江浙行省左丞。已聞江南民怨真伽不已，罷之。

及順帝至正十九年，張士誠弟士信守杭，壞白塔甃結砌，又井甓。城。二十八年，元亡，距發陵八十二年矣。

明洪武元年戊申，正月戊午，皇帝御劄丞相韓國公李善長，遣工部主事谷秉義移北平大都督府及守臣吴勉，索飲器於西僧汝納，以理宗頂骨來獻。詔付應天府守臣夏思忠瘞諸鳳臺門高座寺之西北。明年己酉，六月庚辰，上覽浙江行省進《宋諸陵圖》，遂命啓瘞南歸，藏諸舊陵。護葬者禮部尚書崔亮，紹興府知府張士敏勒碑記年月。其後越人好義者立雙義祠於會稽縣學名宦祠之左，祀唐、林二公。嘉靖二十六年，知縣南充張鑑更建祠陵旁，歲祀六陵，以次及祠，與陵相從。

四十年，彭山先生季本言：「謝翱、唐珏、林景熙、鄭宗仁皆王英孫客，王氏故宋勳戚胄，富而好施，收骨之事實始倡謀。不然，唐一寒士而鄭、林、謝遠客僑人，安能動捐不貲以圖成哉？又元、明之際，張丁、趙子常皆以瘞骨歸。英孫、丁之説得於傅藻，傅藻得於其師黄文獻潛，而子常《跋冬青引》云：『注中言是王修竹。此大奇事，非季布、劇孟之徒不能辦。』《霽山集》中有鄭樸翁。而楊維楨云：『翱有陰移冥轉之功。』則此數人，共功一體。今攢陵專祀唐、林而不及謝、王、鄭，亦司風教者闕典也。」季本字明德，陽明門人，世或稱長沙公。其爲此論定於晚年，宜可據云。

楊連真伽發陵事，首禍於杭天長寺僧聞。天長者，故魏憲靖王墓寺也。聞阿真伽以寺獻，旋發王塚，多得金玉，因遂思發會稽攢宮。演福寺僧澤力贊之，授意會稽泰寧寺僧宗允、宗愷，使控楊侍郎、汪安撫侵寺地。乙酉八月，發寧宗、理宗、度宗及楊后四陵，取其寶器。理宗永穆陵藏尤多，啓棺，有白氣亘天。穆陵面如生，藉以錦，下承竹絲金織細簟，擲地有聲。或言含珠有夜明，遂倒懸其屍於樹，瀝取水銀，凡三日夜。竟失其首。或云西番回回以得帝王髑髏可厭勝，故盜去。先發時，有中官陵使羅銑者抗争，澤痛箠，脅以刃，擁而逐之。銑力不勝，猶據地大哭。事竟，製棺衣殮，慟絶，路旁人相向哀。是夕，四山皆有哭聲，如是旬餘。

十一月，又發徽高孝光四帝、孟韋邢吴謝五后陵。徽陵無一物，高骨髮俱化，餘端硯一；孝陵存頂骨片餘及玉瓶爐、古銅鬲，音力，曲足鼎。皆爲澤所取。光宗與諸后儼若生存，銑並棺斂火化。陵中金錢累萬，爲屍氣所蝕，如敗銅。諸凶棄不取，多爲村民所得，有得猫睛、金剛石異寶者。一翁從孟后陵得碧髻，長六尺，貫金釵，虔祠之佛堂。已而得金錢家非死即病，翁恐，亟送龍洞中，後爲富人。

徽之返櫬也，君臣咸意其非真。入境，即承以槨，納衮冕翬衣焉，不改殮，故壙中空無有。

金世宗葬欽宗於鞏、洛之原，宋固未嘗求之也。有以徽、欽並言者；誤以邢后陵爲欽耳。方移穆陵屍時，澤在旁，以足蹴其首，示無畏。足輒爛數年，墮指死。聞得志驕蕩，多奪人田，後爲怨家圍而屠之道間。宗愷與真伽分財不平，杖死。惟宗允以財豪一方，越人怨之刺骨。

案曰：宋陵之發，傳聞異辭。周密，齊人也，號草窗。仕於宋，宋亡不出。所居杭癸辛巷，有《癸辛雜識》，云：「楊髡發陵，在乙酉至元二十二年之八月及十一月。」陶九成，台臨海人也，名宗儀。仕於元，退耕吳門。有《輟耕録》紀元事，終於集慶兵起。書成次年，洪武建元。其紀發陵，則在至元戊寅。密見之親而宗儀聞之悉，猶異同若此。然後人多據謝翱詩，以戊寅爲正。商文毅等修《續綱目》因之，是知翱之可據而不知密之亦可據也。

翱詩「種年星在尾」或別有説，不可臆推。但戊寅爲元至元十五年，實宋祥興元年，少主昺猶蹕厓山，東西鼇起之衆所在皆是。以元君臣之鷙謀沈力，寧不慮人心動摇，而驟爲此幽慘，代施田單反間計耶？抑文山被拘入燕，沿道悲吟，詎漠不聞斯禍，而無一語痛及？獨霽山詩：「猶記去年寒食日，天家一騎捧香來。」似爲杭亡次年事。然題本曰夢中，亦未可指實「去年」二字爲案也。

説者又謂：「丙子元兵下江南，至乙酉將十載。版圖已定，法令已明，安得有此？」惟戊寅距丙子纔二年，庶事草創，西僧或得乘間以行其惡。斯言何已恕而不達情理之甚耶！夫元悉毁宋宫廟郊壇，欲遷其宗室，何恤於陵？元時稗史避諱，至宋景濂始發其事於乙酉。丘文莊更昌言之云〔一〕：「真伽之罪雖不容誅，然世祖因其奏請而從，則是以帝王而樊崇、温韜行也。」於乎！劉向封事深陳山陵之戒，向没未三十年，而其言遂驗。班固傳楊王孫獨載裸葬一事，彼親有見於赤眉之禍，若向之先識，其不可及乎？理宗之末，鄰强境蹙，亡形成矣，而藏尤厚。蓋以度宗之庸愚，而内主之以謝后，外輔之以似道，忍令君父之首，至於倒垂而飲器終也。明祖御世，首命北平西僧，歸理宗頂骨，遣大臣護瘗故陵。然後宋帝泉壤之冤得以雪，而義士忠憤之氣亦藉以伸，豈直禮葬福壽、廟祀余闕比哉！於乎！後之有天下者，行事之得失可無鑒於兹？

書思陵始末

武進邵長蘅文集有書趙一桂事〔二〕。趙一桂者，不知其邑里。崇禎甲申三月，以省祭官署昌平州吏目，營葬思陵。事竣，列其狀申州，略曰：

職於三月二十五日奉順天府僞官李檄，昌平州官吏即動帑銀，僱夫穿田妃壙，葬崇禎帝

〔一〕「丘文莊」，康熙本、祝校本皆如是。徐刊本脱「丘」字，作「文莊」，據補。

〔二〕「邵長蘅」，徐刊本、南圖康熙本皆作「邵衡」。浙圖康熙本傳節子紅筆旁注「長」字，今據改。

及周后梓宮。四月初三日發引，初四日下窆。時會州庫如洗，又葬日促，監葬官僞禮政主事許作梅束手無策。職與義士孫繁祉、劉汝樸等十人，斂錢三百四十千，僦夫穿故妃壙。方中羨道長十三丈五尺，廣一丈，深三丈五尺。督工四晝夜，至初四日寅時羨道開通，始見壙宮石門，工匠以拐丁鑰匙啓門入。享殿三間，陳祭器，設石案一，懸萬年燈二，旁列紅紫錦綺，繒幣五色具。左右列侍宮嬪，生存所用器物、衣奩皆貯以木笥。左旁石牀一，牀上迭氈毹、五采龍鳳衾褥龍枕。又啓中羨門，内大殿九間，正中石牀，高一尺五寸，闊一丈，陳設衾褥如前殿，田妃棺槨厝其上。

其日申時，先帝梓宮至陵，停蓆棚。陳豬羊、金銀、紙錁、祭器，率衆伏謁，哭盡哀。奉梓宮下，職躬領夫役，奉移田妃柩於石牀右，次奉周皇后梓宮石牀左，然後奉安先帝梓宮。田妃棺槨如制。職見先帝有棺無槨，遂以田妃槨用之，梓宮前各設香案、祭器。職手然萬年燈，度不滅。久之事畢，掩中羨，閉外羨門，復土與地平。初六日，又率諸人祭奠，號哭震天者移時，呼集西山口居民百餘人畚土起塚，又築塚牆，高五尺有奇。

本朝定鼎，勑建陵殿三間，繚以周垣，使故主陵寢不侵樵牧，雖三代開國無以加。竊計一時斂錢諸人，皆屬義士。孫繁祉，諸生，捐錢五十千，耆民劉汝朴錢五十千，白紳錢三十千，徐魁錢三十千，李某錢五十千，鄧科錢五十千，趙永健錢二十千，劉應元錢二十千，楊道錢二十千，王政行錢二十千，合三百四十千。

於乎！甲申之禍，天崩地塌。傳聞烈皇帝大行舁至東華門，賊殮以柳木，覆以蓬廠，老宫監三四人坐其旁，諸臣皇皇然方投揭報名，翹足新命。梓宫咫尺，無一人往謁。甚者揚揚意得，揮鞭疾驅過之，曾不足當一睨者。而趙一桂胥吏末員，孫繁祉、劉汝朴等草莽布衣，相率斂錢營葬，奠醊號哭，其高義寧出唐珏、林景熙下哉？友人譚吉璁，康熙初客京師，嘗徧謁昌平諸陵，撰《肅松録》。録中載趙一桂事，云得之州署故吏牘中語，可信不虚。烈皇帝不幸遭離百六，躬殉社稷，草草渴葬。此亘古深痛，余懼後世史失其詳，輒據一桂語，稍加删潤，備著之如右。

又按許作梅，河南新鄉人，庚辰進士，官行人，從逆，改僞禮政府屬。僞順天府李不詳何人。常見甲申野史，載襄城伯李國禎以死力争三大事，又稱藁葬梓宫，惟襄城一人往送，返役即自殺。今以一桂事考之，襄城未嘗至陵下灼然無疑，而争三大事及自殺亦似傳訛。寧都魏禧作《新樂侯傳贊》，附載襄城事，與野史頗異同云。

讀馬伏波傳

後漢伏波將軍馬公義烈士，能擇君矣，而不能度時。蓋君之幘坐迎我而開心見誠者，以其時天下未定，游士固能重輕也。當公孫稱帝，關以西之勢在隗囂。迨竇融款而公效誠〔一〕，一丸泥封關之計不得行矣。

〔一〕「竇融」，徐刊本、康熙本皆作「寶融」。據《後漢書》，當作「竇融」。

昔七國處士横議，儀、秦、鞅、斯並以立談取卿相，而四公子之客皆至三千人，豈其時王公誠能下賢哉？以爲是諸人者，定天下不足而撓天下有餘，吾不收之，將轉爲他人用，協而謀我也。迨天下既定，人之謀計横溢而不能制，大則取葅醢之禍，小則受請室之辱。而欲保全功臣之世者，則使之以列侯就國，第不任吏職。此亦天下之勢宜然，漢、唐、宋、明開代皆如此，非可徒咎其君之薄而已。

公定交阯有大勳。至武陵五溪蠢動，一偏裨任耳。矧帝已厭兵，却減馬之言而謝西域。公年踰耳順，猶復壯心不已。即無薏苡之謗、梁松之構，其能免於疑嫉哉！帝之褒周黨而重嚴光，亦明示天下以意也。後人徒尚光之高、光武之量，而不窺其深識大慮，猶爲未知光與帝者。《易》曰：「後天而奉天時。」光之出處，特爲後天奉時，所以千百世下仰先生之風，而嘆其山高水長也。感伏波之事，因以志焉。

讀寇萊公傳

仇讐之國，無通講之理也。夫差使人立於庭，呼曰：「而忘越王之殺而父乎〔一〕？」則對曰：「唯，不敢忘。」三年覆之會稽。其後小不忍而聽種、蠡之成，吴竟沼矣。宋澶淵之役，微

〔一〕「忘」，原作「亡」，今據文義改。

寇萊公，景德其遂爲靖康乎？公，主戰者也，惜其君不能行公之意，金繒歲益。沿至於金、元，兄之弟之，伯之叔之，臣之帝之。權常在人而命制於敵，雖有至勇極謀之士，能善其後乎？

寧都魏禧評兩宋人才，公爲上上，蓋公之意與一代之邊計皆相謬者也。當其時，使王旦還守京師，旦請：「宣寇準，臣有所陳。」準至帝前，旦曰：「十日不捷，當如之何？」帝默然，良久曰：「立太子。」旦乃馳去。惜夫，真宗有种、蠡之臣而不能用也，重臣當國大事如旦、準者蓋其少哉！

宋二聖之不還也，以講失也，明太上之還也，以不講得也。於乎！此主之者于謙，而不可謂景帝之無功也。

讀趙丞相傳

趙丞相廢光立寧，可與權矣。孟子所謂「貴戚之卿，君有大過則諫；反覆之而不聽，則易位」者也。惜不能燭幾未萌，旋失侂胄。抑猶患於心之有所恃乎？人臣有功不居，可以律己，不可以責人，況侂胄何人也！朱晦庵及羅點、葉適，皆儒者也，其見理過於汝愚遠矣。

雖然，三代以下善處廢立，臨大事而斷者，前霍光而後汝愚。光受武帝之託，而汝愚未膺壽皇之命，則汝愚尤不可及哉！光有張安世、田延年，韓增、趙充國諸人爲之先後，而汝愚黨解權去而不知，兹所以敗也。

王允行董卓之誅而不能靖亂，無亦志滿慮疏，夬履傷恃，不知天下禍患出智計之不及料者正多也。允才十倍汝愚，而乃有此敗，則持盈定傾，功成名遂而身退，唯伊尹一人也與？

讀李文忠傳

嘗讀《宋史》岳飛破金，一日奉十二金牌召還。百姓遮道慟哭，飛泣。諭之曰：「我義不得復留。」未嘗不仰天椎心泣血也。及觀國史，至「李文忠擣應昌，獲元皇孫買的里八剌及其后妃宫人，並歷代金寶玉册以歸」，又嘆曰：「人之生世，固有幸不幸哉！」

當金、元之盛也，以韓世忠、劉琦諸將奔命而不足；及其衰也，以劉福通、關先生諸盜馳騁而有餘。故金之亡，孟珙入蔡州；元之亡，徐達平大都；至應昌捷，而彼運始盡矣。前此文忠有大同之捷，常遇春有上都之捷，徐達有太原、定西之捷，後馮勝有金山之捷。計其戰功亦僅半於宋，乃宋竟不支，何也？豈自屈者無勝圖，得天者有偉略歟？

文忠之忠勇不後於飛。飛遇宋高，抱痛以死；文忠遇太祖，而成吉甫、方叔之功。自石晉賂德光以來，遼、金、元世守四百年之地，得復見漢官威儀。伯顔渡江，六宫北徙，粘罕入汴，二帝東遷。和尚完普夢叶于文忠之三十二年，於乎，盛哉！

姚江書院訓約 甲戌

廷采生質固陋，制行拙迂。幼幸從祖父入姚江書院，與聞沈、史諸先生緒論。復受業韓夫子，朝夕面命。數十年來，頑鈍猶昔。兹遇黄岡韋明府來涖吾邑，育材興學，猥辟廷采濫充斯席。自愧業不精，行不立，無所挾持，與姚中君子相周旋。敬述所聞於師，條次訓約十則。務期諸君恪遵砥礪，以無負作人盛典。《記》曰：「斅學半。」於廷采有深幸焉。

一曰立意宜誠。

《大學》言「毋自欺」，《中庸》言「不誠無物」。蓋心術不純，學問事功俱無歸宿。生心害政，發政害事，有流禍於家國天下者。故先儒陳真晟謂「誠意是《大學》鐵門關」；蕺山劉子揭慎獨爲宗旨，拙修史先生每警門人以立誠爲第一步，一念虚假，通體皆非，切須鞭辟近裏。即今諸生，讀書是真讀書，做人是真做人。其間天資敏鈍，氣候淺深，自是各别，要不相妨。但能從爲己之心打進，不患不日新月盛。朱子説忠信進德云〔一〕：「如項羽破釜甑，燒廬舍，持三日糧，示士必死，無一還心。須辨此志向方得。」

〔一〕「朱子説」，康熙本作「朱子講」。

二曰勘理宜精。

人情、物理、事勢皆聖人之學，故曰：「道一以貫之。」又曰：「合外内之道。」此理甚寬，守着便不是。務要隨處體認，博學、審問、慎思、明辨，然後可加篤行之功。《大學》誠意必先致知，《中庸》誠身本之明善，明所以適於誠之路也。不然，非禮之禮，非義之義，行堅言辯，亦謂之誠，可乎？拙脩史先生言：「學問自有向上功夫，勿以必信、必果爲駐足之地。」正是此意。

三曰倫紀宜敦。

三代之學所以明倫。人倫之本，首重孝弟，如築室之有基，如立苗之有根。吾輩未膺民社，晨夕出入，但有愛親、敬長兩事。此處不立根基，無論異日服官臨民，無所取資，即今靦然人面，坐擁書史，友朋相對，豈不内愧？劉子名講學之地爲證人社，言如此爲人，不如此爲獸。畏之！慎之！

四曰威儀宜攝。

求仁之功，只在非禮勿視、聽、言、動。惟顔子天資明健，當下「請事斯語」。其次循規矩，蹈繩墨，以求寡過。約之以禮，固是徹上徹下功夫。動容貌，正顔色，出辭氣，檢束身心，惰慢不設，乃恂慄後自然威儀，非作而致之。夫子言「不重則不威」，重字是學者對症之藥。程伯子見獵心喜，自覺輕習未除。此等痼疾，惟真實用功，從無間斷，始能推勘。俗薄風漓，後生輕傲，而長輩愈益謙退，誰與發其病而藥之？　内外交養，無暴其氣，此學問之牆壁。　朱子《學齋規約》，可以爲法。

五曰識量宜弘。

世間多少難了事，何暇目前屑屑較量？　「振衣千仞岡，濯足萬里流」，不可不具此氣概。《易》曰：「知崇禮卑，崇效天，卑法地。」兼此兩者，乃能覆載萬物。　識見愈高則執禮愈謙，聖人與天地相似，吾輩不可不以天地爲心。　至如人品學術、交游趨向，或有小異，不害大同。　習而沿之，其失斯甚。　從來朱陸之辨、洛蜀之黨，此等客氣俱要掃除。　好學之士只問自家得力何如、過失何如，安得道聽口傳，坐論他人是非同異？　坦懷相遇，平心觀理，何彼何此，會見萬物皆備於我。

六曰取與宜嚴。

韓夫子每述師訓，言：「人只一念貪私，便銷剛爲柔，窒智爲昏，變恩爲慘，染潔爲污，壞了一生人品。」故君子以不貪爲本，千駟一介，一切當安義命。　士居四民之首，具大人之志，豈容私小陷溺？　當務謹身節用，量入爲出，絶去分外希望，正是自家豎立處。　陸梭山先生《居家四則》具在，何不倣而行之？

七曰學術宜端。

吾輩束髮受書，但識堯、舜、周、孔，凡諸子百家、九流三教，皆污世揉雜之説。每見近來扶箕、拜斗、煉丹、持咒，種種陋習，老、佛所唾棄，賢者亦嘗爲之。蕺山劉子改了凡「功過格」爲《人譜》，專紀過，不録功，以遠利也。韓夫子曰：「聖學以經世爲主，事君事父，經綸天下之大經，故與二氏不同。」凡吾同人，須卓然信得，及推之冠婚喪祭，酌行《朱子家禮》。正己正人，移風易俗，誠吾輩分内事。

八曰讀書宜進。

古者八歲入小學，習洒掃應對進退、禮樂射御書數，所以收放心、徵實用也。後世小學之教不行，手足既閒，身心俱軼。迨乎應務，動獲窒礙。談性命則入於空虚，慕功名則流於夸大。離道、器爲二，明德、新民，大學之功俱無安頓處。迨後專習舉業，終其身敝精神於無用之文，是以人材遠不如古。茲姑無甚高論，即於讀書中尋取本原，略倣山陰徐伯調課，以五經、《左》、《國》、《史》、《漢》、《性理大全》、《通鑑綱目》及唐、宋大家古文，分爲經緯，每日讀經五頁，史五頁，古文五六頁，約三年可一週〔一〕。至看書之法，先虚心涵泳四子本文，次繹傳注、《或問》及《大全》中朱子之説，寢食於斯，恍有湊泊；及至下筆，汩汩然從此中流出，自是

〔一〕「約三年可一週」，康熙本如是。徐刊本無「三」字。邵廷采《姚江書院志・訓約》以及万經《理學邵念魯先生傳》引《訓約》：「……古文五六頁，約三年可一週。」當從康熙本。

出人頭地。程子教人「半日静坐，半日讀書」，原非劃然分限，深思者當自得之。

九曰舉業宜醇。

自制科取士以來，名臣良吏，多出舉業，揚名榮親，道無踰此。何得僅視爲敲門磚，草草易就，吟哦一生，終不成家。先正作文，以先秦、西漢、唐宋大家之氣，寫程朱之理。理是生法，氣是生才。氣貴清不貴粗，理貴微不貴鑿，法貴老不貴平，才貴横不貴巧。四者同出一原，昌黎所云「游之仁義之途，養之《詩》、《書》之原」、「沉浸濃鬱，含英咀華」。然後發爲文章，理法、才氣一時俱到，理不傷氣，法不掩才，斯爲大雅。家長孺先生言：「八股須自出手眼，與日逐看語録，同一心思，而調度各别。既是文章，要新，要活，要風采色澤，要分外出奇，而又不必苦苦着意，求之艱難，只是看題扼要，段段見作意耳。若胸無根柢而動言歸、唐、金、陳，耳食何異？」

十曰功課宜勤。

業精於勤，敏則有功。古人今人，共居一堂，人生樂事孰過於此？正恐時會不常，往還難定。若復燕朋逆師，燕辟廢學，豈非自誤？登斯堂者，毋好佚，毋因循，毋凌亂泛閲，毋進鋭退速，毋作無益害有益，尤忌聚談害事。朱子講修辭立誠，云：「氣之疏密，心之存否，即言之多寡可驗。」最説得細。吾輩相觀而善，要各各竪起上達之志。如世俗馬弔、博奕、傳奇、小説，一切非聖之書、非禮之事，固當耻而不爲。安石圍碁，何如士行運甓？似此惜陰，方有功課。

右十條非託空言，務期實踐。廷采既叨末席，意欲嚴以致和。更望諸君道義相成，忠告善道，虚公相與，毋立私交，自愛愛人，補廷采所未逮。廷采有過，亦祈無犯無隱，從容規切，當虚心以改。姚江固陽明夫子闕里也，去世未遠，近居亦甚。賢才蔚興，將在今日。心乎愛矣，跂予望之。

詩經兒課小引

辛未冬，余讀書陶氏之鏡佩樓。時病纔起，嬾事制舉業，間取架上《詩傳》，授長子承濂。承濂亦病纔起，輒又病，不能竟讀，或半日一讀一輟。陶君笑謂余曰：「吾子與先生子才頗相當，年與病又不相下，業專《易》矣，且兼《詩》，懼不勝，盍節略以爲易受地乎？」余曰：「唯唯。古未有取聖人既删之經，更其篇次，意爲去取者。然亦有説。明經將以致用，漢儒一生第窮一經，立朝服官大節，皆取足其中。今人不唯其用之爲，徒貪多務得，思攟取詞藻，雷同剿説而已。才力薄，而見聞漁獵之富，或反過乎古人，乃如之人盡身通六藝者也，可謂之明經乎？夫『紀事必提其要，纂言必鈎其玄』，斯道也有行之矣，其分門摘類，脱落掛漏，專事節略而忘全經，斯攫取剿説之尤甚，余小子又烏乎敢？」陶君以爲然，請卒成之。於是晨夕講誦，隨手抄録。月而積之，得《豳風》、《豳雅》、《豳頌》爲一帙，鄉飲酒、升歌《鹿鳴》至合樂《關雎》爲一帙，郊廟樂章爲一帙，戎祀燕享之類爲一帙，周自后稷迄於文、武先後世系爲一帙，宣王中興之詩爲一帙，衛武公三詩爲一帙，十五國《風》正、變爲一帙，變《雅》爲一帙，《魯頌》、《商頌》又自爲一帙。凡十卷，得三百篇三之二焉。善學者讀全經之文，而參覽於是編，不無足以相發者。

録成，授承濂及陶君子金鐸，使私藏之，曰：「爲爾輩設，毋令人見，謂余穉且狂也。」

十月既望，姚江邵廷采記。

刻姚江書院志略端由 庚午

采承先人付託之重，圖取書院往迹，勒成一書，久而未能。己巳冬，偕同人，請無休董隱君爲諸先生立傳，隱君曰：「書院之立，所重惟學。諸先生之學，余聞之夙矣。抑其制行之卓、語言之妙，子其哀次，以佐余討論所未悉。」采因於笥中出大父魯公先生所手輯《義學緣起》、《院規》，請益教言；《稽古》數十則，並吾之俞先生《學要徵略》呈隱君。隱君乃即舊本所載，合之《劉子全書》，洎於譜志，及諸門人之稱述諸先生者，博採而慎收之。凡匝月中，成大傳六，小傳十七，復爲之記，並條次諸先生所著序言、紀事等篇，爲上下二卷，總名之曰《書院志略》。

已，隱君猶未厭意，命采入姚江，再蒐之同人，無以應。采仍繙先人存稿，復得沈、管、史、韓四先生遺大父書，及趙不疑先生與家安元先生欲爲沈、管兩先生立傳書，學會質疑數紙。既又得孫少保、楊中翰與管、史兩先生唱和詩札，家得魯先生與鄭奠維先生始創義倉緣起。隱君復增訂之，於以起文成之絶脉，並闡蕺山之微言。蓋是書非一邑之書，而天下之書；抑非一時之書，千百世之書也。采竊心喜，以爲祖父所欲成而未及爲，二十年圖之不遂者，一旦得受成書於隱君，何幸如之！

既又念大父貯明儒書甚富，自文成王子以下，曰仁、緒山、東郭、南野及蒙泉燕詒之録，靡不鈎串提要。每月學會，必手書先儒語，共相問答。當采讀《四子書》時，便欲提撕本原，出入教以孝弟忠信，語之以必爲聖人。所隨舉語，多詳經而略史，屢告以《客座私祝》、先康節詩句與《朱子家禮》，勿示以縱横詭道文。門無襍賓，所與居皆義學侣也。大父之於學勤矣。

王子有言曰：「程、朱没後，師友道亡。」夫師友之道亡，則學亡；祖父之澤亡，則師友亦亡。世有念師友而思祖父者，諒不以是編謂余小子擅也。略之云者，隱君曰：「此亦因所見，而粗集其梗概耳。」其諸未備，冀有心院事而深契諸先生之宿昔者，爲加詳焉。

萬授一曰：民生有三，事之如一。邵子兹刻，其有親有師矣。講學明善，以正人心，則事君之義無不在是也。邵子兹刻，其有功三事，豈不偉哉！

擬徵啓禎遺書謝表

伏以筆削紀前朝，賞罰出大君之命。是非明異代，文章持萬世之公。事慮久而漸湮，徵求宜豫；道與天而均重，編次非輕。古者一史自出於一人，或以父子而世其業。後世衆傳分成於衆手，至以崇卑而監其官。馬遷分散數家，刊落猶多未盡；范氏淹通後傳，條例且虞過煩。《晉書》經瀛洲之十八士而始成，《宋史》費歐陽之百萬言而尤雜。辭之煩簡以事，文之今古以時，固欲自成一家之體。然述一事而先後不同，敘一人而彼此不同，遂至踵壞百代之書。又況周臣不立韓通，國嫌宜慎；唐録難私張説，公道誰明？魏則爲王，蜀則爲寇，名儒且與陳壽同譏；按之入地，揚之上天，何物敢與魏收作色？總之本朝自尊其人物，多稱賢者而不列小人；若夫後王追定其權衡，當討大夫而並及天子。

恭惟皇帝陛下，志在春秋，書成律例。謂有明歷年三百載，得統紹漢、唐之隆；傳世十六王，致治追殷、夏之烈。母儀咸備，配宋曹、高；《祖訓》集成，同周損益。特其文網太盛，《關雎》、《麟趾》之意終有忝於二《南》；綜核過嚴，闊達忠厚之風似難符乎七制。是皆太祖詒謀之未善，更遇文皇繼序之非經。靖難之争、大禮之争、三案之争，士氣衰而愈憤，門户之臺諫與流寇之轉戰俱亡；詔獄之弊、廠衛之弊、廷杖之弊，官常毁而無餘，閹寺之刑威瀝諸賢之碧膏誠痛。宣、孝短祚，世、神永年，皆爲氣運之薄；徐、李推誠，于、王再造，並流天地之名。蓋始也高帝之肇規模，懲寬獨嚴墨吏；究也思陵之殉社稷，升遐尚念蒼生。一代無奇功，故百姓蒙其休養；累朝多教澤，故縉紳皆重廉隅。

第正、嘉以前之書，足徵文獻；啓、禎以後之事，半散冰灰。伯喈之逸才，恐其亡形江海，所南之《心史》，亦虞緘襲金函。若不及此蒐羅，何以終其條貫？紀表志傳〔一〕，當如班掾之精嚴，毋仍應泰紀事之體；予奪貶褒，顧學文公之平恕，勿等李贄續書之偏。臣等向未窺中秘之藏，早留心於著作；今幸值承明之選，反汗面於編摩。因思作史之難，非獨其文不易。以昌黎之强直，尚避譏彈；如廬陵之博通，猶辭參閲。所以野史得行其獨見，而素心難證於同修。宜開忌諱之門，大肆專家之學。

伏願除俗弊而布寬政，若明祖之聽劉基；無欲速以致太平，法孝宗之用大夏。復建文之號，不必别立革朝之名；存弘光之年，使得概從亡國之例。封周子南君以備賓恪，禮嘉客於淫威；置守陵之吏以護寢園，感百神而垂泣。

題蘭亭劉生喜容

鏡之面，畫之影，其幻一也。天之畀形於我，與我之託形於鏡與畫，亦豈或異？安知鏡與畫之非真，我之非幻乎？我故爲幻而責真於鏡與畫，亦見其惑也。余怪世人好圖小影，顔

〔一〕「傳」，原作「得」，今據文義改。

之曰「喜容」。夫情有七，而喜特其一；容有九，而喜之容又特其一，曷獨以喜名容？曰：喜，天地之仁氣也。春生爲仁，仁統四端，根心生色，施於四體。惟仁者其容舒，乃克有喜焉，喜不僭，而七情九容舉不忒焉矣。顧置一鏡一畫於此，閱歲時〔一〕，更熟覩之，每不相似，則又以疑鏡之爲真、畫之爲幻也。然而世且圖之者，以真將藉幻以留也。

抑感《洪範》「二、五事：一曰貌」，而言、視、聽從之，其本則起於思。思之幾有聖有狂，貌、言、視、聽隨所思而變，我之真其在斯乎？不歸其真，而徒執其向所圖之容曰：「我固坐是立是，山水環我，花石繞我，魚鳥依我，我則儼然君是畫者也。」彼山水花石有知，毋乃笑此蚩蚩者之非故我與？

劉生弱冠而圖喜容，即之若真有喜者。余則謂生方盛顔，能慎其思以進於日强莊敬；洎乎耄年，而鏡中之劉生與畫中之劉生恒似而不相似〔二〕，其爲喜也乃更多矣，是則余之所羨於生者也。

〔一〕「時」，原作「視」，今據文義改。

〔二〕「而鏡中之劉生與畫中之劉生恒似而不相似」，徐刊本「不相」下有墨丁，康熙本「不相」下有「似」字，據康熙本改。

登州觀德亭記跋

仁和王公繪《登州圖》，作《觀德亭記》。余披覽伏讀，凡海氣之吞見、日月之沉升、蒼庾之貯積、射圃之習禮〔一〕，雖未至登，一一如矚諸目。甚哉！公之圖與文，曲寫公之心也。

登故官山府海國，下逮趙宋，坡公出守時尚稱全盛，未至如公文所云凋敝。以是知地有升降，政由俗革，即一登而他郡可知，天下可知已。然惟山川壤性，終古不移；至於郛屋建置，民户充蕃，物産土俗之豐腴窕秀，固皆可以人力復旋而轉之，存乎其時。登與遼之金、復、海，蓋一航相望，隋、唐征高麗，舟師皆自登出。明萬曆援朝鮮〔二〕，間使轉運，取道沙門島。迨天啓初加設防撫，重以東江、吴橋之役，兵連不解，太守、令長往往僑治鄉聚。

今海隅日出，並爲一家，烽火晏然，民安枕樂生六十餘載矣。公當歉歲後至，正己恤屬，輕徭平賦，四年之間，元氣漸紓。流民之圖可無繪，令後世志風俗者以斯文爲失實，孰知旋而轉之者之存乎公也？公云：「射以觀德，未有不正身而可居人上者。」凡司牧其各寫一通，銘之座前乎？

〔一〕「射」，原作「財」，今據文義改。
〔二〕「援」，原作「授」，今據文義改。

紀養説

昌邑之廚有司養焉，以煎熬微失，遭主人譴責，蚩無一言。主人色轉霽，使益前，問其姓，曰：「紀氏。」問其名，曰：「年長矣，不知名。」更問，則顧而嘻曰：「吾司養，即以養名，可乎？」余曰：「曷謂養無知？養有知也，合於古者命名以事之義矣。」

按《春秋傳》魯莊公元年：「齊使遷紀郱、鄑、郚。鄑在昌邑，蓋齊將滅紀，遷三邑之民而取其地。」是由鄑遷，非如縣志所云遷於鄑也。然則養之先以是年被遷入齊〔一〕，而養今在此者，豈其世遠遞傳，復轉徙而至此耶？抑天心好還，滅紀之後二百餘年，齊亦旋奪，紀子孫沐田氏之寬政，得以返其初服耶？

《春秋》大復仇，雖以齊襄荒暴，不斥其滅紀之罪，而書「紀侯大去其國」，又書「紀季以酅入於齊」。紀侯者，知其先之深有怨於齊，齊不我釋，而己之力不足以抗也，故委國於季而去，季亦不惜屈己以延廟祀。其後紀侯卒，夫人姬氏不以存亡易意，不魯是歸而酅是歸，卒而葬焉。是以紀亡而書「紀叔姬」，文繁不殺，固深嘉姬之守義，而亦兼予齊之能以禮處紀也。

吾於是而有感於德怨之際，人性之本，亦天理之平。戰争、土地之隙微，而祖宗被讒、烹僇之釁大。九世以内尚如此，矧父母兄弟舉宗俘辱，已晏然南面衮冕，有天下之半，乃靦顔稽

〔一〕「被」，原作「彼」，今據文義改。

顙，臣事仇讐，錮箝天下之口以護奸邪？屠殺忠義之臣以怡敵國，果人性乎？天理乎？

張子有言：「太虚不能不聚而爲氣，氣不能不聚而爲物，物不能不散而爲太虚。」夫聚而爲物則有性，有性則有喜怒哀樂，得其節而處之以禮，仍散而爲太虚。怨仇者，哀與怒之發也。不發則滅性，發而非以禮節則害虚。如雷之起無聲，而仍復於無聲，復於禮也，此其節也。不然，物之攖震擊而得傷者豈少哉！曹操之復仇，雷之失其節者也，是無禮之尤也。齊、紀之事庶幾乎得平，是以夫子交不貶也。

抑遡齊師遷紀之年，迄於今養鼓刀以養之年，二千六七百歲，其間日之爲甲子者以萬計，爲世者以數百計，天下之變遷淪毁，何可勝道。而紀之苗裔尚有存者，豈其先固嘗有功德於朝，又其能善處亡，不忍鬭其民，以僥幸於難可成之勝，故當時固不殄其祀，而百世亦竟得保其嗣耶？然而，凡此者養皆不知也。夫不知，非其愚之罪也，養之天也。姜與紀交惡於當年，而今比處於邑中而不偪，蓋怨毒之散也久矣。聚而爲氣，散而爲虚，天之所爲無心也。養之無知，其天也。

叔崑琰曰：本《正蒙》立言，拈禮字發先儒未發，方不是老、莊、佛之旨。

後蒙説

采十一歲從先大父受書，爲作《蒙説》。今年辛未，采四十四歲，伯子承濂纔十歲，仲子承明甫七歲，質性下愚，視采尤甚，自愧無以教之。回憶大父曩時，爲之淚下。口授鄙語，名曰《後蒙説》，聊志不忘先子之意云爾。

唐堯、虞舜、夏禹、商湯、周文王、武王、周公、孔子皆古聖人也〔一〕，故曰：堯以是傳之舜，舜以是傳之禹，禹以是傳之湯，湯以是傳之文、武、周公，文、武、周公傳之孔子，孔子傳之孟軻。軻之死，不得其傳焉。傳者何？傳道也。欲傳聖人之道，不可以不知聖人之學。

伏羲、神農、黄帝、堯、舜謂之五帝，禹、湯、文武謂之三王，夏、商、周謂之三代，天下之主謂之天子，一國之主謂之諸侯。諸侯有五等，曰公，曰侯，曰伯，曰子，曰男。

孔子，魯人也。生於春秋之世，不得行其道。删《詩》、《書》，定《禮》、《樂》，贊《周易》，修《春秋》，爲萬世師。

《詩》、《書》、《禮》、《樂》、《周易》、《春秋》，是爲六經。《易》、《詩》、《書》、《禮記》、《左傳》、《公羊傳》、《穀梁傳》、《周禮》、《儀禮》、《論語》、《孟子》、《孝經》、《爾雅》，是爲十三經。《大學》、《中庸》、《論語》、《孟子》，是爲四書。《論語》，孔子門人所述也。《大學》，曾子門人所述

〔一〕「古聖人」，徐刊本作「故聖人」，康熙本作「古聖人」，據康熙本改。

也，《聖經》一章，則孔子之言也。《中庸》，孔子孫子思所述也。孟子與萬章之徒著書七篇，即名爲《孟子》。蓋孟子鄒人，生於戰國之世，去魏適齊，道終不行，因追述唐、虞、三代之德，推明孔子之學。萬世以後，尊孟子爲亞聖大賢，以其功業雖不見於當時，負荷道統而學在也。所謂學者，學賢人，學聖人，必以孔子、孟子爲師。孔孟之道，孝悌而已矣，仁義而已矣。不愛親，非孝也；不敬長，非悌也；居心殘忍，非仁也；處事失宜，非義也。非孝、非悌、非仁、非義，非人也。所謂學者，學爲人而已矣。小子識之！

欲學爲人，須識人倫。人倫有五：父子有親，君臣有義，夫婦有別，長幼有序，朋友有信。天命之性，生來有此五者，所以異於禽獸而爲人也。庶民去之，斯爲禽爲獸；君子存之，斯爲聖爲賢。唯天下至誠爲能盡其性，盡此五者之性也；經綸天下之大經，經綸此五者之經也。親、義、序、別、信，要而言之，止是一誠。故誠於事父，即孝子矣；誠於事君，即忠臣矣。誠者，天之道，乃天命之性；思誠者，人之道，則復性之功也。三代之學，皆所以明人倫，明此而已矣。老、佛二家，離却經綸大經，高言立本知化，所以都無根蒂，全屬虚假。先儒言其用誤者，其體未有不差。又曰：「未識人倫，焉知天道。」此聖賢之真傳也。

人有性、有情、有才。性善，則情亦善，才亦善。愚夫愚婦皆有性之人，即皆有才情之人。但人之才情，當用之於忠孝節義，不當用之於詞章藻繪。漢之諸葛武侯、唐之郭汾陽王、宋之岳忠武王、文文山丞相，有才情之人也；宋之施全、明之補鍋匠、東湖樵夫，亦有才情之人也。

何也？忠孝節義各率其性，無大小，一也。「鞠躬盡瘁，死而後已」，武侯之所以爲武侯也；克復二京，夷險一節，汾陽之所以爲汾陽也；全師歸朝，恪共君命，忠武之所以爲忠武也；「求仁得仁，抑又何怨」，文山之所以爲文山也。是數人者之豐功烈行，與愚夫愚婦之與知與能，一而已矣，是真有才情之人也。彼文家之司馬相如、揚雄，詩家之沈佺期、宋之問，立身一敗，萬事瓦裂〔一〕，而世方以才人、情人目之，亦見其惑也。

有志之士寧樸無華，思力返其天真，不苟同於時好，毋爲世之稱才情者所惑，庶幾養一身之元氣，以培祖宗之元氣，且合天地之元氣，盡性至命之學，何必不在是乎？《易》曰：「保合太和。」此之謂也。

諸葛亮，謚武侯，佐後漢昭烈皇帝。其《出師表》有云：「臣但鞠躬盡瘁，死而後已。」

郭子儀，封汾陽王。安禄山反，陷東京洛陽、西京長安，子儀佐唐肅宗收復之。西京即今陝西西安府，東京即今河南河南府也。

岳飛，謚忠武王，佐宋高宗破金兵於朱仙鎮。奸臣秦檜主和議，一日發十二金牌召還，下獄死。

文天祥，號文山，事宋恭宗、端宗。兵敗，爲元兵所執。宋亡，元世祖殺天祥。其《告先太師墓文》有曰：「求仁得仁，抑又何怨？」

施全，宋高宗時軍士。欲殺秦檜，爲檜所殺。

〔一〕「瓦裂」，徐刊本誤作「瓦製」，康熙本作「瓦裂」，據改。

明成祖入南京，惠宗遜去，有東湖樵夫聞皇帝崩，大慟，投水而死。又有忠臣埋姓名，爲補鍋匠。

人生天地間，焉可不知上天下地？天之所以爲天，吾不得而見之矣〔一〕，其形而下者，則有四時，有五行。春、夏、秋、冬，謂之四時，水、火、木、金、土，謂之五行。春爲木，爲東方，於《易》之八卦爲震；夏爲火，爲南方，於《易》之八卦爲離；秋爲金，爲西方，於《易》之八卦爲兑；冬爲水，爲北方，於《易》之八卦爲坎；四時之季爲土，爲中央，於《易》之八卦爲坤。日月寒暑，往來相推，而歲成焉。

天三百六十五度，其行一日一週。日行一日，不及天一度，積三百六十五日，退而復與天會；月行一日，不及天十三度，積三十日，退而復與日會。故月以月計，歲以日計。其間氣盈朔虛，有縮有盈，則爲之置閏。《書》曰「以閏月定四時，成歲」、「協時月正日」，蓋謂此也。

至於星辰之數，二十八宿。不動爲經，五星交錯於其間。常動爲緯。辰，水也；熒惑，火也；歲，木也；太白，金也；鎮，土也。是謂緯星。東方蒼龍七宿：角、亢、氐、房、心、尾、箕；南方朱鳥七宿：井、鬼、柳、星、張、翼、軫；西方白虎七宿：奎、婁、胃、昴、畢、觜〔二〕、參；北方元武七宿：斗、牛、女、虚、危、室、壁。是謂經星。惟經星與天河不動，故因此以知天行。

〔一〕「吾不得而見之矣」，徐刊本原作「吾不得而而見矣」，康熙本作「吾不得而見之矣」，據改。

〔二〕「觜」，原作「嘴」，今據文義改。

《詩》曰：「倬彼雲漢，昭回于天。」又曰：「七月流火」，蓋謂此也。

至於南至牽牛爲冬至，北至東井爲夏至，東至角爲春分，西至婁爲秋分。日行亦以經星爲節，日月交會之度爲辰，每月一會，故一歲十二辰。

日食非晦則朔，月食必於望。月掩日而日爲之奪，則日食；退而自掩，則月食；皆陰盛陽微。伐鼓救變，所以扶陽抑陰，學者不可不知此意也。若夫節宣陰陽，範圍天地，令日月不過而四時不忒，則存乎聖人之致中和而贊化育。下此恐懼修省，念用庶徵，君子固有所不廢焉。

地有九州，而高下因焉。西北高而東南下，故西北多山，東南爲大海。大海南接廣東、瓊州，自廣東而東南爲福建，自福建而北東爲浙江，又北東爲南京之地。又正東爲山東，自山東而北爲遼東之金、復、海、蓋，與朝鮮相接。自廣東至於朝鮮，綿亘萬里，外皆爲海，故曰：「地不滿東南。」《易》之圓圖，兑居東南，其此意也。

西北之山起崑崙，黄河之源在焉。《書》曰：「導河積石，至于龍門。」以崑崙尚在西域，去中國遠，故導河自龍門、積石始。龍門、積石在雍州之域，今陝西延安界也。長江之源爲岷山，在今四川。漢水之源爲嶓冢，在今陝西之漢中，皆古梁州域内。淮水之源爲桐柏，在今河南之南陽，古豫州域内。濟水之源爲王屋，在今山西之平陽，古冀州域内。江、淮、河、濟，號稱「四瀆」，而皆發源於西北諸山。《易》之圓圖，艮居西北，其此意也。

山之最尊者爲五嶽，而發源之山不在列。中岳嵩山，在豫州，今河南南陽境；南岳衡山，在荆州，今湖廣衡州境；東岳太山，在兖州，今山東濟南境；西岳華山，在雍州，今陝西西安境；北岳恒山，在冀州，今北直真定境。中岳建天地之中，而其餘四岳，則古者天子巡狩、朝會諸侯必於此焉。禮曰：「五嶽視三公，四瀆視諸侯。」蓋山川之大者，天子之待之其隆禮如此。

至《禹貢》九州之域，長江以南止有荆揚二州。荆，今之湖廣、江西是也；揚，今南京、浙江是也。若福建、廣東、廣西、貴州、雲南，名爲五嶺以南，不列五服職方内。惟《堯典》有「宅南交」，《記》稱「舜崩於蒼梧」，則南極交趾、粤西矣。要皆羈縻弗絶，非必盡登貢賦，如今日之盛。長江以北七州：青、兖，皆今山東；徐爲淮徐，豫則今河南五府；而河北三府屬冀，冀州所轄最廣，今山西北直皆是；陝西、四川當天下之半，是爲雍、梁。舜時分青爲營，裂冀爲幽、并，始有十二州之名。所謂封十有二山者，一州以一山爲鎮，越之南鎮，即揚州之鎮山，舜所封也。

至九州封國，上應二十八宿，各有分野。後儒雖多附會，其理與數亦不能盡明，要之大端不爽。俟年紀長成，能讀《漢書·地理志》，當自知之。

聖人之學在躬行，讀書其一端也。然欲發明心理，知古今，識事變，濟時行道，揚名顯親，自非讀書皆無由致。故程子曰：「進學在致知。」朱子曰：「讀書起家之本。」古人亦有託於農畝，高尚其事者。諸葛武侯之躬耕南陽，陶靖節徵士之東軒嘯傲，其人固讀書人也。若不讀而耕，則農夫而已矣。況祖宗世以讀書傳家，荒其業而嬉，是爲不孝；舍其舊而他途是謀，是爲無耻。奚可哉！奚可哉！

讀書之序：四書讀畢，一年而習一經〔一〕，五年可畢五經。經學既通，以及諸子百家，俱有本矣。古文自《左傳》始，《國策》不必多讀，因蘇、張習氣，壞人心術。宜多讀漢儒董仲舒、王吉、魏相、劉向、匡衡之文，其餘取雄健嚴謹，賈誼、司馬遷、相如、班固要當成誦，此外可勿問也。唐、宋大家，韓、歐最上，卓然傳經紀事之言。柳文亦不宜多讀，朱子謂其「易令後生氣促」。三蘇、曾氏俱好，惟王氏叛道篡聖，當黜。能不惑於從前習見，方爲有識之士。他如十三經、二十一史及宋以後文，隨精神識力所能加，而多方採擇之，非可預講也。

三皇之書謂之《三墳》，五帝之書謂之《五典》，《易》之八卦謂之《八索》，九州圖籍謂之《九丘》。《傳》稱左史倚相「能讀《三墳》、《五典》、《八索》、《九丘》」，即謂此也。

《易》始伏羲，初有畫，既有卦，卒有圖，是謂無文之《易》。其後夏《連山》首艮，商《歸藏》首坤，周《乾坤》首乾，則皆有文之《易》，謂之《三易》。今序卦上下經之次第；自乾至於未濟終焉者，《周易》也。四聖人之意，總以《易》冒天下之道，使人得以遷善改過，趨吉避凶，而懼以終始，不失乎天理之正而已。程傳自發義理，朱子推明本義。本義云者，以伏羲還伏羲，以文王還文王，以周公還周公，以孔子還孔子。讀四聖人之書，前後不必相顧，然後不可爲典要。惟變所適之趣，相叩而益出焉。知是意也，《易》可勝用哉？

〔一〕「習一經」，徐刊本原脱「一」字，康熙本有，據補。

《書》記虞、夏、商、周四代之政事。西山蔡氏序《書傳》，言：「欲求二帝三王之所以爲道，當求二帝三王之所以爲心。」與程子論《周官》法度，而推本《關雎》、《麟趾》之意，大略相似。

詩有六義：比、興、賦、《風》、《雅》、《頌》。《風》者，民間之詩，天子巡狩，太師陳之；《雅》、《頌》則朝廟之樂章，皆公卿所作。其體不同，其用亦異。故學《詩》之益，興、觀、群、怨，事父事君，鳥獸草木，無所不可。而其爲教之本，則「一言以蔽之，曰：思無邪」。人能止邪於未形，不爲物交牽引，於詩道也庶幾矣。

《春秋》始魯隱公元年，實平王之四十九年。周室東遷，王迹熄而《雅》詩亡。孔子因魯史作《春秋》，當一王之行事。隱公之後爲桓公，次莊公，次閔公，次僖公，次文公，次宣公，次成公，次襄公，次昭公，次定公，次哀公。終春秋十二公，二百四十二年，絕筆於哀公之十有四年春西狩獲麟。傳《春秋》者左氏，非丘明。司馬遷謂「左丘失明，爰著《國語》」者，誤也。晉杜預注《左氏春秋》最爲詳密，宋林堯叟推廣其説，後人比而刻之，謂之《杜林合注》。讀《春秋》當從《杜林合注》始。至於公羊高、穀梁赤，皆子夏門人。漢人表章六經，並立《公羊》、《穀梁傳》，而《左氏》不列於學官，故劉歆移讓太常博士，以此爲言。自胡文定作傳以後，記事者必推左，而談理者專尊胡。雖聖人作，不能易矣。

讀《禮》之法，以《儀禮》、《周禮》爲經，《大戴》、《小戴》爲注。《儀禮》、《周禮》作於周公，而《戴記》多出漢儒傅會。盡信書則不如無書。於乎，能擇於三禮之中者，其於古書之正僞，昭昭然白黑分也，復何有哉！

讀《論語》者須先識仁。「己欲立而立人，己欲達而達人」，仁之體也；「己所不欲，勿施於人」，仁之方也。「克己復禮」、「既竭吾才」，顔子之勇於仁也，「以爲己任」、「死而後已」，曾子之弘且毅於仁也。此顔、曾二子所以得聖學之傳，而仲弓、子貢以下諸賢莫能及也。

博施濟衆，不欲無加，終身可行。夫子三答子貢，皆教以强恕求仁，教仲弓亦如此。千聖之學，「人心惟危」四言盡之矣。孟子之「不動心」，所以持人心之危也；其曰「性善」，則所以明道心之微也。後世商鞅之變法、李斯之助虐、王莽之篡篡、揚雄、王安石之僭經蔑聖，皆由一念人心之危而熾；堯、舜、三代之治功，濂、洛、關、閩之學術，亦由一念道心之微而開。吁，可畏哉！

讀《學》、《庸》者須先識誠。誠者，天道也。人必學天，方盡人道。故曰：無所爲而爲之，爲天理；有所爲而爲之，爲人欲。不怨不尤，下學上達，合天人而貫之者，其誠乎！未發之中，誠之復也；中節之和，誠之通也。天命之不已，隱然行於喜怒哀樂間，人自日用而不知耳，所謂體物而不可遺也，是誠之體也。君子知其在我而畏天命，故戒慎不睹，恐懼不聞，養其中以生和氣，極其至而天地位、萬物育。求誠之功，皆於未發處實用其力。未發一差，見於七情，動於九容，施於百行無不差者，故曰「天下之大本」也。所謂獨也慎者，慎此而已。蕺山劉子以意爲心之所存非所發，雖與朱子異，然按之經文，印之先儒，其説皆合千聖萬聖從事之途，未有不從立大本起者。若以所發言而曰「欲正其心之本，先誠其意之末」，其途之相去，不亦萬里乎！行文當從傳注，然劉子此論，實精且正，發明先聖之微言，後生不可不知。

先儒云：「欲知顔子所樂何事，當先知顔子所好何學。」夫子自言「樂以忘憂」、「樂亦在其中矣」，七十子之中獨稱「回也不改其樂」；自言「不如丘之好學也」，七十子之中，獨稱回也爲「好學」。孔、顔同爲此學，即同有此樂也，故曰「惟我與爾有是夫」。「好之者不如樂之者」，樂固是學問盡頭。曾點已見大意，是見及此，顔子直詣及此矣。漆雕開「吾斯之未能信」，是篤志從事乎此者，亦尚在「好之」界上。然功夫切實，點或反遜於開。觀其屢以哂由爲疑，是自家信不及處。

畢竟如何好學？曰：食無求飽，居無求安，敏事慎言，就正有道，如此之謂好學。更約其實，則一言以蔽之曰：「主忠信而已矣。」必有忠信如丘而不能主，所以不免爲鄉人；而主忠信者，可以爲聖人也。忠信即誠也，天之道也；主忠信即思誠也，人之道也。忠信即「道心惟微」也，不主忠信則物交牽引，必有非所主者，即所謂「人心惟危」也。何以主之？曰：博學之，審問之，慎思之，明辨之，是精以主之；篤行之，是一以主之。

七篇之中，歷敘道統者三：「幾希」章言人禽之關，吾心存亡之所由繫也；「好辯」章言治亂之運，世道存亡之所由繫也；末章見知、聞知，則自堯、舜以至孔子而後，孟子直自任一個人矣。要之，此道非知不開，故伊尹曰：「使先知覺後知，使先覺覺後覺。予，天民之先覺。」

能覺則能存此幾希，始見惟人萬物之靈，有以異於禽獸。彼庶民去之，直不知不覺，嗤然與鳥獸伍耳。然業以先覺自居，則此身便與世道相關。故伊尹幡然應湯，伐夏救民，禹抑洪水，周公誅紂伐奄，孔子作《春秋》討亂賊，孟子距楊、墨，皆是此意。旋乾轉坤功業從幾希中做出，即從此知中開出，方是聖賢之出處，有體有用之學。萬物一體，生來原是如此，不容絲毫虧欠，此之謂能盡其性。盡人性，盡物性，贊化育，參天地。

古之封建，唐、虞、夏之時約萬國，商時三千，周初千八百國。至於春秋，國之見於經傳者一百六十有五。而戰國之時七國，秦最强大，齊、楚、燕、韓、趙、魏六國在山東。六國合兵以伐秦，名爲「合從」，六國出幣以事秦，名爲「連横」。蘇秦言從，張儀言横，惟孟子言王道。

春秋之齊，太公之後也，姜姓；戰國之齊，陳公子完之子孫，舜之後也，田姓。完奔齊，爲齊桓公工正，及陳文子而大。至陳成子弒簡公，成子之孫田和遂篡齊，即齊宣王之祖也。

七國惟秦、楚、燕仍春秋之舊，其餘皆非舊國。田氏篡齊，而太公之齊亡。韓、趙、魏分晉，名爲三晉，而唐叔之晉亡。孔子嘗言之矣：「天下有道，則政不在大夫。」春秋之變爲戰國也，政逮大夫之極也。

春秋之時，天下之所擯者唯楚，以其僭王猾夏也；戰國之時，天下之所擯者惟秦，以其蠶食六國也。春秋之時，天下猶有禮教；戰國之時，天下惟知戰爭。封建、井田、學校，凡先王所以治天下之具，皆亡於戰國。

六國吞并小國，秦又滅六國，而封建廢。封建廢，則爲今日之郡縣矣。商鞅相秦孝公，始變法。開阡陌而井田廢，井田廢則民無恒産，而失其養矣；輕仁義之士，重遊説之徒，而學校廢，學校廢則處士横議，而教益衰矣。先王治天下之具，恃封建、井田、學校以爲綱維。三者既亡，雖有良法美意，皆無所施。後世之民所以不得沐唐、虞、三代之化，自戰國始。

孟子答北宫錡，封建之制也；答滕文公，學校、井田之制也。「如欲平治天下，舍我其誰」，必以仁義爲本，而復井田、學校，此《孟子》之大略。觀「地不改闢，民不改聚」及「魯在所損乎，在所益乎」之説，其不欲遂廢封建可知。具此懷抱，還有管仲、晏子在其意中否？又何論公孫衍、張儀。

凡講書，都要從「天命之謂性」句看下來。大學之道，在明明德、新民。德與民皆受於天，故能盡其性，則人性、物性，合下俱在内。性之德合外内之道，不得分明德爲内，新民爲外。修己以敬，即修己以安人、安百姓，自是歇手不得。性至善不離乎氣，而實不雜乎氣，純乎天理而無人欲。故明明德、新民，皆當求盡天理，而無一毫人欲之私。孟子願學孔子，不安於具體而微，諸賢以其明明德之未止於至善也。治不若唐、虞、三代，而僅如漢之文景、唐之太宗、宋之仁宗、明之宣孝，新民之未止於至善也。故止於至善者，所謂「窮理盡性，以至於命」，人而天矣。

一切學問功夫，都不論未事臨事，總無可間斷。以存心之功而言，靜時存養，動時又要省察；以致知之功而言，平時考究，臨事又當研審，如「子入太廟每事問」可見。

問：一事必有一理，逐物而格之，不已勞乎？曰：不勞。理皆本於心，合下是一以貫之。朱子謂非存心無以致知，須要心作得主宰。若俗儒詞章訓詁之學，一切向外馳求，不思用心於內，即浩博如馬、班，其歸無益。此則不勝勞耳。先儒以讀書爲玩物喪志，正指此病言。聖門格物之功，豈慮有此？

身，所以載此明德者也。耳司聽，目司視，鼻司臭，口司言語、飲食，手足司運用。動容周旋皆合禮，是謂身修。然心爲身之大體，耳、目、手足、口、鼻爲小體。小體不思而蔽於物，心之官則思。先立乎其大，則小者不能奪，故修身必先正心。至於意者，動之微，吉之先見者也。動而無動，發如未發，凡好善惡惡，皆依其天，率其性以出，方謂之誠。但知未致，雖欲誠意，其道無由。昔漳州布衣陳真晟，謂「誠意爲大學鐵門關，『致知』二字乃其玉鑰匙」，最説得好。知即吾心本然之知，所爲虛靈不昧者也，必博學、審問、慎思、明辨，以盡格物之功。漸漸積累會通，則衆物之表裏精粗無不到，而吾心之全體大用無不明，是謂物格知至。知至之後，自誠意以下節節有功夫，一一有事業，其功不可闕而序不可紊。聖賢學問，要在知行並進。格物窮理如此乎？致知以修身，則察之無不盡；誠意正心如此乎？力行以修身，則由之無不盡。舉吾身之察之無不盡者，而措之家國天下，則知之無不明；舉吾身之由之無不盡者，而措之家國天下，則處之無不當。知明處當，是之謂齊，是之謂治，是之謂平。故曰：「壹是皆以修身爲本。」

三綱領中既指出本末終始，復於八條目中指出本末厚薄，使人知求端用力之方。乃知管仲之器小、唐太宗之仁義，皆其本亂，而薄於父子、夫婦、兄弟之間者，欲坐奏治平無由也。

無思無爲，寂然不動，是虛也。感而遂通天下之故，是靈也。旦晝梏亡後，平旦之氣其好惡仍自與人相近。雖不仁之人，乍見孺子入井，皆有怵惕惻隱之心，嘑爾蹴爾之食，乞人亦不屑受：是不昧也。合虛、靈、不昧而此理常存，乃見明德。明之者，格物致知，明以明之；誠意正心修身，誠以明之。用力之久，人欲浄盡，氣稟俱化，無聲無臭，至矣。

氣稟有厚薄清濁，有生之初，便有此累，在天地亦無如何。然天地亦有氣質之累，凡日月過、四時忒、冬有愆陽、夏有伏陰，皆氣質爲之。但有至誠參贊，則「於穆不已」之命，自然流行其中。人則便不能如天地，多受其梏梏而不化。聚數人一堂，或粗猛，或重滯，或明決，或拘謹，不出高明、沉潛二途。如聖門誾誾、侃侃、行行諸賢，各由學問陶鎔，乃有此等氣象，下此，鮮不拘於氣質。「由也不得其死」，終是氣質變化未盡。此則致知格物之功有虧，以致心意之間，必信必果，多有正非所正、誠非所誠者。故夫子告由，於致知之功再三致意。

韓文公《原道》足羽翼聖經而不及致知，先儒議之。大學之所謂知止，合定、静、安、慮、得而言，非異端虚無頓悟之謂也。

人欲所蔽，是有生之後，如江河之日下不可返，然亦自有生之初氣質中帶來。人有氣始有身，有身便有欲。口於味，目於色，耳於聲，鼻於臭，四肢於安佚，此人之情，亦謂之性。《書》曰「人心惟危」，又曰「惟天生民有欲」，正謂此也。道心甚微，人欲熾則道心爲其所蔽。故惟精惟一，能擇能守，庶其天全，而明德之在我者不失矣。

新民止欲民共明其明德，故下云：「欲明明德於天下。」剛、柔、緩、急，民之氣禀異矣；飲食、男女，民之大欲存焉。聖人制禮樂刑政，以平其氣禀，節其嗜欲。人心風俗，歷久必敝。如琴瑟之不調，必解而更張之，其大者井田以養，學校以教。至於世變風移，教化浹而王道成，則新民之明效也。

學文以明其理，修行以踐其實，主忠信以立其誠，心行合一，知行合一，是夫子之教。文是言語文章。明道之事，非求工於言語文章者所能也。夫子删《詩》《書》、定《禮》《樂》、贊《周易》、修《春秋》，其大者也。孝弟忠信一一體諸身，而盡其精微之藴，爲法天下，可傳後世，是爲躬行君子行道之事也。

小有才之人鮮不驕吝，其故只是不學。顔子唯好學，故「願無伐善，無施勞」。《書》曰：「汝唯不矜，天下莫與汝争能。」大禹、周公之盛德，一也。夫子與桓魋是善惡之對待，魋與夫子俱不能違天，即至善之流行。

偶教濂兒，小成卦畫，問：「畫卦自下始乎？」曰：「然。天下事無不從實地起者，如築室之有基，如立苗之有根。故曰：孝弟也者，其爲仁之本與？」行遠自邇，下學上達，皆是此意。其職則子、臣、弟、友，庸德也。其功則戒慎不睹，恐懼不聞，養未發之中，立天下之大本也。如此，方是中庸之學，無聲無臭至矣。此之謂下學上達。

六藝之數不小矣，知數者其知《易》乎！數蓋自一始也。一爲奇，分而爲二，爲偶。純奇純偶爲乾坤，主乎奇爲震、坎、艮，主乎偶爲巽、離、兑，綜之以成六十四卦、三百八十四爻。天一地二，以至於十，推而極於千萬，胥是一矣。書同律度量衡，皆以黄鍾之宫爲本，其卦爲復，所謂一之日也。識得「一」字，小德川流，大德敦化。天地之所以爲天地，仲尼之所以爲仲尼，皆在於是。夫子曰：「吾道一以貫之。」曾子曰：「唯。」以此見曾子之深於《易》。

畫從一起，圖從中起，故學貴知本。

讀《易》須先識圖。《河圖》、《洛書》，天地無心而成化者也；伏羲五圖、文王二圖，聖人有心而無爲者也。伏羲之時，龍馬負圖而出於河。其位一、六居下，二、七居上，三、八居左，四、九居右，五、十居中，一、二、三、四、五生數居内，六、七、八、九、十成數居外，奇偶皆兩相配，所謂對待之體也。大禹之時，神龜負書而出於洛。其數戴九履一，左三右七，二四爲肩，六八爲足，自一至九而無十，偶統於奇，陽用事也。《河圖》五、十居中，而一、三、七、九四奇，分處四方之正；二、四、六、八四偶，退處四隅之偏，貴陽賤陰之義也。然《洛書》雖無十，而九與一、八與二、七與三、六與四，横視之皆有十在焉，所謂流行之用，與圖相經緯者也。

問：「伏羲取一、二、三、四定四象之位，取六、七、八、九定四象之數，又取中宫之五、十爲大衍之數。圖不出，《易》將不作乎？」曰：「《易》作於聖人，非從《河圖》起也。聖人洗心藏密，神以知來，智以藏往，已具全《易》之德矣；顧其神明旁達，百物不廢，於天地間名象無不博取兼收，況於《河圖》啓天地之秘，而洩造化之藏者乎？夫仰則觀象於天，俯則觀法於地，近取諸身，遠取諸物；此畫卦之本也。若《圖》之出，適與作《易》相會，聖人亦遂則之，以明其成變化而行鬼神之功，先天而天不違，此固其一端耳。《洛書》出於作《易》之後，而其理通於《易》，禹因之作《九疇》，箕子傳之。夫子以《洪範》入《周書》，明其爲治天下之大經大法，蓋亦莫非《易》之用也。安意《洪範》、《九疇》，安知非因《洛書》以演《易》，即所稱夏之《連山》，大禹或别有全書在乎？箕子之學，識其大者，其詳當不止於是，學者不可不知。」

地有九州，井有九區，皆象《洛書》之數。冀州之爲帝都，九百畝之中爲公田，即「五、皇極」之意。

《九疇》以五行爲準，以「敬用五事」統下八條，爲人道用力處，而以「嚮用五福，威用六極」終之，條目最密。蓋能敬用五事，則入五福，不然便入六極。開此二門，以待人自趨自避，而「念用庶徵」，又敬用功夫研密處，乃天人交合之幾。

有不善未嘗不知者，顔子也；若決江河，沛然莫之能禦者，舜也。顔子見得善惡分明，舜則渾然皆善，微有先後生熟之別。「三人行，必有我師」，要識主善爲師意。劉子《人譜》云：「無善而至善，心之體也。」師者，師此而已。故曰：獨知主之，「擇」字下便着「從改」字，此是慎獨實際，此是致良知實際。

五行得土而和，五事得思而通，五色得黄而尊，五聲得宫而君，元亨利貞得乾而運。仁義禮智根於心，故曰：「乾，元亨利貞。」

《漢書》每立一傳，必先本其所治之經，而終身服官行事因之。如王式以《詩》諫昌邑王，夏侯勝以《洪範》占廢立，董仲舒以《春秋》對策是也。其後劉歆輩附會王莽，誦六藝以文奸言。故文中子謂「漢人解經經亡」，非指石渠、虎觀諸儒也。

作文如用兵，練意、練格、練詞皆在平日。平日不辨，何以應猝？故將與敵習，臨敵易將，是無將也；士與將習，兵不識將，是無兵也；馬與士習，臨陣易馬，是無馬也。凡人於題必有所短。西北之人短於舟楫，東南之人短於騎射。善用兵者避吾所短，用吾所長，則前無堅敵矣。又必能正而後用奇。魏延請間道出斜谷取長安，當時用其言，或可大勝，然不勝則大敗。陳史譏武侯短於將略，非知兵之正者也。雖然，亦有不持寸刃、御不習之卒、遇大敵而輒克者，忠義之氣勝之也。郭汾陽以敝卒二十抗吐蕃數十萬衆，虞允文以一書生而成江中之功，皆是道也。故知見性者，又作文之本也。

童慎樞曰：陡然下「作文如用兵」句，已扼全勢。正寫作文之法止十字，下則暢論用兵，而一結兜轉作文，筆意高妙。

閱史提要

六經中之《尚書》、《春秋》，經而史也。自《春秋》後，宋司馬温公採十七史編《資治通鑑》，朱子因之作《綱目》，起周威烈王初命晉大夫魏斯、趙籍、韓虔爲諸侯，訖五代周恭帝禪位於宋，史而經矣。明商文毅公補宋、元二代爲《續綱目》，能不失朱子之意。讀史者當閱《綱目》，然後是非審而條例明。童子始學，則失記時代之前後，更識歷年之長短，而以次求之。上下古今，日積而多，可以開廣聰明，拓充志氣。斷從孔子删《書》之法，自唐、虞始。

唐 帝堯，伊耆姓，高辛氏帝嚳之子。代兄摯而有天下，都平陽。在位一百載，禪於舜。

虞 帝舜，嬀姓，黄帝昌意之後，瞽子。受堯禪而有天下，都蒲坂。五十二載，陟方乃死，禪於禹。

夏 大禹，姒姓，崇伯鯀之子。受舜禪而有天下，都安邑。至相爲羿所篡，少康中興，至桀而亡。傳世十七，凡四百四十歲。

商 成湯，子姓，契之後。放桀而有天下，都亳。屢經河患，遷殷。高宗中興，至受而亡。傳世三十，凡六百四十五祀。

周 武王，姬姓，稷之後，文王之子。伐受而有天下，都鎬，是爲西周。厲王暴虐，流於彘。子宣王中興，幽王復爲犬戎所滅。子平王東遷洛邑，遂棄西周之地，是爲東周。至赧王而亡。傳世三十有八，歷年八百七十有四。

秦 伯益之後。始皇嬴政，莊襄王之子，實姓吕氏。吞二周，滅六國而有天下，都長安。始建號稱皇帝，廢封建，置郡縣，築長城以備匈奴。焚書坑儒，任法律之吏，而唐、虞、三代之遺法掃地盡矣。始皇崩，李斯、趙高矯詔殺太子扶蘇，立胡亥。陳涉、項籍等起兵，高弑胡亥，立子嬰。漢高帝兵至出降，項籍殺子嬰。得閏統，四世而亡，凡四十三年。合莊襄爲四世。

漢 高帝，劉姓，沛人，晉士會子孫，堯之後。起於布衣，除秦滅項而有天下。仍周秦之舊，都長安，是爲西漢。至平帝爲王莽所篡，光武中興，都洛陽，是爲東漢。至獻帝，又爲曹丕所篡。昭烈退守巴蜀，都成都，與魏曹丕、吴孫權三分天下，是爲三國。及子後主禪而亡。漢得正統，凡四百五十年。魏都許，吴建業。西漢二百十年，外加王莽僭號稱新十五年、更始一年，共二百二十六年。東漢一百九十六年，蜀漢四十四年。

晉　武帝司馬炎，懿之孫，昭之子。篡魏滅吴而有天下，都洛陽，徙長安，是爲西晉。愍帝爲劉聰所滅，元帝退守江東，實姓牛氏。棄中原，都建業，是爲東晉。是時五姓迭亂，前後南北共十六國，至恭帝而亡。得閏統，傳十五主，凡一百五十五年。

南北朝　南朝，劉裕篡晉，國號宋，傳八主，六十年。蕭道成篡宋，國號齊，五主，二十四年。蕭衍篡齊，國號梁，傳四主，五十六年。陳霸先篡梁，國號陳，傳五主，三十三年。宋、齊、梁、陳皆都建業，共一百七十三年。

北朝，自拓跋珪并諸國，國號魏，都平城。至孝文帝弘改姓元氏，用中國禮樂，徙洛陽。後遭爾朱榮之亂，分東、西魏。高歡篡東魏，國號齊，都鄴。宇文泰篡西魏，國號周，都長安。周高祖宇文邕滅齊，盡有元魏之地，爲楊堅所篡而亡。南北朝之際，天下無統，故《綱目》用列國例，以甲子紀年，而分注年號於下，蓋世道之大變也。然猶先南後北，取《易》中圓圖天地定位之義，有不得已之思焉。

隋　文帝楊堅，漢楊震之後，忠之子。篡周滅陳而有天下，都長安，以洛陽爲東都，至恭帝而亡。得閏統，傳三主，凡三十八年。

唐　高祖李淵，隴西人，西凉王暠之後。以子世民起兵，滅群雄，受隋禪而有天下。仍周，隋之舊，都長安，及洛陽爲東都。天寶末，安禄山反，陷兩京，玄宗奔蜀。肅宗即位靈武，用郭子儀、李光弼等爲將，收復之。唐自是遂失河北，世有藩鎮之亂。其後朱泚、黄巢再陷長安，至昭宣帝爲朱温所篡而亡。唐得正統，傳二十帝，凡二百九十年，中經武氏僭號稱周二十年。

五代 朱温從黄巢爲盜，篡唐稱梁。李存勗滅梁自立，稱唐。石敬塘以契丹滅唐，稱晉，復爲契丹所滅。劉知遠入自晉陽，稱漢。郭威篡漢稱周。知遠之弟崇保晉陽，稱北漢。五代之際，多以養子承祧，君臣朝暮易位，傳八姓，十三主，共五十四年。大江以南僭國不一，率奉表通貢於北，貪冒無耻，真天地否閉之時也。其爲無統，視南北朝又甚焉。抑石敬塘以山後幽、薊等十六州賂契丹，宋氏不競，遂不能復。周柴世宗聰明神武，有混一南北之勢，而天不祚以年，豈非世運之大升降哉！夫諸葛亮死而後有司馬氏之晉，五姓之亂，晉實階之，柴世宗死而後有趙氏之宋，遼、金、元之盛，宋實啓之。讀史者綜前後而相觀，知其所由來漸矣。梁、唐都洛陽，晉、漢、周都大梁。

宋 太祖趙姓，受周禪，并諸國而有天下，都大梁。太宗滅北漢，稱一統。然歲輸契丹金繒，有南北朝兄弟之號。金滅遼，虜徽、欽，高宗徙都臨安，遂棄中原，是爲南宋。理宗時會元兵滅金，孫恭宗降元，至帝昺覆舟厓山而亡。宋得正統，傳十八帝，凡三百二十年。

元 世祖奇渥温忽必烈，鐵木真之後。誅金滅宋并西夏，而有天下，都大梁。至順帝遯於沙漠而亡。入承大統，傳九主，凡八十有九年。

明　太祖朱姓，其先句容人，徙泗州。起布衣，滅群雄，取元都而有天下，都金陵。成祖徙順天，以金陵爲南京。得正統，傳十六帝，凡二百七十七年。

自唐堯元載甲辰起，至明崇禎末年甲申止，共四千零一歲。

司馬温公全史釋例

天子稱「崩」，諸侯稱「薨」。帝后稱「殂」，王公稱「卒」。

帝王未即位皆名，自贊拜不名，以後不書名。

天子近出稱「還宫」，遠出稱「還京師」，列國曰「還某都」。

凡新君即位必曰「某宗」，後皆曰「上」。

太上皇止稱「上皇」。

皇后、太子曰「立」，改封曰「徙」。

諸侯有國邑曰「封」，無曰「賜爵」。

節度使赴鎮曰「爲」，使相曰「充」，遥授曰「領」。

高其土曰「封」。

彼自歸服曰「下」，兵威服人曰「下」。

以善去曰「罷」，以罪去曰「免」。

誅得愆曰「有罪」。

凡師，有鐘鼓曰「伐」，無鐘鼓而掩其不備曰「襲」。

《春秋》和而不盟曰「平」。

民逃其上曰「潰」。

犯順曰「寇」，逆上曰「反」，争强曰「亂」。

二十一史作者姓名

《史記》西漢司馬遷	《前漢書》東漢班固	《後漢書》劉宋范曄
《三國志》蜀晉陳壽	《晉書》唐太宗	《南宋書》梁沈約
《南齊書》梁蕭子顯	《南梁書》隋姚思廉〔一〕	《南陳書》姚思廉
《北魏書》北齊魏收	《北齊書》隋李德林	《北周書》隋令狐得棻
《南史》唐李延壽	《北史》李延壽	《隋書》唐魏徵
《唐書》宋歐陽修、宋祁	《五代史》歐陽修	《宋史》元歐陽玄、揭傒斯
《遼史》歐陽玄、揭傒斯	《金史》歐陽玄、揭傒斯	《元史》明宋濂、王禕

〔一〕「姚思廉」，徐刊本、南圖康熙本皆作「姚思濂」，浙圖康熙本黑筆涂去「濂」的三點水。據浙圖康熙本改，下同。

讀書管見〔一〕缺

詩蠥缺

史測缺

遺命辛卯

余本有清明之質，又承祖父教育，師友皆賢良，向是聖門路上人。後值家勢艱難，因循叢隳，日削歲剥，喪厥生平。今歸期就近，復覩此心，恍還故我，作《遺命》以誡四子。

憶先五世祖海州公年不滿六十，靖州公六十四，易庵公二十四，大父魯公先生年五十一，考鶴間先生四十五。自慚何德，乃過先人。

〔一〕此處四個標題，徐刊本無，今據目録補。

追數六十四年中，蹉跎舉場凡十四科，以外艱承重，不應試者再；元配龔産亡，適當試時，不應者一，又以授經山左，不應者一。其餘無試不與。於舉業亦嘗悉心殫力研磨，豈非行薄，不獲蒙當世之榮味乎？

然吾本意初不在此，此意亦難與外人言。既身爲此事，又説不欲，人以我非迂則誣。所以不欲而仍業此，久不割棄，無非念祖宗門户，遂爾姑試十擲。其擲去中不中，自己全不主張。至今日則曰：天之所以玉我者，在此不在彼也。外人不知，其以是言謂我病狂喪心矣乎？汝曹則決不可爲此言，設此想。擲必命中，亟須修行。祖宗即天，念祖宗即念天，修行即念祖宗。汝父行薄，無令吾之遺厲延及汝曹，重獲罪於天。

易庵公臨没時尚無子，翁太君植遺腹以迄於今又四世，此事極不可忘。魯公先生纔二子，其季余叔父，後惟賓公，鶴閒先生兩子，止留一，爲余。余哀念無兄弟，恐一旦不可諱而斬先人後，故兢兢保守〔一〕，於衽席閒尤慎。汝曹修行，當厚於待兄弟，慎無懷挾私小；天壤寬廣，富貴、功名、學問皆可自取，莫之禁抑；無向自家井底中，紛紜爾我，量少計多。曾見好貨財，私妻子，於父母兄弟刻薄者，家事展拓有幾？若肯抱頭痛哭，大家圖畫祖宗諸事，便爲幹蠱之子。

吾又自度虚生於世，雖不取榮，不至大辱。被人譏彈有之，尚未交手唾面，及遭刑戮。固感上天祐憐，亦由我懷刑蒙垢，始終戒畏。大抵謙恭下人〔二〕，高可集福，次亦寡怨消尤。

〔一〕「兢兢保守」，原作「兢競保守」，今據文義改。

〔二〕「大抵」，原作「太抵」，今據文義改。

《易》曰：「崇效天，卑法地。」《書》曰：「謙受益，滿招損。」聖謨洋洋，教人立身處世之道，胡不勉之？

客冬語承張云：「吾不以兒子待汝，直以祖宗待汝。」斯言痛絶。又寄承明云：「『時事未定，天命可畏』八字，聖賢心法，亦千古定形。」知時事未定，可絶無妄之求；知子孫即祖宗，則愛非私恩，孝可不念遠哉！至於卜居一事，死必首丘，内斷於心，不以二三婦人言易。吾先人祠墓欲留會稽者，任自謀之，不汝禁也。

吾爲祖宗之意無窮，靖州公、易庵公、六佐公三主廟食，須六十金。大父、父兩世布衣，不可開此變例，須祔食小宗。或子孫能封三代，則時至義起，更可恢廓規模，東野公、海州公各須增祭田。此皆不欲託之空言者。吾已老廢，汝曹能續吾心乎？汝行之，即吾行之矣！又吾生六月失恃，賴大母孫孺人鞠育成長，後就婚汝母。三十餘年來撫嘘汝曹一女四子，皆外祖母王太君之德。欲於陶祠附田數畝，長佐粢盛，汝曹亦必識之。

吾日内多病，忽忽感念生平。十七歲時，病於石洞林屋。吾父以肩輿入山，舁余歸邑，泣禱石洞之神，三命三吉。病痊，復躡蹻四十里，走四明隻雞稽謝。此一事也，未之能酬也，況於授經董行之大者乎！癸亥，病禾城，病沉，已不知人。自念必死，不得歸見大母爲恨，幸不死。次年甲子，奉大母終。踰年，出游歸德，閲三年，丁卯而歸。歸輒病於外弟陶士偉書室，其病之況如癸亥。辛未，又大病，幾殆，荷陶君一體醫護以生。厥後，或一年或四三年靡不病，病多在夏秋之際。自丁卯四十歲，在歸德郡塾，至今辛卯六十有四，視息此世又二十五年矣。善病莫如余，屢病而獲存，愛我者咸歎且咤爲奇異，余曰：「此非余小子之能存，乃曾祖母翁太君行節，與吾祖、吾父之孝友，至誠感神〔一〕，保我後生。天故未絶余小子，爲不忍於絶節孝之後，以使當世之無風教也。」

昔趙清獻公晝之所爲，夜必焚香以告於帝，不可告者，不敢爲也；司馬温公曰：「吾生平無他過人，但所爲無不可對人言者耳。」余之所爲，不可以告於帝、對人言者，多矣。古人知非而化，猶云寡過未能，况余小子乎？

吾之不獲已，而刻《思復堂》一編，誠以師友之傳習在是。且推揚魯公先生爲後進所忌，吾實非阿其祖，先賢先師之靈可質告也。身既被放，故藉此以表先人懿德，冀當世有推挽者。此編幸而獲留，亦邵氏一家之事也。吾豈敢希千載之遇於吾子孫哉？惟幸不毁，固藏此板，便爲善養吾志。

四時之序，成功者退，勉旃！各自愛，早克樹立，無貽畢生後悔，令妻孥啼號之憾與歲月並也。系之句曰：「我年配《易》數，嘶與昔賢同。文章經世業，天地共虚空。」

〔一〕「誠」，原作「誡」，今據文義改。

思復堂文集跋

徐友蘭

右《思復堂文集》十卷，餘姚邵念魯先生著〔一〕。先生爲魯公先生冢孫，又習見沈國模、管霞標、史拙修、虛修諸先生，而從韓孔當、施約庵先生游，與黄梨洲、董無休、劉子志、子良、毛西河五先生並禮修相見，謦欬有接，故所學審於王門遺緒、明季舊聞。

集中諸作，昭融忠士，證嚮道統，聞見大小識知有域；而文筆亦明潤雅暢，動合古範。觀王祇如先生述先生言曰：「文章無關世道者可以不作，有關世道者不可不作，即文采未極，亦不妨作。」《後蒙說》曰：「《國策》不必多讀，因蘇、張習氣壞人心術。宜多讀漢儒董仲舒、王吉、魏相、劉向、匡衡之文，其餘取雄健謹嚴，賈誼、司馬遷、相如、班固外，可弗問也。」可以知其本矣。

雍、乾之際，甬上全氏謝山私淑南雷，與先生涂轍不謀而合。而矜張時地，否言相折，斥爲不知而作如吳農祥。今考全氏所舉，若熊汝霖、王思任、林霽山、鄭樸翁數科，其所根核本書詳也；陳潛夫以下，則傳聞有譌。如谷應泰《明史記事本末》，依徐蘋村《倪文正年譜跋》，

〔一〕「著」，原作「箸」，「艹」字頭与「⺮」字頭之字，古代刻本常混用，今據文義改。

則徐與陶庵先生同撰，而非谷以金求其藏書。凡若此者，要在後賢理而董之，亦無庸過爲非議。徐珊一傳，著其「不對而出」以明衛道，而不詳墨敗，深得《春秋》諱賢之旨。《答毛西河先生書》謂「宋儒講學無一死節，亦適不會其時」，易地以量，不爲刻酷語。而謝山醜惡毛氏，並及先生，懲羹吹齏，非篤論矣。先生之失，莫顯於陳定生傳末綴「子維崧，字其年」六字。夫其年以康熙鴻詞科授檢討，既不肖元澄之縱酒，復不等季野之謝官。先生載之，頗乖義法，而謝山未之登焉。善乎！章實齋先生之論曰：「謝山生諸老之後，淵源既深，通籍館閣，聞見更廣。故其所見，較念魯先生頗爲宏闊。而乃嗤念魯先生爲迂陋，不知其文筆未足抗衡《思復堂》也。」

先生之後承其學者，爲族孫二雲先生。二雲先生没，而南江之文獻亡矣。友蘭尤歎吾郡百餘年來，志乘湮没，耆舊徂謝，中更兵事，益復無徵。而並世學子局促帖括，詢以王、劉遺事，輒茫然謝不敏，無能爲先生學者，矧其細乎？爲亟刊是集以震董之，而附辨謝山之論焉。

光緒二十年七月，會稽徐友蘭識。